Georg Antor
Ulrich Bleidick

Behinderten-
pädagogik
als angewandte
Ethik

Verlag W. Kohlhammer

Die Deutsche Bibliothek – CIP-Einheitsaufnahme

Antor, Georg:
Behindertenpädagogik als angewandte Ethik /
Georg Antor ; Ulrich Bleidick. –
1. Aufl. – Stuttgart ; Berlin ; Köln ; Kohlhammer, 2000
    ISBN 3-17-016418-X

© 2000 W. Kohlhammer GmbH
Stuttgart Berlin Köln
Verlagsort: Stuttgart
Umschlag: Data Images GmbH
Gesamtherstellung:
W. Kohlhammer Druckerei GmbH + Co. Stuttgart
Printed in Germany

Inhaltsverzeichnis

Vorwort

Nach etlichen Vorarbeiten sowohl zur Allgemeinen Behindertenpädagogik wie zum moralischen Umgang mit behinderten Menschen haben wir uns entschlossen, den Zusammenhang von Behindertenpädagogik und angewandter Ethik in Buchform darzustellen. Das Thema ist nach wie vor aktuell und brisant. Das liegt an Ereignissen der letzten Jahre wie der weiterbestehenden Diskussion um den § 218 StGB, der Grundgesetzergänzung durch das Verbot der Diskriminierung Behinderter sowie der Bioethik-Konvention, um nur einige besonders wichtige Stationen zu nennen, die Leben und Bildung behinderter Menschen betreffen.

Das Buch stellt die Fortschreibung eines Studientextes dar, den wir unter dem Titel „Ethische Grundprobleme in der Behindertenpädagogik. Kurseinheit 1: Grundtext. Kurseinheit 2: Reader" für die FernUniversität Gesamthochschule Hagen 1998 entwickelt haben. Im wesentlichen ist der dreiteilige Aufbau dieser Studieneinheit beibehalten worden. Die „Stationen moralischer Entscheidung in der Begegnung mit behinderten Menschen" (Kapitel 2) vermitteln dem Leser einen konkreten Einstieg in die Problematik angewandter Ethik. Die „Geschichte der Bewertung behinderten Lebens" (Kapitel 3) bildet eine historische Gelenkstelle zum theoretischen Teil „Grundfragen behindertenpädagogischer Ethik" (Kapitel 4). Der ausführliche Schlußteil enthält eine „Dokumentation" von 43 Quellentexten über menschliches Behindertsein vor dem Hintergrund pädagogischer und ethischer Folgerungen (Kapitel 5 und 6). Es ist für ein fundiertes Urteil nicht unwichtig, z.B. das Original von BINDING/ HOCHE (1922) nachlesen zu können, in dem die Vernichtung „lebensunwerten" Lebens „freigegeben" wird, oder das Urteil des Bundesverfassungsgerichts zum Benachteiligungsverbot im Schulwesen (1997) im Wortlaut überprüfen zu können.

Die relative Selbständigkeit der Teile erlaubt unter Umständen die getrennte und in der Reihenfolge wählbare Durcharbeitung, wenngleich die Kapitel 2 und 4 das Grundgerüst des Buches sind und eine didaktische Sequenz insofern nahelegen, als sich aus der tatsächlichen Entscheidungssituation moralische Reflexionen ableiten lassen. Die Kapitel 3, 5 und 6 können an beliebiger Stelle als Ergänzungstexte herangezogen werden.

Neben Marginalien für die inhaltlichen Zusammenfassungen der einzelnen Abschnitte sind deshalb Hinweise auf die Quellentexte angefügt.

Frau Helga KUSEN danken wir für die Mithilfe bei der Abfassung des Manuskripts, Prof. Dr. Karl-Ernst ACKERMANN für das Entgegenkommen seitens der FernUniversität Gesamthochschule Hagen.

Köln und Hamburg   Georg Antor
im Frühjahr 2000   Ulrich Bleidick

1 Einleitung

Moralische Fragen sind Fragen des guten, des richtigen Lebens. Daß sie heute allenthalben, nicht nur in der Behindertenpädagogik, gestellt werden, dafür lassen sich im wesentlichen zwei epochale Entwicklungen verantwortlich machen. Sie scheinen unsere gewohnten – wenn auch längst nicht immer gelebten – normativen Bindungen zu untergraben. Zum einen ist das der *Fortschritt in Medizin und Molekularbiologie.* Wie jeder Fortschritt ist er höchst ambivalent, hat er doch mit den Möglichkeiten der Lebensverlängerung – man denke an die verbesserten Überlebensmöglichkeiten von Frühgeborenen mit schweren Schädigungen – auch das Risiko der Leidensverlängerung beschert. So erklärt sich die bedrängende Alternative zwischen unbedingter ärztlicher Behandlungspflicht und Früheuthanasie. Hier ist darüber hinaus eine Entwicklung eingeleitet, in der die Rede von der Prävention von Behinderung ihre frühere Unschuld verliert, wenn mit der Behinderung auch gleich der Behinderte ‚abgeschafft‘ wird. *Prävention* steht grundsätzlich in der Spannung zum Anliegen eines gleichberechtigten Miteinanderlebens, einer *Integration* Behinderter und Nichtbehinderter.

Anstöße zu einer Reflexion moralischer Fragen in der Gegenwart

Nicht nur die medizinisch-technischen Möglichkeiten haben zugenommen, auch das Insistieren vieler Menschen, sie könnten die moralischen Entscheidungen in ihrem Alltag in eigener Regie treffen, unbeeinflußt von irgendwelchen, sei es politischen, sei es kirchlichen Vorgaben. Mit dieser *Individualisierung moralischer Entscheidungen* ist ein zweiter zeitgenössischer Entwicklungstrend angesprochen, der postmoderne Zeitgeist, in dem der Anspruch auf ein selbstbestimmtes Leben allgemein geworden ist: ob es sich dabei um den Wunsch handelt, einen Fetus mit genetischen Abweichungen abtreiben oder den Zeitpunkt des eigenen Todes selbst bestimmen zu dürfen. Man gewinnt heute den Eindruck, als würde in moralischen Konfliktfällen wie etwa des Schwangerschaftsabbruchs ein unbedingtes Festhalten am Selbstbestimmungsgebot ganz selbstverständlich an die Stelle der bisherigen Unbedingtheit des Lebensrechts treten.

Beide skizzierten Entwicklungen haben längst auch die Behindertenpädagogik erreicht, vor allem vermittelt über den in den USA lehrenden Bioethiker SINGER, sein Auftreten in Deutschland zu Anfang der 90er

Singer und der „Zusammenbruch der traditionellen Moral"

Jahre und die (späte) Rezeption seines Buches „Praktische Ethik" (1984; im folgenden durchgehend zitiert nach: [2]1994). Es waren seine Konsequenzen, die er aus der neuen Lage zog – aus dem, was er den „Zusammenbruch der traditionellen Ethik" nannte –, die der Pädagogik Behinderter ihren von Kritikern so genannten Modernitätsrückstand und ihre gesellschaftliche Isolierung mit einem Mal schmerzlich bewußt machten. Vor allem daß er Schwerstbehinderten mit dem Personwert auch das Lebensrecht absprach, traf die Behindertenpädagogik in ihrem Kern.

Ethik als das Kernstück der Behindertenpädagogik

Die fortgesetzte Aktualität der beschriebenen Veränderungen ist heute mit Händen zu greifen. Das gilt vor allem für die medizinischen Umwälzungen, für die beispielhaft die Transplantation fetaler Zellen bei Parkinsonscher Krankheit stehen mag. Mit jeder Innovation dürfte es ein wenig schwerer werden, den Grundsatz der Unverfügbarkeit menschlichen Lebens noch glaubhaft zu vertreten. Eine häufig personalisierende, einzig auf SINGER zielende Kritik hatte davon in den vergangenen Jahren eher abgelenkt. Sicher kann die Beschäftigung mit so grundlegenden ethischen Fragen in unserem Fach künftig kein Randthema mehr sein. In systematischer Perspektive bildet eine Ethik für die Behindertenpädagogik sogar das Kernstück der Disziplin. Sie bezeichnet eine Art Grundgedankengang, der die sonderpädagogischen Einzeldisziplinen in ihrer Vielfalt zusammenhalten soll. Ihr Thema sind die zentralen Fragen nach dem „Warum und Wozu" sonderpädagogischen Handelns, vor allem die Frage, auf welche rechtfertigende Gewißheiten sich das Postulat eines allgemeinen Lebensrechts in einer sich pluralisierenden Welt noch stützen kann.

Bildungsrecht im Verhältnis zum Lebensrecht

Pädagogen machen die Erfahrung, daß auch Menschen mit schwersten Behinderungen – also Menschen, denen manche kein ausdrückliches Lebensrecht zubilligen wollen – in einem zu definierenden Sinne bildbar sind. Das gibt den Anstoß dazu, im Zusammenhang mit dem *Lebensrecht* das ebenfalls strittige allgemeine *Bildungsrecht* zu begründen. Dieser Zusammenhang ist historisch und systematisch-anthropologisch zu entfalten. Dabei sollte man nicht der Scheinalternative aufsitzen, als müsse hierorts – aus Gründen globaler Gerechtigkeit – auf das Bildungsrecht verzichten, wer anderswo, in der Dritten Welt etwa, wenigstens das allgemeine Lebensrecht durchsetzen will. Individualrechte wie ein jedem Menschen zukommendes Lebens- und Bildungsrecht bilden ein soziales Band, das allen Pluralisierungen zum Trotz nicht reißen darf, ebensowenig wie die kleinen Gemeinschaften Familie und Schule, in denen diese Rechtsansprüche eigentlich erst mit Leben erfüllt werden.

> Dabei hat jede behindertenpädagogische Ethik eine anthropologische Grundentscheidung zu treffen: für Person als moralischen Status und somit für Menschenwürde.

Personenrechte als Menschenrechte

Nur wenn ausnahmslos alle Menschen Personen sind, bleiben Personenrechte auch im buchstäblichen Sinne Menschenrechte. Allerdings: Auch was so selbstverständlich sein mag – oder doch wenigstens sein sollte – wie etwa ein Lebensrecht für alle Menschen, kommt auf Dauer nach all den Infragestellungen der jüngsten Zeit durch SINGER u.a. nicht mehr ohne Begründung aus.

Die Wertschätzung, die heute ganz allgemein dem postmodernen Selbstbestimmungsideal entgegengebracht wird, könnte gerade auch schwerer Behinderten helfen, sich aus Abhängigkeit und institutionellen Zwängen zu befreien. Sie hat aber zugleich eine gefährliche Kehrseite. Denn sie kann im Umkehrschluß leicht zu einer Lebensbedrohung, zumindest Einbuße an Zuwendung und Pflegequalität bei denjenigen führen, denen man die Eignung dafür abspricht. Das zeigt sich am Beispiel der Euthanasiediskussion, in der ein exklusives Verständnis von Menschenwürde das Lebensrecht an die zusätzliche Bedingung zumindest erwartbarer Mündigkeit binden möchte. Die Fähigkeit zu selbstbestimmtem Handeln könnte somit moralisch zur Wasserscheide werden. Umso wichtiger ist es für Behinderte, daß sie Menschen an ihrer Seite wissen, die bereit sind, sich für die Wahrung ihrer Rechte, stellvertretend, einzusetzen. Die Behindertenpädagogik hat sich hier an einer Doppelaufgabe zu bewähren: Sie soll – auch mittels geeigneter Bildungsangebote – möglichst jedem Behinderten zu einem selbstbestimmten Leben verhelfen; sie soll aber auch eine besondere Anwaltsfunktion für all jene übernehmen, die dazu nicht imstande sind. Dabei ist ein ethisches Grundproblem in der Tatsache zu sehen, daß stellvertretende Lösungen in besonderem Maße fragwürdig sind. Wenn Selbstbestimmung und Entscheidungsfähigkeit nämlich als die moralischen Instanzen schlechthin gelten, auch auf Kosten des Lebensrechts, dann gibt es z.B. keinen vollauf befriedigenden Ersatz, wenn die Befähigung zu autonomem Handeln einmal ganz oder teilweise ausfallen sollte wie im Falle von Koma-Patienten. Das läßt jede stellvertretende Entscheidung zum Problem werden.

Zur Ambivalenz des Selbstbestimmungsideals

Die moralische Reflexion in unserem Fach verdankt SINGER durchweg die besondere Leidenschaft ihrer Debatten, aber längst nicht immer den Anlaß. Der reicht oft viel weiter zurück, und er berührt auch andere sonderpädagogische Disziplinen neben der Geistigbehindertenpädagogik. Was für die Gesellschaft im ganzen gilt, bestätigt sich auch aus dem begrenzten Blickwinkel der Behindertenpädagogik: daß es zu den Ansätzen einer *Entmoralisierung* – wenn man die derzeitigen Gefahren so nennen mag – schon seit längerem eine Gegenbewegung gibt. Will man diese *Moralisierungstendenz* an Beispielen festmachen, so wäre etwa an soziale Bewegungen der jüngsten Zeit wie die Selbsthilfebewegung zu erinnern, auch an die Grundgesetzergänzung nach Art. 3 Abs. 3 Satz 2, wonach niemand wegen seiner Behinderung benachteiligt werden darf, schließlich an das Bemühen, im Zeichen politischer Korrektheit über Minderheiten in einer Sprache zu reden, die sie akzeptieren können. Und schon lange gibt es Versuche einer *Moralisierung schulischer Integration*, in denen die Sonderschule auch schon mal als Institution der „Gewalt" angeprangert wurde.

Zur Gleichzeitigkeit von Entmoralisierungs- und Moralisierungstendenzen in der Gegenwart

Die genannte Grundgesetzergänzung ist Ausdruck einer gesteigerten Sensibilität für die Sicherung der sozialen Grundrechte Behinderter. Zugleich vermag sie ihrerseits Anstöße zu einer zeitgemäßen und bedürfnisgerechten Weiterentwicklung sozialstaatlicher Hilfen, vor allem im Bereich der

Benachteiligungsverbot des GG und schulische Integration

schulischen Förderung Behinderter, zu geben. Setzt sie doch die rechtlichen Hürden für den Sonderschulbesuch deutlich höher an. Freilich sieht das Bundesverfassungsgericht in seiner Grundsatzentscheidung vom 8. Oktober 1997 das Benachteiligungsverbot nicht schon hinreichend befolgt, würde man den gemeinsamen Schulbesuch einfach freigeben, ohne auf die näheren Umstände seiner Verwirklichung zu achten. Es betrachtet also die Frage nach dem richtigen Lernort für behinderte Kinder nicht losgelöst von der anderen und wichtigeren Frage, unter welchen schulischen Bedingungen im Einzelfall der individuelle Förderungsanspruch, das Bildungsrecht zu gewährleisten ist.

Ähnlich argumentieren die Autoren dieses Buches. Sie sind nicht der Meinung, daß der schulischen Integration – bei all ihrer Bedeutung – der gleiche ethisch zwingende und alles überragende Rang zukommt wie dem Lebens- und Bildungsrecht. Schulische Organisationsentscheidungen sollten sich vielmehr als Ableitung aus grundlegenderen moralischen Ansprüchen verstehen. Ein Beispiel ist die bestmögliche Verwirklichung eines Rechts auf Bildung. Auf diesem Niveau scheinen Menschenrechte – und in ihrem Zentrum: die Menschenwürde – eher belangbar zu sein.

Moralisches Argumentieren zwischen Prinzipien- und Anwendungsorientierung

Die Autoren haben für die hier angesprochenen moralischen Fragen – das Beispiel zeigt es – keine glatten Lösungen anzubieten. Sie gehen davon aus, daß es zwischen moralischem Gebot und konkreter Handlungssituation nicht-auflösbare Widersprüche geben kann, die für eine praktische Ethik in der Behindertenpädagogik gleichwohl konstitutiv sind. Nicht umsonst gilt die *Rechtfertigung im Einzelfall* als eine wichtige und traditionsreiche pädagogische Denkfigur. Auch maßgebliche Moraltheorien ziehen im übrigen einen Trennungsstrich zwischen Prinzipien- und Anwendungsebene. Sie erkennen damit an – vermutlich im Einklang mit der Mehrheitsmeinung in säkularisierten Gesellschaften –, daß ein striktes, generelles Gebot Menschen überfordern kann, daß es deshalb Ausnahmen geben sollte. Die Feststellung ist gleichwohl nicht als Freibrief für eine moralische Beliebigkeit der Entscheidung gedacht, sondern mit einer hohen Verantwortungsethik in Einklang zu bringen.

Unter den Verfahren moralischen Argumentierens – die Verfasser unterscheiden hier zwischen *deontologisch, präferenzutilitaristisch* und *diskursethisch* – kommt dem der diskursethische Ansatz am nächsten. Er versucht sowohl deontologisch-grundsätzlich als auch konsequentialistisch-anwendungsbezogen zu argumentieren. Diese zweistufige Vorgehensweise zieht sich wie ein roter Faden durch die Darstellung. Sie stellt die prinzipiellen Fragen einer behindertenpädagogischen Ethik getrennt von den moralischen Entscheidungssituationen dar, zieht dabei allerdings letztere, die Orientierung an Fällen, aus methodischen Gründen vor.

Solche Fallbeispiele stehen für moralische Entscheidungssituationen im Lebenslauf Behinderter und ihrer Angehörigen. Es geht darin um Rechtfertigungsfragen hauptsächlich im Zusammenhang mit Lebensrecht und körperlicher Unversehrtheit, aber auch der zweckmäßigen Bildungsorganisation zur bestmöglichen Verwirklichung des Bildungsrechts für Behinderte. Familienplanung, pränatale Diagnostik in Verbindung mit

Schwangerschaftsabbruch, Früheuthanasie, Sterilisation und Lernortfragen: so heißen einige konfliktreiche Stationen.

Inhaltlicher Bezugspunkt aller Aussagen sind die Menschenrechte (bzw. ihr oberster Leitsatz: die Menschenwürde). Menschenrechte haben vor allem nach dem zweiten Weltkrieg einen weltweiten Siegeszug angetreten. Sie haben dabei freilich auch tiefgreifende inhaltliche Unterschiede zwischen den Kulturen hervorgebracht, vor allem zwischen westlich-individualistischen und den eher gemeinschaftsorientierten z.B. in manchen fernöstlichen Ländern. Menschenwürde, verstanden als Achtungsgebot gegenüber allen Menschen, ist in seiner theoretischen Begründung und inhaltlichen Ausfüllung noch immer überaus strittig. Dennoch macht es Sinn, Behindertenpädagogik, Pädagogik überhaupt, dazu in Beziehung zu setzen, zunächst einmal, indem man Menschenwürde als notwendigen Ausgangspunkt pädagogischer Bemühungen begreift: Lebensrecht – verstanden als Minimaldefinition von Menschenwürde – und Recht auf Persönlichkeitsentfaltung, Bildungsrecht, stellen dann zugleich die beiden Basisnormen einer Ethik für die Behindertenpädagogik dar.

Zum Verhältnis von Menschenwürde und Behindertenpädagogik

> Menschenwürde steht aber nicht nur am Beginn von Pädagogik, sie bleibt auch ein wichtiges Ziel.

Bei all dem ist offen, inwieweit sich die Gesellschaft – bzw. eine Mehrheit ihrer Mitglieder – trotz des Ökonomisierungsdrucks an einem umfassenden Achtungsgebot orientiert. An der Zielsetzung der sog. Bioethik-Konvention wird beispielhaft deutlich, mit welchen Gefahren dabei in Zukunft zu rechnen sein wird.

2 Stationen moralischer Entscheidung in der Begegnung mit behinderten Menschen

2.1 Humangenetische Beratung

Fallbeispiel

Mein Cousin rief neulich an. Ich hatte ihn zuletzt vor dreißig Jahren gesehen. Durch seine Mutter wußte ich, daß er vor sechs Jahren geheiratet und in unserer Stadt Sozialarbeit studiert hatte. „Wie geht's?", fragte er der Höflichkeit halber. Und da ich gerade unter dem Abschiedsschmerz von meinen schwerbehinderten Töchtern litt, die ein langes Wochenende bei uns verbracht hatten, sagte ich nicht „bestens", sondern stöhnte ein bißchen über die Situation. „Nun ja", meinte er, „das gehört dazu. Daran muß man sich gewöhnen." So ein Klugscheißer!

Dann kam er zu seinem Anliegen. Ein Kind möchte er haben, aber ein gesundes. Deshalb wolle er wissen, welches die Ursachen der Behinderung unserer Töchter seien, um bei der humangenetischen Beratung gezielt danach forschen zu können. Die Antwort „unbekannt" war ihm vollkommen suspekt: „Das gibt es doch heute nicht mehr, das ist doch nicht möglich." Dann wollte er wissen, was es denn hätte sein können. Eine lächerliche Frage. Angeblich hatte die Humangenetikerin sie ihm aufgetragen. Diese Ärztin hatte ihn auch aufgefordert, Bilder seiner Nichten zur Beratung mitzubringen. Mir schien das eine ungeheuerliche Zumutung. Er verstand meine Empörung falsch und bot Geld für die Fotos an. Nachdem ich das Gespräch beendet hatte, überfiel mich eine unheimliche Wut. Da existiert man also für die Verwandtschaft als stigmatisiertes Wesen, dessen man sich erinnert und bedient, wenn es um die eigene Existenz geht. In meiner Wut habe ich meinem Cousin einen Brief geschrieben:

So beschissen wie nach unserem Telefongespräch, mein lieber Hans, habe ich mich schon lange nicht mehr gefühlt. Schon während des Gesprächs meldete sich Unbehagen. Gewohnt durch meine beratende Tätigkeit, mich erst einmal zurückzunehmen, habe ich die Ungeheuerlichkeit nicht gleich wahrnehmen können, die mir da widerfuhr. Nun gut. Ihr wollt gesunde Kinder. Und plötzlich erinnert Ihr Euch Eurer Verwandten, die da einen solchen Makel tragen. Wie es den Nichten geht, die unter so schweren Bedingungen ihr Leben verbringen müssen, interessiert Euch nicht. Man gewöhnt sich ja an alles! Besonders die anderen. Ich habe mich schon oft gewundert, daß Verwandte und Freunde mit ‚sozialen' Berufen sich immer wieder um fremde Menschen kümmern, unsere Töchter aber nicht wahrnehmen. Dadurch fühlt man sich alleine gelassen. Es entsteht ein Gefühl der Aussonderung.

Der i-Punkt war die Sache mit den Bildern. Es erinnert fatal an Praktiken vergangener Zeiten. Damals mußten es blaue Augen und blonde Haare sein. Ich kann mich immer noch nicht beruhigen und werde keine Fotos zur Verfügung stellen. Plötzlich sollen diese beiden benachteiligten Menschenkinder, an denen unser ganzes Herz hängt, ein Maßstab für Leben werden, das andere nicht ertragen können, einfach nur von einem Fotoklick her? Nein. Wer messen möchte, soll sie mit ihrem ganzen Dasein, mit ihrem Weinen und Lachen und mit dem Strahlen, das nur ihnen eigen ist, erleben. Stell' Dir vor, mir gefiele etwas an Dir nicht, und ich bäte um Beratung, damit ich bloß kein Kind mit solchen Merkmalen bekäme. Da bleibt ja noch die Frage, wie Ihr Euch vor der Weitergabe von familiären Veranlagungen schützen könnt, denn unter Diabetes und schwachen Venen kann man auch ein Leben lang sehr leiden. Ich spreche da aus Erfahrung. Deiner Mutter habe ich Auskunft geben können, weil sie einmal sehr gut verstanden und beigestanden hat. Bei Dir habe ich Zweifel, daß Du verstehst. Solltet Ihr Euch zu einem Kind entschließen, so wie es alle Geschwister gewagt haben, wünsche ich diesem, daß es gesund zur Welt kommt und ein Leben in Glück verbringen kann.''

Deine Cousine

Quelle: ,,Wie mich als ältere Frau die Humangenetik etwas anging''. Lebenshilfe Zeitung Nr. 5, 16. Jg. Oktober 1996

Im Kommentar zu der in der Lebenshilfe Zeitung abgedruckten Fallstudie weist SCHROEDER-KURTH auf ein geläufiges Vorkommnis hin: Bei der Familienplanung erinnert man sich an die in der Verwandtschaft vorgekommenen Behinderungen. Die Sorge vor einem erblichen Wiederholungsrisiko drängt zu Nachforschungen. Nachfragebedürfnis und Akzeptanz der Humangenetischen Beratungsstellen sind von daher verstehbar.

1972 wurde in der Bundesrepublik Deutschland in Marburg die erste *Humangenetische Beratungsstelle* als Modellprojekt eingerichtet. Inzwischen existieren über 50 solcher Beratungsstellen. Hinsichtlich ihrer Aufgabenverteilung – wobei eine Wechselbeziehung von Beratungsangebot und Nachfrage besteht – haben sich zwei Schwerpunkte herausgeschält: (1) Nachforschung der möglichen erblichen Belastung mittels Familienanamnese und molekularbiologischer Tests, um im Falle einer Vorbelastung und bei Einschätzung von Risikofaktoren eine Entscheidung über den Kinderwunsch zu beeinflussen; (2) Pränatale Diagnostik zur Früherkennung von Schäden des Embryos, etwa bei anomalem Chromosomensatz (Langdon-Down-Syndrom), wobei in den weitaus meisten Fällen eine Abtreibung erfolgt.

Humangenetische Beratungsstellen

Für die Entwicklung der humangenetischen Beratung erscheint es wichtig, das Zusammenspiel zweier medizinischer Disziplinen hervorzuheben. Mit der seit 1970 praktizierten Fruchtwasseruntersuchung (Amniozentese) verbanden sich erstmals Gynäkologie und Humangenetik: Der Geburtshelfer entnimmt das Fruchtwasser, der Humangenetiker untersucht die chromosomale Zellstruktur. Eine zweite Etappe ist mit den Entdeckungen der Molekularbiologie gegeben. Der Humangenetik ist es nun möglich geworden, einzelne pathogene Erbinformationen auf den Chromosomen zu lokalisieren. Die Entwicklungstendenzen der eugenischen Steuerung werden irgendwann in absehbarer Zeit die Praxis der genetischen Beratungsstellen erreichen. Hierbei besteht zwischen der medizinischen Rechtfertigung durch die Bundesärztekammer (1980) und der mehr kritischen Bilanz der Enquete-Kommission des Deutschen Bundestages (1987) ein nicht geringer Unterschied der Bewertung.

Die vom Wissenschaftlichen Beirat der Bundesärztekammer publizierte „Bekanntmachung" zur genetischen Beratung in der Bundesrepublik Deutschland, einschließlich der sich anschließenden „Kurzinformation für den Arzt", dürfte die zur Zeit gängige Übersicht über die Absichten und Praktiken in den Humangenetischen Beratungsstellen liefern. Die Stellungnahme der Bundesärztekammer besteht aus zwei wesentlichen Aussagen. Zum einen enthält sie einen individuellen Rat an die möglichen Eltern: Durch Beratung (mit der Empfehlung einer Vermeidung von Schwangerschaft) könne „in manchen Fällen die Geburt eines schwerbehinderten Kindes vermieden und so menschliches Leid verhindert werden".

| Quelle 29 – Bundesärztekammer: Genetische Beratung |

Auf die fragwürdige Gleichsetzung von Behinderung und Leid sowie die Utopie eines leidfreien Daseins ist noch später einzugehen. Des weiteren werden unverhüllt eugenische Tendenzen laut, denn die „genetische Beratung einschließlich der vorgeburtlichen genetischen Diagnostik aus dem Fruchtwasser ist eine ärztliche Tätigkeit im Interesse der Gesundheit unserer Kinder". In dem Zusammenhang steht eine – wissenschaftlich keineswegs gesicherte – Behauptung von der vermehrten Weitergabe „krankmachende(r) Erbanlagen in die nächste Generation".

Geschichte der Eugenik

Nach dem vorbehaltlosen Glauben an die *Eugenik* noch zu Beginn dieses Jahrhunderts herrscht heute eine vorsichtig skeptische Einschätzung der Möglichkeiten genetischer Gesundheitspolitik vor. Seit Francis GALTON in den USA 1883 in seinem Buch „Inquiries into Human Faculty and its Development" die Eugenik propagierte, trat die anwendungsorientierte Wissenschaft von der Verbesserung des Erbgutes zunächst einen weltweiten Siegeszug an. 1907 erließ der US-Bundesstaat Indiana ein Gesetz zur Sterilisierung Geisteskranker, Krimineller und Nichtseßhafter, dem sich fast alle Bundesstaaten anschlossen. Die Vorbildwirkung auf Westeuropa dürfte nicht zu unterschätzen sein.

Negative und positive Eugenik

Seitdem mischen sich in merkwürdiger Weise Bestrebungen der *negativen* und der *positiven Eugenik*. Negative Eugenik will die Verbreitung ‚schlechter', kranker Erbanlagen verhindern. Das ist der vordergründige Text des Nazi-Gesetzes zur Verhütung erbkranken Nachwuchses von 1933. Die Rechtfertigung beruht jedoch letztlich auf der dahinterstehenden positiven Eugenik, nämlich die Eigenschaften der menschlichen Rasse insgesamt durch negative Selektion unerwünschten Erbgutes und gezielte Förderung von Trägern ‚guter' Erbmasse verbessern zu wollen. Während in der Gegenwart einer ‚Neuen Eugenik' kaum noch Begründungen positiver Auslese lautwerden – wohl nicht allein erbbiologische Skepsis als vielmehr auch humanethische Einwände gegen ‚Menschenzüchtung' stehen dem entgegen –, sind die Fallbeispiele der negativen Eugenik trotz ihrer Einzelfallrechtfertigung ein verbreitetes Argumentationsmuster. Durch pränatale Gen-Diagnostik und In-vitro-Fertilisation ist das rechtzeitige Erkennen von Erbkrankheiten möglich geworden.

BECK folgert daraus: „Das heißt: Die Eltern können nicht nur, sie müssen entscheiden, ob sie das Kind, das heranwächst, auch auf die Welt kommen lassen wollen, wenn es genmedizinisch betrachtet diese oder jene ‚Mängel' aufweist" (1988, 35).

Gegenüber den unzulässigen Verallgemeinerungen der darwinistischen Erbbiologie und ihrer Kassandrarufe wird heute angenommen, daß *nur ca. 1,5 % aller Behinderungen aufgrund genetisch bedingter Erbkrankheiten zustande kommen.* Bei der Fortpflanzung treten regelmäßig Mutationen (Erbänderungen) auf, so daß sich an der Weitergabe von krankmachenden Genen oder an der Neuentstehung von Erbänderungen und Entwicklungsstörungen durch Sterilisation und Abtreibung nichts wesentlich ändern läßt. Auch die überproportionale Zunahme der sozial Schwachen, der „Minderwertigen" aufgrund genetischer Fortpflanzung ist – wenn dieses Werturteil überhaupt so gefällt werden darf – eine grundlose Befürchtung. Nach dem von HARDY und WEINBERG 1908 unabhängig voneinander entdeckten, grundlegenden *Gesetz der Populationsgenetik* bleibt die Genverteilung von einer Generation zur nächsten konstant.

Das Gesetz gilt in Anbetracht mehrerer empirischer Bedingungen: Es herrscht Panmixie, das heißt, es findet keine gerichtete Partnerwahl statt; es gibt keine Selektion; alle unvermittelt auftretenden Erbkrankheiten sind mit größerer Wahrscheinlichkeit durch Neumutationen verursacht, die das Gleichgewicht der genetischen Verhältnisse verschieben. Insofern lassen sich hinsichtlich der Vererbungseinflüsse bei den unterschiedlichen Schädigungsursachen nur sehr sporadische Anmerkungen vornehmen.

In einem zusammenfassenden Handbuchartikel konnte LOEFFLER (1969, 3688–3689) statistisch hochrechnen:

Die Frage, was die vollständige Ausschaltung (Sterilisierung) aller Merkmalsträger einer mit der Häufigkeit von 1:10 000 vorkommenden Anomalie (Erkrankung), wie der Phenylketonurie, populationsgenetisch ergeben würde, läßt sich dahin beantworten, daß eine Herabdrückung auf die Hälfte erst in 100 Generationen zu erwarten wäre. Selbst wenn es in 4facher Häufigkeit vorkäme, würden 50 Generationen vergehen, bis die Anomalie auf die Hälfte herabgedrückt wäre... Über Sterilisierung ist also kaum ein populationsgenetischer Effekt im Sinne der Eugenik zu erwarten. Wohl aber sollte sie als genhygienische Maßnahme möglich sein, wenn eine unzumutbar hohe Erwartung dafür besteht, daß ein aus einer bestimmten Ehe zu erwartendes Kind durch eine erbliche Anomalie in seinem Wohlbefinden und in seiner Gesundheit beeinträchtigt würde.

Worin liegt nun der ethische Konflikt? Es besteht ein beträchtliches Spannungsverhältnis zwischen der eher geringen allgemeinen Prognoseeffizienz genetischer Beratung und ihrer eventuellen Bedeutung für den Einzelfall.

Erblichkeit von Behinderungen

Quelle 30 – Schädigungsarten und ihre Vererbung

Spannungsverhältnis von allgemeiner Aussage und individuellem Fall

Das Zitat von LOEFFLER bringt dieses Problem genau auf den Punkt. Darum ist der Streit über eine mögliche Abschaffung von Humangenetischen Beratungsstellen nicht immer nachvollziehbar. SIERCK/RADTKE (1989) haben sich zu Wortführern der Kritik am Mißbrauch humangenetischer Beratung gemacht. Sie argumentieren zusätzlich mit dem Hinweis auf eine ideologische Verwandtschaft mit der nationalsozialistischen Erbgesetzgebung. Auf einer Hauptversammlung des Verbandes Deutscher Sonderschulen wurde 1989 versucht, einen Antrag auf Schließung aller Humangenetischen Beratungsstellen und ihre Verurteilung als „behindertenfeindlich" durchzubringen. Die Begründung liest sich wie eine Zusammenfassung aller bisherigen Kritik.

Quelle 31 –
Antrag auf Schließung der Humangenetischen Beratungsstellen

Der *Dritte Bundes-Rehabilitationsbericht* von 1994 kündigt einen weiteren Ausbau der Beratungsstellen an. Im einzelnen heißt es (BUNDESMINISTERIUM FÜR ARBEIT UND SOZIALORDNUNG 1994, 26–27):

Gesundheitsbewußte Lebensführung und verantwortliche Entscheidung zur Schwangerschaft sind sinnvolle Maßnahmen zur Reduzierung von Behinderungen. Zugleich muß glaubwürdige Aufklärung der Illusion vorbeugen, durch vermehrte Vorsorgeanstrengungen könne jegliche Form von Behinderungen vermieden werden, und das Bewußtsein dafür schärfen, daß Behinderungen untrennbar zum menschlichen Leben gehören. Nur der kleinere Teil von angeborenen Erkrankungen ist erblich bedingt. Dennoch besteht insbesondere bei Frauen und Männern, deren Belastung mit vererbbaren Risikofaktoren bekannt ist, die Möglichkeit zur genetischen Beratung, um die Risiken einer Schwangerschaft abwägen und gewichten zu können. Genetische Untersuchungs- und Beratungsstellen gewährleisten bundesweit, daß allen einschlägigen Anforderungen entsprochen werden kann. Das ständige Anwachsen der Kenntnisse über molekularbiologische Zusammenhänge sowie die weitere Entschlüsselung von Genen werden zur Verbesserung der diagnostischen Möglichkeiten in diesem Bereich beitragen. Allerdings stehen den diagnostischen Fortschritten im Bereich der Früherkennung bislang nur erste Möglichkeiten für eine wirksame Vorsorge und Therapie gegenüber. Ist abzusehen, daß Kinder mit einer schweren Behinderung geboren werden, ist und bleibt es zunächst Aufgabe der Eltern, insbesondere der Schwangeren selbst, die daraus entstehenden Konfliktsituationen zu bedenken; die in diesem Fall erweiterten Möglichkeiten eines Schwangerschaftsabbruchs dürfen nicht als Aufforderung mißverstanden werden, sondern geben Gelegenheit zu besonders verantwortungsvollen Entscheidungen.

Die Ausführungen des Rehabilitationsberichtes haben berechtigte Kritik auf sich gezogen. Immerhin könnte die Empfehlung zu „sinnvollen Maßnahmen zur Reduzierung von Behinderungen" suggerieren, daß behinderte Feten um jeden Preis reduziert werden sollten. Im *Vierten Bundes-Rehabilitationsbericht* ist die Textstelle wesentlich gekürzt. Sie enthält zwar noch die beiden einleitenden Sätze, schließt aber dann bereits mit dem Schlußsatz, der die „besonders verantwortungsvolle Entscheidung" der Eltern hervorhebt (BUNDESMINISTERIUM FÜR ARBEIT UND SOZIAL-ORDNUNG 1998, 12).

2.2 Pränatale Diagnostik und Beratung

Olaf wurde im August 1975 geboren. Wir haben uns sehr auf seine Geburt gefreut, denn nun bekam unser einjähriger Michael ein Geschwisterchen. Als ich noch schwanger war, sprach mich eine Bekannte auf die „neue" Methode, die Amniozentese, an. Ich war 35 Jahre alt, befragte meinen Frauenarzt und wurde beraten, diese Untersuchung nicht durchzuführen. Damals wurde die Gefahr der Fehlgeburt noch sehr hoch eingeschätzt. Die Aussage des Arztes hat Olafs Leben gerettet. Wäre er als Kind mit Down-Syndrom entdeckt worden, hätten mein Mann und ich sicher seinen Tod entschieden. „Mongolismus", „geistig behindert" waren mir zur damaligen Zeit nur als monströse Begriffe bzw. gar nicht bekannt. Ich hatte 15 Jahre an der Universität gearbeitet, und weder dort noch in der Familie oder Nachbarschaft war mir je ein geistig behinderter Mensch begegnet. So konnte Olaf das Licht der Welt erblicken. „Ich bin Olaf", sagt er heute immer; von „Behindertsein" will er nichts wissen. Er war da, „kam und siegte".

Er war ein süßes Kind, und wir Eltern lernten sehr schnell, beide Kinder anzunehmen, ohne begleitende Vokabeln wie „behindert" oder „nichtbehindert" zu nutzen. „Geben Sie ihn in ein Heim. Da wird nichts draus, der wird nicht laufen und alleine essen können." Das waren die Mitteilungen der Ärzte. Gleiche Worte haben viele Eltern gehört, als sei es eine Lehrmeinung, die angehende Ärzte in den Vorlesungen gehört oder in Büchern gelesen haben. Unvergessen und heute noch beängstigend ist der Satz eines Klinikprofessors für Pädiatrie: „Warum haben Sie die Amniozentese nicht gemacht; *dann* hätten Sie dieses Kind *jetzt nicht!*" Zuerst war ich empört, weil mir quasi Dummheit nachgesagt wurde; sehr bald erlebte ich diese Worte als eine Lebensbedrohung für Olaf. Noch heute kann ich Olaf nur einem Arzt anvertrauen, den ich kenne; in einer Klinik würde ich nicht von seiner Seite weichen.

Quelle: M. Müller-Erichsen: Für Olaf. In: Geistige Behinderung 29 (1990) 269–274

Fallbeispiel

Der Vorwurf: „Sie haben ein mongoloides Kind? So etwas kann man heute doch verhindern", ist sicher nicht selten zu hören. Die Schweizer Elternvereine für Geistigbehinderte haben eine Sammlung von Berichten unter dem Titel „Behindertes Leben oder verhindertes Leben" herausgegeben (KIND u.a. 1993): Eltern geraten in die Situation, sich für die Behinderung ihres Kindes rechtfertigen zu müssen! Sie tragen dann eine zweifache Last. Es ist unbestreitbar, daß das behinderte Kind den Eltern mehr Sorge und Mühe aufbürdet als ein gesundes. Aber es steht auch außer Frage, daß Eltern mit einem behinderten Kind viel Unterstützung erfahren können, um das Leben mit diesem Kind als sinnvoll und schön zu erfahren; bleiben jedoch Hilfe und Anerkenntnis der Gesellschaft aus, so tragen sie doppelt schwer.

Bereits 1978 heißt es im medizinischen Lehrbuch zur vorgeburtlichen Diagnostik von MURKEN/STENGEL-RUTKOWSKI:

Die pränatale genetische Diagnostik erweist sich ... als ein Eckpfeiler der Vorsorgemedizin ... Nahezu 80 Prozent der Frauen, die sich der pränatalen Diagnostik unterziehen, gehören zur Indikationsgruppe „erhöhtes Alter der Mutter" ... Allein diese Mütter bringen 40 Prozent der mongoloiden Kinder zur Welt ... Chromosomenanomalien betragen 0,5 Prozent, das sind jährlich in der Bundesrepublik etwa 3000 Neugeborene (1978, 5, 6).

Pränatale Diagnostik als Selektionsinstrument

Das Zitat belegt die Intention der vorgeburtlichen Diagnose: ein Screening, das feststellen soll, ob der Fetus an einer Schädigung leidet. Prävention, als diagnostische Vorsorgemaßnahme propagiert, dient letztlich zur Selektion eines (potentiell) behinderten Menschen.

Die Chromosomenaberration bei der Langdon-Down-Erkrankung (sog. Mongolismus) ist der häufigste Fall für den embryonalen Hindernislauf, der in der Regel mit einer Abtreibung endet. Die Bundesärztekammer hat 1980 in einer Bilanz über die hohe Inanspruchnahme der Pränatalen Diagnostik ungewollt das entscheidende Motiv einer als unabdingbar, als „notwendig" erachteten Abtreibung offengelegt:

In 96–97 % aller Fälle bewirkt also die pränatale Diagnostik, daß Ratsuchende ohne Sorgen ein Kind bekommen können. Ansonsten hätten sie in vielen Fällen auf Kinder verzichtet ... In nur 3–4 % wird ein Schwangerschaftsabbruch wegen nachgewiesener Anomalie des Feten notwendig.

Quelle 32 – Verfahren der Pränatalen Diagnostik

Die *Amniozentese* ist das zuverlässigste Verfahren unter einer Vielzahl von Methoden der vorgeburtlichen Diagnostik, die untereinander kombiniert werden können (Übersicht: MARSCHNER 1989). Zugleich nimmt die Fruchtwasserdiagnose eine Ausnahmestellung deshalb ein, weil ihre Resultate meist erst zur 22. Schwangerschaftswoche vorliegen. Bei der rechtlichen Würdigung des Schwangerschaftsabbruches spielte der Zeitpunkt bislang eine hervorgehobene Rolle.

§ 218 StGB: ältere Regelung

Bis zur endgültigen *gesetzlichen Neufassung des § 218 StGB* im Jahre 1995 war jegliche Selbst- und Fremdabtreibung in der alten Bundesrepublik Deutschland grundsätzlich strafbar. Für das Gebiet der ehemaligen DDR galt eine aus der früheren Gesetzgebung übernommene Fristenregelung als Übergangsmaßnahme. Die bundesrepublikanische Strafgesetzgebung enthielt jedoch – in einer Art Doppelmoral – Ausnahmeregelungen der *medizinischen, kriminologischen, embryopathischen* und *sozialen Indikation*, bei der von Strafverfolgung abgesehen wurde. Die Widersprüchlichkeit der Rechtslage führte nicht nur zu unabsehbaren Konflikten und nötigender Beratungspraxis, sondern auch zu erbitterten politischen Auseinandersetzungen, die erst mit der Neuregelung ihr Ende fanden (zur Entwicklung: ANTOR/BLEIDICK 1995, 220–223). Seitdem ist offensichtlich eine gewisse Befriedung eingekehrt, wenngleich nicht die Probleme, vor allem hinsichtlich der Beratungsregelung, gelöst erscheinen (zur Übersicht: Presse- und Informationsamt der Bundesregierung 1995).

Nach dem neuen Wortlaut des § 218 StGB sind zwar Schwangerschaftsabbrüche nach wie vor „grundsätzlich strafbar". In der juristischen Würdigung sind für Ausnahmeregelungen indessen ‚weichere' Formulierungen getroffen. Danach ist die „Rechtswidrigkeit eines Schwangerschaftsabbruchs ausgeschlossen" bei zwei *Indikationen*:

§ 218 StGB:
Neufassung

> – *medizinische Indikation* (§ 218a Abs. 2) ohne zeitliche Begrenzung, „wenn der Schwangerschaftsabbruch unter Berücksichtigung der gegenwärtigen und künftigen Lebensverhältnisse notwendig ist, um Lebensgefahr oder die Gefahr einer schwerwiegenden Beeinträchtigung des körperlichen oder seelischen Gesundheitszustandes der schwangeren Frau abzuwenden";
> – *kriminologische Indikation* (§ 218a Abs. 3) bis zur 12. Woche, wenn die Gravidität auf einem Sexualdelikt beruht.

Die Regelung der bisherigen „sozialen Indikation" ist fortgefallen. Ferner sieht das Gesetz eine sog. „kindliche, eugenische oder embryopathische Indikation" bei einer zu erwartenden Schädigung des Kindes nicht mehr vor. Insbesondere die Behindertenverbände hatten während der Bundestagsberatungen den Fortfall der Regelung verlangt, weil sie das Lebensrecht behinderter Menschen diskriminiere. Die rechtfertigende Indikation fällt von nun an ausschließlich unter die Voraussetzungen der medizinischen Indikation.

Gemäß § 218a Abs. 4 bleibt die Schwangere selbst – auch ohne Vorliegen medizinischer oder kriminologischer Indikation – bis zur 22. Woche straflos, wenn der Abbruch von einem Arzt nach einer „Schwangerschaftkonfliktberatung" vorgenommen wird.

Der Rechtsrahmen des § 218 StGB bietet mithin einen beträchtlichen *Entscheidungsspielraum für die Konsequenzen, die aus dem Ergebnis einer Pränatalen Diagnose gezogen werden können*. Somit kommt die moralische Verantwortung aller Beteiligten – der Eltern, des ratgebenden Arztes – ins Spiel. In Immanuel KANTs Logik von 1800 heißt es: „Das Feld der Philosophie in dieser weltbürgerlichen Bedeutung läßt sich auf folgende Fragen bringen:

§ 218 StGB:
Entscheidungsspielraum

1) Was kann ich wissen?
2) Was soll ich tun?
3) Was darf ich hoffen?
4) Was ist der Mensch?

Die erste Frage beantwortet die Metaphysik, die zweite die Moral, die dritte die Religion und die vierte die Anthropologie" (zit. nach Ausgabe 1923, 25). KANTs Einteilung der Philosophie bietet einen Problemeinstieg in das Thema ethischer Aspekte, die mit der Pränatalen Diagnostik und ihren Folgen verbunden sind (vgl. BLEIDICK 1990).

(1) *Was kann ich wissen?* Die vorgeburtliche Diagnostik erlaubt eine Geschlechtsbestimmung des Kindes, die Risikoabschätzung für Krankheiten, in bestimmten Fällen die sichere Identifizierung eines genetischen Defekts, etwa bei Chromosomenabweichung. – Aber: Welches Wissen verträgt der Mensch? Wie geht er mit diesem Wissen um? Bewegt es ihn

Kant:
Was kann ich wissen?

nicht, das Wissen umzusetzen in praktische Folgerung? – Und so drängt sich die zweite Frage auf:

Was soll ich tun?

(2) *Was soll ich tun?* Soll ich das behinderte Kind, das ich im Leibe trage, abtreiben? Oder soll ich es auf mich nehmen, ein Kind zu haben, das nicht wie andere Kinder sein wird, nicht gesund, nicht lebenstüchtig, nicht erfolgreich im Sinne der gesellschaftlichen Kultur? Und weiter: Mit welcher Sicherheit läßt sich voraussehen, daß die von der Diagnostik prognostizierten Ergebnisse auch tatsächlich eintreten werden? – Damit eröffnet sich die nächste Dimension:

Was darf ich hoffen?

(3) *Was darf ich hoffen?* Wie wird sich das Kind entwickeln? Wird es in die Schule gehen, in der Werkstatt für Behinderte beschäftigt sein? Und was wird aus ihm, wenn ich nicht mehr lebe? Oder kann es sogar den Hauptschulabschluß erreichen? Ist alles vielleicht nicht so schlimm? Wie oft haben sich die Ärzte mit der medizinischen Diagnose geirrt. Unter Umständen wird das Kind auch so schwer geschädigt sein, daß es nicht lebensfähig ist und früh stirbt. Und wenn ich das Kind doch ‚wegmachen‘ lasse, kann ich die gesundheitliche Belastung im fünften Monat überhaupt aushalten, und wie werde ich vor meinem Gewissen damit fertig, ein Fleisch von meinem Fleische getötet zu haben? Darf ich die Leibesfrucht abtöten lassen? – Dies provoziert die letzte und dringliche Frage:

Was ist der Mensch?

(4) *Was ist der Mensch?* Das Leben, das die Mutter in sich spürt, ist ohne Zweifel menschliches Leben; denn nach weiteren drei Monaten wird ein Menschenkind geboren werden. Aber – und in dieser Frage spitzen sich die drängenden Probleme zu, die die ethische Diskussion in den letzten Jahren bestimmt haben – hat dieses Kind, schwerstbehindert und im Brutkasten ‚künstlich‘ am Leben gehalten, ein ‚menschenwürdiges Leben‘? Ist der Embryo, ist der Fetus, ist der mit wenig entwickelten kortikalen Funktionen vegetierende Mensch überhaupt eine menschliche ‚Person‘?

Existentielle Fragen der Pränatalen Diagnostik

Wir kehren zu KANT zurück und erfahren, daß es formale Kategorien zur Beantwortung dieser existentiellen Fragen gibt.

Metaphysik

Die erste Frage „Was kann ich wissen?“ beantwortet die *Metaphysik,* so heißt es. KANT, der die Aufgabe der Aufklärung als Befreiung des Menschen aus seiner selbstverschuldeten Unmündigkeit bezeichnet hat, ahnte nichts vom Fortschritt der Naturwissenschaften, die ein physikalisch-chemisches Weltbild an die Stelle der metaphysischen Deutung gesetzt haben. Die Versuchung ist groß, alles das enträtseln zu wollen, was früher die ‚Heiligkeit des Lebens‘ genannt wurde – bis hin zur Entschlüsselung des menschlichen Genoms, zu einer Kartographie von Genen, die es erlaubt, nicht nur pathogene Gruppen zu identifizieren, sondern auch eine Gentherapie zu betreiben, durch Einbringen von Genen in Erbbahnen, als Keimbahntherapie gegen Krebs. Die Zukunftsvision ist nicht mehr fern, daß jeder von uns einen Genpaß hat und um sein Krankheitsrisiko bei Diabetes, Herzinfarkt-Gefährdung, Schizophrenie und Chorea Huntington weiß. Vielleicht tut angesichts der Aufklärung, die am Ende des Mittelalters freigesetzt wurde, wiederum eine Gegenaufklärung not.

Es gibt werdende Mütter, die bewußt auf eine Amniozentese verzichten: Es ist besser, nicht um das persönliche Risiko zu wissen.

Denn Wissen wird in Handlung umgesetzt. Die Frage „Was sollen wir tun?" überantwortet KANT der *Moral*. Wir sprechen von der ethischen Verantwortung. Menschliche Lebensregelung und gesellschaftliche Ordnung bedürfen einer Ethik, die sagt, was gut für den Menschen ist. Auch die Sonderpädagogik braucht eine Ethik, um das gute Handeln gegenüber den Behinderten zu rechtfertigen.

Moral

„Was darf ich hoffen?" ist nach KANT eine Angelegenheit der *Religion*. Im Gefolge der seit der Aufklärung fortgeschrittenen Säkularisierung ist uns das geschlossene Weltbild verbindlicher Wertorientierung und transzendenter Lebenszuversicht abhanden gekommen. Der Horizont unserer Zukunftserwartungen ist offener, aber auch bedrohlicher geworden. Wir versuchen die ungewisse Zukunft zu steuern, selbst in die Hand zu bekommen. Nicht nur Geburtenregelung als allgemeine sozialpolitische Maxime ist gefragt, sondern konkrete Vorherbestimmung über ein menschliches Lebensschicksal.

Religion

Damit mündet alles in die letzte Frage: „*Was ist der Mensch*?" Was ist ein behinderter Mensch? Wann ist – nach einem Werturteil von SINGER (1994, 136) – ein schwerstbehinderter Mensch kein Mensch, genauer: keine *Person* mehr? In diesem Fall wäre, zumal in den frühen Stadien menschlich-embryonaler Entwicklung, eine ethische Rechtfertigung der Abtreibung auch im Sinne höherer Legitimität gegeben, weil nicht gegen ein immerhin allgemein anerkanntes Verbot der Tötung von Menschen – auch werdender Menschen – verstoßen würde.

Anthropologie

Eine Grundsatzdiskussion über Vor- und Nachteile der Pränatalen Diagnostik beinhaltet – zumal dann, wenn nach übereinstimmenden gynäkologischen Statistiken die Abtreibung des als behindert erkannten Fetus die Regel ist – zwangsläufig ethische Implikationen über die Bewertung behinderten Lebens. Insofern läßt sich eine „Ethik der Abtreibung" (LEIST 1990b) durchaus als Bilanzieren von Fortschritt und Gefahr Pränataler Diagnostik für behinderte Menschen fassen. In einer solchen Übersicht sind die warnenden Argumente in der Überzahl (BOBAN/ HINZ 1987). Die theoretische Bewertung widerspricht aber dem tatsächlichen Handeln der Betroffenen. Für die Spannung von idealistischer, grundsätzlicher Forderung und schlecht vorhandener Realität (BLOCH) besitzt die Ethik eine griffige Formel:

Ethik der Abtreibung

> *Kantianismus für die Prinzipien, Aristotelismus für den Alltag: Die vorgetragenen Argumente zeigen, daß auf der Ebene praktischer Diskurse all das erlaubt, zugelassen, ja sogar gefordert ist, was auf der Ebene der Begründung verpönt ist... die Trennung zwischen Begründungs- und Anwendungsebene (BRUMLIK 1991a, 378).*

Zunächst ist festzuhalten, daß die Techniken der medizinischen Diagnostik fraglos einen großen Fortschritt darstellen, wenn sich Chromosomenabweichungen, Spina bifida und andere morphologische Mißbildungen (Anencephalie, Dysmelien, Lippen-Kiefer-Gaumenspalten) pränatal feststellen lassen. Für die Eltern bedeutet die ärztliche Bestätigung, es sei

Pränatale Diagnose als Entlastung

‚alles in Ordnung', zunächst aus ihrer Perspektive eine subjektive Erleichterung, deren Tragweite allerdings objektiv deshalb gering ist, weil nur sehr wenige Behinderungen vorgeburtlich erkennbar sind. Es läßt sich auch nicht bezweifeln, daß der Schwangerschaftsabbruch bei pathogenem Befund in Situationen sozialer Zwangslage, persönlichen Leidens und gesellschaftlichen Drucks eine große Entlastung bringt, die die Rechtfertigung des Gesetzgebers zur Abwendung der „Gefahr einer schwerwiegenden Beeinträchtigung des körperlichen oder seelischen Gesundheitszustandes der schwangeren Frau" als human erscheinen lassen muß. Die verbreitete Einschätzung der vorgeburtlichen Diagnostik dürfte weniger von den Möglichkeiten der Schwangerschaftsunterbrechung beeinflußt sein als vielmehr von dem Positivum, mit dem sich Eltern von der monatelangen Sorge zu befreien suchen, ob sie ein geschädigtes Kind haben werden.

Pränatale Diagnostik als Belastung

Die Situation der Sicherheit und Beruhigung schlägt in dem Fall in einen belastenden Entscheidungskonflikt um, in dem die Untersuchung ergibt, daß das Ungeborene krank ist. Das möglicherweise behinderte Kind auszutragen und anzunehmen, steht gegen die Entscheidung, die Schwangerschaft abzubrechen. Die bisherigen Statistiken lassen vermuten, daß der Abbruch meist als schnelle und einfache Lösung mit einer gewissen Automatik herbeigeführt wird. Die ärztliche Beratung spielt hierbei fraglos eine wichtige Rolle. Namentlich von Behindertenverbänden ist immer wieder auf die Notwendigkeit gedrungen worden, das Beratungs- und Begleitungsangebot zu verbessern. Ein Beratungsgespräch, das den Eltern den Entschluß zur Annahme eines behinderten Kindes erleichtern soll, muß nicht nur in der Lage sein, auf unterstützende sozialpolitische Maßnahmen wie Kindergärten, Horte, Schulbildung und Arbeit für Behinderte in einem sinnvollen Leben hinzuweisen; es muß auch das Grundrecht behinderten Lebens glaubhaft vertreten. In der Neufassung des § 218 nimmt die Begründung eines *Beratungskonzeptes* und der Hinweis auf das *Schwangeren- und Familiengesetz von 1992* einen verhältnismäßig großen Raum ein.

Schadenersatzpflicht bei Risikoschwangerschaft

Wie ungünstig gegenüber solchen Forderungen tatsächlich das gesellschaftliche Klima ist, verrät indessen die brisante Diskussion über *Beratungs- und Schadenersatzpflichten bei altersbedingter Risikoschwangerschaft*. Die Rechtsprechung des Bundesgerichtshofs bejaht seit dem Beginn der 80er Jahre mit der herrschenden medizinischen Lehrmeinung und der überwiegenden ärztlichen Praxis die Verpflichtung des behandelnden Arztes zur umfassenden Aufklärung und Beratung über das altersbedingte erhöhte Risiko der genetischen Schädigung der Leibesfrucht und über die Möglichkeiten der Pränatalen Diagnostik. Ausdrücklich anerkannt hat der BGH die Beratungspflicht für solche Fälle, in denen die Frau selbst mit der Frage an den Arzt herangetreten ist, ob angesichts ihres Alters eine Fruchtwasseruntersuchung zur Feststellung einer Schädigung der Leibesfrucht zu empfehlen sei. Die entsprechenden Urteile (BGH vom 8.11.1988, Az. VI 2R 320/87, und vom 7.7.1987, Az. VI 2 R 193/86, sowie des Oberlandesgerichts München vom 30.6.1986 und 25.9.1986 und des Oberlandesgerichts Düsseldorf vom 28.7.1988) sind in vielfacher Hinsicht ethisch bedenklich. Die daraus abgeleitete

Schadenersatzpflicht der Ärzte bei „fehlerhafter" Schwangerschaftsberatung – wenn der Arzt nicht dringlich zum Abbruch rät – beurteilt das behinderte Kind als „Schaden" im Sinne eines Sachobjektes. Eine aufsehenerregende Kontroverse zwischen dem Ersten und dem Zweiten Senat des Bundesverfassungsgerichts hat die Frage, ob ein unerwünschtes Kind als Schaden zu bewerten sei, in das Bewußtsein der Öffentlichkeit gerückt. Zeigte sich doch, daß das Bundesverfassungsgericht dazu im Moment nicht einheitlich Recht spricht.

Boban/Hinz (1987, 26–29) zählen sieben Argumente „wider die Amniozentese" auf, die zusammenfassend auf die kritische Diskussion der letzten Jahre eingehen: (1) Eltern, die bereits ein behindertes Kind haben, erschrecken ob der Vorstellung, daß sie das Kind hätten „wegmachen" sollen. (2) Die kleine Gruppe der Eltern, die ausdrücklich auf Pränatale Diagnostik verzichtet oder sich bewußt für die Geburt ihres geschädigten Kindes entscheidet, wird nicht nur ethisch desavouiert. Sie weist auf die Illusion hin, daß mit einem Eingriff in natürliche Prozesse die medizinische Gewähr für ein leidfreies Dasein ohne Behinderungen zu erreichen sei. (3) Vertreter der Krüppelgruppen haben auf die untragbare Gleichsetzung von Behinderung gleich Leid und Unglück hingewiesen. Leid solle durch die „Abschaffung des Leidenden" verhindert werden (Sierck/Radtke 1989, 79). (4) Die Parallelen zur Vernichtungsmaschinerie der Nationalsozialisten an unheilbar Kranken sind offensichtlich. (5) Der Theologe Eibach hat das „ethische Novum" der Pränatalen Diagnostik benannt: „Erstmals wird Diagnostik nicht nur angewandt, um zu therapieren, sondern auch, um eventuell zu töten" (1983, 94). In der Tat ist die sukzessive medizinische Logik, die Abfolge von Diagnose und Therapie, aufgelöst: In der Regel sind – von wenigen Behandlungsmöglichkeiten des kranken Fetus abgesehen – keine Therapien bekannt, mit denen etwa die bei der Amniozentese aufgedeckten genetischen Schäden behebbar wären. (6) Die großzügige Auslegung von Fristen, wann menschliches ungeborenes Leben schützenswert ist und wann nicht, zerstört das Fundament der Menschenwürde nach Artikel 1 des Grundgesetzes. (7) Pränatale Diagnostik verschiebt, individualisiert das Problem behinderten Lebens auf die individuelle Prävention, anstatt ihr Augenmerk auf die gesellschaftlichen Bedingungen des Entstehens von Behinderungen und die Situation des Behinderten in der Gesellschaft zu lenken.

Der durchgehende Zug dieser Argumente besteht in einer eindringlichen Warnung: Hinter der verbreiteten und von der Rechtsprechung geförderten Pränatalen Diagnostik steht ein *behindertenfeindliches Bewußtsein*. Es stellt sich zwar nicht direkt als gewollte Aggression und ausgesprochene Abwehr dar. Mitunter sind die Einstellungen eher von Angst vor der Bedrohung durch Krankheit und Leid bestimmt. Das ist auch an einer Hamburger Umfrage zu Einstellungen gegenüber Behinderten ablesbar (Wocken 2000). Während sich immerhin mehr als 90 % der Befragten Behinderte sehr wohl als Nachbarn, im Urlaub und als Mitschüler ihrer Kinder vorstellen können, sind es auf der anderen Seite nur noch etwa 50 %, die ein absolutes Lebensrecht und eine Elternschaft Behinderter befürworten; und dabei wird man in Rechnung stellen müssen, daß es

Quelle 33 –
Argumente wider die
Amniozentese

Behindertenfeindlichkeit als
Gesundheitsfetischismus

eine erhebliche Diskrepanz gibt zwischen Antworten sozialer Erwünschtheit und tatsächlichem Verhalten. Es spricht einiges dafür, daß so auch anderswo die *Grenze der selektiven Zuwendung* verläuft. Die herrschende Ideologie ist gesundheitsfetischistisch.

> Natürlich ist es erstrebenswert, daß wir gesund und unbehindert sind und daß auch unsere Kinder gesund werden. Aber wenn vorgeburtliche Diagnostik durch Verdrängen der anderen Seite unseres Lebens, die endlich und belastet ist, die Illusion nährt, Behinderung sei abzuschaffen durch möglichst perfekte technische Eingriffe, dann verändert sie gesellschaftliche Standards. Pränatale Diagnostik und die durch sie nahegelegte Abtreibung bewerten ungeborenes Leben als unzumutbar, wenn es nicht den idealen Normen von Gesundheit und Intaktheit entspricht.

Die betroffene Mutter kann damit in einen existentiellen Konflikt gezwungen werden, der nicht nur ihre persönliche Notsituation ausdrückt, sondern stellvertretend ist für die Stellung behinderter Menschen in der Gesellschaft zwischen Akzeptanz und Verleugnung.

Dammbruch-Argument
In der Ethik wird vom *Dammbruch-Argument* gesprochen: „Wenn wir Verhütung gutheißen, warum dann nicht auch Abtreibung; und wenn Abtreibung, warum nicht Kindstötung; und wenn Kindstötung, warum nicht das Morden von Erwachsenen?" (HARE 1990a, 148). SINGER bestätigt das Argument vom Dammbruch, das er selbst in das Bild der „schiefen Bahn" (slippery slope) (1994, 108–109) kleidet, in doppelter Weise. Zunächst streitet er im Zusammenhang mit der Verteidigung der Euthanasie zwar jede Verbindung zwischen einer mildtätigen, humanen Euthanasie und dem Völkermord der Nazis ab (274). Auf der anderen Seite erhebt er kritisch Bedenken: „Wir müssen auch fragen, ob die verbreitete Akzeptanz von Abtreibung und passiver Euthanasie nicht bereits Risse in der traditionellen Ethik bloßgelegt hat, die sie nur noch einen schwachen Schutz gegen jene bieten läßt, denen die Achtung vor dem individuellen Leben fehlt" (277). Im Zusammenhang mit der Abtreibung eines behinderten Fetus, die SINGER aufgrund eines pathogenen Befundes der Amniozentese nachdrücklich befürwortet, um dafür ein anderes, gesundes Kind zu zeugen (240), vollzieht er den Übertritt auf die schiefe Bahn:

> *Mir ist nicht ersichtlich, wie sich die Ansicht verteidigen ließe, Föten vor der Geburt dürften „ersetzt" werden, neugeborene Säuglinge dagegen nicht ... Würde man Neugeborene – so wie nunmehr Föten – als ersetzbar betrachten, so böte dies große Vorteile gegenüber der pränatalen Diagnostik mit anschließendem Schwangerschaftsabbruch. Denn es gibt einige Behinderungen, die tatsächlich vor der Geburt nicht vorhanden sind; sie können aus einer extremen Frühgeburt resultieren oder daraus, daß die Geburt nicht normal verläuft. Gegenwärtig haben die Eltern nur dann die Wahl, behinderte Nachkommen zu behalten oder ihr Leben zu beenden, wenn die Behinderung während der Schwangerschaft entdeckt wird. Es gibt keine logische Grundlage dafür, daß die Wahlmöglichkeit der Eltern auf diese besonderen Behinderungen beschränkt bleibt. Würden behin-*

derte Neugeborene bis etwa eine Woche oder einen Monat nach der Geburt nicht als Wesen betrachtet, die ein Recht auf Leben haben, dann wären die Eltern in der Lage, in gemeinsamer Beratung mit dem Arzt und auf viel breiterer Wissensgrundlage in bezug auf den Gesundheitszustand des Kindes, als dies vor der Geburt möglich ist, ihre Entscheidung zu treffen (241–243).

Es obliegt also keinerlei Zweifel: In SINGERS Argumentation sind die Schleusen bewußt geöffnet. Amniozentese liefert den diagnostischen Anhaltspunkt für Abtreibung; Abtreibung rechtfertigt prinzipiell auch den Infantizid; ein Kind in späteren Lebensaltern mit irreparablem Hirnschaden nach Verkehrsunfall wäre ein Fall für Euthanasie; die Sterbehilfe für alte, schwerkranke und pflegebedürftige Menschen ist die logische Fortsetzung des Denkens auf der abschüssigen Bahn. Es mutet deshalb weniger hilflos denn eher zynisch an, wenn das Dammbruch-Argument abgestritten wird (HEGSELMANN 1991, 208 f.; MERKEL 1993, 952; HOERSTER 1991, 157).

So stellt sich denn die Frage, welche Haltung richtig sein kann, wenn dabei *die Interessen und der Lebenssinn behinderter Menschen* ein letztgültiges Kriterium abzugeben haben. Moralische Argumente pro oder contra Abtreibung beziehen sich auf philosophisch-anthropologische Prämissen, die entweder bejaht oder in Frage gestellt werden: (1) ob grundsätzlich jedem menschlichen Embryo ein Recht auf Leben zugeschrieben werden soll; und wenn diese Frage bejaht wird: (2) zu welchem Zeitpunkt menschliches Leben nach der Zeugung beginnt; wenn die Grundfrage zu (1) verneint wird: (3) welche Eigenschaften dann den besonderen Status eines Humanum definieren, der Embryonen und Feten als schutzwürdig ansieht und anderen diesen Lebensschutz verwehrt.

Ethische Argumentation

(1) Das Bundesverfassungsgericht hat in einem Urteil vom 28. Mai 1993 den grundsätzlichen *Schutz des ungeborenen Lebens und das Lebensrecht für alle Menschen*, mithin auch für behinderte Embryonen, proklamiert. Offenkundig handelt es sich um ein ‚*Speziesargument*‘: alles Leben ist schutzwürdig, das von Menschen geboren wird, qua Spezies menschliche Gattungszugehörigkeit. Das religiös-weltanschauliche Fundament einer solchen These ist die Lehre von der „Heiligkeit des Lebens" (KUHSE 1990a). Logisch müßte das Theorem jede Tötung als Mord verurteilen. Bei näherem Zusehen zeigt sich allerdings, daß das Prinzip nicht durchgehalten wird. Im Krieg, bei der Selbstverteidigung, bei passiver Sterbehilfe und mit der Vollstreckung von Todesstrafe in einigen Ländern wird das Tötungsverbot eingeschränkt, ignoriert oder aufgehoben. Letztlich ist die Fristenregelung ebenfalls ein Verstoß gegen die Unverletzlichkeit des werdenden Lebens. Im Sinne der Universalität von Geltungsgründen ist das Prinzip nicht haltbar, weil keine „überpositive, absolut geltende Norm" (HOERSTER 1991, 14). Daran ändern auch theologische, speziell kirchlich-dogmatische Erklärungen nichts. Es sei denn, sie belegen, daß moralische Werturteile „nur im Sinn der subjektiven Ethik verstanden werden" (LEIST 1990b, 69). Als solche müssen sie aber denen, die sich auf sie berufen, zugebilligt werden.

Recht auf menschliches Leben als Speziesargument

Beginn des menschlichen Lebens

(2) Die zweite Position ist zwar der ersten prinzipiell untergeordnet, stellt jedoch eine Einschränkung respektive Aufweichung der Position unter (1) dar. So hat HOERSTER argumentiert, daß behinderte Feten getötet werden dürften, aber „als Geborene müssen sie ... uneingeschränkt respektiert werden" (1991, 159). Die Trennung ist, jenseits aller logischen und moralischen Einwände, schon empirisch widerlegt. Frühgeborene können mit den Mitteln der High-Tech-Medizin am Leben erhalten werden, wenn sie bereits zwischen der 25. bis 26. Schwangerschaftswoche zur Welt kommen. Die Zäsur der Geburt ist also eine relative Größe und nicht als Kriterium verwertbar. Abtreibungsgegner verweisen auf Belege der Neurologie, daß schon von der 6. Woche an im Kopf des Embryos Gehirnströme fließen. Von der 8. bis 20. Lebenswoche wird das zentrale Nervensystem der Feten in Grundbausteinen entwickelt. Von der 26. Woche an erscheint der neue Mensch mit vergleichbar minimalem Bewußtsein ausgestattet. Erst von der 30. Woche an läßt sich ein zwischen Feten und Erwachsenen ähnliches Hirnleben beschreiben. Angesichts solcher fließender Übergänge dürfte ein *Kriterium zur Erstbestimmung menschlichen Lebens* in empirischer Hinsicht untauglich sein. Die technischen Fortschritte der Reproduktionsmedizin, die im Reagenzglas gezeugte Embryonen massenweise herstellt und ‚verbraucht', lassen kaum noch Verständnis für derartige Grenzbestimmungen aufkommen.

Menschsein als Potentialität

Im Zusammenhang mit der eingeschränkten Verteidigung des Lebensprinzips wird mitunter das *Potentialitätsargument* herangezogen: Auch wenn der Embryo noch kein vollwertiger Mensch ist, so ist ihm doch die Potenz, die Möglichkeit der vollen Menschwerdung gegeben. Das Argument trägt ethisch am wenigsten, weil es sich logisch am schlechtesten begründen läßt:

> *Eine notorische Schwierigkeit von Potentialitätsargumenten ist dabei, zu erklären, warum sich das Potential der befruchteten Eizelle signifikant vom Potential von Ei- und Samenzelle vor der Befruchtung unterscheidet. Gelingt das nicht, wäre auch das Vernichten unbefruchteter Ei- und Samenzellen dem Töten Erwachsener gleichzustellen (LEIST 1990a, 24).*

Das Bundesverfassungsgericht hat in seinem Urteil von 1993 dem Gesichtspunkt einen Riegel vorgeschoben:

Menschsein als personaler Status

> Der Mensch entwickelt sich nicht erst *zum* Menschen, sondern als Mensch. Er ist also *als* ein sich Entwickelnder immer schon bereits Mensch und nicht ein potentielles Vorstadium von Menschsein.

(3) Personen- oder Interessen-Argumente prüfen die Frage, ob schützenswertes Leben einen ‚*personalen*' Status hat, also auch, ob Feten Personen sind und ein Lebensinteresse besitzen. SINGER (1994, 119) hat den Personstatus eines Menschen per definitionem davon abhängig gemacht, daß er Selbstbewußtsein, Zukunftswissen und Beziehungsfähigkeit habe. Feten, Neugeborene und „manche geistig Behinderte" (136) sind in dem Sinne keine Personen:

> *Denn bei jedem fairen Vergleich moralisch relevanter Eigenschaften*
> *wie Rationalität, Selbstbewußtsein, Bewußtsein, Autonomie, Lust-*
> *und Schmerzempfindung und so weiter haben das Kalb, das Schwein*
> *und das viel verspottete Huhn einen guten Vorsprung vor dem Fötus in*
> *jedem Stadium der Schwangerschaft ... Da kein Fötus eine Person ist,*
> *hat kein Fötus denselben Anspruch auf Leben wie eine Person (196–*
> *197).*

Die Anhänger der konsequentialistischen Ethik SINGERS, die dem Fetus
Personstatus absprechen und ihm daher kein Lebensinteresse zubilligen,
argumentieren ähnlich in bezug auf die Rechtfertigung von Abtreibung
(HOERSTER 1991, 80 ff.).

Die Geschichte der Philosophie lehrt indes, daß man einen empirischen
von einem normativen Begriff der Person trennen muß:
Philosophischer Personbegriff

a) Als *empirischer Sachverhalt* ist Personalität meßbare psychische Eigenschaft, von SINGER mit umstrittenen und psychologisch kaum opera-
tionalisierbaren Kriterien definiert. Exakter kann dies als Persönlichkeit
bezeichnet werden, als das Maß der kulturellen Entfaltung des Menschen.
Empirischer Begriff

b) Als *normativer Begriff* ist Person eine Setzung des zuschreibenden
Rechts, das gesollt ist. Wenn das Grundgesetz der Bundesrepublik
Deutschland in Artikel 1 Absatz 1 sagt. „Die Würde des Menschen ist
unantastbar", dann meint es, daß die Würde als unantastbar gelten soll.
Ähnlich werden die Rechtsbegriffe festgesetzt, und zwar – bis zur Beweis-
erhebung des Gegenteils – ohne Ansehen ihres faktischen psychischen
Korrelats: Volljährigkeit, Ehemündigkeit, Geschäftsfähigkeit, Strafmün-
digkeit, Frauenwahlrecht (in der Schweiz) und so weiter. Personsein ist
also ein „moralischer Status" (STOLK 1989, 189).
Normativer Begriff

In der *christlichen Anthropologie* kann daher lapidar gegenübergestellt
werden: *Körper* als diesseitige materielle Existenz und *Leib*, der in seiner
Unversehrtheit auferstehen wird; *Persönlichkeit* als hiesige Prägung der
Kultur, des Lernens, und *Person* in ihrer Unantastbarkeit und Unver-
sehrtheit, als Wille und Ebenbild Gottes (BLEIDICK 1994).
Christliche Anthropologie

Ein pseudoempirisches Verständnis, das glaubt, Personen, Noch-nicht-
Personen, Quasipersonen und Nie-Personen unterscheiden zu können
(BRUMLIK 1991b, 189) und demgemäß Konsequenzen für Abtreibung
und Euthanasie zu ziehen vermag, unterstellt psychologische Meßbarkeit
da, wo erfahrungsgemäß nicht gemessen werden kann und wo Quantifi-
zierbarkeit von menschlicher Würde normativ nicht erwünscht ist.
WARNOCK hat auf die prekäre semantische Verschiebung des Problems
bei der Beurteilung von Embryonen hingewiesen: „Ob ein Embryo in
seinen frühesten Stadien eine Person ist, klingt ... wie eine Tatsachen-
frage. Es klingt, als ob wir durch Untersuchen des Embryo und Entdecken
seiner Eigenschaften eine nichtkontroverse Antwort finden könnten."
Genau das ist nicht der Fall, denn es kommt vielmehr darauf an, „daß
zu entscheiden ist, ob jemand – oder ein Rechtssubjekt – eine Person
genannt werden kann" (WARNOCK 1990a, 216). Die Mutter eines
schwerstbehinderten Kindes sagt dazu: „Mein Sohn ist ein solcher

Mensch. Ob er auch eine Person ist, diese Frage hat sich mir in all den Jahren unseres Zusammenlebens nie gestellt" (SEIFERT 1990, 261).

Pragmatismus in der
Pränatalen Diagnostik

Eine Ethik für die Pränatale Diagnostik kommt nicht ohne *Pragmatismus* aus. Die pragmatische Haltung ist jedoch keine standpunktlosem Liberalismus ausgesetzte Ausflucht. Die als inkonsequent empfundene Doppelmoral muß offenbar unter der Widersprüchlichkeit des Lebens und der Zwiespältigkeit, der Spannung von unhintergehbaren ethischen Forderungen und den faktisch nicht so leicht veränderbaren Verhältnissen hingenommen werden. Die angelsächsische Moraldiskussion spiegelt solches Hin- und Hergerissensein wider:

> *Viele von denen, die Abtreibung als moralisch erlaubt ansehen wollen, werden meine Argumentation in zweierlei Hinsicht für unbefriedigend halten. Erstens obwohl ich sage, daß Abtreibung nicht unerlaubt ist, sage ich doch nicht, daß sie immer erlaubt ist. Es kann durchaus Fälle geben, in denen das Kind auszutragen von der Mutter nur die Anstrengung eines minimal anständigen Samariters verlangt, und das ist der Standard, unter den wir nicht fallen sollten. Ich tendiere dazu, es gerade für einen Vorteil meiner Theorie zu halten, daß sie kein generelles ‚Ja‘ oder ‚Nein‘ anbietet. Sie läßt zu und unterstützt unsere Vorstellung, daß sich beispielsweise eine bis zur Verzweiflung eingeschüchterte vierzehnjährige Schülerin, die aufgrund einer Vergewaltigung schwanger ist, selbstverständlich für eine Abtreibung entscheiden kann und daß jedes Gesetz, das dies ausschließen würde, ein indiskutables Gesetz wäre. Sie läßt ebenfalls zu und unterstützt unsere Vorstellung, daß in anderen Fällen der Rückgriff auf eine Abtreibung wirklich anstößig ist. Die Forderung einer Frau nach Abtreibung wäre anstößig – ebenso anstößig wie das Handeln eines Arztes, der sie vornimmt – wenn sie sich im siebten Monat befindet und die Abtreibung nur will, um das Ärgernis zu vermeiden, eine Reise ins Ausland verschieben zu müssen ... Während ich mit meiner Argumentation, zweitens, die Erlaubtheit von Abtreibung in einigen Fällen vertrete, befürworte ich damit nicht das Recht, das ungeborene Kind zu töten. Es ist leicht, diese beiden verschiedenen Dinge zu verwechseln, weil der Fötus bis zu einem bestimmten Punkt in seinem Leben nicht in der Lage ist, außerhalb des Körpers der Mutter zu überleben. Ihn aus ihrem Körper zu entfernen, bedeutet deshalb seinen Tod. Aber beides ist auf wichtige Weise verschieden* (THOMSON 1990a, 128–129).

In der Ethik ist ein intoleranter Rigorismus ebensowenig durchzuhalten wie ein Laissez-faire verantwortungsloser Erlaubtheit. Zwischen beiden Extrempositionen bewegt sich aber die Empfehlung zum moralischen Handeln, das die sorgfältig abgewogene Einzelfallentscheidung zum Maßstab macht. Die Abtreibungsdiskussion im säkularen Staat unter pluralistischen sittlichen Maximen kommt nicht ohne zugestandene Inkonsequenzen aus:

Moralischer Stellenwert der
Pränatalen Diagnostik

> Gute und überzeugende Argumente für eine Ethik der Pränatalen Diagnostik beinhalten unerläßliche Postulate zugunsten des behinderten Menschen.

Der Stellenwert der vorgeburtlichen Diagnose zur Feststellung von Behinderungen darf medizinisch nicht überbewertet werden. Nur ein sehr geringer Teil von Schädigungen ist pränatal feststellbar. Die weitaus größte Zahl von Erkrankungen und Behinderungen – obschon ätiologisch nicht immer zu identifizieren – wird nachgeburtlich erworben. Bei den meisten angeborenen Störungen ist die Ursache unbekannt. Um so wichtiger ist die Forderung, daß angesichts des diagnostisch eher geringen Stellenwertes vorgeburtlicher Untersuchungen, deren populäre Einschätzung und juristische Relevanz in einem eklatanten Mißverhältnis zu den minimalen medizinischen Möglichkeiten von Prävention und Therapie steht, das Ansehen und die Hilfe für lebende Behinderte nicht Schaden leiden.

Routinemäßige Untersuchungen, die eine faktische Zwangsläufigkeit zwischen dem Erkennen einer Schädigung und der Abtreibung suggerieren, bedeuten eine erhebliche Gefahr für das Ansehen behinderter Menschen, wenn mit ihnen ein gesellschaftliches Schuldbewußtsein entstehen sollte, sie seien biologische Betriebsunfälle, die bei sorgsamer Nutzung aller diagnostischen Tests hätten vermieden werden können. Jede Verbindungslinie zwischen den Fragen, die Pränatale Diagnostik im Einzelfall aufwirft, und der Einstellung gegenüber behinderten Menschen, die in der Gesellschaft von überwiegend Gesunden und Nichtbehinderten leben, ist ethisch bedenklich.

> Es sind zwei voneinander unabhängige Standpunkte, ob ich Prävention betreibe und mein Selbstbestimmungsrecht über das Leben in mir beanspruche, und daß ich das Kind, das mir geboren und anvertraut ist, so annehme, wie es ist, behindert oder nichtbehindert.

Richtige Beratung, die die Eltern über die Konsequenzen, aber auch über die Möglichkeiten des Lebens mit einem behinderten Kind vorurteilslos und ohne Dramatik informiert, sollte Entscheidungen erleichtern, die Betroffene letztlich nur in eigener Verantwortung treffen können.

2.3 Früheuthanasie

Fallbeispiel

Mit der kleinen Bettina wollte nie jemand etwas zu tun haben. Mit ihrer Leiche erst recht nicht. Als die Pastorin Gisela Kröger ein letztes Mal in das Gesicht des Säuglings blickt, haben selbst die Bestatter erschrocken die Kapelle des Dankes- und Nazarethfriedhofs in Berlin-Reinickendorf verlassen.

Verwesungsgeruch erfüllt den Andachtsraum. ,,Wir haben an diesem Kind versagt'', murmelt die Geistliche vor dem weißlackierten Sarg. Dann läuten die Glocken. Niemand außer Gisela Kröger und den Bestattern begleitet den kleinen Sarg. Nach 15 Minuten stecken die Totengräber den Pfahl mit dem Plastiknamensschild in den plattgedrückten Sand – Sozialbeerdigung. 2006,82 Mark, Friedhofsgebühren inklusive.

Trotzdem ist die Klinikpastorin des Berliner Herzzentrums zufrieden. Zweieinhalb Monate hat sie auf diesen sonnigen Oktobertag gewartet. Zweieinhalb Monate blieb der Leichnam im Kühlraum der Klinik liegen, weil sich kein Amt für die Bestattung zuständig erklärte.

Es war das unwürdige Ende eines kurzen Lebens. An einem Nachmittag im Sommer des vergangenen Jahres hatten Sanitäter einen Brutkasten ins Berliner Herzzentrum gerollt. Wie Schneewittchen im Glassarg lag ein sechs Tage altes Baby darin. Das Leben der aus Jena eingeflogenen Patientin hing nur noch an Schläuchen und Kanülen. Kein einziges Mal aber war der bläuliche Säugling von seiner Mutter berührt worden.

Mit ihrem Kind wollte die schizophrene 39jährige Heiminsassin nichts zu tun haben. Um 2.14 Uhr früh gaben auch die Ärzte auf: Exitus letalis nach Notoperation; das verlassene Baby wird zur vergessenen Leiche.

In Jena gibt sich Jugendamtsleiterin Käthe Brunner hinterher ,,ein Stück betroffen''. Fürsorgeberechtigt sei man zwar für das Kind gewesen. Um die Leiche jedoch hätte sich die Betreuerin der Mutter, ein Vormund, kümmern müssen.

Die Betreuerin Heidrun Geißler wiederum weiß aber auch ,,mit Sicherheit'': ,,Für das Kind bin ich nicht zuständig.'' Alle Dokumente habe sie ans Jugendamt weitergereicht. Da verstaubte der Vorgang auf der Ablage, bis Frank Nicklaus im Sozialamt Wedding von dem Behördenkarussell erfuhr. Geschockt sagte der Beamte die Bestattungskostenübernahme zu, endlich konnte Bettinas Leichnam beerdigt werden.

Ein Beispiel besonderer Pietätlosigkeit? Keineswegs. Der Fall des Jenaer Säuglings berührt vielmehr einen wunden Punkt der Krankenhausmedizin: Für von den Eltern verlassene Klinikkinder fühlt sich niemand zuständig. Schwerstbehinderte Babys und chronisch kranke Kinder vegetieren mitunter jahrelang ohne Zuwendung auf den Stationen vor sich hin. Manche kämpfen mutterseelenallein mit dem Tod.

Quelle: Der Spiegel 18/1996

Es gibt, wie das Fallbeispiel zeigt, Grenzsituationen zwischen Leben und Tod: Frühgeborene, die mit den Mitteln der Apparatemedizin künstlich am Leben gehalten werden; Koma-Patienten, die nach ärztlicher Diagnose das menschliche Bewußtsein nicht wiedererlangen werden und nur noch ‚dahinvegetieren‘. In diesen Fällen taucht die Frage auf, ob schwerstbehinderte und kaum lebensfähige Menschen von ihrem Leiden ‚erlöst‘ werden sollten – vorausgesetzt, daß ihr schmerzbelastetes Dasein

ein leidvolles und kaum erträgliches Leben ist. Seit der Antike gibt es dafür das Wort vom „schönen, leichten Tod" , griechisch euthanatos.

Die *Früheuthanasie* bei schwerstgeschädigten Säuglingen ist nur ein Sonderfall genereller Diskussion um die *Euthanasie*. Das Problem stellt sich in zahlenmäßig wesentlich drängenderer Weise bei der steigenden Gebrechlichkeit und Pflegebedürftigkeit alter Menschen (ANTOR/BLEIDICK 1995, 87 f., 251 f., 311 ff.). Da die Behindertenpädagogik mehr von der Diskussion um das Lebensrecht schwerstbehinderter Kinder betroffen ist, wird an dieser Stelle nur die Früheuthanasie abgehandelt.

Im Jahre 1920 befragte MELTZER (1925, 85 ff.), der Direktor der sächsischen Landespflegeanstalt für bildungsunfähige und schwachsinnige Kinder Katharinenhof, die Eltern von 200 Anstaltskindern, ob sie in eine „schmerzlose Abkürzung des Lebens ihres Kindes einwilligen würden, nachdem durch Sachverständige festgestellt ist, daß es unheilbar blöd ist". Von den Elternpaaren antworteten 119 (= 59,5 %) mit Ja, 43 (= 21,5 %) mit Nein.

Eltern, die sich für eine Euthanasie aussprachen, begründeten ihre Zustimmung so: „Die Kinder sind uns eine Last. Sie leben sich auch selbst zur Last; wenn wir gestorben sind, kümmert sich niemand um sie; sie werden in der Welt herumgestoßen, kommen in andere Anstalten, wo sie nicht so gut wie bei Ihnen aufgenommen werden können." – „Halten Sie uns nicht für herzlos. Wir lieben unser Kind sehr, aber Vernunftgründe sprechen doch für diese Anregung. Je länger die Sache aber hinausgezogen würde, desto bedenklicher wird es, weil man an den Kindern je länger, desto mehr hängt." – „Nach langen Kämpfen sind wir zu dieser Entscheidung gekommen. Das Kind ist am besten im Himmel aufgenommen." – „Im Prinzip einverstanden; nur dürfen Eltern nicht gefragt werden; es fällt ihnen doch schwer, das Todesurteil für ihr eigen Fleisch und Blut zu bestätigen. Wenn es aber hieße, es wäre an einer x-beliebigen Krankheit gestorben, da gibt sich jeder zufrieden."

Die Beispiele aus Nein-Antworten lauteten: „Ich würde auf keinen Fall zugeben, daß man gegen das Leben meines Sohnes etwas unternimmt. Er hat meiner Überzeugung nach genau so viel Berechtigung zum Leben wie jeder andere Mensch, und ich würde nie vor meinem Gewissen Ruhe finden." – „Sollte ihn ein natürlicher Tod erlösen, so würde es mir eine Beruhigung sein. Aber zu solchen Sachen gebe ich meine Zustimmung nicht! – Ich hätte keine ruhige Stunde mehr im Leben". – Der Vater eines Kindes mit Hydrocephalus holte, statt eine Antwort zu geben, sein Kind aus der Anstalt ab.

MELTZER selbst, der eine „Unfruchtbarmachung Minderwertiger" befürwortete (1927), lehnte immerhin die Euthanasie, „soweit es sich um Idioten oder gar um Geisteskranke handelt, ... aus ethischen und praktischen Gründen" ab (1925, 101). Und er gesteht seine Bestürzung ob des Ergebnisses der Befragung. Bei seiner vierzehnjährigen Tätigkeit mit schwer Geistigbehinderten und bei etwa 220 Todesfällen könne er sich nur an zwei erinnern, bei denen er narkotische Mittel zu einer Schmerzlinderung habe geben müssen. Er weist auf den ungeheuren Schaden hin,

Früheuthanasie und Alterseuthanasie

Meltzer 1920: Befragung von Eltern Schwerstbehinderter zur Euthanasie den das ärztliche Ansehen erleide, wenn zu der Furcht, in einer Anstalt „lebendig begraben" zu sein, die Befürchtung hinzutrete, man werde dort mehr oder weniger offiziell „beseite gebracht". Es sei dann kein Wunder, wenn das Mißtrauen hochschieße. Die Untergrabung des Vertrauens stünde in keinem vertretbaren Verhältnis zu einem eventuellen wirtschaftlichen Vorteil, der durch die Tötung einiger Geisteskranker und Schwachsinniger vielleicht gewonnen werde.

Diskussion um Sterbehilfe

Nicht nur in Deutschland besitzt die Diskussion um *Sterbehilfe* ein hohes Maß an öffentlicher Resonanz. Sie ist angesichts der demographischen Veränderungen in der Bevölkerungsstruktur der Industrieländer verständlich: Es gibt immer mehr Alte, Kranke, Gebrechliche und Pflegebedürftige. Gesetzgebung und Rechtsprechung im Ausland sind teilweise als ‚euthanasiefreundlich' anzusehen (ANTOR/BLEIDICK 1995, 253 f.), insbesondere die Sterbehilfe-Praxis der Niederlande (STOLK 1990). Erörterungen um eine Änderung von § 216 des Strafgesetzbuches, der die Tötung auf Verlangen ahndet, der beträchtliche Einfluß der Deutschen Gesellschaft für Humanes Sterben (DGHS) mit circa 50000 Mitgliedern, die Einbecker Empfehlungen zu den Grenzen der ärztlichen Behandlungspflicht bei schwerstgeschädigten Neugeborenen und schließlich die plakativen Einzelfälle in der Boulevard-Presse („Durch Zyankali erlöst", KLEE 1990) sprechen eine deutliche Sprache. Das Institut für Demoskopie Allensbach gab 1974 das Ergebnis einer Umfrage bekannt, nach der 38 % der Befragten der Meinung waren, man solle Menschen mit schweren geistigen Schäden ein Medikament geben, „damit sie nicht mehr aufwachen".

Rechtliche Unterscheidungen

Für die rechtliche Beurteilung ist es wichtig, grundsätzliche Unterscheidungen vorzunehmen, die strafrechtlich von verschiedenem Belang sind:

> – *Aktive Euthanasie:* bewußte Tötung zur Leidminderung;
> – *Passive Euthanasie:* Unterlassung der lebensrettenden und lebenserhaltenden Hilfeleistung;
> – *Freiwillige Euthanasie:* Sterbehilfe auf Verlangen der getöteten Person;
> – *Indirekte Euthanasie:* Verabreichung von hohen Medikamentendosen zur Schmerzlinderung, die zum Tod führen können.

So einsichtig diese Abgrenzungen auf den ersten Blick erscheinen, in konkreten Fällen ergeben sich fließende Grenzen bei der strafrechtlichen Relevanz einerseits und der moralischen Bewertung andererseits. Es liegt jedoch auf der Hand, daß die Hilfe *beim* Sterben eine andere Beurteilung erfahren muß als die Hilfe *zum* Sterben, die auf eine gewollte Lebensverkürzung hinausläuft (LEIST 1990a, 44).

Aktive Euthanasie

Aktive Euthanasie erfüllt in jedem Fall den Tatbestand des Mordes nach § 211 Abs. (1) StGB: „Der Mörder wird mit lebenslangem Zuchthaus bestraft". Aber auch hier sind Fälle bekanntgeworden, nach denen Gerichte in Anbetracht einer hohen Gewissensnot eine subjektive Schuldunfähigkeit konzediert haben, so bei Eltern, die ihrem todkranken Kind weiteres Leiden durch eine „gezielte Lebensverkürzung" glaubten ersparen zu müssen. Die in diesen Fällen wesentlich geringfügigere Strafzumessung ist durch § 51 Abs. (2) StGB gedeckt: „War die Fähigkeit, das Unerlaubte der Tat einzusehen oder nach dieser Einsicht zu handeln, zur Zeit der Tat aus einem dieser Gründe erheblich vermindert, so kann die Strafe nach den Vorschriften über die Bestrafung des Versuches gemildert werden".

In einem Urteil des Landgerichts München I vom 29. Januar 1982 (Ks. 122 Js. 4226/81) wurden ein Gynäkologe und eine Assistenzärztin zu zwei Jahren und sechs Monaten bzw. einem Jahr und sechs Monaten Freiheitsstrafe verurteilt, nachdem sie einem vermutlich geistig schwerbehinderten Kind siebzig Minuten nach der Geburt ein atemlähmendes Narkosemittel mit der Absicht der Tötung verabreicht hatten. Die vorgeburtliche Diagnose der Mikrocephalie war den Eltern im Gespräch mitgeteilt worden. Das Gericht wies zwar unter Hinweis auf Art. 2 Abs. 1 des Grundgesetzes – „Jeder hat das Recht auf Leben und körperliche Unversehrtheit" – darauf hin, daß die Tötung auch vermeintlich „lebensunwerten" Lebens unter allen Umständen verboten sei. Es bewertete jedoch die Tötung als „minder schweren Fall von Totschlag". Auch ein Fall von sogenannter Früheuthanasie habe nicht vorgelegen (KLEE 1990, 53–57).

Gerichtsurteil 1982

Der häufigste Rechtsfall von Früheuthanasie ist das sog. ‚*Liegenlassen*' von Neugeborenen, bei denen eine sehr schwere Behinderung diagnostiziert worden ist. Das ‚Liegenlassen' von Babys, die lediglich eine Basisversorgung und eine Behandlung mit schmerzlindernden Medikamenten bis zum Todeseintritt erfahren, geschieht nach Recherchen der PANO-RAMA-Redaktion des Ersten Deutschen Fernsehens, das diese Praktiken in einer aufsehenerregenden Sendung am 26.7.1989 publik machte, in deutschen Kliniken pro Jahr „mehrere hundert Mal". Es handelt sich um einen Sonderfall von passiver Sterbehilfe.

Unter *passiver Euthanasie* wird das Unterlassen einer Hilfeleistung gegenüber einem hilflosen Menschen mit Todesfolge verstanden und nach § 330 c StGB strafrechtlich qualifiziert. Gerade im Fall des Sterbenlassens schwerstgeschädigter Säuglinge, denen unter Umständen die lebensrettende Operation etwa bei Darmverschluß verwehrt wird, zeigen sich unscharfe Grenzen zwischen direkt gewollter und indirekt gebilligter Todesfolge. Behandlungsabbruch ist einem bloßen Unterlassen gleichzusetzen und im Falle eines ausdrücklichen Sterbeverlangens, das von einem Erwachsenen geäußert wird, nicht strafbar. In einem Gutachten zum Münchner Landgerichtsurteil von 1982 hat der Rechtsphilosoph KAUFMANN darauf hingewiesen, daß jede aktive und direkte Tötung noch so schwer geschädigter Kinder unter allen Umständen verboten sei. Ein passives Sterbenlassen durch das Einstellen intensiv-therapeutischer Maßnahmen sei nach sorgfältiger Einzelfallprüfung bei Krankheiten mit gesicherter Todesprognose und in extremen Grenzfällen schwerster Schädigung ohne Heilungsaussicht dagegen rechtlich zu verantworten.

Passive Euthanasie

Die Zahl der Neugeborenen, bei denen über Früheuthanasie entschieden wird, ist unter dem Einfluß der Intensivmedizin in den letzten Jahren beträchtlich gestiegen. Die Überlebenschancen Frühgeborener haben sich wesentlich verbessert. Vor wenigen Jahren galt ein Geburtsgewicht von

Frühgeburten

1500 Gramm noch als untere Grenze für lebenserhaltende Brutkasten-
versorgung. Im Jahre 1994 hat das Bundesinnenministerium die Verordnung zur Ausführung des *Personenstandsgesetzes* geändert. Gemäß einer
Empfehlung der Welt-Gesundheits-Organisation aus dem Jahre 1977
werden nunmehr Neugeborene mit einem Geburtsgewicht von mindestens 500 Gramm personenstandsrechtlich registriert. Sie haben damit
das Recht, einen Namen zu tragen und beerdigt zu werden. Das Geburtsgewicht dient u.a. als Unterscheidungsmerkmal von Fehlgeburt und
Frühgeburt.

> Unabhängig von der philosophischen und theologischen Diskussion um den
> Personwert von Neugeborenen und Schwerstbehinderten existiert somit ein
> rechtsgültiges Kriterium.

Mit einer Frühgeburt gehen heute noch in vielen Fällen gravierende
Schädigungen einher; beinahe 30 % sind davon betroffen (dazu: FRÖH-
LICH 1997). Ihre Zahl zu verringern, muß auch ein Anliegen der Behindertenpädagogik sein. Vorschläge gehen z.B. dahin, den Brutkasten so
umzugestalten, daß er dem Kind die verlorengegangene Lebenswelt des
mütterlichen Uterus mit ihren entwicklungsförderlichen Impulsen eher
ersetzen kann. Auf diesem Weg könnten dann, so die Hoffnung, die
Schwere der Schädigung bei zu früh Geborenen und deren Entwicklungs-
retardierung verringert werden – vielleicht auch Fälle von Früheuthanasie.

Quelle 34 –
Einbecker Empfehlungen

Um der Rechtsunsicherheit bei der Behandlung von Frühgeborenen und
schwerstbehinderten Säuglingen zu begegnen, hat die Deutsche Gesellschaft für Medizinrecht 1986 die sogenannten *Einbecker Empfehlungen*
„Grenzen der ärztlichen Behandlungspflicht bei schwerstgeschädigten
Neugeborenen" beschlossen. Sie führten zu einer kontroversen Diskussion. Namentlich Behindertenverbände beanstandeten die grundsätzliche
Bestreitung des Lebensrechtes von Menschen sowie die rechtliche
Schwammigkeit des Textes. Die revidierte Fassung 1992 trug den vorge-
tragenen Einwänden zum Teil Rechnung; erhebliche Bedenken sind nach
wie vor angebracht (vgl. ANTOR/BLEIDICK 1995, 243 ff.). Zwar enthält
der Text ein Bekenntnis zur „grundsätzliche(n) Unverfügbarkeit menschlichen Lebens in jeder Entwicklungs- und Altersstufe". Zugleich sprachen
sich die Ärzte aber für eine Güterabwägung zwischen „dem Bemühen um
Leidensvermeidung oder Leidensminderung" und „dem Bemühen um
Lebenserhaltung oder Lebensverlängerung" aus. Das kann dann dazu
führen, daß der Arzt „den ganzen Umfang der medizinischen Behandlungsmöglichkeiten" nicht ausschöpfen muß – lapidar gesagt: Er darf das
Kind sterben lassen.

Ethik zwischen Einzelfall und
genereller Regel

Die Einbecker Empfehlungen sind kein Gesetz und keine Verordnung,
nicht einmal eine Handlungsanweisung, vielmehr eine Orientierungshilfe. Damit präferieren sie die *Ethik der Einzelfallentscheidung gegenüber*
einer allgemeingültigen Regel. Der Ermessensspielraum und die persönliche Verantwortung aller Beteiligten – Ärzte, Klinik-Pflegepersonal, Eltern – sind in hohem Maße herausgefordert. Wir treffen hiermit auf eine

Figur moralischer Rechtfertigung, wie sie auch als Ergebnis der beiden vorigen Kapitel zur Humangenetischen Beratung und zur Pränatalen Diagnostik sichtbar geworden ist:

> Es besteht eine Spannung zwischen allgemeinem Gebot und konkretem Fall, die auszuhalten und auszutragen ist.

Der § 216 StGB regelt die strafrechtliche Behandlung der *„Tötung auf Verlangen"*: „Ist jemand durch das ausdrückliche und ernsthafte Verlangen des Getöteten zur Tötung bestimmt worden, so ist auf Freiheitsstrafe von sechs Monaten bis zu fünf Jahren zu anerkennen". Tötung auf Verlangen – etwa durch Einflößen von Gift – gilt nach dem Strafgesetzbuch als aktive Euthanasie, als Mord. Gleichwohl besteht, wie viele widersprüchliche Gerichtsurteile belegen, auch hier eine erhebliche Rechtsunsicherheit sowohl in der Justiz als auch in der klinischen Praxis. Selbstmord ist nicht strafbar, und konsequenterweise wird in unserem Rechtssystem die Beihilfe zum Suizid nicht verfolgt. Die Grenzen zwischen verbotener Tötung auf Verlangen und strafloser Beihilfe zur Selbsttötung sind aber, wie durch publizistisch vermarktete Berichte hinlänglich bekannt, fließend. Der Chirurg Julius HACKETHAL ließ den Todeswunsch seiner an Krebs schwer erkrankten Patientin Hermy ECKERT auf Video dokumentieren und schickte ihr Zyankali. Sie tötete sich damit am 18. April 1984. Nach langjährigen Ermittlungen der Staatsanwaltschaft wurde HACKETHAL am 31. Juli 1987 vom Oberlandesgericht München freigesprochen, da er straflose Beihilfe zur Selbsttötung geleistet habe.

Freiwillige Euthanasie

Indirekte Euthanasie liegt vor, wenn Todesfolge indirekt in Kauf genommen wird, wenngleich der Tod vorhersehbar ist. Sie spielt dann eine Rolle, wenn zur Schmerzlinderung hohe Dosen von Schmerzmitteln gegeben werden, deren Nebenwirkungen zumindest den Tod als Folge nicht ausschließen. In diesem Fall ist kein strafrechtlicher Tatbestand gegeben.

Indirekte Euthanasie

Das Liegenlassen schwerstbehinderter Neugeborener ist – auch wenn keine präzisen Statistiken vorliegen – offensichtlich verbreitete klinische Wirklichkeit. Das öffentliche Bewußtsein reagiert mit einer gewissen Billigung. Wie ist es nun um die moralische Rechtfertigung bestellt? Die rechtliche Würdigung der Früheuthanasie wird durch den Umstand erschwert, daß der einschlägige § 216 StGB, der die „Tötung auf Verlangen" als relevanten juristischen Sachverhalt thematisiert, nicht herangezogen werden kann – so der 56. Deutsche Juristentag 1986 (ANTOR/ BLEIDICK 1995, 239). Unmündige Säuglinge können nicht in ihre Tötung einwilligen. Das Urteil über ihren eventuellen Todeswunsch müßten andere stellvertretend sprechen: Eltern, Ärzte. Es handelt sich um den Tatbestand der *advokatorischen Ethik* (BRUMLIK 1991b). Diese für die Behindertenpädagogik zentrale Figur einer moralischen Begründung wird in Kapitel 4.4 ausführlich besprochen.

Wichtiger in dem Zusammenhang ist aber bereits, daß die juristischen Grenzen nicht unumstritten zu ziehen sind. So wird in der angelsächsi-

Aktive und passive Sterbehilfe

schen Moraldiskussion die rechtliche Unterscheidung von aktiver und
passiver Euthanasie problematisiert:

> *Der bloße Unterschied zwischen Töten und Sterbenlassen allein ist
> moralisch nicht ausschlaggebend. Wenn ein Arzt einen Patienten aus
> reiner Menschlichkeit sterben läßt, handelt er, moralisch gesehen,
> genauso, wie wenn er diesem Patienten – ebenfalls aus reiner Mensch-
> lichkeit – eine tödliche Spritze gegeben hätte... Der Lehrsatz, nach
> dem ein Baby zwar austrocknen und elend zugrunde gehen, nicht aber
> eine Spritze bekommen darf, die seinem Leben ein Ende machen
> würde, ohne daß es dabei zu leiden hätte, mutet so unverhohlen
> grausam an, daß es gar nicht weiter widerlegt zu werden braucht...
> Wenn meine Behauptung zutrifft, folgt daraus, daß auch die aktive
> Sterbehilfe nicht schlimmer ist als die passive (RACHELS 1989, 260,
> 256, 257).*

Innen- und Außenperspektive von Betroffenen

Wesentlich an dieser Art von Rechtfertigung ist das Kriterium einer
vermeintlichen Hineinversetzung in die *Innenperspektive eines leidenden
Menschen*. Es findet eine Güterabwägung zwischen Lebenserhaltung und
Lebensverkürzung zur Leidverminderung statt. Wenn die Entscheidung
für letztere fällt, dann geschieht sie aus Mitleid. Passive Euthanasie wird
für human gehalten, und dann ist aktive Euthanasie nichts weiter als eine
konsequente Verlängerung der passiven Sterbehilfe.

Konsequentialistische und Deontologische Ethik

Diese sowohl pragmatische als auch emotional einsichtige Rechtfertigung erscheint typisch für die Ethikdiskussion seit HUME, der betont
hat, daß „Moral mehr gefühlt als beurteilt wird" (WARNOCK 1990a,
224). Zugleich wird ein Gegensatz von *konsequentialistischer (teleolo-
gischer, utilitaristischer) Ethik*, nach der die Folgen von aktiver und
passiver Euthanasie für die Betroffenen letztlich gleich sind, und *deonto-
logischer (Gesinnungs-, Pflicht-)Ethik* deutlich: Aktive Tötung einerseits
und auf der anderen Seite Sterbenlassen, das nur dem Gang der Natur
folgt, haben hiernach einen prinzipiell verschiedenen moralischen Status.
– Der grundsätzliche Unterschied dieser ethischen Begründungsverfahren
wird später eingehend erläutert. –

Darum ist es auch kein Widerspruch, wenn die Vatikanische Kongrega-
tion für die Glaubenslehre am 5. Mai 1980 in einer „Erklärung zur
Euthanasie" unter bestimmten Voraussetzungen dem Verzicht auf lebens-
verlängernde Maßnahmen zustimmt. Die Fuldaer Bischofskonferenz hat
1981 den „Anspruch auf menschenwürdiges Sterben" mit der Formulierung bekräftigt, „daß nicht alle medizinischen Mittel ausgeschöpft werden müssen, wenn dadurch der Tod künstlich hinausgezögert" werde (zit.
nach KLEE 1990, 31). Das absolute Tötungsverbot bleibt davon unberührt.

Quelle 35 – Grundsätze zur ärztlichen Sterbebegleitung (1998)

Die 1998 verabschiedeten „Grundsätze der Bundesärztekammer zur ärztlichen Sterbebegleitung" sind – in Fortschreibung der früheren Empfehlungen von 1979 und 1993 – der jüngste Versuch, Grenzen zumutbarer
Behandlung zu bestimmen. Es ist ein Novum der Empfehlung, daß dabei
prinzipiell der ärztlichen Pflicht zur Hilfe der Patientenwille vorgeordnet
ist – und das kann ebenso der aktuell geäußerte Wille, eine Patientenver-

fügung oder der „mutmaßliche" Wille sein. In der „Präambel" heißt es dazu:

Aufgabe des Arztes ist es, unter Beachtung des Selbstbestimmungs-rechtes des Patienten Leben zu erhalten, Gesundheit zu schützen und wiederherzustellen sowie Leiden zu lindern und Sterbenden bis zum Tod beizustehen. Die ärztliche Verpflichtung zur Lebenserhaltung besteht jedoch nicht unter allen Umständen. Es gibt Situationen, in denen sonst angemessene Diagnostik und Therapieverfahren nicht mehr indiziert sind, sondern Begrenzung geboten sein kann. Dann tritt palliativ-medizinische Versorgung in den Vordergrund...

Sterbebegleitung (einschließlich der Linderung von Leiden) als gleichwertige ärztliche Aufgabe neben der Lebenserhaltung zu deklarieren, wie das hier geschieht, ist das eine. Ihre Umsetzung im medizinischen Alltag ist das andere. Und darum steht es nicht zum Besten. Das belegen die bekannten Defizite in der Ausbildung von Ärzten in Schmerztherapie, ferner der ungenügende Stand der Versorgung mit Hospizen, auch wenn es nunmehr seit 1998 beispielsweise ein erstes deutsches Kinderhospiz Balthasar für an unheilbarer Krankheit leidende Kinder gibt (SAHM 1999). Eine bloße Stärkung der Patientenautonomie ist kein Ersatz, erst recht nicht für fehlenden seelischen Beistand. Solange die Mängel fortbestehen, wird der Ruf nach gezielter, nach aktiver Euthanasie nicht verstummen (ANTOR 1999).

Zusammenfassend können in der Rechtfertigungsdiskussion vier Gruppen von Argumenten unterschieden werden, mit denen versucht wird, die Euthanasie als moralisch gut zu qualifizieren. Die Argumentation geht teilweise ineinander über: ökonomische, hedonistische und vermeintlich karitative, utilitaristische und anthropologische Begründungen.

> Übersicht über Rechtfertigungen für Euthanasie

(1) *Ökonomische Kosten-Nutzen-Analysen* zur Euthanasie zeichnen sich durch die Ambivalenz aus, daß sie – zumindest in der heutigen politischen Situation – relativ selten und gleichsam nur hinter vorgehaltener Hand vorgebracht, aber tatsächlich in der verbreiteten Einstellung weiter Bevölkerungskreise als die wesentlichen Beweggründe angesehen werden müssen. Während Einsparungen auf dem Sozialsektor durch wirksame Humangenetische Beratung und Pränatale Diagnostik offen propagiert sind, wirkt die historische Belastung durch die Naziverbrechen immerhin als eine gewisse moralische Sperre, sich offen für die ‚Entsorgung' von unheilbar kranken und alten Menschen stark zu machen. Die Nationalsozialisten haben bis zur Einstellung der Euthanasieaktion 1941 über 70000 behinderte Anstaltsinsassen ermordet (BAADER 1989b, 99). Ungeachtet dieser geschichtlichen Hypothek werden der zunehmende ökonomische Druck und die soziale Problematik einer immer weiter anwachsenden Zahl von behinderten und pflegebedürftigen Menschen die Frage nach einer ‚Entlastung' der Solidargesellschaft durch gelenkte Sterbehilfe zumal in wirtschaftlichen Notsituationen weiter forcieren.

> Ökonomische Motive

> Quellen 23, 24, 25

(2) Der zweite Rechtfertigungsgrund für Euthanasie hängt mit der *Einschätzung des ‚Lebenswertes'* zusammen. Gemeinhin wird unterstellt, daß Sterbewillige ihr Leben nicht mehr als ‚lebenswert' empfinden,

> Lebenswert von Behinderten

‚lebensmüde' sind. Die wichtigste Unterscheidung betrifft nun die Abhebung von Innen- und Außenperspektive. Maßgeblich dürfte immer nur sein, was der Betroffene selbst über sein Leben aussagt, und nicht das, was von anderen über seinen vermeintlichen Lebenswert unterstellt wird. Es läßt sich zeigen, daß die meisten Rechtfertigungen der Euthanasie aber von einem Außenstandpunkt her gefällt sind: Bei Alten und Pflegebedürftigen, bei im Koma liegenden Verletzten, bei schwerbehinderten Säuglingen und Frühgeborenen wird angenommen, es sei „schwer einzusehen, warum man solche menschliche Wesen am Leben erhalten sollte, wenn ihr Leben insgesamt elend ist" (SINGER 1994, 245). Denn: „wenn ein solches Kind einmal existiert, würden wir, weil sein Leben nichts als Elend sein kann, die Summe des Schmerzes in der Welt durch einen Akt der Euthanasie verringern" (140–141). Die Außenperspektive bedient sich des Modells der advokatorischen Ethik. In dieser Sicht sind Lebenswert, Lebenssinn und Urteile über die vermeintliche Sinnlosigkeit eines Lebens voll Schmerz und Belastungen Zuschreibungen von Nicht-Betroffenen. Im engeren Sinne sind sogar die engsten Angehörigen eines Euthanasieopfers in bezug auf das Letztkriterium der Innenperspektive nicht betroffen, weil nicht dem Bezugssystem der existentiellen Auseinandersetzung mit Krankheit und Leid zugehörig. Sie geben vor, sich ‚einzufühlen' in eine Lage, die prinzipiell nicht nachvollziehbar ist.

Hedonistische Motive Die Rechtfertigungen der Euthanasie, die unter diesem Gesichtspunkt abgehandelt werden, lassen sich insgesamt als philosophischer *Hedonismus* beschreiben. Unter Hedonismus verstand die antike Philosophie das Streben nach Lust und Freude im weitesten Sinne (griech. hedon = Lust), womit auch die wohlfahrtsstaatliche Sicherung der Grundbedürfnisse der Volksmassen von Glück und Zufriedenheit gemeint ist. Das Gegenteil von Lust, Freude und Glück ist Schmerz; darum bedeutet Verminderung von Schmerz eine Vergrößerung von Lust und Glück (SINGER 1994, 124).

Utilitarismus Die klassische Begründung des eudämonistischen *Utilitarismus* für die Neuzeit stammt von John Stuart MILL in seinem Werk *Utilitarianism* 1864: „Die Auffassung, für die Nützlichkeit oder das Prinzip des größten Glücks die Grundlage der Moral ist, besagt, daß Handlungen insoweit und in dem Maß moralisch richtig sind, als sie die Tendenz haben, Glück zu befördern, und insofern moralisch falsch, als sie die Tendenz haben, das Gegenteil von Glück zu bewirken" (Ausgabe 1985, 13).

Für den weiteren Gedankengang ist es erforderlich, eine voraussetzungsschwere Prämisse zur Kenntnis zu nehmen: Leben ist nur dann lebenswert, wenn es Glück und Freude empfinden kann – und das Gegenteil: „Ein Leben körperlichen Leidens, das nicht durch irgendeine Form von Freude oder wenigstens durch einen geringen Grad von Selbstbewußtsein gemildert wird, lohnt sich nicht zu leben" (SINGER 1994, 273). Die Kausalkette wird fortgesetzt durch eine weitere Prämisse: Nicht lebenswertes Leben darf (unter bestimmten Bedingungen, wenn ihm ein Personwert aberkannt ist) getötet werden. Somit schließt die Logik mit der hedonistischen Folgerung, daß die Beseitigung qualvollen Schmerzes im höheren Sinne Glück zu befördern vermag.

Die Erlösung von der Last des nicht mehr erträglichen Daseins ist eine karitative Wendung, sie geschieht aus Liebesdienst. BINDING/HOCHE beschrieben ihren ethischen Anspruch als „von edlem Mitleid mit unertragbar leidenden Menschen stark bewegte und erfüllte Stimmen für Freigabe der Tötung" (1922, 25). „Die Beseitigung der Qual ist auch Heilwerk" (18), „von segensreichster Wirkung für schwer gequälte Kranke" (19), eine „Erlösung des Kranken von seinem Übel" (37). SINGERS Abwägung zwischen passiver und aktiver Euthanasie – an einem praktischen Fall von Säuglingen mit Spina bifida aufgezeigt – kommt zu einer noch stärkeren Befürwortung der Tötung: Die aktive Euthanasie kann „sogar der einzige humane und moralisch angemessene Weg sein", bedenkt man die „Zeit, die es braucht, bis der Tod eintritt..." (1994, 270).

Karitative Motive

(3) Die *utilitaristische Befürwortung* der Euthanasie erweist sich in Anbetracht der bislang angenommenen Voraussetzungen als im buchstäblichen Sinne *konsequentialistisch*. Die moralische Qualität einer Handlung bemißt sich nach der klassischen Lehre des Utilitarismus in der Tradition von BENTHAM und MILL an ihren Folgen für die Betroffenen. Euthanasie erlöst Schwerbehinderte von ihren Qualen. Der Leidende kann kein Interesse daran haben weiterzuleben. Mithin ist seine Tötung dem unerträglichen Leiden vorzuziehen. SINGER vertritt diese Variante des *Präferenz-Utilitarismus*: „Einige Ärzte, die an schwerer Spina bifida leidende Kinder behandeln, sind der Meinung, das Leben mancher dieser Kinder sei so elend, daß es falsch wäre, eine Operation vorzunehmen, um sie am Leben zu erhalten... Wenn das Leben so elend sein wird, daß es sich aus der inneren Perspektive des Wesens, das dieses Leben führen wird, nicht zu leben lohnt", dann folgt aus utilitaristischen Prinzipien, „daß es, sofern keine ‚äußeren' Gründe vorliegen, den Säugling am Leben zu erhalten – wie etwa die Gefühle der Eltern –, besser ist, ihm ohne weiteres Leiden zum Sterben zu verhelfen" (1994, 236).

Utilitaristische Motive

Konsequentialismus

In der Spielart des Präferenz-Utilitarismus werden die Interessen eines zweiten, noch zu zeugenden und erwartungsgemäß (?) gesunden Kindes dem vorhandenen, behinderten Kind vorgezogen. Dazu HARE:

Präferenz-Utilitarismus

> *Ein nüchterner Utilitarist könnte versuchen, dieses Prinzip zu erweitern und zu sagen, daß wir in Fällen der vermuteten Fehlbildung das Kind zur Geburt kommen lassen sollten, wenn angebracht, operieren, das Kind töten, wenn die Operation zu einer starken Behinderung geführt hat, und statt dessen ein anderes Kind haben. Auf diese Weise dürften wir die Chancen maximieren, ein menschliches Wesen mit guten Aussichten auf Glück in die Welt zu bringen (1990b, 379–380).*

Es folgt dann ein abstruser virtueller Dialog zwischen dem behinderten Andreas und seinem „möglichen Bruder", dessen Entscheidung offen ist, aber auf die gleiche Lösung hinauslaufen kann, die SINGER später angeboten hat:

> *Sofern der Tod eines behinderten Säuglings zur Geburt eines anderen Säuglings mit besseren Aussichten auf ein glückliches Leben führt, dann ist die Gesamtsumme des Glücks größer, wenn der behinderte Säugling getötet wird. Der Verlust eines glücklichen Lebens für den*

ersten Säugling wird durch den Gewinn eines glücklicheren Lebens
für den zweiten aufgewogen (1994, 238).

An der utilitaristischen Diskussion über Leben und Tod fällt auf, daß sie
fast ausschließlich in bezug auf Früheuthanasie geführt wird. Die zahlenmäßig näherliegende Interessenabwägung bei der ‚Hilfe zum Sterben'
für Alte, Gebrechliche und Pflegebedürftige würde sicher viel stärker die
Belange unseres Moralempfindens tangieren.

Anthropologische Motive

(4) Das letzte Kriterium zur Begründung von Euthanasie verwendet den
anthropologischen Personbegriff bzw. rechtfertigt die Tötung von Menschen mit dem Attribut der fehlenden Personhaftigkeit:

> *Es gibt viele Wesen, die bewußt und fähig sind, Lust und Schmerz zu*
> *erfahren, aber nicht selbstbewußt und vernunftbegabt und somit keine*
> *Personen. Viele nichtmenschliche Tiere gehören nahezu mit Sicherheit*
> *zu dieser Kategorie; das gilt auch für Neugeborene und manche geistig*
> *Behinderte... von Wesen, denen Selbstbewußtsein fehlt, (kann man)*
> *nicht sagen, sie hätten im vollen Sinne von „Recht" ein Recht auf*
> *Leben (SINGER 1994, 136–137).*

Ferner heißt es: „Der Kern der Sache ist freilich klar: die Tötung eines
behinderten Säuglings ist nicht moralisch gleichbedeutend mit der Tötung einer Person. Sehr oft ist sie überhaupt kein Unrecht" (244). Die drei
empirischen Kriterien der Personalität lauteten nach SINGER Selbstreflexion, Zukunftswissen und Kommunikationsfähigkeit: „Der Fötus, das
schwerst geistig behinderte Kind, selbst das neugeborene Kind – sie alle
sind unbestreitbar Mitglieder der Spezies Homo sapiens, aber niemand
von ihnen besitzt ein Selbstbewußtsein oder hat einen Sinn für die
Zukunft oder die Fähigkeit, mit anderen Beziehungen zu knüpfen" (119).

Die moralische Berechtigung zur aktiven Tötung resultiert selbstverständlich nicht aus dem angeblichen Fehlen von Personalität an sich,
als vielmehr aus der Verbindung mit dem hedonistischen und utilitaristischen Argument: Die Summe des Glücks ist größer, wenn der schwer
leidende Mensch von seinem Schmerz befreit wird, und das ist wiederum
dann gerechtfertigt, wenn er keine Person ist.

Die grundsätzlichen Einwände gegen eine Rechtfertigung der Euthanasie
beziehen sich einmal auf die Aberkennung des Personwertes bei behinderten Menschen, zum anderen auf das Versprechen, mit der Tötung
schwer leidender Menschen das Leid der Welt beseitigen zu können. Eine
Ethik der Behindertenpädagogik wird davon abhängen, wie weit sie
solche behindertenfeindliche Standpunkte widerlegen kann. Dazu bedarf
es ausholender philosophischer Diskurse, auf die in späteren Kapiteln
eingegangen wird.

2.4 Sterilisation und Elternschaft behinderter Menschen

Fallbeispiel

Auszüge aus einem Interview mit Frau G. (27), Tochter einer geistigbehinderten Mutter

Sind Sie in Ihrer Kindheit von Ihrer Mutter betreut und aufgezogen worden?

G.: Nein gar nicht. Ich bin bei meinen Großeltern aufgewachsen. Am Anfang war meine Mutter auch mit in diesem Haus. Als ich sechs war, kam sie in ein Frauenheim, das war weiter weg.

Haben Sie als Kind darunter gelitten, daß Ihre Mutter geistig behindert war; haben die anderen Sie das spüren lassen?

G.: Ja klar, ich hab' das schon gespürt. Auch in der Schule. Ich wurde immer abgestoßen, und es hieß, deine Mutter ist ja verrückt, und du hast ja keinen Vater. Ich wurde einfach nicht akzeptiert.
Zuerst hatte ich vor allem die Schwierigkeit, überhaupt zuzugeben, daß meine Mutter geistig behindert ist. Ich hatte irgendwie so ein Schamgefühl.

So hat sich die Tatsache, daß Ihre Mutter geistig behindert ist, für Sie sehr negativ ausgewirkt?

G.: Ja, sie hat im Grunde sich in meiner ganzen Kindheit ausgewirkt. Vor allem, daß ich keine Mutterliebe bekommen habe. In vielen Situationen habe ich mir gewünscht, eine Mutter zu haben, auch einen Vater. Andere Kinder haben immer erzählt, daß sie mit ihrem Vater oder ihrer Mutter irgendwohin gefahren sind, daß sie was unternommen haben oder so, und das habe ich dann eben vermißt. Überhaupt mit einer Mutter zu sprechen, das hat mir sehr gefehlt.

Haben Sie denn selber auch die Erfahrung gemacht, daß die Leute Sie daraufhin angesehen haben, ob die geistige Behinderung sich sozusagen vererbt hat?

G.: Ja, genau. Man wird abgestempelt, und es wird gesagt, die hat 'ne

geistig behinderte Mutter, die hat ja auch selbst 'nen Knacks. Das spür' ich jedesmal wieder, egal, wo ich bin.

Wenn man der Ansicht ist, ein geistig behindertes Mädchen sollte keine Kinder haben, sollte man da nicht generell von vornherein besser sterilisieren?

G.: Nein, auf keinen Fall. So ein geistig behindertes Mädchen hat ja auch irgendwie Gefühl, und sie würde wissen, was sterilisieren bedeutet. Dann sollten die Eltern lieber z.B. ihr jeden Morgen die Pille geben, in dem Moment kann ja auch nichts mehr passieren. Das wäre sicher besser, als wenn man hingeht und sagt, so jetzt wirst du sterilisiert. Man weiß ja nicht, ob der geistig Behinderte damit einverstanden ist. Für mich ist das so ein Eingriff, da kommt man sich einfach nicht mehr wie eine Frau vor, oder wie ein Mädchen. Auch mit der Abtreibung, man sollte doch kein Leben vernichten, wenn schon eins da ist.

Sie haben ja nun selber zwei Kinder. Hatten Sie denn Angst, daß Ihre Kinder geistig behindert sein könnten?

G.: Ja, ich hatte furchtbare Angst davor. Die erste Zeit während der Schwangerschaft nicht, weil ich ja da Untersuchungen hab' machen lassen, und man sagte mir immer, Sie sind gesund, es fehlt nichts. Aber dann habe ich mich gefragt, kann man eine geistige Behinderung durch diese Untersuchungen überhaupt feststellen?
Dann habe ich mich auch mit der Frage beschäftigt, wenn es geistig behindert sein sollte, was wird dann? Und ich habe mir gedacht, dann nehme ich mir auf jeden Fall die Kraft und bin für das Kind da. Ich hätte es sicherlich nicht in ein Heim getan, aber ich hätte auf jeden Fall, solange wie ich gekonnt hätte, für das Kind sorgen wollen.

Quelle: Die Lebenshilfe Zeitung 8 (1987) Nr. 6, 12

Folgen des Betreuungsgesetzes für Sterilisation und
Elternschaft Behinderter

Mehr als zehn Jahre sind seit dem Interview vergangen, in dem sich die Tochter einer geistigbehinderten Frau sehr kritisch zu der Möglichkeit einer zwangsweisen Sterilisation – sie war nach damaliger Rechtslage nicht eindeutig ausgeschlossen – und zu den seelischen Folgen eines solchen Eingriffs geäußert hat. Inzwischen ist am 1.1.1992 das sog. *Betreuungsgesetz* – der offizielle Titel heißt: Gesetz zur Reform des Rechts der Vormundschaft und Pflegschaft für Volljährige – in Kraft getreten. Der Gesetzgeber verfolgte damit die Absicht, Kranke und Behinderte in ihrer Rechtsstellung insgesamt, vor allem als Träger von Grundrechten wie Menschenwürde und körperliche Unversehrtheit zu stärken (FAUSTMANN/LUDWIGS 1997). Folgerichtig enthält das Gesetz auch Regelungen zu einer restriktiven Zulässigkeit der Sterilisation. Sie betreffen die Sterilisation an nichteinwilligungsfähigen Menschen, die sie im Vergleich zur früheren Rechtspraxis so sehr erschweren, daß man nunmehr eindeutig von einer ultima ratio sprechen kann. Darauf führt man es denn auch zurück, daß seither ein deutlicher Rückgang der Zahl solcher Sterilisationen zu verzeichnen ist: von zuvor geschätzten 1000 pro Jahr auf mittlerweile 239 Fälle von genehmigter Sterilisation für den Gesamtzeitraum der Jahre 1992 bis 1994 (Bericht der Bundesregierung 1996).

Offensichtlich korrespondiert damit eine größere Zahl von Elternschaften geistigbehinderter Menschen; auch ein gestiegenes öffentliches Interesse dafür ist zu beobachten. Auch hier sind die einschlägigen verfassungsrechtlichen Bestimmungen eindeutig: das Grundrecht auf freie Entfaltung der Persönlichkeit (Art. 2 Abs. 1 GG), aus dem sich ein Recht auf eigene Nachkommenschaft ableiten läßt, ferner das Diskriminierungsverbot (Art. 3 Abs. 3 Satz 2: Niemand darf wegen seiner Behinderung benachteiligt werden), das gleiche Grundrechte, also auch ein Recht auf Elternschaft, für Behinderte und Nichtbehinderte postuliert. Behindertenpädagogisch entspricht dem die Rechtfertigungsfigur des Normalisierungsprinzips (THIMM 1994). So gesehen trifft eine Elternschaft Geistigbehinderter heute nicht mehr auf die früheren grundsätzlichen Vorbehalte. Dennoch können die Ansichten dazu zwischen Betroffenen – bzw. Angehörigen – und ihren Fürsprechern noch erheblich differieren. Während z.B. DÖRNER für ein Recht Behinderter „auf eigene Kinder in einem geschützten Raum" eintritt (DÖRNER 1988, 112), hält dem SAAL von der Selbsthilfebewegung Körperbehinderter entgegen: „Wenn ich mich selbst auch guten Gewissens der Umwelt als ‚Belastung' zumuten darf – leichtfertig zusätzliche Belastungen schaffen darf ich nicht" (in: DÖRNER 1988, 133).

Elternschaft von Menschen
mit geistiger Behinderung:
keine grundsätzlichen
Bedenken

In der pädagogischen Praxis dürfte sich in den letzten Jahren eine am Einzelfall orientierte Haltung durchgesetzt haben. Auch die Bundesvereinigung Lebenshilfe für Menschen mit geistiger Behinderung e.V. vertritt diesen pragmatischen Standpunkt. In einem Grundsatzprogramm von 1990 heißt es dazu: „Das ‚Ja' zu Partnerschaft und Sexualität schließt Elternschaft mit ein, macht sie jedoch nicht zur programmatischen Zielvorstellung für alle Menschen mit geistiger Behinderung" (NEUER-MIEBACH 1995, 111). Das heißt aber auch, daß man von der „pauschalen Einstellung" abrücken muß, Menschen mit geistiger Behinderung seien

„grundsätzlich erziehungsunfähig" (ebd., 112 f.). Seit einiger Zeit finden sich vermehrt Hinweise auf solche Elternschaften. Gleichzeitig werden erste konzeptionelle Überlegungen angestellt mit dem Ziel, die Schwierigkeiten bei der Gewährleistung des Kindeswohls durch eine pädagogische Begleitung zu verringern (PIXA-KETTNER u.a. 1996). Sie könnten dazu beitragen, unsere Vorstellung von einer naturwüchsigen, gleichsam angeborenen zugunsten einer durch Elterntraining teilweise erlernbaren und durch Helfer (sog. Co-Eltern) ergänzten Elternschaft zu korrigieren.

Wie sieht nun im einzelnen die Rechtslage nach dem Betreuungsgesetz aus, das diese Entwicklungen begünstigt haben dürfte? Ein medizinischer Eingriff in die grundrechtlich geschützte körperliche Unversehrtheit eines Menschen – und die Sterilisation ist ein besonders gravierender – ist grundsätzlich nur unter der Voraussetzung statthaft, daß der Betroffene vorher einwilligen kann. Fehlt die Einwilligungsfähigkeit – und das scheint bei einem, wenn auch recht kleinen, Teil Geistigbehinderter der Fall –, so ist Sterilisation nur in Ausnahmefällen, bei ganz bestimmten Indikationen, zulässig. Und diese müssen „kumulativ" erfüllt sein (Bericht der Bundesregierung 1996).

Verfahrensethische Bestimmungen zur Sterilisation geistigbehinderter Menschen

Unter den Indikationen für eine ausnahmsweise Sterilisation sind – neben der Volljährigkeit der Betroffenen – die wichtigsten (nach § 1905 Abs. 1 BGB; HOFFMANN 1996): (1) Die Nichteinwilligungsfähigkeit muß dauerhaft gegeben sein; (2) eine Sterilisation darf, wenn sie schon ohne die Einwilligung des Betroffenen zustande kommt, zumindest nicht gegen seinen ausdrücklichen Willen erfolgen, anderenfalls der Tatbestand einer *Zwangssterilisation* gegeben wäre; der Gesetzgeber geht hier davon aus, daß auch noch bei einem nichteinwilligungsfähigen Menschen ein gegen die Sterilisation oder auch nur gegen den weißen Kittel des Arztes gerichteter Wille vorhanden sein kann, der zu respektieren ist, auch wenn die Einsicht in die Folgen einer Sterilisation fehlen mag; (3) Sterilisation bietet die einzige Möglichkeit, eine Schwangerschaft abzuwenden, die eine Gefahr für das Leben oder eine schwerwiegende Beeinträchtigung des körperlichen oder seelischen Gesundheitszustandes bedeuten würde und die „nicht auf zumutbare Weise" zu verhindern ist. In dem letzteren Sinne könnte es z.B. die seelische Gesundheit einer geistigbehinderten Frau beeinträchtigen, wenn das Vormundschaftsgericht eine Trennung von ihrem Kind anordnen müßte. Bei all dem zählt nach dem Betreuungsrecht einzig das Wohl des Betroffenen, es zählen nicht die Interessen Dritter, weder des Kindes noch der Eltern dieser geistigbehinderten Frau, und mögen sie noch so verständlich sein. Das gilt z.B. für den Fall, daß sich die Eltern mit der Verantwortung für Enkelkinder überfordert fühlen und deshalb auf eine Sterilisation als sicherste Methode der Schwangerschaftsverhütung drängen.

Indikationen für eine ausnahmsweise Sterilisation

> Quelle 38 –
> Sterilisationsbestimmungen laut Betreuungsgesetz

Die Zahl derer, auf die sämtliche Kriterien gleichzeitig Anwendung finden könnten, ist offensichtlich gering. Denn: Ist z.B. „der geistig behinderte Mensch schwer behindert, wird es an einer konkreten Schwangerschaftsgefahr i.S.d. § 1905 BGB fehlen, da er kein eigenes Interesse an genitaler Sexualität hat, obwohl die anderen... Voraussetzungen gegeben sind. Besteht eine konkrete Schwangerschaftsgefahr, wird in aller Regel zugleich die Anwendung anderer Verhütungsmittel möglich sein...“ (HOFFMANN 1996, 196).

Weitere Absicherungen gegen einen Mißbrauch der Sterilisationsregelung im Betreuungsgesetz

Eine solchermaßen konditionierte Sterilisation an Nichteinwilligungsfähigen bedarf noch, um im Sinne des Betreuungsgesetzes rechtsgültig zu sein, der Einwilligung eines Betreuers – und zwar eines besonderen, ausschließlich dafür bestellten Ergänzungs- bzw. Sterilisationsbetreuers –, und diese wiederum der Genehmigung durch das Vormundschaftsgericht. Aber auch das ist noch immer nicht das Ende aller verfahrensrechtlichen Absicherungen gegen einen möglichen Mißbrauch der Sterilisationsbestimmungen. So wird z.B. die Genehmigung durch das Vormundschaftsgericht frühestens zwei Wochen nach Postzustellung an den Betreuten sowie an den Betreuer wirksam. Die verbleibende Zeit bis zum Operationstermin soll für eine laufende Überprüfung genutzt werden, ob die Voraussetzungen noch gegeben sind. Buchstäblich „bis zum letzten Augenblick“ muß eine Sterilisationsentscheidung rückgängig gemacht werden können. Dabei ist etwa an Fälle zu denken, in denen eine geistigbehinderte Frau erst unmittelbar bei der Vorbereitung der Operation ihren Widerstand geltend macht (HOFFMANN 1996, 102).

Sterilisation nicht an Minderjährigen

Der Gesetzgeber geht hier davon aus, die Selbstbestimmung eines Betroffenen sei, wenn – genauer: solange – sie fehlt, durch einen *advokatorischen Interessenvertreter* ersetzbar; seine Bestellung ist daher Teil der verfahrensethischen Bestimmungen. Ausgenommen sind lediglich Minderjährige. Doch in diesem Fall schließt das Betreuungsgesetz ohnedies jede Sterilisation, auch mit advokatorischem Beistand, aus. Und deshalb ist heute viel weniger wahrscheinlich als noch vor dessen Inkrafttreten, daß es zu einer Sterilisation aus ‚prophylaktischen‘ Gründen kommt. Eine solche Sterilisation aus dem Bedürfnis nach Vorsorge – auch in dem einleitenden Fallbeispiel war davon die Rede – würde zu einem Zeitpunkt erfolgen, zu dem die Entwicklung eines Menschen noch gar nicht abzusehen ist. Umfragen an Hamburger Geistigbehindertenklassen, in denen an die 50 % bzw. bis zu 30 % der Mädchen sterilisiert waren, geben einen Eindruck davon, wie verbreitet so eine prophylaktische Sicht damals war (nach: EWINKEL/HERMES u.a. 1988, 105).

Beispiele für Bedenken gegenüber einer stellvertretenden Einwilligung im Ausland

Verschiedentlich wird eine stellvertretende Einwilligung in dieser schwerwiegenden Frage aber auch grundsätzlich abgelehnt. So haben einige amerikanische Gerichte – jedenfalls noch in den 70er Jahren – die Einwilligung durch den Betroffenen für unersetzbar erklärt: „Weder kann, wer geistig inkompetent ist, die Standards (der informierten Einwilligung) erfüllen, noch kann die Einwilligung eines Vertreters bei dem Individuum, das tatsächlich der irreversiblen Sterilisation unterzogen wird, Freiwilligkeit begründen“ (van den DAELE 1985, 262, Anm. 59). Auch in der Schweiz wird die advokatorische Einwilligung in eine Sterilisation Geistigbehinderter wegen verfassungsrechtlicher Bedenken „überwiegend abgelehnt“ (HOFFMANN 1996, 198). Es bleibt zu hoffen, daß die im deutschen Betreuungsgesetz eingebauten verfahrensrechtlichen Sicherungen, die in der Tat recht aufwendig sind, auch auf Dauer halten, was sie versprechen und was nach einer ersten Bestandsaufnahme der Auswirkungen durch die Bundesregierung (Bericht der Bundesregierung 1996) auch realistisch erscheint. Die Befürchtungen vor dem Inkrafttreten des Gesetzes waren jedenfalls groß, nicht nur bei DÖRNER, der sie seinerzeit so formuliert hat: „Ich hätte mehr Angst vor dem Mißbrauch einer wie auch immer gearteten gesetzlichen Regelung zum jetzigen Zeitpunkt als vor dem Mißbrauch, wie er bisher schon vorgekommen ist" (1987, 52).

Zuletzt ist allerdings ein Fall bekannt geworden, in dem diese Sicherungen versagt haben; die Sterilisation erfolgte, noch ehe der Gerichtsbeschluß bekannt war, aber auch trotz gegenteiliger Willenskundgabe der betroffenen Frau (Bundesvereinigung Lebenshilfe für Menschen mit geistiger Behinderung e.V. 1997, 15f.). Womöglich zeigt sich darin etwas von dem Problem, eine abwehrende Haltung immer als solche richtig zu deuten.

> Verfahrensrechtliche Bestimmungen gegen Mißbrauch bieten keine absolute, nur eine begrenzte Gewähr, und auch sie gilt nur solange, wie die demokratischen Institutionen – und hier vor allem der Rechtsstaat – verteidigt werden können.

Ob ein unbedingtes gesetzliches Verbot der Sterilisation an geistigbehinderten, einwilligungsunfähigen Menschen einen besseren Schutz gegen Mißbrauch böte? Offensichtlich nicht, wenn man z.B. nach Schweden blickt. Dort hat ein solches Verbot im Gegenzug lediglich dazu geführt, den Begriff der Einwilligungsfähigkeit besonders „freizügig" zu interpretieren (HOFFMANN 1996, 198).

Schutz gegen Mißbrauch durch ein unbedingtes gesetzliches Verbot?

Die restriktive Regelung der Zulässigkeit von Sterilisation bei dauernd Einwilligungsunfähigen, wie sie das Betreuungsgesetz vorsieht, versucht eine Antwort auf ein ethisches Dilemma zu geben:
– daß die Zulassung von Sterilisation bei einer so außerordentlich kleinen Gruppe zum Präzedenzfall für die Aushöhlung grundgesetzlicher Bestimmungen (Menschenwürde, körperliche Unversehrtheit) werden könnte;
– daß es aber auf der anderen Seite als ethisch schwer hinnehmbar erscheint, wenn man geistigbehinderten Menschen eine Sterilisation verwehrte, die sie unter Umständen bei der Möglichkeit einer freien Entscheidung für sich in Anspruch nehmen würden.

Verlangt wird daher eine sorgfältige Prüfung des Einzelfalls. Dabei ist zu klären, ob in einer konkreten Lebensperspektive in einem bestimmten sozialen Umfeld die Sterilisation bei Abwägung aller Umstände nicht doch die bessere Lösung ist: wenn andere Verhütungsmittel nicht angewendet werden können, gleichzeitig aber bestehende sexuelle Kontakte eine Schwangerschaft wahrscheinlich machen; wenn ferner eine frühere Gravidität oder Geburt eines Kindes zu belastenden Erfahrungen geführt haben; wenn medizinische Probleme für Mutter und Kind bestehen sollten. Gewiß sind das seltene Fälle, in denen es auf eine unausweichliche Alternative zuläuft: entweder Sterilisation oder aber eine Schwangerschaft, die mit schwerwiegenden Gefahren für die Frau verbunden wäre.

Einzelfallrechtfertigung – Kriterien

Zur Frage des Kindeswohls

Es sei noch einmal betont, daß in diesem Abwägungsprozeß einer Einzelfallentscheidung mutmaßliche Interessen sog. Dritter, der Kinder, der Angehörigen, nicht unmittelbar vorkommen. Das widerspräche dem Anliegen des Gesetzgebers, wonach die Interessen Geistigbehinderter den alleinigen und strengen Maßstab abgeben sollen. Sog. Drittinteressen, z.B. das pädagogische Wohl der Kinder, haben für die Frage der Sterilisation nur eine indirekt rechtfertigende Bedeutung, insoweit mit negativen Folgen für die geistigbehinderte Frau, etwa im Falle einer Trennung von ihrem Kind (sog. Leid durch Trennung – Indikation; vgl. HOFFMANN 1996, 113), zu rechnen ist. Aber sie bringen natürlich i. e. S.

Pädagogische Rechtfertigungsüberlegungen

pädagogische Rechtfertigungsüberlegungen ins Spiel. Wie soll z.B. eine verantwortungsvolle *„Beratung und Begleitung bei schwangerschaftsverhütenden Maßnahmen"* aussehen, und das „unter höchstmöglicher Respektierung der Wünsche der Betroffenen" (THIMM 1994, 44)? Auch bei der Frage, *in welchem Lebensalter* überhaupt über eine *Sterilisation* zu entscheiden ist, sollte die Behindertenpädagogik ihren Sachverstand einbringen. Der Gesetzgeber verlangt als Vorbedingung die Prognose, die betroffene Frau sei dauerhaft einwilligungsunfähig; das heißt soviel wie, daß „für den gesamten Zeitraum ihrer Empfängnisfähigkeit nicht mehr mit der Möglichkeit einer späteren eigenen Entscheidungsfähigkeit gerechnet werden kann" (HOFFMANN 1996, 95). Geht man davon aus, daß die Fähigkeit, sich zu entscheiden, grundsätzlich pädagogischer Förderung zugänglich ist, so wird man eher für eine deutliche Heraufsetzung der Altersgrenze über das 18. Lebensjahr hinaus plädieren. Auch bei Geistigbehinderten endet Lernen nicht mit der Volljährigkeit.

Auch erbbiologische Überlegungen kommen in den Kriterien nicht vor. Sie können schon deshalb keine Rolle spielen, weil nur ein verschwindend kleiner Prozentsatz behinderter Kinder von kranken oder genetisch auffälligen Eltern gezeugt wird, die meisten dagegen von gesunden Eltern abstammen. Vielleicht noch wichtiger ist eine Rechtsposition: Kinder haben gegen ihre Eltern kein einklagbares Recht darauf, nicht geistigbehindert zu sein. Das hat der Bundesgerichtshof in seiner Entscheidung vom 18.1.1983 klargestellt (van den DAELE 1985, 85 f.). Elternpflichten setzen nicht schon vor der Geburt ein, jedenfalls nicht in einer rechtsverbindlichen Weise – was aber moralischen Druck keinesfalls ausschließt. Entsprechend kennt unsere Gesellschaft ja auch „keinerlei Zulassungskontrollen für die Zeugung eines Kindes" (THIMM 1994, 44). Das Wohl von Kindern wird „durch Entscheidungen nach ihrer Geburt gesichert" (van den DAELE 1985, 172). Um so wichtiger ist dann allerdings die pädagogische Verantwortung, u.U. im Rahmen einer begleiteten Elternschaft. Gerade das Fallbeispiel lehrt, daß dabei die altersgemäße Förderung eines Kindes noch längst nicht alles ist. Hinzu kommen muß, daß man Kindern bei der Auseinandersetzung mit der Behinderung ihrer Eltern (z.B.: PIXA-KETTNER u.a. 1996, 141) hilfreich zur Seite steht. Da sich überdies Fälle nicht nur von behördlich erzwungener, auch von freiwilliger Trennung der Kinder von ihren geistigbehinderten Eltern kaum ganz vermeiden lassen, bedarf es auch einer sog. Trennungsbegleitung (227), und das nicht nur für die Eltern, auch für ihre Kinder.

2.5 Zur Legitimation des Lernortes

Karl-Heinz M., einziges Kind eines Verkaufsangestellten und seiner berufstätigen Ehefrau, wurde rechtzeitig eingeschult. Im ersten Jahr versäumte er wegen mehrerer Kinderkrankheiten 61 Tage und wurde nur mit Bedenken in die zweite Klasse genommen, da „er im Lesen noch keine Grundlagen und im Anfangsmathematikunterricht erhebliche Schwierigkeiten in der Mengenbezeichnung" habe. Im zweiten Schuljahr wechselte die Lehrkraft dreimal. Karl-Heinz wird mit Deutsch 5 und Mathematik 4 versetzt. Bei der Elternbesprechung der Klasse wird jedoch eingeräumt, daß die Beurteilung aller Schüler „in Anbetracht der Umstände wohl etwas großzügig" erfolgt sei. Im nächsten Jahr wird der Junge nicht versetzt. Überdies wechseln die Eltern, da sich der Vater beruflich verändert, den Wohnort. In der neuen Schule vergrößern sich die Leistungsschwierigkeiten, so daß mit den Noten Deutsch 5/6 und Mathematik 4 wiederum keine Versetzung in Klasse 4 ausgesprochen werden kann. Der bei der Meldung zur Schule für Lernbehinderte erstattete Bericht spricht davon, daß das Lesen immer noch unsicher sei. Im Rechtschreiben fehle jegliche Grundlage (Zensur 6), im Rechnen könne sich der Schüler nicht konzentrieren.

Die Umschulung in die Schule für Lernbehinderte wird mit der Begründung abgelehnt, bei einem HAWIK-IQ von 94 und im Prinzip ausreichender Rechenfähigkeit könnten die größtenteils durch „äußere Umstände" bedingten Minderleistungen im Deutschen nicht die „Sonderschulbedürftigkeit" begründen. Darauf ordnet die Schulverwaltung eine „probeweise" Versetzung in Klasse 4 an. – Am Ende des Schuljahres haben sich die Leistungen in bezug auf den Abstand zum Klassendurchschnitt nicht gebessert. Von den 37 Schülern wechseln jetzt 28 in Gymnasium und Realschule. Da der Eintritt in die Hauptschule nicht ausgesprochen werden kann, stimmen die Eltern einer Überweisung in die Schule für Lernbehinderte zu. Karl-Heinz kommt dort in Klasse 4. Nach einem Jahr kann er wegen durchgängig guter Leistungen in Klasse 6 aufsteigen. Er gehört jetzt zu den besten Schülern. Es wird erwogen, ihm bei weiterhin erfolgreicher Beschulung die Gelegenheit zum nachträglichen Erwerb des Hauptschulabschlusses oder zur Rückführung in die Hauptschule bereitzustellen.

Quelle: Bleidick, U.: Behinderung als pädagogisches Problem. Studienbrief. Deutsches Institut für Fernstudien an der Universität Tübingen 1993, 57

Gegenüber den bisherigen Fallbeispielen, die in der Familienplanung, der Abtreibung und der Sterbehilfe, auch in der Sterilisation existentielle moralische Konflikte widerspiegeln, erscheint der Fall eines verunglückten Bildungsweges zwischen Sonderschule und Allgemeiner Schule zunächst ohne eine ethische Relevanz. Die Situation ist nicht vergleichbar: Es macht einen grundlegenden Unterschied, ob menschliches Leben überhaupt zur Debatte gestellt wird, oder ob es ‚nur' schulorganisatorisch auf bestimmte Bahnen gebracht werden soll. Während es bisher um fundamentales Lebensrecht ging, steht nunmehr die zweckmäßige Organisation des Bildungsweges an.

Mit der Unterscheidung dieser beiden Ebenen – von *ethischer Basisnorm* und *zweckrationaler Organisationslösung* – wird eine weitere Differenzierung sichtbar. Im ersteren Fall geht es um Leben (auch behindertes

Leben) überhaupt; im zweiten Fall um die gesellschaftliche Akzeptanz und Eingliederung behinderter Menschen, die unter uns sind.

Prävention und Integration

Zwischen den vorherigen Lebensabschnitten und der jetzigen Ausgangslage besteht jenes eigentümliche *Spannungsverhältnis von Prävention und Integration*, das der Behindertenpädagogik eigen ist (ANTOR 1991, 219): Zwar muß es sozial- und gesundheitspolitisches Ziel bleiben, Krankheiten und Behinderungen möglichst nicht erst entstehen zu lassen. Aber es kann nicht darum gehen, das Leid durch die „Abschaffung der Leidenden" (SIERCK/RADTKE 1989, 79) beseitigen zu wollen. Behinderte, die unter uns leben, gehören als gleichberechtigte Bürger zur menschlichen Gesellschaft, und darum kann nur die Integration in die Gemeinschaft aller Menschen das humane Ziel sein.

Lernbehinderung als Zuschreibung

Karl-Heinz M. im obigen Fallbeispiel ist, grob gesagt, ein Opfer der Schule. Er ist durch, man möchte aus der Distanz meinen: haarsträubende Versäumnisse in seiner Beschulung zum Lernbehinderten ‚gemacht' worden. Als besonderer Umstand kommt hinzu, daß Lernbehinderung unter den Formen schulischer Bildungsbehinderung als eine relationale Größe gilt, abhängig von vielfachen familiären und schulischen Lernbedingungen, die darüber entscheiden, ob ein schulversagendes Kind durch eine bürokratische Zwangsmaßnahme den Status einer Behinderung zugeschrieben bekommt oder aber als nur langsam lernender Schüler so viel Unterstützung erfährt, daß er in der Allgemeinen Schule verbleibt und nicht zum ‚Behinderten' wird. Es liegt auf der Hand, daß die Zuteilungsdiagnostik, die den Schüler als „sonderschulbedürftig" erklärt – in neuerer schulrechtlicher Formulierung spricht man nur noch institutionenunabhängig vom „sonderpädagogischen Förderbedarf" (Empfehlungen 1994) – oder auf seiner Plazierung in der Allgemeinen Schule besteht, eine moralische Entscheidung von großer Tragweite werden kann. Immerhin wird durch eine frühzeitige Weichenstellung über den weiteren Lebensweg und über ein menschliches Schicksal befunden.

Schulverwaltung und gutachtende Sonderschule scheinen sich in diesem Fall wenig vorzuwerfen zu haben. Es sei denn, die Anstrengungen der didaktischen Differenzierung haben vielleicht nicht ausgereicht, sich eines benachteiligten Kindes in Anbetracht seiner besonderen Lernverhältnisse mit Erfolg anzunehmen. Offensichtlich nimmt der Fall fortan noch einen günstigen Verlauf. Das pädagogische Personal kommt – gleichsam als Hintergrundvariable – in seinem indirekten Wirken als moralische Instanz ins Spiel.

Der ‚gute' Heilpädagoge als moralische Instanz

SPIESS (1997, 49 f.) fragt, aus einem ähnlichen Anlaß, woran man einen *„guten Heilpädagogen"* erkennen könne. Er fordert von Lehrerinnen und Lehrern:
- *An ihren Grundhaltungen sollt ihr sie erkennen!*
- *An ihren Methoden sollt ihr sie erkennen!*
- *An ihren Früchten sollt ihr sie erkennen!*

Auf unser Anwendungsbeispiel lassen sich die Thesen übertragen.

Es muß eine Grundhaltung gefordert werden, von der zwar nicht verlangt werden kann, daß Karl-Heinz mit der Tugend des pädagogischen Eros ‚geliebt' wird, aber ihm in seiner Situation zu helfen, ihn unbedingt bestmöglich fördern zu wollen, ihn nicht ‚auszusondern' und abzuschreiben, ist unerläßliches Gebot. SPIESS nennt das, mit Max WEBER, „Gesinnungsethik". – Daß Eltern und Lehrer optimale Methoden anwenden, um das Kind zu fördern, erscheint selbstverständlich. SPIESS spricht von einem technologischen „Wirkungsmodell", als einem Element „konsequentialistischer Verantwortungsethik". – Der noch so gute Wille genügt aber nicht. Das pädagogische Handeln muß auch, erfolgsorientiert, Früchte tragen. Das „Effektanzmodell" soll ebenfalls der Logik einer Verantwortungsethik folgen.

Das Fallbeispiel kann noch weiter ausgemalt werden, und zwar in bezug auf eine Alternative. Was wäre gewesen, wenn die Eltern auf der ‚Integration' in den allgemeinen Unterricht der Grundschule bestanden hätten? Nach der neuen Rechtslage der Grundgesetzergänzung 1994 sind die Aussichten erheblich gestiegen, diesen Standpunkt durchzusetzen; allerdings spielt die jeweilige Schulgesetzgebung des Bundeslandes eine mitentscheidende Rolle (FÜSSEL/KRETSCHMANN 1993, 14 f.).

Die Durchsetzung schulischer Integration wird seit geraumer Zeit – korrespondierend mit hinhaltendem Widerstand der Schulverwaltungen – mit einem hohen ethischen Anspruch zu legitimieren versucht. Ein Beispiel für viele ist die Fallstudie aus einer hessischen Gemeinde, in der Eltern die Einschulung von zwei geistigbehinderten Kindern in die Grundschule durch mehrere Instanzen zu erzwingen versuchen (BATTON/ GUNDLACH 1990). Im Vorwort zu dem Bericht heißt es:

Schulische Integration als moralischer Anspruch

> *So ist dieses Buch auch die Geschichte der Ausgrenzung..., über den Standort ihrer Schule und das Land Hessen hinaus ein exemplarisches Beispiel einer modernen Barbarei: Sie ist ein Beispiel der Verhinderung der für jedes Mitglied dieser Gesellschaft demokratisch gebotenen Gleichheit hinsichtlich der Entfaltung ihrer Persönlichkeit und ein Beispiel der durch Ausgrenzung für die absolute Mehrheit aller als behindert und psychisch krank geltenden Personen bestehenden Inhumanität (FEUSER 1990, 1).*

Der scheinbare ethische Konflikt entsteht dadurch, daß die schulische *Integrationsbewegung*, die seit etwa eineinhalb Jahrzehnten die gemeinsame Unterrichtung behinderter und nichtbehinderter Schüler in allgemeinen Schulen durchsetzen will, die moralische Dimension eines staatlichen Verwaltungsaktes hervorhebt. Sie betont „die Verwirklichung von Integration als eine unabdingbare gesellschaftliche und humane Aufgabe" (EBERWEIN 1988, 343). Gemeint ist in diesem Fall nicht die gesellschaftliche Akzeptanz in Familie, Beruf und Öffentlichkeit, sondern zunächst die Organisationsform der ‚integrierten' Beschulung – allerdings mit der Option, daß dadurch auch eine spätere bessere Integration von behinderten Menschen in der Gesamtgesellschaft erreicht werde. Die Nicht-Einlösung der schulischen Integration als humaner Auftrag würde mithin die Menschenrechte tangieren.

Ethische Relevanz der Schulplazierung

Diskriminierungsverbot des
Grundgesetzes

Wie steht es nun um die ethische Legitimation des Schulortes? Die Frage läßt sich heute anders beantworten als noch vor wenigen Jahren. Der Sachverhalt hat dadurch in jüngster Zeit an ethischer Relevanz gewonnen, daß mit der Ergänzung des Grundgesetzes durch ein spezifisches Diskriminierungsverbot neben den Auswirkungen auf andere Lebensbereiche wie etwa die Integration im Wohngebiet (s. 4.5) auch eine veränderte schulrechtliche Situation entstanden ist: Im November 1994 trat die von Bundestag und Bundesrat beschlossene Ergänzung des Art. 3 Abs. 3 Satz 2 GG in Kraft:

> Niemand darf wegen seiner Behinderung benachteiligt werden.

Während eine Reihe von Grundgesetzkommentaren übereinstimmend den zwangsweisen Besuch einer Sonderschule als gegen das *Diskriminierungsverbot* des Grundgesetzes und gegen den Gleichheitsgrundsatz gerichtet sahen (FROWEIN 1996; JÜRGENS 1995; SACHS 1996), hat das Bundesverfassungsgericht in seinem Beschluß vom 8. Oktober 1997 eine pragmatische Position bezogen (Az. 1 BvR 9/97). Es hat darin Bedenken zerstreut, das Gleichheitsgebot des Grundgesetzes ginge notwendig auf Kosten spezifischer Förderbedürfnisse.

Anlaß der Entscheidung war die Verfassungsbeschwerde einer körperbehinderten Schülerin aus Niedersachsen, die nach erfolgreichem Besuch der Grundschule zum Schuljahr 1995/96 in den 5. Jahrgang einer Integrierten Gesamtschule gewechselt war. Die Bezirksregierung verfügte daraufhin – nach Einholung eines neuen Beratungsgutachtens – die Überweisung in eine Schule für Körperbehinderte, weil die erforderlichen Fördermaßnahmen an der Gesamtschule nicht ermöglicht werden könnten. Die Erziehungsberechtigten erhoben dagegen Klage beim Verwaltungsgericht, um den Besuch einer Gesamtschule zu erreichen. Über die seit 1996 ergangenen widersprüchlichen Urteile, Rückverweisungen, Revisionen und einstweiligen Anordnungen des Verwaltungsgerichts und des Oberverwaltungsgerichts in der Sache hat die Tagespresse ausführlich berichtet. Zuletzt hatte das Oberverwaltungsgericht den Antrag der Beschwerdeführerin abgelehnt, bis zur Entscheidung über die Klage in der Gesamtschule verbleiben zu können. Dagegen erhob die Schülerin Beschwerde beim Bundesverfassungsgericht. Auf einen Antrag der Beschwerdeführerin setzte die 1. Kammer des Ersten Senats des Bundesverfassungsgerichts die Entscheidung über den endgültigen Schulort vorläufig aus. Die Bezirksregierung hob daraufhin die sofortige Vollziehung der Überweisung an die Schule für Körperbehinderte auf. Seitdem besucht die Schülerin die 7. Klasse einer Hauptschule.

Urteil des BVerfG vom
8. Oktober 1997 zum
Benachteiligungsverbot

Mit dem am 8. Oktober 1997 ergangenen Urteil hat das Gericht die Beschwerde der Schülerin „im Zusammenhang mit deren Überweisung von einer Gesamtschule an eine Sonderschule als unbegründet zurückgewiesen". Das Bundesverfassungsgericht führt für seinen Beschluß eine Reihe von Gründen an:

(1) Eine Benachteiligung könne nicht nur aufgrund der Behinderung der Person entstehen, vielmehr „auch bei einem Ausschluß von Entfaltungs- und Betätigungsmöglichkeiten durch die öffentliche Gewalt". Das Gericht deutet damit an, daß die Förderung in der integrativen Einrichtung nicht automatisch „behindertengerecht" die behinderungsbedingten Nachteile kompensiere und insofern unter Umständen ebenfalls eine Benachteiligung mit sich brächte, wenn sie den Förderbedürfnissen des behinderten Schülers nicht genüge.

> Quelle 37 –
> Benachteiligungsverbot im Schulwesen

(2) „Es ist von Verfassungs wegen nicht zu beanstanden, daß ... die zielgleiche wie die zieldifferente Erziehung und Unterrichtung unter den Vorbehalt des organisatorisch, personell und von den sächlichen Voraussetzungen her Möglichen gestellt ist. Dieser Vorbehalt ist Ausdruck dessen, daß der Staat seine Aufgabe, ein begabungsgerechtes Schulsystem bereitzustellen, von vornherein nur im Rahmen seiner finanziellen und organisatorischen Möglichkeiten erfüllen kann ... Im Rahmen seiner Entscheidungsfreiheit kann er (der Gesetzgeber; G.A./U.B.) von der Einführung solcher Integrationsformen absehen, deren Verwirklichung ihm aus pädagogischen, aber auch aus organisatorischen, personellen und finanziellen Gründen nicht vertretbar erscheint". Einfacher gesagt, versieht das Gericht sein Votum für integrative Beschulung mit einem Haushaltsvorbehalt.

(3) Das Urteil des Bundesverfassungsgerichts enthält eine indirekte Legitimation des Sonderschulwesens: „Die Überweisung eines behinderten Schülers an eine Sonderschule gegen seinen und seiner Eltern Willen stellt nicht schon für sich eine verbotene Benachteiligung im Sinne des Art. 3 Abs. 3 Satz 2 GG dar". Damit korrigiert das Gericht diesbezügliche Grundgesetzkommentare, die zu einer gegenteiligen Auffassung gekommen waren.

Das Karlsruher Urteil hatte ein äußerst zwiespältiges Echo. Von einigen Behindertenverbänden wurde es als „behindertenfeindlicher Rückschritt" kritisiert. Dem ist bei einer Würdigung der differenzierten Entscheidungsgründe nicht so. Vielmehr heißt es an weiteren Stellen des Urteils:

(a) „Nach dem gegenwärtigen pädagogischen Erkenntnisstand ließe sich ein genereller Ausschluß der Möglichkeit einer gemeinsamen Erziehung und Unterrichtung von behinderten Schülern mit nichtbehinderten derzeit verfassungsrechtlich nicht rechtfertigen". Wenn dies als ein Gesamttenor des Urteils angesehen werden darf, dann spricht sich das Bundesverfassungsgericht grundsätzlich – trotz und insbesondere angesichts der Haushaltsvorbehalte – für eine integrative Beschulungsform von behinderten Schülern aus.

> Grundsätzlich für schulische Integration

(b) Ausschlaggebend „ist das Ergebnis einer Gesamtbetrachtung im Einzelfall...". Dabei sind die „jeweiligen Vor- und Nachteile einer integrativen oder separierenden schulischen Ausbildung ... weder allein aus der Sicht der behinderten Schüler und ihrer Eltern noch ausschließlich aus der Sicht der Schulverwaltung zu beurteilen". Die

> Einzelfallentscheidung

Einzelfallentscheidung dominiert somit vor einer generell abstrakten Regelung.

Sonderschule – „gesteigerte Begründungspflicht"

(c) Seit der Grundgesetzergänzung ergibt sich bei Überweisung in eine Sonderschule eine „gesteigerte Begründungspflicht". Das Benachteiligungsverbot des Grundgesetzes verlangt seine Beachtung auch in schulorganisatorisch-verfahrensmäßiger Hinsicht.

Offen für künftige Entwicklungen

(d) Das Urteil des Bundesverfassungsgerichts nimmt für sich nicht in Anspruch, überzeitlich gültig zu sein. Die zeitbedingten Umstände bedürfen vielmehr der Überprüfung „von Wertungen, wissenschaftlichen Erkenntnissen und prognostischen Einschätzungen". In der Bildungs- und Rechtspolitik für behinderte Menschen ist Karlsruhe offen für künftige Entwicklungen.

Das Karlsruher Urteil zum Benachteiligungsverbot nach Art. 3 Abs. 3 Satz 2 GG vermeidet im Hinblick auf die Legitimation des Schulortes jegliche Unbedingtheit der moralischen Betrachtung. Es bekennt sich offenbar zu einer Basisposition, macht deren tatsächliche Umsetzung aber von realisierbaren Bedingungen abhängig (ganz ähnlich, als Unterschied zwischen ethischer und pragmatischer Begründung: SCHÖNBERGER 1997). Damit sind die „Handlungsfreiräume von Politik und Pädagogik ... ausdrücklich bestätigt worden" (ELLGER-RÜTTGARDT 1998, 30).

Die rechtliche Absicherung ethischer Normen

Für den Diskurszusammenhang bleibt es wichtig zu betonen, daß Recht und Ethik zwei Seiten eines korrespondierenden Sachverhaltes sind. Die juristische Fassung des Gesetzes stellt eine Kanonisierung von ethischen Geboten dar, über die in der Gesellschaft weitgehender Konsens herrschen sollte. Das ist bei der juristischen Legitimation des Schulortes nicht anders als bei den Rechtsnormen zur Abtreibung (§ 218 StGB) und zur Sterbehilfe (§ 216 StGB).

Die Beantwortung der Frage, ob sich die schulische Plazierung behinderter Schüler ethisch begründen läßt, erscheint somit eindeutig – sowohl nach den Regeln der philosophischen Ethik als auch in der praktischen Rechtsprechung. Wir halten es als Verfasser einer ethischen Reflexion der Sonderpädagogik für wichtig, daß unsere Position offengelegt wird. Sie befindet sich – das sei noch einmal betont – in deutlichem Gegensatz zur Integrationsbewegung, soweit diese den ‚humanistischen' und ‚demokratischen' Anspruch einer Forderung nach gemeinsamer Erziehung und Unterrichtung behinderter und nichtbehinderter Schüler mit unbedingter Geltung versieht und so auch einzuklagen sucht.

Grenzen moralischer Argumentation in Organisationsfragen

Das moralische Engagement solcher Aussagen zur schulischen Integration verdient Respekt. Nichtsdestoweniger ist zu fragen, ob damit der hohe Anspruch einer ethischen Würdigung nicht überzogen – und damit unglaubwürdig wird. Die Verpflichtung zu Lebensrecht und Bildungsrecht stellt den Grundduktus der behindertenpädagogischen Ethik dar. Alle weiteren Ableitungen ordnen sich dieser Maxime unter. Hierin liegt jedoch eine Einschränkung. Aus der Deduktion folgert nicht, daß bildungspolitische, schulorganisatorische und didaktische Regelungen nach gleichen moralphilosophischen Kriterien beurteilt werden können wie die

Primärziele. Auf beiden Ebenen der Diskursethik – der prinzipiellen, deontologischen Regulative und dem empirischen Konsensusverfahren – spielt die ethische Bewertung eine jeweils unterschiedliche Rolle.

Gerade an der ethischen Relevanz einer Wahl des Schulplatzes läßt sich die Reichweite von Moralurteilen darstellen. Es handelt sich um eine gestufte Argumentation (ANTOR 1985, 245 f.): Vorausgesetzt wird, daß alle Beteiligten – Eltern, Lehrer, Kinder – als weitere *Basisnorm* die gesellschaftliche Integration – neben Lebens- und Bildungsrecht – akzeptieren. Dann aber hat der *praktische Diskurs* erst einmal Einvernehmen herzustellen: (1) ob dieses Ziel via Sonderschule oder integrative Schule am besten zu erreichen ist – wobei die Unzufriedenheit mit dem Stand gesellschaftlicher Integration allein schon ein legitimes Motiv ist, weiter nach integrativen schulischen Wegen zu suchen (BLEIDICK 1999, 135); (2) ob überhaupt schon die gesellschaftliche Integration ansteht oder nicht vielmehr zunächst die Frage, ob sich das Kind hier und jetzt in seiner vertrauten Umgebung wohlfühlen soll; (3) ob schließlich diese lebensweltliche Legitimation vielleicht nur auf die Ausnahmesituation der integrativen Modelleinrichtungen als „künstlich geschaffenen schulische(n) Lebenswelt(en)" (ANTOR 1985, 244) beschränkt bleibt. – Man wird in diesem Modus einer zweckrationalen, gleichwohl wertgeleiteten Begründung von Lernortentscheidungen unschwer Übereinstimmungen mit dem Urteilstenor des Bundesverfassungsgerichts erkennen.

Das Exempel lehrt folgendes:

> Nur im deontologischen Fundus besteht Bedarf an ethischer Rechtfertigung. Das sonderpädagogische Handeln entzieht sich weitgehend ethischer Regulation, insoweit es von zusätzlichen organisatorischen Bedingungen abhängt.

Freilich: Was zum deontologischen Bestand zählt – also nicht weiter in Frage steht –, darüber gehen die Auffassungen auseinander. Es seien noch einmal die unterschiedlichen deontologischen Grundannahmen (Basisnormen) zusammengefaßt, soweit sie für die Frage des richtigen Lernorts in diesem Text eine Rolle spielen:
- schulische Integration (FEUSER): Hier ist der für richtig befundene Lernort, schulische Integration, zugleich die Basisnorm selbst, Ausdruck eines ethischen Urteils;
  hinzu kommen zwei weitere Basisnormen, von denen aus Lernortentscheidungen lediglich Ableitungen sind:
- optimale Förderung des behinderten Kindes als bestmögliche Verwirklichung seines Bildungsrechts hier und jetzt – bei grundsätzlicher Präferenz für gemeinsamen Unterricht (Bundesverfassungsgericht); schulische Integration nur in Verbindung mit der Gewährleistung des Bildungsrechts;
- gesellschaftliche Integration (ANTOR): Man kann sie sich aber nicht nur als eigene Basisnorm, sondern ihrerseits wiederum als Ableitung aus dem Bildungsrecht denken.

Sachzwänge, etwa Ressourcenknappheit, sind moralisch nicht endgültig entscheidbar; man kann sie persönlich beklagen und in politischer

Stufen der moralischen Rechtfertigung

Aktion auf Abhilfe drängen. Es wäre aber wenig sinnvoll, die Einrichtung von integrativen Beschulungsformen mit humanitären oder demokratischen Beschwörungsformeln – „gegen Aussonderung" – einfordern zu wollen. Eine Hypostasierung überfordert die Ethik und droht sie zu einem bloßen Lippenbekenntnis zu entleeren (BLEIDICK 1996, 338).

Empirische Prüfung der ‚Integration' Eine moralische Überfrachtung von schulischen Organisationsfragen übersieht, daß es – wie an der obigen Beweisführung von SPIESS einsichtig gemacht wurde – nicht nur auf eine Grundhaltung ankommt. Es genügt nicht, ‚für Integration' zu sein, um damit ein guter Heilpädagoge mit ethisch trefflicher Einstellung zu werden. Es reicht auch nicht zu, die ‚richtige' Methode des sozialen Beieinanders von behinderten und nichtbehinderten Schülern ‚integrativ' zu praktizieren. Neben der deontologischen Position – was sein soll – bedarf es der *empirischen Regulative*. Die Früchte der integrativen Beschulung sind erfahrungswissenschaftlich prüfbar. Selbst Befürworter kommen hierbei zu dem Ergebnis, daß sich in den tatsächlichen Konsequenzen der Unterrichtung behinderter Schüler die Vor- und Nachteile von Integration versus Sonderbeschulung in einem „Patt der konkurrierenden Systeme" (WOCKEN 1987, 304) die Waage halten (BORCHERT/SCHUCK 1992; HAEBERLIN u.a. 1990). Eine neuerliche Bestätigung, daß „die Schul- oder Klasseneffekte regelhaft größer als die Systemeffekte" sind, liefern die Hamburger Untersuchungsergebnisse zum Schulversuch „Integrative Grundschule" (HINZ u.a. 1998, 112).

Relativierung empirischer Prüfung durch den Elternwillen Allerdings werden die Kriterien für eine scheinbar *objektive* empirische Prüfung, welcher Lernort für ein behindertes Kind im Einzelfall zweckvoll sei, angesichts neuer Entwicklungen erheblich relativiert. Zunächst ist es der höhere Freiraum und die gesteigerte Verantwortung, die dem Elternwillen bei der Wahl des Schulplatzes zugestanden sind. Damit kann nämlich die Frage aufgeworfen werden, ob subjektives Fürwahrhalten und private Interessen von Erziehungsberechtigten gegenüber dem Gleichheitsgebot der Beachtung des Gemeinwohls aller Schüler mit ihren unterschiedlichen Meßkriterien konfligieren. Eine solche Lage würde eintreten, wenn Eltern den besonderen Förderbedarf für einen einzelnen behinderten Schüler mit einem höheren Sach- und Personalaufwand einfordern, der nur auf Kosten der schlechteren unterrichtlichen Versorgung der übrigen Klasse von nichtbehinderten Kindern erreicht werden könnte (s. 4.5). Die Knappheit öffentlicher Mittel im Schulwesen hat solche Situationen längst herbeigeführt, wie umgekehrt die kostenaufwendige Verwirklichung schulischer Integration bekanntlich an den (kostenneutralen) Haushaltsvorbehalt gebunden ist (FÜSSEL/KRETSCHMANN 1993, 16, 10, 43). Das Spannungsverhältnis von persönlichen Bedürfnissen und Gemeininteressen bestimmt im nachhinein eben doch die „Ethik in Organisationen" (BLICKLE 1998).

Effektivitätskriterium und Qualität Das erfahrungswissenschaftliche Argument pro oder contra Integration orientiert sich darüber hinaus an einem scheinbaren *Effektivitätskriterium*, das je nach individuumzentrierter oder sozialer Sicht von verschiedenen Perspektiven ausgeht. Als übergeordneter Gesichtspunkt bietet sich der Schlüsselbegriff der *Qualität* an, mit dem die Güte einer sozialen Dienstleistung im Schulwesen, in der Gesundheitsfürsorge und in der Sozialarbeit beurteilt wird. Neuere gesetzliche Regelungen verlangen von Kostenträgern und Dienstleistungserbringern den Nachweis qualifizierter Leistung. Diese wichtige gesetzliche Auflage und die daraus entstehenden Folgeprobleme werden unter 4.5 aufgegriffen. Man könnte nun argumentieren, das Kriterium der *Lebensqualität* müsse letztlich darüber befinden, welcher Lernort für behinderte Schülerinnen und Schüler am geeignetesten ist, und dadurch sollte die Entscheidung über die Schulwahl ihre moralische Rechtfertigung erfahren.

Die vorgeschlagene Lösung hat jedoch den Nachteil, daß die Begriffe Lebensqualität, Qualitätsbeurteilung und Qualitätsentwicklung nicht genau zu operationalisieren sind:

> *„Lebensqualität" als theoretisches Konstrukt ist ein Versuch, sich komplexen sozialen und individuellen Prozessen zu nähern. Es gibt keine letztendlich gültige oder allumfassende Definition von Lebensqualität, und Lebensqualität ist nie nur objektiv oder nur von außen beurteilbar ... Qualität, bezogen auf das Leben eines Menschen, seinen Alltag, ist also ein Merkmal, das die Austauschprozesse zwischen einem Menschen und seiner sozialen und materiellen Umwelt im Prozeß der Bedürfnisbefriedigung kennzeichnet (BECK 1999, 37).*

Begriff der „Lebensqualität"

Die *Qualität des Schulwesens*, zu der es inzwischen zusammenfassende Bestandsaufnahmen gibt (SPECHT/THONHAUSER 1996; FEND 1998), kann an so unterschiedlichen Merkmalen wie dem durchschnittlichen Leistungsstand der Schüler oder aber an ihrem subjektiven Sich-Wohlfühlen festgemacht werden. Die Arbeitsgruppe HAEBERLIN u.a. (1990) ermittelte, daß die Schulleistungen lernbehinderter Schüler bei integrativer Beschulungsform besser waren als in einer Sonderschule, während die emotionale Stabilität, das Begabungskonzept und die Schulangst zu einer Bevorzugung der Sonderbeschulung tendierten. Das Ergebnis ist in Variationen immer wieder bestätigt worden (BLESS 1995). Diese Differenzierung des empirischen Resultats enthebt nicht der Gewichtung des Qualitätskriteriums, was denn nun wichtiger ist: Leistung oder Zufriedenheit (GLATZER/ZAPF 1984; BECK 1994). Damit kann in Zweifel gezogen werden, ob Qualität als das je unterschiedliche Verhältnis von persönlichen Bedürfnissen, sozialen Austauschprozessen und sachbestimmten Bedingungen (Geldmittel, ökologische Ressourcen) überhaupt mittels einer empirischen Meßgröße quantifizierbar ist: „Meßbar sind Quantitäten, nicht Qualitäten" (SPECK 1999, 101).

Qualität des Schulwesens

Die nachträgliche moralische Bewertung von Organisationsentscheidungen resultiert aus einem Doppelaspekt von lebensweltlichen und ökonomischen Belangen (SPECK 1999, 189). Schülerinnen und Schüler sollen in eine Schule gehen können, die ihre Leistung fördert, ihren Ansprüchen entgegenkommt, Bedürfnisse befriedigt und Lebensvorbereitung in Aussicht stellt. Darin liegt die Qualität eines Bildungswesens, wie immer man sie jetzt auf situative Bedingungen hin definieren mag. Diese Dienstleistung von Schule muß bezahlt werden; das ist ihre *ökonomische Dimension.*

Doppelaspekt von Lebenswelt und Ökonomie

Kosten der integrativen
Beschulung

Die Kalkulation für schulische Integration behinderter Schülerinnen und Schüler in allgemeinen Schulen fördert widersprüchliche Kostenansätze zutage. Wenn integrative Unterrichtung auf Dauer erfolgreich sein soll, dann verlangt sie ein durchgängiges System von zwei Pädagogen in jeder Schulklasse, was nicht flächendeckend zu finanzieren ist, keinesfalls neben einem gleichermaßen vorgehaltenen Sonderschulwesen existieren würde oder bestenfalls bei unterversorgter Ausstattung der Sonderschulen. Der fragwürdige Ausweg besteht deshalb mitunter in einer *grauen Integration* (FÜSSEL/KRETSCHMANN 1993, 55), indem erhöht förderbedürftige Kinder in allgemeinen Schulen verbleiben, ohne daß ihnen eine entsprechende sonderpädagogische Unterstützung zuteil wird. In diesem Fall ist Integration ‚billiger‘ zu haben. Es ist insofern ebenso verständlich wie aufsehenerregend, wenn sich Promotoren der Integrationsidee mit Empörung gegen eine Instrumentalisierung schulischer Integration zu ökonomischen Zwecken zu Wort melden und für die „vorläufige Erhaltung der Sonder- und Kleinklassen ... in der augenblicklichen wirtschaftlichen Lage (als) das kleinere Übel" eintreten (HAEBERLIN 1998, 317).

Eine grundsätzliche ethische Relevanz organisatorischer Zwecklösungen ergibt sich dann, wenn eine Rangfolge von humanen und wirtschaftlichen Werten zur Debatte steht. Sofern ein Recht auf Leben, auf Bildung oder – wie im vorliegenden Fall – auf schulische ‚Nichtaussonderung‘ proklamiert wird, muß es Priorität vor anderen, untergeordneten Wertüberzeugungen beanspruchen. Wenn Haushaltsvorbehalt und Sparzwang die Verwirklichung von legitimen Rechten der Hilfe für Behinderte aus Kostengründen verhindern, dann ist das ethisch zu mißbilligen: „Die Ökonomie rangiert als Teil der Gesellschaft, aber nicht außerhalb des moralischen Geltungsbereichs" (SPECK 1999, 116). Hierbei kommt es immer darauf an, wie hoch solche Wertsetzungen wie etwa schulische Gemeinsamkeit von behinderten und nichtbehinderten Kindern gehalten werden. Darin liegt ihr unechtes oder aber ihr glaubwürdiges legitimatorisches Potential. Daß eine Güterabwägung zwischen Ansprüchen des einzelnen und der Gleichverteilung der vorhandenen Mittel für alle anderen Mitglieder des Gemeinwesens stattfindet, das wiederum verquickt sozialethische und ökonomische Belange in einer oft konfliktträchtigen Weise.

Ethik und rationalistische
Wissenschaft

Um das Ergebnis der ethischen Belangung schulorganisatorischer Entscheidungen noch einmal zusammenzufassen: Grundsätzlich sind wir der Ansicht, daß systembürokratische Zwecklösungen nicht mit moralischen Kriterien gewogen werden sollten. Diese wissenschaftstheoretische Position des *Kritischen Rationalismus* gilt als soziale und politische Handlungsmaxime. Eine Schulform, wie etwa die Sonderbeschulung oder die integrative Unterrichtung, kann demnach nicht als ethisch richtig legitimiert werden; sie muß technologisch ausprobiert und notfalls geändert werden, wenn sie sich als unzweckmäßig erweist. Eine solche Haltung kann aber nicht ausschließen, daß zeitgeschichtlich und regional Situationen eintreten, die eine *nachherige moralische Gewichtung* von Organisationsfestlegungen nahelegen. Das Vordringen ökonomischer und utilitaristischer Gesichtspunkte, von Eigennutz und unsolidarischer Rücksichtslosigkeit stellt eine solche Lage dar. Nichts anderes besagt die

Feststellung, daß auch Wirtschaftlichkeit und Sparzwang „nicht außerhalb des moralischen Geltungsbereichs" liegen (SPECK, s.o.).

Die Spannung von Grundsatzposition und situativer Relativierung ist eine durchgehende Argumentationsfigur, die diesen Abschnitt zur (ethischen) Legitimation des Schulortes mit den vorhergehenden über Humangenetik, Pränataler Diagnostik, Eugenik und Sterilisation verbindet. So wie die Widersprüchlichkeit des Lebens z.B. bei Abtreibung und Geburtenplanung, bei Liegenlassen von schwerstgeschädigten Säuglingen und Sterbehilfe für alte Menschen keine glatten Lösungen gestattet, sondern, bei der Unverbrüchlichkeit geltender Normen, die humane Toleranz gegenüber dem Einzelfall abverlangt, so gibt es auch bei der Rechtfertigung des Lernortes keine Patentlösungen. Es kommt auf die Bedingungen der einzelnen Situation an. Und die müssen auch nicht so bleiben, wie sie vielleicht am ersten integrativen Schultag waren. Sie können sich im Zuge sich fortsetzender Einsparungen in den öffentlichen Haushalten weiter verschlechtern und dann irgendwann andere organisatorische Lösungen erforderlich machen (ANTOR 1992). Es ist ein Gradmesser für moralisches Kalkül, dieses zu respektieren.

3 Zur Geschichte der Bewertung behinderten Lebens

3.1 Von der Antike bis zur Neuzeit

Überzeitliche Einstellungen zu Behinderung

Zu allen Zeiten hat es Einstellungen zu Krankheit, Behinderung und behinderten Menschen gegeben. Auch Behindertenfeindlichkeit ist keine neuartige gesellschaftliche Erscheinung. Ebenso wie es historische Beispiele einer Abwertung behinderten Lebens mit grausamer Verfolgung und Tötungsprogrammen von der Antike bis in die jüngste Gegenwart hinein gibt, so lassen sich andererseits eindrucksvolle Zeugnisse der Achtung, Pflege und Fürsorge für behinderte Menschen aufzählen. Ein positives Beispiel bietet die magische Verehrung, die nicht nur Kleinwüchsige (Zwerge), sondern vor allem Blinde und Lahme am Hof des Pharaos in Ägypten erfuhren (von den DRIESCH 1959, 176).

Das staatliche Bild der Griechen und Römer war vom Ideal der *Kalokagathie* bestimmt: Schönheit, Sittlichkeit und körperliche Tüchtigkeit galten als Maßstab für den Umgang mit Mißgestalteten. Aus Sparta ist überliefert, daß sie getötet und ausgesetzt wurden. Entsprechend finden sich bei PLATON und ARISTOTELES Befürwortungen von Eugenik, Kindstötung und Abtreibung sowie das Verbot, verkrüppelte Kinder großzuziehen. Kinder-Euthanasie ist bei PLUTARCH erwähnt. Ein weiterer Beleg steht bei SENECA. Vom gleichen Philosophen pflegt eine Begründung der Euthanasie bei alten Menschen zitiert zu werden. Ein Gegenbeispiel der positiven Umdeutung von Krankheit und Behinderung liefert EPIKTET.

Quellen 1–6 – antike Schriftsteller

Stellungnahmen des Christentums

Die *Stellungnahmen des Christentums* zu Krankheit, Leid und Behinderung sind uneinheitlich und widersprüchlich, sowohl was die standpunktgebundene Exegese der Bibeltexte als auch was die kirchengeschichtliche Einordnung anbetrifft. Der Würdigung christlicher Liebestätigkeit gegenüber Bedürftigen und Gebrechlichen, Blinden und Geistigbehinderten (BOPP 1930, 32 ff.) steht der Nachweis alttestamentlicher Grausamkeit und Strafandrohung mit Höllenqual entgegen (BUGGLE 1992).

Im *Alten Testament* gelten Krankheit und Gebrechen als Indiz für die Sündhaftigkeit des Betroffenen. Leid ist mit persönlicher Schuld verknüpft. Die darauffolgende Strafe Gottes wird zur Bewährung und Prüfung auferlegt, auch wenn der Mensch das ihm aufgebürdete Leiden als unbegründet, ja als sinnlos empfindet (Buch Hiob). Die kausale Verbindung zwischen Leidzufügung – persönliches Schicksal, aber auch die Geburt eines behinderten Kindes – und Bestrafung für die eigene Verfehlung dürfte noch heute ein verbreitetes Muster der Ursachenerklärung sein.

Das *Neue Testament* enthält in den Evangelien mehrere Stellen, in denen – allerdings in verschiedenen Zusammenhängen – die Begriffe blind, taub, sprachlos, lahm, geistlich arm, Krüppel und Schwache erwähnt sind. Dämonische Vorstellungen überwiegen; der Kranke ist von einem Dämon besessen. Sündhaftigkeit und in deren Folge das Gebrechen werden nun aber nicht mehr als individuelle Schuld und Bestrafung interpretiert. Sie sind Ausdruck der allgemeinmenschlichen Verlorenheit nach dem Sündenfall. Jesu Handeln überwindet Leid und Sünde. Die Heilung der Kranken ist eine Vorwegnahme des Reiches Gottes. Wenn Leidensvorkommnis als persönliches Schicksal gedeutet wird, dann erhält es einen Sinn, der in der Erwählung Gottes besteht. *Persönliches Leid ist ein Gleichnis für das Leiden Christi.* Jesus hat stellvertretend das Leid der Menschheit auf sich genommen, und sein Leidenstod ist erforderlich, um der Menschheit Sünden zu tilgen.

Das Los der Behinderten im Mittelalter ist desolat, wenngleich es Berichte über die Pflege von Blinden und Körperbehinderten in Klöstern und Spitälern gibt. Eine soziale Auffangstation bildet vielfach die Armenpflege, die mit der Almosenlehre des THOMAS VON AQUIN theologisch begründet wird: Spenden für Bedürftige, für Waisen- und Armenhäuser sind christliche Verpflichtung. Allerdings wird das Motiv des Helfens und der Mildtätigkeit im Laufe der Zeit einem selbstsüchtigen Zweck untergeordnet: Die guten Werke sollen, wie AUGUSTINUS das ausgedrückt hat, „deine Lastträger sein, wenn du zum Himmel wanderst". Es handelt sich also nicht um eine zweckfreie Barmherzigkeit, sondern um kalkulierte himmlische Belohnung für die guten Werke auf Erden. Im Calvinismus wird dieser Gedanke später dahingehend verstärkt und pervertiert, daß schon das Wohlergehen auf Erden das spätere Seelenheil bestätigend vorwegnehme. In der griechischen Orthodoxie ist der Gedanke offenbar bis in die Gegenwart lebendig, wie die erschütternde „Griechische Passion" von Nikos KAZANTZAKIS schildert. Die passive Hinnahme von Belastung, Leid und Behinderung entspricht theologisch der Unterordnung unter die vermeintlich göttliche, in Wahrheit aber kirchliche Lehrautorität.

Als *individualisierende Gegenbewegung*, die mit der Zeit der Aufklärung ihren Höhepunkt und Abschluß erreichen wird, ist die bewußte Auseinandersetzung mit dem Leidgeschehen zu sehen. Mit der persönlichen Sinndeutung des Leidens beginnt eine theologische Diskussion, als deren Resultat zumeist das Auserwähltsein betont wird: „Und tragen allzeit das Sterben des Herrn Jesu an unserem Leibe, auf daß auch das Leben des Herrn Jesu an unserem Leibe offenbar werde" (2. Korinther 4, 10). Die späteren Konsequenzen für die Beurteilung dessen, was Behindertsein für

Behinderte Menschen im Mittelalter

Quelle 7 –
Thomas von Aquin

Quelle 8 –
Paulinische Leidens-
verklärung

mein persönliches Leben bedeutet, sind beträchtlich, wie die harte Kritik an der „paulinischen Leidensverklärung" zeigt.

Die *Tötung und Aussetzung von Mißgestalteten und Behinderten* wurden über das gesamte Mittelalter hinweg stillschweigend geduldet. SCHUMANN berichtet nach Quellenunterlagen, daß im Jahre 1012 in Hochstädt bei Aschersleben zwei mißgebildete Kinder auf einen Gemeindebeschluß hin getötet wurden (1940, 19). Als theologische Rechtfertigung dient die verbreitete Lehre von den *Wechselbälgen* (BACHMANN 1985). Das mißgebildete Kind ist nicht das wahre Kind der Mutter, sondern vom Teufel untergeschoben, ausgewechselt. Als Beleg wird aus LUTHERS Tischreden zitiert: „Solche Wechselbälge oder Kielkröpfe supponit Satan in locum verorum filiorum und plaget die Leute damit. Denn diese Gewalt hat der Satan, daß er die Kinder auswechselt, und einem für sein Kind einen Teufel in die Wiegen legt, das dann nicht gedeiht, sondern frisset und säufet ... sie sind eine massa carnis und in der Mulde zu ersäufen." Die Frage nach der Authentizität der Tischreden, nach dem magischen Kontext des Teufelsglaubens und vor allem zu LUTHERS Votum der Tötung ist quellenkritisch nicht als gesichert zu beantworten, so daß sich eine direkte Inbeziehungssetzung zu neuzeitlichen Euthanasiegedanken verbietet (ausführlicher zur Interpretation und Quellenlage: GEWALT 1974). Immerhin deutet sich eine frappante Analogie zur heutigen Debatte um den Personwert schwergeschädigter Säuglinge an, deren Tötung dadurch gerechtfertigt wird, daß ihnen das Merkmal der Personalität fehle (SINGER 1994), auch sie vegetieren gleichsam nur – in LUTHERS Diktion – als „massa carnis".

Wechselbalg (Luther)

Quelle 9 – Luther

Quelle 10 –
Thomas Morus

Das wechselvolle historische Bild des behinderten Menschen im Laufe der Geschichte wäre unvollständig, wenn die Zeugnisse von Achtung, Respekt, Zuwendung und pädagogischer Hilfe für Behinderte unterschlagen würden. Thomas MORUS' berühmter Roman „Utopia" (1515) warnt davor, Krüppel zu verspotten. Im 18. Jahrhundert stellte die Tötung der unehelich geborenen Kinder ein Problem dar, das PESTALOZZI 1780 zu seiner Schrift „Über Gesetzgebung und Kindermord" veranlaßte. Den Frauen der sozialen Unterschichten blieb in ihrer Aussichtslosigkeit angesichts öffentlicher Bestrafung und Kirchenbuße, ökonomischem Ausgeliefertsein, Schande und Verlassenheit nur Kindesmord, heimliche Tötung oder Aussetzung des Neugeborenen. Die institutionelle Beantwortung des Problems waren die Findelhäuser (wo auch ROUSSEAU eines seiner Kinder ablegte), in denen die Kindersterblichkeit über 90 Prozent lag.

Das ‚Normalitätsbild'
Rousseaus

Gerade der Hinweis auf ROUSSEAU ist auf der anderen Seite Anlaß, sich die Vorurteile und Hemmnisse zu vergegenwärtigen, die einer Durchsetzung des heilpädagogischen Gedankens – der Bildungshilfe für behinderte Kinder – über Jahrhunderte hinweg im Wege standen. Es ist das *Normalitätsbewußtsein der Allgemeinen Pädagogik*, welches voraussetzt, daß Emile „gesund und kräftig" ist, wie es ROUSSEAU in seinem berühmten Erziehungsroman 1762 ausdrückt. Menschen, die dem Kriterium der Gesundheit nicht genügen, werden von den Bildungsbemühungen ausgeschlossen. Sie sind eine persönliche Belastung für den Erzieher,

Quellen 11 und 12 –
Rousseau

und sie sind – unter utilitaristischen Aspekten – ein „Verlust" für die Gesellschaft. Immerhin meint ROUSSEAU, daß sich die „Nächstenliebe" der anderen „dieses Krüppels" annehmen möge; er selbst gesteht sich mindere „Stärke" zu.

Der *Zusammenhang von Lebensrecht und Bildungsrecht*, wie er als unabdingbar für eine Ethik der Behindertenpädagogik gelten muß (s. 4.3), ist bei einigen Klassikern der Pädagogik vorformuliert. Es ist erstaunlich, daß dieser pädagogische Grundgedankengang bis in die neueste Zeit immer wieder verloren zu gehen droht bzw. unerkannt bleibt. So kontrastiert im 17. Jahrhundert der verbreitete Bildungspessimismus in bezug auf behinderte Kinder mit einer optimistischen Gegenhaltung, in der sich christliche Motive und philosophisch-anthropologische Sinngebung mischen. Kein geringerer als COMENIUS beschreibt die Position in der Didactica Magna von 1627: Es sei nicht statthaft, einige Geschöpfe von der „Wartung des Geistes" auszulassen; denn man finde „keine so unglückliche Geistesanlage, daß sie durch Pflege nicht verbessert werden könnte". PESTALOZZI führt in bezug auf die vernachlässigten Kinder aus: „Für den Staat ist ein uneheliches Kind nur in so fern ein Schaden, als es nicht recht erzogen wird. Für die Menschheit ist ein uneheliches Kind unzweydeutig ein Gewinn, wenn es recht erzogen wird" (1783, 52; zitiert nach HOOF 1987, 312).

> Lebensrecht und Bildungsrecht bei den Klassikern der Pädagogik

> Quelle 13 – Comenius

Die Erzieher, die sich im 18. und 19. Jahrhundert der blinden, taubstummen und geistigbehinderten Kinder annehmen, waren der Überzeugung, daß erst die Erziehung die Kinder zu Menschen mache, sie ihrer *anthropologischen Bestimmung* zuführe. Ein Bericht aus der Taubstummenanstalt Schleswig von 1816 über einen Schulentlassenen gibt davon Zeugnis. In der Befragung MELTZERS (1925) zur Kindereuthanasie (s. 2.3) ist später ein Item enthalten, das die Verbindung von Bildungsmöglichkeit und Lebensrecht essentiell ausdrückt: „Würden Sie auf jeden Fall in eine schmerzlose Abkürzung des Lebens Ihres Kindes einwilligen, nachdem durch Sachverständige festgestellt ist, daß es unheilbar blöd ist?"

> Quelle 14 – Schumann

Die pädagogische Zuwendung hatte oft ein *religiöses Motiv*, so bei Carl Wilhelm SAEGERT, dem Direktor der Königlichen Taubstummenanstalt in Berlin, der von den zunächst erfolglosen Unterrichtsversuchen mit einem gehörlosen Jungen sagt: „Aber der Gedanke, daß er dann zum geistigen Tode, zu einem rein vegetierenden Leben verdammt" sei, habe ihn erst recht angespornt„ in dem guten Glauben, daß Gott ja jeden Menschen nach seinem Ebenbilde erschaffen habe, an den unglücklichen Geschöpfen aber nach Joh. 9,3 die Werke Gottes offenbar werden sollten" (1858, 4). Der Abbé de L'EPÉE, Gründer der ersten Gehörlosenschule in Paris, hat bekannt: „Mein Mitleid wurde erregt, da ich befürchtete, daß diese Kinder ohne Religionskenntnis leben und sterben würden, wenn ich nicht irgend ein Mittel versuchte, sie zu unterrichten" (1776, 108). Die zunehmende Säkularisierung hat die religiösen Beweggründe allmählich abgelöst, wie etwa eine Stelle bei SCHOPENHAUER zeigt, die gleichwohl in eine moralische Pflicht zu Pflege und Fürsorge überführt. In der ethischen Rechtfertigung wird mit der Achtung vor dem Anderen ein Gedanke

> Quelle 15 – Schopenhauer

geäußert, der in der heutigen Zeit ähnlich durch LÉVINAS (1989) vertreten ist.

Kontinuität des eugenischen Gedankens

In der Geschichte der Bewertung behinderten Lebens bildet die *Utopie der biologischen Prävention* – dem Entstehen von Behinderungen kann durch wirksame gesundheitspolitische, biologische und hygienische Maßnahmen vorgebeugt werden – die Hintergrundfolie eines behindertenfeindlichen Klimas. Die Bestrebungen lassen sich bis in die Antike nachverfolgen, wie die Textstelle bei PLATON beweist. Das Mittelalter und die Neuzeit haben Varianten dieser Einstellung entstehen lassen, die bis in die molekularbiologischen Pläne moderner Gesundheitspolitik bizarre Blüten treiben. Rassenhygiene, negative Eugenik (Vermeidung der Weitergabe schlechten Erbgutes) und positive Eugenik (Züchtung von Eliten) kennen unzählige Spielarten von idealistischen Träumen bis hin zum verbrecherischen politischen Mißbrauch biologischer Steuerungsversuche.

Sozialdarwinismus

Die Ideologie einer Volksgemeinschaft, die sich gesund, tüchtig, hochwertig und frei von degenerativen Einflüssen fortpflanzen will, wird als *Sozialdarwinismus* bezeichnet (BAADER 1989a). Sie tritt in zwei Formen der Bedrohung behinderten Lebens auf: als Eugenik, als Erbgesundheitslehre, insbesondere zur Vermeidung von Erbgesundheitsschäden, der Bekämpfung einer Weiterverbreitung von Erbkrankheiten, und als Euthanasie, als Sterbehilfe bei tödlichen Erkrankungen. Die Pflege des guten Erbgutes ist zwar etwas grundsätzlich anderes als die Rede vom leichten Tod (Euthanasie), und es besteht historisch keine direkte Verbindung zwischen Humangenetik und Euthanasie.

Zusammenhang von Eugenik und Euthanasie

Die Geschichte zeigt aber, daß politische Konstellationen eintreten können, in denen die Ideologie der Vernichtung, der „Ausmerzung" unerwünschter Menschen eskaliert. Bewußte Tötung ist dann eine Fortsetzung der Verhinderung entstehenden Lebens; *Euthanasie ist die Konsequenz der Eugenik mit anderen Mitteln*. Die Affinität ist von den Nationalsozialisten in schreckenerregender Weise historisch bestätigt worden. In der zeitlichen Aufeinanderfolge von Sterilisierungsgesetzgebung und Vernichtungsaktion an den Anstaltsinsassen wird die unheimliche logische Eskalation deutlich.

Malthus'sches Bevölkerungsgesetz

Der englische Ökonom Thomas Robert MALTHUS (gestorben 1834) stellte zu Beginn des vorigen Jahrhunderts eine Theorie auf, die als *Malthus'sches Bevölkerungsgesetz* bezeichnet wird. Das Wachstum der Bevölkerung erfolgt in geometrischer Progression, die Nahrungsmittelproduktion dagegen nur in arithmetischer Reihe. Daraus folgt eine zunehmende Verknappung an Lebensmitteln und die Verelendung der armen Bevölkerungsschichten. Die politische Bewegung des Malthusianismus suchte daher eine radikale Geburtenbeschränkung durchzusetzen, um die angebliche Existenzbedrohung der Menschheit abzuwehren. Die Gedanken MALTHUS' liefern einen indirekten, nichtsdestoweniger wesentlichen Baustein des späteren Sozialdarwinismus.

Quelle 16 – Darwin

Die direkte Ableitung eugenischen Denkens geht auf Charles DARWIN zurück, der 1859 sein berühmtes Werk über „*Die Entstehung der Arten durch natürliche Zuchtwahl oder Die Erhaltung der begünstigten Rassen im Kampfe ums Dasein"* veröffentlicht. DARWIN wendet den Gedanken der Höherentwicklung durch Auslese – den Kampf ums Dasein – zunächst auf Pflanzen und Tiere an. Er hat jedoch die Übertragung der biologischen Selektionstheorie auf die gesellschaftlichen Verhältnisse selbst formuliert. DARWIN begründet nicht nur den *Darwinismus*, sondern auch den *Sozialdarwinismus*, wie der Text verrät.

Im späteren Werk über „Die Abstammung des Menschen" (1871) taucht die Textstelle in zunächst fast wortgleicher Wiederholung auf. Die Warnung vor den „nachteiligen Folgen der Erhaltung und Vermehrung der Schwachen" wird verstärkt. Gesellschaftspolitische Konsequenzen aus seiner „Degenerationsthese" (z.B.: Abschaffung der Sozialgesetze) zieht er freilich nicht in seinem wissenschaftlichen Werk, sondern in der privaten Korrespondenz (so VOGT 1997, 136).

> Quelle 17 –
> Darwin

Die Lehre DARWINs traf in der zweiten Hälfte des 19. Jahrhunderts auf einen ideologischen Nährboden, der die „Sklavenmoral" der Degeneration durch die „Herrenmoral" des Übermenschen zu ersetzen suchte – so in der Philosophie NIETZSCHES. Der soziale Darwinismus (GALTON, SPENCER, H. St. CHAMBERLAIN) erfuhr seine politische Umsetzung in den verschiedenen Bestrebungen der Eugenik, vielfach auch *Rassenhygiene* genannt. Der Begriff der Rassenhygiene stammt von PLOETZ, der 1904 eine Gesellschaft für Rassenhygiene gründete. 1911 wurde von HAECKEL in Dresden die erste *eugenische Beratungsstelle* eröffnet. Die Zielkataloge einer rassenhygienischen Eheberatung propagieren die „Herstellung eines Gegengewichtes gegen den Schutz der Schwachen durch Schaffung von Hindernissen für die Fortpflanzung Minderwertiger durch Isolierung, Eheverbote und ähnliche Mittel, Begünstigung der Fortpflanzung Tüchtiger durch wirtschaftliche Ermöglichung ihrer Frühehe (besonders in den höheren Klassen) und wirtschaftliche Vergünstigungen ihrer vielkindrigen Ehen" (SCHALLMEYER 1918; zitiert nach SCHUMANN 1989, 136). Ihre Hauptaufgabe besteht darin, die *Sterilisierung unterer Sozialschichten* durchzusetzen.

> Quelle 18 –
> Nietzsche

Rassenhygiene

3.2 Die Zeit des Nationalsozialismus

Mit der Machtübernahme der Nationalsozialisten wurde die verbreitete Sterilisierungspraxis im Deutschen Reich amtlich legalisiert. Das am 14. Juli 1933 verkündete *„Gesetz zur Verhütung erbkranken Nachwuchses"* (Sterilisierungsgesetz) ist der vorläufige Höhepunkt einer Entwicklung eugenischen Denkens, das bis heute nachwirkt. Die Frage der ideologischen Kontinuität beantwortet sich schlüssig. Die NS-Zeit ist in der Hinsicht nur „Vergröberung eines schon seit den 90er Jahren des letzten Jahrhunderts bestehenden Denkmodells der medizinischen Ordnung für soziale Probleme", das seine Fortsetzung im Entwurf eines Sterilisierungsgesetzes 1947 vor dem Stuttgarter Länderrat und eines Betreuungsgesetzes im Deutschen Bundestag 1989 findet (DÖRNER 1987, 47).

> Quelle 20 –
> Gesetz zur Verhütung
> erbkranken Nachwuchses

Den Übergang eugenischer Planungen zur aktiven Euthanasie markiert eine berüchtigte Schrift, die als Wegbereiter der Nationalsozialisten zitiert zu werden pflegt. Der Reichsgerichtspräsident BINDING und der renommierte Psychiater HOCHE veröffentlichten erstmals 1920 die kurze Abhandlung: _„Die Freigabe der Vernichtung lebensunwerten Lebens. Ihr Maß und ihre Form"_. Der entscheidende Kronzeuge für ihre Argumentation ist das früher erschienene Werk von JOST „Das Recht auf den Tod" (1895).

Rechtfertigung der Euthanasie

Während in der späteren ethischen Rechtfertigung der Sterbehilfe die _„Erlösung"_ vom Leid bei dem von Schmerzen geplagten unheilbar Kranken im Mittelpunkt steht – die Euthanasie-Bewegung kann sich hierbei auf BINDING/HOCHE berufen –, gewinnt das zweite Begründungsmoment als Fortsetzung der Eugenik eine erhebliche volkswirtschaftliche Bedeutung. BINDING/HOCHE beziehen sich hauptsächlich auf die schwergeschädigten _„Idioten"_ in Anstalten. Sie seien nurmehr _„leere Menschenhülsen"_ und _„Ballastexistenzen"_, die zur Tötung _„freigegeben"_ werden sollten. Hierbei handele es sich um „Bemühungen, die dadurch ihre besondere Tragweite erhalten, daß es bisher nicht möglich gewesen, auch nicht im Ernste versucht worden ist, diese Defektmenschen von der Fortpflanzung auszuschließen" (1922, 55).

Quelle 19 – Binding/Hoche

Euthanasie ist die Fortsetzung der Eugenik mit gesteigerten Mitteln der Inhumanität. Für diese Verbindung hat das Dritte Reich der Nazis die historische Wirklichkeit geliefert. Der kultursoziologische Rassenwahn als Entwicklungstrend war früher grundgelegt. BRILL (1994) hat in einer quellengeschichtlichen Studie anhand der behindertenpädagogischen Literatur von 1918 bis 1933 (vornehmlich die Organe „Die Hilfsschule" und „Zeitschrift für Kinderforschung") nachgewiesen, daß schon die Euthanasie-Debatte der zwanziger Jahre immer im Kontext eugenischer und rassenhygienischer Forderungen geführt wurde. Somit wird, mit unerbittlicher logischer Folgerung, die Frage aufgeworfen, ob mit dem Ende der faschistischen Diktatur der Ungeist erledigt ist oder aber über die Zeiten hinweg vom Sozialdarwinismus des 19. Jahrhunderts bis in die jüngste Gegenwart weiterwirkt. Die Frage so zu stellen bedeutet, entsprechende Befürchtungen zu hegen. SIERCK/RADTKE vertreten in einer provokanten Schrift „Die Wohl-Täter-Mafia" (1989) die These, daß die heute tätigen Humangenetischen Beratungsstellen eine direkte logische Fortsetzung der nationalsozialistischen Erbgesundheitsgerichte seien (s. 2.1). Von den etwa 500 000 als _„erbkrank"_ eingeschätzten Menschen sind bis 1939 vermutlich ca. 350 000 zwangssterilisiert worden, wobei die Hälfte der Diagnosen angeborenen Schwachsinn, etwa ein Viertel Schizophrenie als Begründung angegeben haben (REYER 1991, 165).

Quelle 21 – Gutachten über einen Hilfsschüler

Quelle 22 – Erlaß zum GzVeN

Was schon als anonyme Statistik bestürzend ist, wirkt noch erregender, wenn man individuelle Dokumente zur Kenntnis nimmt, so das Gutachten der Hilfsschule über einen Schüler, dessen _„Verbleiben im Erbgang"_ nicht erwünscht sei, wie es euphemistisch heißt. Im Ministerialblatt für das braunschweigische Unterrichtswesen von 1935 findet sich ein Erlaß, der die Mitwirkung der Sonderschulen bei der Durchführung des Gesetzes zur Verhütung erbkranken Nachwuchses regelt.

Die Kirchen haben der Nazi-Diktatur zeitweise massiven Widerstand entgegengesetzt. In den *„Evangelischen Dokumenten"* (von HASE 1964) sind die Proteste nachzulesen: der Brief des Württembergischen Landesbischofs WURM an den Reichsminister FRICK; die Denkschrift von Pastor BOHNE, Leiter der von Bodelschwinghschen Anstalten Lobetal, an HITLER; die Stellungnahme von WILM zur Tötung der „unheilbaren Kranken" seitens der westfälischen Bekennenden Kirche. Die Eingaben datieren alle aus dem Jahr 1940, dem Höhepunkt der Euthanasieaktion. Sie traten unmißverständlich und mutig für das Leben der Behinderten ein. Ihre Voten lesen sich gleichwohl wie ein verzweifelter und untauglicher Versuch, etwas gegen Macht, Willkür und Mord zu unternehmen. Insbesondere gilt das für die *„Denkschrift über die Vernichtung sog. lebensunwerten Lebens vom 9. Juli 1940"*, die der Leiter der Hoffnungsthaler Anstalten, Pastor BRAUNE, verfaßte.

Das ist jedoch nur die eine Seite der kirchengeschichtlichen Medaille. Den Kirchen wurde in der Nachkriegszeit vorgeworfen, daß sie eine geschichtliche Schuld auf sich luden, weil sie schon in den zwanziger Jahren versucht hätten, sich dem eugenischen Geist in vermeintlich fortschrittlicher Modernität anzupassen. Gegen die erste Phase von Eugenik und auch von Euthanasie gab es keinen nennenswerten Widerstand. Der Centralausschuß der Inneren Mission hatte immerhin 1931 eine Fachkonferenz für Eugenik gebildet, die unverhohlen Sympathie für sozialwarinistisches Gedankengut atmete. Im Konferenzbericht heißt es: „An die Stelle einer unterschiedslosen Wohlfahrtspflege hat eine differenzierte Fürsorge zu treten. Erhebliche Aufwendungen sollten nur für solche Gruppen Fürsorgebedürftiger gemacht werden, die voraussichtlich ihre volle Leistungsfähigkeit wiedererlangen können. Für alle übrigen sind dagegen die wohlfahrtspflegerischen Leistungen auf menschenwürdige Versorgung und Bewahrung zu begrenzen. Träger erblicher Anlagen, die Ursache sozialer Minderwertigkeit und Fürsorgebedürftigkeit sind, sollten tunlichst von der Fortpflanzung ausgeschlossen werden" (FISCHER 1964, 48). Der öffentliche Protest des Münsteraner Kardinals Graf von GALEN gegen die Euthanasie im Jahr 1941 kam verspätet; immerhin war die katholische Kirche schon mindestens ein Jahr vorher über die Verlautbarungen der evangelischen Kirche informiert.

Ein ähnlich differenziertes Urteil über Mitwisserschaft, Mittäterschaft, schweigende Duldung auf der einen Seite und aktives Entgegentreten, mutigen Widerstand gegen die Nazi-Ideologie auf der anderen Seite ist über die *Behindertenpädagogik im Dritten Reich* zu fällen. Es gibt viele Belege dafür, daß die Sonderschullehrer willfähige Vollstrecker der rassenhygienischen Selektion waren (RUDNICK 1990). Es gibt eine glaubhafte Hineinversetzung in die totalitäre politische Lage, in der viele Hilfsschullehrer ‚mitmachten', um Schlimmeres zu verhindern (HÖCK 1979, 291 f.). Und es gibt den risikoreichen Einsatz für die bedrohten Schüler, gegen das System (ELLGER-RÜTTGARDT 1997, am Beispiel von Frieda STOPPENBRINK-BUCHHOLZ). Die Aufarbeitung der nationalsozialistischen Sonderpädagogik ist ohne Zweifel noch weniger gelungen als die schon mit fragwürdigen Retuschen versehene Geschichte der Medizin, der Rechtsprechung und der Theologie im Nazismus. Die gleichen

Rolle der Kirchen im Nationalsozialismus

Quelle 23 – Denkschrift der Hoffnungsthaler Anstalten

Behindertenpädagogik im Dritten Reich

Autoren, die vor 1933 in der Fachzeitschrift „Die Hilfsschule" unter den Themenstellungen „Eugenik und Hilfsschule" zitiert wurden, sind wenige Jahre später die Wortführer während des ‚tausendjährigen Reichs' gewesen. Und es gehört zur Feststellung kontinuierlichen politischen Einflusses, daß viele von ihnen nach 1945 da weitermachten, wo ihnen die Flamme der Zerstörung eigentlich das Gesicht hätte rauben müssen. Ein Symptom bildet die Rolle von Gustav LESEMANN, langjähriger Geschäftsführer und Vorsitzender des Verbandes der Hilfsschulen Deutschlands von 1928 bis 1933, in der Nachkriegszeit Ehrenvorsitzender des Verbandes Deutscher Sonderschulen. Der Fachverband hat bis in die jüngste Zeit hinein Mühe gehabt, seine wechselvolle Geschichte zu klären.

Euthanasie-Aktion der Nazis

Die *Euthanasie-Aktion* der Nationalsozialisten startete 1939. Im Unterschied zur Zwangssterilisierung hatte sie keine gesetzliche Grundlage. Die sogenannte Kindereuthanasie beginnt mit dem Fall des Kindes KNAUER. Die Eltern des in der Universitätsklinik Leipzig liegenden Kindes traten 1938 mit einem persönlichen Brief an den Reichskanzler HITLER heran, die Tötung ihres blind geborenen, idiotischen und mit nur einem Bein ausgestatteten Kindes zu veranlassen. Nach Begutachtung von HITLERS Leibarzt Karl BRANDT wurde das Kind getötet. Offensichtlich war der Fall mit Anlaß zur Schaffung des *„Reichsausschusses zur wissenschaftlichen Erfassung erb- und anlagebedingter schwerer Leiden"* im Frühjahr 1939 (sog. „Aktion Gnadentod").

Quellen 24 und 25 – „Aktion Gnadentod"

Die weitere Organisation des Vernichtungsmechanismus war der *„Reichsarbeitsgemeinschaft für Heil- und Pflegeanstalten"* übertragen, die unter Victor BRACKS Leitung seit dem Frühjahr 1939 in der Tiergartenstraße 4 in Berlin residierte. Aus Gründen der Geheimhaltung wurde von der *„Aktion T 4"* gesprochen. Das allmähliche Bekanntwerden in der Öffentlichkeit, aber auch der Widerstand aus den Kirchen veranlaßten HITLER, durch persönliche Verfügung am 24. August 1941 die Aktion einzustellen. Die Zahl der Getöteten betrug zu dem Zeitpunkt 70 273 (BAADER 1989b, 99). In den Konzentrationslagern ist im Zuge der sogenannten „Aktion 14 f 13" eine höhere Zahl von „Schwachsinnigen" und „Geisteskranken" umgekommen. Ihre Größe läßt sich kaum schätzen, da die Ermordungen ebenso Juden, Sinti und Roma sowie politisch Verfolgte betrafen.

Trotz HITLERS Verfügung ging die Euthanasie weiter – als „wilde Euthanasie" (ebenda). Darauf gibt es einen indirekten Hinweis in dem gut dokumentierten und jüngst durch Presseveröffentlichungen bekannt gewordenen Fall eines Jungen namens Ernst LOSSA (von CRANACH/SIEMEN 1999, 475–484). Als angeblich unerziehbar im Frühjahr 1942 in die Heil- und Pflegeanstalt Kaufbeuren eingewiesen, wurde er dort vierzehnjährig am 9.8.1944 mit einer tödlichen Injektion umgebracht. Er galt als Zeuge der Tötungsaktionen und damit als Gefahr für seine Mörder. Zudem hatte er an Kranke, die für den Hungertod bestimmt waren, aus der Vorratskammer entwendete Nahrungsmittel verteilt.

3.3 Eugenik und Euthanasie in der Gegenwart

Ein *Fazit der historischen Betrachtung behinderten Lebens* kommt nicht an der Frage vorbei, ob die heutige Einstellung zu behinderten Menschen ihre Wurzeln in der Geschichte hat: Besteht eine Verbindung zwischen jahrhundertealten Vorurteilen und neuer Behindertenfeindlichkeit, oder haben wir ,aus der Geschichte' etwa des Nationalsozialismus gelernt? „Die sozialpolitischen Bestialitäten der NS-'Gesundheitsführung' sind kein geschichtlicher Unfall, sondern Teil historischer Kontinuität. Was durch sie geschaffen wurde, prägt alle wichtigen Aspekte heutiger Konflikte zwischen Staat und Gesellschaft", so lautet eine lapidare Antwort (ROTH 1989, 152). Eine erste Bestätigung für diese These ist in der personellen Kontinuität zu finden. Die bundesdeutsche Geschichtsschreibung versäumte in der Nachkriegszeit die Aufarbeitung der nationalsozialistischen Vergangenheit – vielleicht verstehbar angesichts der Not der wirtschaftlichen Verhältnisse. Man hatte schließlich genug mit der unmittelbaren Lebensfristung zu tun und konnte sich nicht noch um die Grausamkeiten des Zurückliegenden kümmern. Vergessen, Blick nach vorn und Neuaufbau waren die Devise. Die Auseinandersetzung unterblieb aber auch deshalb, weil es eben dieselben Personen waren, die mit der Vergangenheit hätten abrechnen müssen. Dafür gab es eine politische Rückendeckung von höchster Stelle: Prominente Nationalsozialisten wie GLOBKE, OBERLÄNDER und FILBINGER spielten in Nachkriegsregierungen eine wichtige Rolle. Entsprechende personelle Kontinuitäten gab es in der Richterschaft, bei den führenden Ärzten und in der Behindertenpädagogik.

Die Frage, die mit einem *behindertenpädagogischen Historikerstreit* aufgeworfen wurde, betrifft zwei Ebenen der Argumentation. Einmal geht es um die Aussage, ob die Verbrechen der Nazis an Behinderten etwas Einmaliges waren, „ein spezifisches Problem des deutschen Faschismus" (MÖCKEL 1988, 226). Oder aber, so lautete die Gegenthese, die Nazis waren nur die grausamen Vollstrecker der sozialdarwinistischen Ideologie des 19. Jahrhunderts. Wie diese Frage nach der historischen Singularität beantwortet wird, das hat entscheidende Bedeutung für die Analyse gegenwärtiger Einstellungen zu behindertem Leben. Je mehr auf eine generelle Kontinuität erkannt wird, um so eher lassen sich Verbindungslinien zwischen unseren historischen Vorurteilen seit der Antike und einer behindertenfeindlichen Tendenz in der Neuzeit ziehen. Ja, es kann sogar ein Transfer von emotionalen und kulturellen Haltungen auf die Verwirklichung von Organisationsformen der pädagogischen Förderung Behinderter behauptet werden: „Die nach 1945 weitergeführte Sonderbetreuung der Behinderten, der Lernschwachen und Regelschulversager in Sonderschulen, Sonderkindergärten usw. ist ein Stück Kontinuität zu den Traditionen, die zwischen 1933 und 1945 die Verbrechen an den Behinderten mit möglich werden ließen" (RUDNICK 1990, 9). Dieser Geschichtsdeutung ist entschieden widersprochen worden (BLEIDICK 1993a). Auf der anderen Seite wurde der Sonderpädagogik ausdrücklich eine Mitschuld am Aufkommen der „Neuen Euthanasie" zugesprochen (BONFRANCHI 1992).

Verstärkt läuft die Verallgemeinerung sogar auf eine Wechselbeziehung hinaus, mit der nun wieder bestimmte organisatorische Strukturen der Schulbildung Behinderter und ihrer Vernichtung in Beziehung gesetzt werden: „Ich behaupte, daß durch die Aussonderung der Behinderten, die ja ausschließlich durch nichtbehinderte Menschen betrieben wird, die Diskussion um eine neue Euthanasie erst möglich wird. Hätte in der Gesellschaft in den letzten zwanzig Jahren eine ehrliche, umfassende Integration stattgefunden, wäre diese Diskussion gar nicht denkbar" (BONFRANCHI 1992, 629).

Behindertsein als Bedrohung

Es wird sich niemals beweisen lassen, ob die Behindertenpädagogik eine Mitschuld an Entwicklungen hat, die zu verhindern ermöglicht hätte, den Lauf der Geschichte wesentlich mitzubeeinflussen. Die alternative Auslegung – Einzigartigkeit oder gesellschaftlich bedingter Ausschluß, isolierte Tatbestände oder verwandte ideologische Erscheinungen –, sie ist aufgehoben in einer übergreifenden Feststellung: *Behindertsein wird als eine menschliche Bedrohung empfunden.* Die historisch nachweisbaren Anstrengungen, Behinderte als bedrohliches Potential beseitigen zu wollen, haben sowohl grundsätzliche Einstellungen produziert, die im Laufe der Geschichte in jeweils gewandelter Form ähnliche Vernichtungsaktionen von der Eugenik bis zu Euthanasie hervorbrachten. Politische Konstellationen haben aber zugleich Exzesse von historisch einmaligen Ereignissen wie den zynischen „Aktion Gnadentod" gezeitigt.

Historikerstreit

In den achtziger Jahren hatte der sogenannte *„Historikerstreit"* die Zunft der deutschen Geschichtswissenschaftler beschäftigt. Gegenstand des Historikerstreits war, unter anderem, die Frage nach der Singularität der nationalsozialistischen Gewaltverbrechen. Was ursprünglich als Urteil für die gesamtpolitische Einschätzung der Nazizeit gemeint war, betrifft nun auch die hier in Rede stehende Eugenik und Euthanasie von Behinderten. Es gibt dazu die gleichen kontroversen Aussagen: „In Wirklichkeit hatten die Nazis kein Euthanasie-Programm im eigentlichen Sinn des Wortes. Bei ihrem sogenannten Euthanasie-Programm ging es nicht um die Rücksicht auf das Leiden derer, die getötet wurden. Wie wäre sonst die Tatsache zu verstehen, daß die Nazis ihre Operationen geheimhielten, die Angehörigen über die Todesursache der Betroffenen täuschten ...? Nazi-'Euthanasie' war niemals freiwillig ... Sowohl rassische Herkunft als auch Arbeitsfähigkeit gehörten zu den Faktoren, die bei der Auswahl der zu tötenden Patienten eine Rolle spielten" (SINGER 1994, 274–275). Dagegen steht die Meinung: „Auf jeden Fall ist eindringlich hervorzuheben, daß, wenn man Kinder mit Down-Syndrom sterben läßt, dies nichts anderes ist als Euthanasie im Sinne HITLERS" (FOOT 1990a, 313). Die Autorin macht darauf aufmerksam, daß HITLERS Euthanasieprogramm gerade die Doppeldeutigkeit des Begriffs ausnutzte: die generelle Rechtfertigung der Sterbehilfe im Sinne einer scheinbar mildtätigen Aktion Gnadentod, die sich auf die entsprechenden ethischen und sozialdarwinistischen Begründungen aus einhundert Jahren stützen kann, und die historisch einmalige Gelegenheit zur Judenvernichtung in Konzentrationslagern (285).

Es gibt *Gemeinsamkeiten und Unterschiede.* Es kommt auf die Perspektive an, unter der die Euthanasie betrachtet wird. Die Zuschreibungen einer verantwortlichen Ethik sollten darüber entscheiden, wie Kindereuthanasie und Sterbehilfe bei Altersgebrechlichen und Schwerkranken bewertet werden. Die Individualisierung von Eugenik und Euthanasie zum kriminellen Verhalten einzelner Nationalsozialisten enthebt eher der Auseinandersetzung mit den allgemeinen Tendenzen der Entsolidarisierung, die dadurch – unerkannt und unterschwellig – als schleichendes Gift unsere Moral aushöhlen. Natürlich hat die Euthanasie der Nazis rechtlich nichts mit der jetzigen Sterbehilfe-Debatte zu tun. Aber die Rechtsprechung der Nazi-Richter und die heutige milde Symbolik richterlichen Verständnisses (Ahndung von Mord an Schwerstbehinderten und Pflegefällen als minder schweren Fall von Totschlag) haben den moralischen Beurteilungsrahmen gemeinsam. LUTHERS Ausspruch vom blödsinnigen Kinde als „massa carnis", als ein Stück Fleisch; die Beschreibung der „geistig toten" Kinder, die keinen „Lebenswillen" hätten, bei BINDING/HOCHE; die Bestreitung der Personalität von Säuglingen und Schwerstbehinderten durch SINGER haben, konsequentialistisch gewogen, ähnliche oder dieselben Folgen für den Umgang der Gesellschaft mit Behinderten. Ihre Mentalitäten weisen identische Bezugssysteme auf. Diese gilt es mit wacher Sensibilität aufzudecken, um den Anfängen zu wehren.

SIERCK/RADTKE (1989) sehen eine kontinuierliche Linie zwischen Zwangssterilisierung durch die Nazis und der Praxis der heutigen Humangenetischen Beratungsstellen und deren beider virtuellem Endziel, der Ausmerze und Vernichtung unerwünschten Lebens. Die Verbindung mag stellenweise plakativ behauptet sein. Eine differenzierte Beurteilung vermag sehr wohl die Unterschiede auszumachen: „Die historisch unaufgeklärte Auffassung, welche die alte Eugenik (Rassenhygiene) umstandslos und ohne rationale Thematisierung mit der nationalsozialistischen Bevölkerungs-, Rassen- und Vernichtungspolitik identifiziert, ist anfällig für das Mißverständnis, die rassenhygienische Wiederkunft in Gestalt einer molekularbiologisch und gentechnologisch modernisierten ‚neuen Eugenik' sei an die Wiederkehr von Figuren wie Adolf HITLER, Heinrich HIMMLER oder Joseph GOEBBELS gebunden" (REYER 1991, 182). Die neue Behindertenfeindlichkeit – die der politisch engagierte und optimistische Vertreter des Normalisierungsprinzips, WOLFENSBERGER, sogar den *„neuen Genozid",* den Völkermord genannt hat (1991) –, diese neue Ideologie kommt anders daher. Der Mechanismus der pränatalen Kontrolle, die Aussonderung alles genetisch Mangelhaften, die Illusion der Leidfreiheit; alles das stellt sich indirekt, aber sublimer, gründlicher ein, mit technischer Perfektion und propagandistischer Verklärung in den Massenmedien, nicht mehr staatlich aufgezwungen. Der Geist ist derselbe, die Argumente bedienen sich einer modernisierten Sprache. Sich allein gegen die Generation der Nazi-Verbrecher zu verwehren, wäre kurzschlüssig, wenn nicht untergründig von der Absicht der Ablenkung gesteuert. Es ist vollends unhistorisch, nicht die Parallelen wahrzunehmen,

Kontinuität der humangenetischen Beratung

Quelle 26 – Nürnberger Kodex

die die Geschichte zeigt – ebenso wie das Bemühen, die Gefahr einer Wiederholung z.B. von Menschenversuchen in der Medizin (KLEE 1997) zu bannen (s. 4.5).

Einstellungen gegenüber behindertem Leben sind von übergreifenden Zusammenhängen bestimmt. Eine solche Einordnung enthebt der Diskussion um Kontinuität und Diskontinuität, weil sich die Betrachtungsweisen dialektisch ergänzen. Im folgenden werden *fünf Bestimmungsfaktoren* nachgewiesen: der Preis der Industrialisierung, die ökonomisch-utilitaristischen Determinanten, der Fetischismus der Gesundheit, Minoritäten-Vorurteile und die postmoderne Selbstbestimmung.

Industrialisierung und Lösung der sozialen Frage

(1) Der *Preis der aufkommenden Industrialisierung* ist nach DÖRNER (1988, 65 ff.) die Entstehung der „sozialen Frage". Der technisch-industrielle Aufschwung trennt ab 1800 in den westlichen Staaten die Gesellschaft in zwei Teile: die wirtschaftlich brauchbaren, produktiven Menschen auf der einen Seite, die zahlen, und die sozial Unbrauchbaren, die der übrigen Gesellschaft zur Last fallen und mit durchgezogen werden müssen, auf der anderen Seite: Alte, Kranke, Behinderte und in gewissem Maße auch Kinder. Die Aufteilung in ein effektives Wirtschaftssystem und ein ineffektives Sozialsystem geschieht auf der Basis einer entsolidarisierten Leistungsethik, deren Bestreben es sein muß, die Kosten für die soziale Unterstützung möglichst gering zu halten und durch die Institutionalisierung von speziellen Versorgungssystemen überschaubar zu machen. Das Resultat sind Sondereinrichtungen: Waisenhäuser, Anstalten, Asyle, Alten- und Pflegeheime, Kindergärten, Sonderschulen. Im ideologischen Überbau wird die soziale Frage medizinisiert und einer sozialfürsorgerischen politischen Lösung zugeführt.

Die Eugenik mit der Zielsetzung, die Fortpflanzung der sozial unproduktiven Menschen zu verhindern, und die Tötung der „Ballastexistenzen" laufen auf eine *Endlösung der sozialen Frage* hinaus, die die Nationalsozialisten mit Radikalität und Brutalität verfolgten. Behindertenfeindlichkeit und die Ausmerzung von „nutzlosen Essern" (BINDING/ HOCHE) stellen eine makabre Versuchung dar, sich der Bürde zu entledigen, die die soziale Frage der gesamten Gesellschaft stellt. Diese soziale Hypothek wird in Zukunft nicht geringer werden. Das Wirtschaftssystem braucht dank technologischer Rationalisierung immer weniger Menschen. Medizinischer Fortschritt und steigende Lebenserwartung werden immer mehr Bürger dem Sozialsystem aufladen; familiäre Strukturen zur Entlastung des Dienstes gehen zunehmend verloren.

Ökonomische Determinanten

(2) Die soziale Frage hat als Kehrseite eine *ökonomische Determinante*. Das Sozialsystem ist immer weniger bezahlbar. Die skandinavischen Staaten haben nach Jahrzehnten erheblicher sozialstaatlicher Leistungsausweitung vorgeführt, wie leere Kassen einen schmerzlichen Sozialabbau erzwingen. Kosten-Nutzen-Bilanzen darüber, ob sich die aufwendige staatliche Fürsorge für Alte, Gebrechliche und Behinderte „lohnt", haben die Geschichte des sozialdarwinistischen Denkens von Anfang an begleitet. Sie beginnen bei MALTHUS, erreichen in den Begründungen des Gesetzes zur Verhütung erbkranken Nachwuchses ihren Höhepunkt und stellen einen wesentlichen fiskalischen Gesichtspunkt der spätkapi-

talistischen Leistungsgesellschaft dar. Behinderung gilt schlechthin als „Arbeitskraft minderer Güte" (JANTZEN 1987, 30).

Alle Berechnungen laufen mithin auf die Kalkulation hinaus, wieviel Geld der Staat (der Gesunden und Nichtbehinderten) sparen kann, wenn er die Zahl der unproduktiven Menschen klein hält: 11 000 prä-natale Diagnosen zur Erkennung vorgeburtlicher Schädigungen mit Einzelkosten von je DM 28 000,– würden der lebenslangen Betreuung eines ausgetragenen behinderten Kindes von etwa DM 200 000,– gegenüberstehen und somit einer Kosten-Nutzen-Relation von 1:7 (TÜNTE 1979). Entsprechende Effizienzanalysen von PASSARGE/RÜDIGER (1979) und von STACKELBERG (1980) pflegen im gleichen Zusammenhang zitiert zu werden. Von STACKELBERG errechnete, unter Berücksichtigung aller volkswirtschaftlichen Folgelasten, hochgerechnet nach 43 Krankheitsfällen der Universitätsklinik Marburg, eine jährliche Kostenersparnis von DM 173,3 Millionen. Seine Arbeit erhielt 1981 den „Gesundheits-ökonomiepreis" des deutschen Bundesministeriums für Arbeits- und Sozialordnung.

Kosten-Nutzen-Kalkulation der Betreuung Behinderter

(3) Die soziale Frage und die ökonomischen Zwänge stellen eher sekundäre Begleitmomente *sozialdarwinistischen Denkens* dar, die sich zwar im Laufe der Zeit verselbständigen und zunehmend Gewicht erhalten. Der ursprüngliche Ansatz der Eugenik ist jedoch biologisch, rassenhygienisch. Im Nationalsozialismus wird die Aufartung und Aufnordung der arischen Rasse zum Mythos (ROSENBERG 1935). Im „Lebensborn" der SS sollte – eine Idee von Heinrich HIMMLER – rassisch und erbbiologisch wertvoller Nachwuchs „herangezüchtet" werden. Die Ausmerzung „minderwertiger", kranker und untüchtiger Nachkommen ist die andere Seite der Gesundheitspolitik. Der rasante Fortschritt der Molekularbiologie hat inzwischen kühne Erwartungen geweckt, den Prozeß der Höherentwicklung der Menschheit steuern zu können. Die gesundheitspolitischen Programme der Europäischen Gemeinschaften zur Prädiktiven Medizin sind zweifellos dieser ideologischen Richtung zuzuordnen.

Sozialdarwinismus

Quellen 27 und 28 –
Gesundheitspolitik

(4) Behinderte stellen in der Gesellschaft der Nichtbehinderten eine *Minderheit* dar. Minderheiten haben zu allen Zeiten Verfolgung erleiden müssen: Angehörige anderer Rassen, anderer Nationen, anderen Glaubensbekenntnisses, Juden, Sinti und Roma, Aussiedler, Asylsuchende, Aussätzige, Kranke, Behinderte. Die Kausalkette von Minderheit, Vorurteil, Diskriminierung, Stigmatisierung und dem Plan der Vernichtung ist, soziologisch gesehen, nahezu von unerbittlicher Zwangsläufigkeit (MAREFKA 1995). Neben den geläufigen sozialpsychologischen Theorien über Vorurteile und Feindschaft gegenüber Minderheitengruppen – biologische Determinanten, kulturanthropologische Ausprägungen, soziale Lernprozesse (vgl. ALLPORT 1971) – imponieren vor allem historische und ethnologische Ansätze. Geschichtliche Deutungen bedienen sich in der Regel marxistischer Interpretation unter dem Leitbegriff des Warenfetischismus. In bezug auf Behinderte hat JANTZEN das Theorem mehrfach formuliert, zuerst 1974 (149): „Vorurteile gegenüber Behinderten sind somit aus der Gesamtheit des Menschenbildes in der kapitalistischen Gesellschaft begreifbar. Sie sind Ausdruck der Entfremdungs- und Ver-

Minoritätenfrage

dinglichungsprozesse innerhalb der Gesellschaft, wobei Teile des Menschenbildes vergangener Epochen erhalten bleiben, soweit diese sich in das herrschende falsche Bewußtsein eingliedern." Ethnologische Vergleiche widerlegen jedoch die These von einer spezifischen historischen Ausprägung der Behindertenfeindlichkeit (TROMMSDORF 1987). Behinderte erfahren in nahezu allen Kulturen „universell" und „interkulturell variabel" sowie „uniform" einen mehr oder minder großen Grad von Ablehnung (NEUBERT/CLOERKES 1987, 12–16).

Die Verallgemeinerung erklärt auch, warum angesichts einer außerordentlich intensiven Forschungstätigkeit auf diesem Gebiet, mit einer Vielzahl von Hypothesen, die Vernichtungsmaschinerie der Nationalsozialisten keine besondere historische Hervorhebung erfährt. Alles spricht für durchgängige anthropologische Konstanten einer „Abstoßungsreaktion" gegenüber dem, was krank und untüchtig erscheint (SEYWALD 1976; 1980). Die Leistungsanforderungen der modernen Gesellschaften verstärken diesen Trend, kulturgeschichtlich erklären sie ihn indes nicht. Eine Rechtfertigung unserer verbreiteten Einstellung gegenüber Behinderten ist damit auf keinen Fall gegeben; menschliches Zusammenleben bedarf der kulturellen, zivilisierten und humanen Anstrengung.

Selbstbestimmung des modernen Menschen

(5) Ein hervorstechender Zug des modernen Lebens ist der seit der Aufklärung freigesetzte *Anspruch auf Selbstbestimmung*, der „*Ausgang des Menschen aus seiner selbstverschuldeten Unmündigkeit*", wie es KANT genannt hat. Die Emanzipation, die Freiheit der Verfügung nicht nur über Naturgewalten, sondern auch über den eigenen Körper und die Zukunftsplanung der werdenden Generation, schließlich die Liberalität und Pluralität der Lebensentscheidungen, sie haben beträchtliche Auswirkungen auf die Bewertung behinderten Lebens. Behinderung wird nicht mehr als Schicksal und als Naturgewalt einfach hingenommen. Das Recht auf das eigene Leben, das Recht auf die Bestimmung des eigenen Todeszeitpunktes, „*mein Bauch gehört mir*" – das alles sind Ansprüche einer selbstbezogenen und selbstschöpferischen Gottähnlichkeit.

Ob die Qualitätskontrolle des Embryos, die Reagenzglasbefruchtung, die Mehrlingsreduktion durch Fetozid, das Anlegen von Organbanken zwecks Transplantation und schließlich die Zyankalikapsel für den „schönen, leichten Tod" – der Kult des Selbst steht höher als die Achtung vor dem Leben, das wir uns letztlich doch nicht selbst geben können. Der Mensch, der unumschränkt Herr über Leben und Tod zu sein sich anmaßt, der kann keine Solidarität mit jenen mehr aufbringen, die unter der Endlichkeit des Daseins mehr als alle anderen Menschen leiden. Die leidensfreie Gesellschaft ist das Ziel der Herrschaft des selbstischen Ich. Eine solche Gemeinschaft wäre nur noch fähig zum Selbstmitleid, das das Leiden der anderen nicht versteht und darum, nach DÖRNER, „*tödliches Mitleid*" ist. –

Wenn wir eine humane Gesellschaft wollen, müssen wir umkehren. Es heißt schon bei NIETZSCHE (Vom Nutzen und Nachteil der Historie für das Leben): „Denn da wir nun einmal die Resultate früherer Geschlechter sind, sind wir auch die Resultate ihrer Verirrungen, Leidenschaften und

Irrtümer, ja Verbrechen; es ist nicht möglich, sich ganz von dieser Kette zu lösen. Wenn wir jene Verirrungen verurteilen und uns ihrer für enthoben erachten, so ist die Tatsache nicht beseitigt, daß wir aus ihnen herstammen." Wenn wir aus der Geschichte lernen wollen, müssen wir die *Gleichzeitigkeit des Ungleichzeitigen* erkennen. Es hat von der Antike über das Mittelalter bis in die Neuzeit immer wieder Versuche gegeben, Behinderte aus der Gesellschaft zu beseitigen. Aber es existieren genügend Beispiele für die Anerkenntnis, daß zur menschlichen Gemeinschaft Starke und Schwache, Tüchtige und Belastete gehören. Die Verpflichtung, ein menschenwürdiges Dasein für alle zu besorgen, kann sich nicht mit hehren Vorbildern aus vergangenen Epochen begnügen, ebensowenig wie die schreckenerregenden Verfolgungen und Vernichtungen zeitlich vergangen, jedoch nicht erledigt sind. Humane Bedingungen für behinderte und nichtbehinderte Menschen müssen für jede Zeit neu geschaffen werden.

4 Grundfragen behinderten-pädagogischer Ethik

4.1 Begründungsverfahren von Ethik

Grundbegriffe

Ethik meint die philosophische Lehre vom guten Handeln (griechisch: ethos = Sitte); *Moral* das persönliche gute Tun. Umgangssprachlich vermischt sich der Wortgebrauch. Wesentlich ist die Unterscheidung eines universalen, generell subjektunabhängigen Anspruchs der Ethik und des individuellen, konkreten moralischen Verhaltens. In bezug auf beide Ebenen gibt es von der griechischen Philosophie bis in die neueste Zeit einen nicht endenden Diskurs, dessen Grundzüge hier soweit vereinfacht dargestellt werden, als sie für eine behindertenpädagogische Anwendung erforderlich sind.

Moralisches Argumentieren

Das Hauptproblem moralischen Argumentierens stellt die Begründung von Sollensforderungen dar. Logische Schritte für sittlich begründete Entscheidungen unterscheiden sich methodisch dahingehend, daß sie entweder *normativ-spekulativ* oder aber *empirisch*, auf den Erfolg, vorgehen. Damit sind die inhaltlichen Begründungen ethischer Rechtfertigung und moralischen Handelns vorgezeichnet. Die Theorie der Begründung ethischer Maximen wird *Meta-Ethik* genannt.

Ethik als Meta-Theorie

Normative Rechtfertigungssysteme müssen sich der Frage stellen, woher die als verbindlich angenommenen Normen kommen: aus Religion, Weltanschauung, philosophischer Basis und so fort. Zugleich ist einsichtig, daß angesichts der Auflösung allseits anerkannter Wertvorstellungen in der säkularisierten Welt subjektiv verantwortete Standpunkte dominieren. Dies ist der Hauptgrund, die Normenrechtfertigung nicht der objektiven und den empirischen Prüfkriterien verpflichteten Wissenschaft zuzurechnen, sondern der Philosophie. Hierin besteht weite Übereinstimmung, so POPPER: *„Die Ethik ist keine Wissenschaft"* (MILLER 1995, 23). Eine Ethik für die Behindertenpädagogik ist damit nicht unwissenschaftlich; sie geht vielmehr über Wissenschaft hinaus, sie ist Meta-Wissenschaft, Meta-Theorie. Nur von einem wesentlich weiter gefaßten Wissenschaftsbegriff her wäre es möglich, die Behindertenpädagogik als eine „wertgeleitete Wissenschaft" anzusehen (HAEBERLIN 1996, 319).

Die wissenschaftstheoretische Einordnung der Ethik als philosophisches Aussagesystem, das notwendigerweise persönliche Freiheitsgrade einschließt, ist rationalistisch: „Ein adäquates Deutungsmodell für moralische Aussagen müßte gleichzeitig ihre normative Funktion, ihren Realitätsbezug, das in ihnen enthaltene Element der Allgemeinheit und schließlich die Möglichkeit einer rationalen Argumentation im ethischen Bereich berücksichtigen" (ALBERT 1979, 487).

Gleichwohl sind der Rationalität Grenzen gesetzt. Der barmherzige Samariter weiß ohne philosophische Reflexion, was gut ist und daß er helfen muß. Unsere ethische Verpflichtung obliegt einer Gewissensbindung, die durch Erziehung und Tradition, Gewohnheit und Gefühl vermittelt ist. Der Versuch, die Ethik der Behindertenpädagogik allein auf „Rationalität, empirischen Bezug und Kritik als Regulative" zu gründen (ANSTÖTZ 1990, 9), mutet ebenso verkopft wie weltfern an. Seit David HUME (Enquiry Concerning the Principles of Morals, 1751) ist geläufig, daß das moralisch Richtige mehr gefühlt als eingesehen wird, wenn es ‚echt' sein soll.

Eine mit empirischen Kriterien argumentierende Ethik orientiert sich – im Unterschied zum normativen Bezugssystem – am Kalkül des voraussichtlich zweckmäßigsten Handelns. Insofern ist sie utilitaristisch. Ihre Versuchung ist der *naturalistische Fehlschluß*. So hat G.E. MOORE (Principia Ethica, 1903) die seit HUME problematisierte Ableitung normativer aus empirischen Aussagesätzen, des Sollens aus dem Sein, genannt. Selbst wenn die Todesstrafe als Abschreckung für Verbrecher zweckvoll ist, darf daraus nicht abgeleitet werden, daß Tötung sein soll. Die Achtung vor der Menschenwürde, als normatives Prinzip, verbietet eine solche Folgerung (nach unserem Grundgesetz).

> Als ethische Begründungsverfahren können drei Positionen unterschieden werden:
> – deontologische Methode;
> – utilitaristische Methode;
> – diskursethische Methode.

Naturalistischer Fehlschluß

Typen ethischer Begründung

In der Literatur finden sich in der Regel ähnliche Aufgliederungen, mitunter in einer anderen Reihung.

Da alle ethischen Ableitungen Folgen nach sich ziehen, läßt sich ebenfalls eine Einteilung nach reinem und eingeschränktem Konsequentialismus vornehmen (HAEBERLIN 1995, 123, unter Berufung auf WOLF 1994).

(1) Die *deontologische Ethik* (von griechisch: deon = Pflicht) ist eine normative Moralphilosophie. Ihre Verhaltensregeln werden von höchsten Geboten abgeleitet, die selbst nicht mehr begründbar sind. Die Menschenwürde ist ein solches „unableitbares Grundrecht" (HÖFFE 1992, 108). In der Übertragung auf Lebensrecht und Lebenssinn von Schwerstbehinderten, Koma-Patienten, Frühgeborenen usw. wird die Abwehr jedes zusätzlichen Rechtfertigungsversuchs an einem markanten Zitat von LÜBBE deutlich: „Das Lebensrecht des Menschen besteht un-

Deontologie

abhängig von Ergebnissen der Bemühung zur Feststellung seines Lebenswerts. Anders formuliert: Das Lebensrecht des Menschen verhält sich indifferent gegenüber Resultaten der Lebenssinnvalidierung. Knapper noch: Das Lebensrecht gilt lebenssinn- und lebenswertindifferent" (1988, 11).

Wer den Versuch unternimmt, ein Grundrecht legitimieren zu wollen, stellt es bereits zur Disposition. Er riskiert, indem er es diskutiert, den Dammbruch (Dammbruch-Argument „de dicto" genannt). Ein Schwerbehinderter sagt von sich selbst: „Wir lassen nicht über uns diskutieren" (RADTKE 1990, 275). Nur so ist verständlich, warum Behindertenverbände dem Disput mit SINGER aus dem Wege gehen mußten; um das Grundrecht der freien Meinungsäußerung ging es dabei (wider manche Behauptung) nicht.

Die unbedingte Position der Deontologie imponiert durch ihren moralischen Rigorismus. Die ausnahmslose Geltung ihrer Gebote erstreckt sich auf viele denkbare Situationen einer Grundentscheidung zwischen Leben und Tod, und zwar in jeder Phase menschlichen Lebens, auch dem vorgeburtlichen Leben. Eine „Gesinnungsethik" (Max WEBER) fragt nicht nach den Folgen der Handlung, sondern nach der Verbindlichkeit des „schlechterdings guten Willens" (KANT). Aus deontologischen Maximen läßt sich eine beliebige Zahl von ethischen Grundsätzen ableiten. IRRGANG nennt sieben: Verbot der Widernatürlichkeit, Verbot der Grausamkeit, Gerechtigkeit, Optimierung des Wohlergehens, Berücksichtigung der Wünsche und Interessen, Menschenwürde, Universalisierung der Handlungsmaximen (1995, 39 – 40, 87 ff.).

Utilitarismus (2) Die *utilitaristische Ethik* geht auf J. BENTHAM (Introduction to the Principles of Moral and Legislation, 1780) und J. St. MILL (On Utilitarianism, 1864) zurück. Gut ist das, was nützlich ist (lateinisch: utilis = nützlich). Nur die Erfahrung kann lehren, was möglichst vielen nutzt, und das Nützliche ist zugleich moralisch. Die Erfolgsethik ist *konsequentialistisch*; sie mißt die moralische Qualität unseres Handelns an den Folgen. Als teleologische, einen Zweck verfolgende, Haltung ist sie „Verantwortungsethik" (Max WEBER).

Klassischer Utilitarismus Der klassische Utilitarismus vertritt das Prinzip der Interessenerwägung aller Betroffenen (HÖFFE 1975), indem er, hedonistisch, für das größtmögliche Glück der größten Zahl eintritt. Am Beispiel des schwerbehinderten Säuglings hat SINGER dies wiederholt formuliert. Das Leben des Kindes, sein Leid und sein Schmerz, und auf der anderen Seite die Interessen der Eltern, des Pflegepersonals, der gesamten Gesellschaft stehen gegeneinander. Überdies könnten die Eltern die Absicht haben, ein anderes, gesundes Kind zu zeugen: „Sofern der Tod eines behinderten Säuglings zur Geburt eines anderen Kindes mit besseren Aussichten auf ein glückliches Leben führt, dann ist die Gesamtsumme des Glücks größer, wenn der behinderte Säugling getötet wird" (1994, 238). Es wird hieran deutlich,

> daß deontologisches Bekenntnis zum Lebensrecht und utilitaristische Relativierung unvereinbare Gegensätze darstellen..

Es bleibt vielfach unbeachtet, daß SINGER die klassische Position des Utilitarismus zum sogenannten *Präferenz-Utilitarismus* hin verschiebt. Erst darin besteht die Brisanz seiner ‚Bioethik‘. Hierbei gilt nicht mehr das gleiche Interesse aller menschlichen Lebewesen. Vielmehr erfahren diejenigen Vorzug, die die Eigenschaft der Personalität – Selbstbewußtsein, Zukunftswissen und Kommunikationsfähigkeit – besitzen (1994, 118–119), auch Behinderte. Für sie fordert SINGER mit Nachdruck die gesellschaftliche Gleichstellung durch ein gesetzliches Verbot der Diskriminierung in Schule und Arbeitswelt. Neugeborene und „manche geistig Behinderte" hingegen sind ob des Fehlens dieser Attribute keine Personen; deshalb haben sie kein „Recht auf Leben" (136–137). Hier gilt „die Grundvoraussetzung, daß ein Leben ohne Behinderung besser ist als ein Leben mit Behinderung" (79). Die ethische Diskussion in der Behindertenpädagogik hat sich von diesem *Widerspruch zwischen Integration und Prävention* von Anfang an distanziert. Präferenzutilitaristisch ist die Logik der Beweisführung von den bei SINGER vorausgesetzten Prämissen her allerdings plausibel. Auch in der Zweitauflage seiner „Praktischen Ethik" (1994) – obschon er eigentlich bemüht ist, seinen vielen Kritikern wenigstens durch eine sprachliche Entschärfung des Textes entgegenzukommen – hält er an dieser Auffassung fest. Er fügt sogar noch einen eigenen erläuternden Abschnitt zum Verhältnis von Gleichheit und Behinderung ein (77–81).

Präferenz-Utilitarismus

(3) Die *Diskursethik* ist ein vertragsethisches Begründungsverfahren, das Entscheidungen vom herrschaftsfreien Diskurs einer idealen Kommunikationsgemeinschaft abhängig macht. Der Diskurs besteht aus zwei methodischen Schritten: (1) der grundsätzlichen Argumentenreflexion auf eine regulative Idee und (2) dem praktischen Diskurs zwischen allen Beteiligten über das gewonnene Moralprinzip. Die Bestandteile des Diskurses sind wissenschaftstheoretisch heterogen. Zum einen handelt es sich um ein deontologisches Element, eine Basisentscheidung, die dem diskursiven Verfahren vorweggeht. So werden Lebensrecht und Menschenwürde als unhintergehbar, als nicht mehr begründungsnotwendige Letztentscheidung, als a priori in der intersubjektiven Verständigung vorausgesetzt. Diese Transzendentalpragmatik (APEL 1988) ist eine idealistische Vorannahme; sie widersteht „kontrafaktisch" (HABERMAS) allen skeptischen Einwänden. Zur anderen Hälfte ist die Diskursethik dann eine empirische Konsensustheorie der Wahrheit, ein demokratisches Verfahren, allerdings mit eingebautem Minderheitenschutz.

Diskursethik

Die Grenzen der diskursethischen Rechtfertigung werden beim Problem der advokatorischen Ethik (BRUMLIK 1992) sichtbar. Ungeborene, unmündige Kinder, Koma-Patienten und Gebrechliche, die nicht mehr im Besitz ihrer geistigen Kräfte sind, können nicht als Partner an der idealen Kommunikationsgemeinschaft teilnehmen. Eltern, Vormünder, Ärzte und Pfleger müssen als Advokaten für sie sprechen. Es fehlt das unerläßliche „Vetorecht der unmittelbar Betroffenen" (WEHOWSKY

1995, 59). Das Dilemma wurde auch beim sog. Betreuungsgesetz (Gesetz zur Reform des Rechts der Vormundschaft und Pflegschaft für Volljährige vom 1.1.1992) mit einer Zulässigkeitsregelung für die Sterilisation einwilligungsunfähiger (meist geistigbehinderter) Personen offenkundig.

Innen- und Außenperspektive

Bei der moralischen Beurteilung sind *Innen- und Außenperspektive* zu unterscheiden. Die Betroffenenperspektive, das Wollen des Betroffenen selbst, sie müßte eine höhere Signifikanz beanspruchen als das Urteil der anderen, ob es sich dabei um eine empathische Hineinversetzung in den Betroffenen selbst oder gar um eine ökonomisch-gesellschaftliche Bewertung größeren Maßstabs handelt. Der Lebenswert eines behinderten Lebens ist vom humanen ethischen Standpunkt aus niemals von außen beurteilbar. Die Begriffe ,minderwertiges Erbgut', ,unwertes Leben', „nicht nur absolut wertlose, sondern negativ zu wertende Existenzen" (BINDING/HOCHE 1922, 27) waren sozialdarwinistische Zuschreibungen, die von den Nationalsozialisten zur Rechtfertigung verbrecherischen Tuns benutzt wurden.

> Lebenswert und Lebensqualität sind in einer verantwortlichen Ethik nur in der Innenperspektive der Betroffen einsichtig. Die Behindertenpädagogik wird daran zu messen sein, wie weit sie diesen Standpunkt respektiert.

Goldene Regel der Ethik

Es stellt ein Defizit der Diskursethik dar, daß sie selbst keine Normen zu setzen vermag, sondern nur den Diskurs über sie pflegt. Die Dominanz der Innenperspektive läßt sich in die *Goldene Regel der Ethik* fassen (KONFUZIUS; TOBIAS 4, 16; MATTHÄUS 7, 12): Was du nicht willst, das man dir tu', das füg' auch keinem anderen zu. Im Abtreibungsdiskurs um die Bewertung geschädigten Lebens kann ich – mit dem Versuch der Hineinversetzung in die Lage des betroffenen Ungeborenen – fragen wollen: Möchte ich selbst abgetrieben worden sein? (HARE 1990a, 139).

Woher kommen die Normen?

Eine behindertenpädagogische Ethik ist selbst nicht normsetzend. Sie anerkennt – weltanschaulich oder religiös oder philosophisch oder gefühlsmäßig gebunden – bestimmte vorgegebene Gebote. Das *ungelöste Normproblem der Pädagogik* (RUHLOFF 1979) besteht damit weiterhin. Es ist umstritten, ob es legitimatorisch zureicht, sich auf einen persönlichen deontologischen Glaubensstandpunkt als katholischer Christ (THIMM 1990, 276), auf einen pragmatisch wertgeleiteten Methodenpluralismus (HAEBERLIN 1996, 212 ff.) oder eine kritische Anthropologie (BLEIDICK 1994, 82–83) zu berufen. Offensichtlich sind individuelle Wertbindung, wissenschaftstheoretische Reflexion und anthropologische Orientierung aber die drei Richtungen, in denen sich die Normendiskussion der Behindertenpädagogik aussichtsreich bewegen kann.

Spannung von allgemeinem Gebot und Einzelfall

Damit bleiben zweifellos etliche Fragen offen. Es wäre nun völlig falsch, aus der Vielfalt ethischer Rechtfertigungswege Libertinage und standpunktlosen Relativismus herzuleiten. Gerade das hat die Ethik der Behindertenpädagogik zu vermeiden. In einem aporetischen Widerspruch dazu steht die Geltungsrelativität von Normen in unserer Gesellschaft.

Grundrechtliche Diskursvorgaben und tatsächliche moralische Entscheidung können in Widerspruch geraten. Zwischen ethischen Maximen und individuellem Verhalten besteht die Diskrepanz von Ideal und Wirklichkeit, von Theorie und Praxis. Vor allem gibt es ein Spannungsverhältnis zwischen generellem Gebot und konkretem Fall. Wie ein roter Faden zieht sich dieses Problem durch die Anwendungsgebiete der Ethik. Es gebietet Reflexivität, bedachtsame Abwägung zwischen der rigorosen Verbindlichkeit allgemeingültiger Gesetze und der Toleranz gegenüber der Ausnahme existenziellen Betroffenseins, wenn sie legitim verantwortbar ist. Moralität steht gegen Legalität (KANT). Daß es hier keine letztgültigen Lösungen gibt, und daß es inhuman wäre, persönliche Entscheidungen in Notsituationen zu verurteilen, bezeichnen wir mit *Kontingenz*. Damit ist gemeint: Es kann auch anders sein (LUHMANN 1971, 44).

Kontingenz moralischer Entscheidungen

In vielen ethischen Fragen ist menschliches Behindertsein mit einer *moralischen Antinomie zwischen der gültigen Regel und der Rechtfertigung des Einzelfalls* konfrontiert. Abtreibung nach § 218 StGB ist grundsätzlich verboten. Sie wird im Fall der medizinischen Indikation – dazu gehört nach der Revision des Paragraphen in 1995 auch die frühere eugenische oder embryopathische Indikation, die Abtreibung des als geschädigt diagnostizierten Fetus – jedoch straffrei gestellt. Die Doppelmoral wird vom Gesetzgeber aus höheren legitimatorischen Gründen in Kauf genommen. – Sterilisation ist nach § 224 StGB eine strafwürdige schwere Körperverletzung. Im Betreuungsgesetz von 1992 ist jedoch eine einzelfallbezogene Zulässigkeitsregelung z.B. bei „Gefahr eines schweren und nachhaltigen Leidens" enthalten. – Aktive Euthanasie erfüllt den Tatbestand des Mordes nach § 211 StGB. Die Grenzen zur Tötung auf Verlangen, zur passiven Sterbehilfe und vor allem zum ‚Liegenlassen' schwerstgeschädigter Säuglinge (Einbecker Empfehlungen 1992) sind indes fließend. Entsprechende Gerichtsurteile verraten sowohl juristische Unsicherheit in der Handhabung von Legalitätskonflikten, aber auch verantwortliche kontingente Würdigung von Notsituationen (ANTOR/ BLEIDICK 1995, 237 ff.).

Allgemeine Regel und Einzelfall

Die Moral droht damit in das *Dilemma zwischen Proklamationsethik und Alltagsethik* zu geraten. Gewissensnot läßt oft keinen anderen Ausweg zu. Eine auf Notlagen abstellende Kasuistik wäre aber nicht verallgemeinerungsfähig. Sie würde dem Dammbruch-Argument Vorschub leisten, und dies ist eine schiefe Bahn (SINGER: slippery slope, 1984, 94) ohne Ende: „Wenn wir Verhütung gutheißen, warum dann nicht auch Abtreibung; und wenn Abtreibung, warum nicht Kindstötung; und wenn Kindstötung, warum nicht das Morden von Erwachsenen?" (um das wichtige Zitat noch einmal zu wiederholen: HARE 1990a, 148). KANT wußte, daß es „keine Not geben kann, welche, was unrecht ist, gesetzmäßig machte". Die Diskursethik trägt dem Zwiespalt auf zwei Argumentationsebenen Rechnung: (1) auf der Prinzipienebene die Verpflichtung der idealen Kommunikationsgemeinschaft auf Grundrechte der Menschenwürde, z.B. das absolute Tötungsverbot; (2) auf der Verantwortungsebene die Prüfung der Folgen, die die Anwendung der allgemeinen Regel in tatsächlichen Situationen hat. Die Duplizität spiegelt

Proklamationsethik versus Alltagsethik

die Widersprüche, die menschliches Leben ausmachen. Bei der Erörterung der Menschenwürde wird auf diese Argumentenebenen noch zurückzukommen sein.

Bereichsethik

Ihren eigentlichen Bewährungsfall erlangt die Ethik somit in bereichsspezifischen Situationen. An die Stelle prinzipienorientierter Modelle tritt zunehmend die anwendungsbezogene Ethik (IRRGANG 1995, 40; in bezug auf die medizinische Ethik). Es sei eine „Güterabwägungsexpertise im Sinne einer Differentialethik zu etablieren" (52). Der Trend besteht zweifelsohne. Aber stützt das nicht die irrationale Herrschaft der Experten? Und darf man dem Pfleger auf der Intensivstation nicht auch ein moralisches Handeln zutrauen, das vom Gewissen geleitet wird?

Beispiel

Ein Anwendungsbeispiel mag die Handhabung „regionaler Prinzipien" (nach ZIMMERLI 1990, 20 f.) bei Pränataldiagnostik, In-vitro-Fertilisation und ‚Mehrlings-Reduktion‘ illustrieren: (1) Auf der obersten Ebene gilt, nach dem formalen Prinzip der Universalisierbarkeit ethischer Gebote, das generelle Tötungsverbot. (2) Zeitabhängige Prinzipien können die Geltung der allgemeinen Regel einschränken, etwa wenn schwerste embryonale Schädigung infolge zeitweiser Strahlenbelastung eine Abtreibung indiziert (Restrisiko bei Kernkraftunfall). (3) Regionale Einschränkungen liegen vor, wenn „selektiver Fetozid" nach künstlicher Befruchtung und Mehrfachschwangerschaft bei nicht dauernd lebensfähigen Embryonen empfohlen wird (so die Zentrale Kommission der Bundesärztekammer 1989). Wesentlich an der regionalen Anwendung ist die Nicht-Übertragbarkeit auf andere ethische Sachverhalte. (4) Zuletzt erfolgt der Entscheidungsprozeß unter Abwägung aller Umstände unter den Betroffenen. Diese Rolle spielen bereits Ethikkomitees als Bestandteil der Krankenhausbürokratie (IRRGANG 1995, 84).

Quelle 39 –
Bundesärztekammer 1989

Die *Kontingenz der moralischen Entscheidung* besteht schon darin, daß jede soziale Handlung unbeabsichtigte Folgen haben kann. Darum gibt es kein letztgültiges moralisches Urteil, das jeden Einzelfall regelt: „Jede Handlung wird daher unter bestimmten Gesichtspunkten prima facie richtig, unter anderen prima facie falsch sein" (ROSS 1993, 268). Es ist wichtig zu wissen, was geboten, was verboten und was erlaubt ist (WEHOWSKY 1995, 190). Es gibt in unserem „intelligiblen Charakter" (KANT) unwandelbare sittliche Werte; sie entsprechen der übernatürlichen Sittlichkeit des Menschen. Und es gibt einen „empirischen Charakter", der Resultat unserer Fehlbarkeit ist. Es muß unser Bemühen sein, letzteren dem ersteren anzunähern.

4.2 Behinderung und Menschenwürde

Bei der Beurteilung moralischer Entscheidungssituationen in den vorherigen Kapiteln sind mehrfach konkrete Fragen zur Sprache gekommen, die sich auf allgemeine Attribute von ‚Menschlichkeit‘ bezogen: Wann beginnt z.B. menschliches Leben – so wurde im Zusammenhang mit

‚Pränataler Diagnostik und Abtreibung' gefragt (2.2)? Sind Schwerstbehinderte ‚Personen' mit einem humanen Anspruch, und gilt deshalb, auch angesichts verbreiteter Früheuthanasie, selbstverständlich ein umfassendes Tötungsverbot von Menschen (2.3)? Was angesichts konkreter Zwangslagen mehr als appellative ethische Forderung formuliert worden ist, wird jetzt unter der Dignität theoretischer Rechtfertigung wiederholt: das Bekenntnis zum *Lebensrecht* und sodann zum *Bildungsrecht* behinderter Menschen (4.3).

Als zusammenfassenden Begriff benutzen wir die Zuschreibung der *Menschenwürde*. Der nachstehende Text enthält Versuche der Annäherung an einen vielschichtigen und interpretationsbedürftigen Begriff. Sie sind weit davon entfernt, so etwas wie einen theoretisch kohärenten Begriff von Menschenwürde zu ergeben. Immerhin vermag der Durchgang durch die philosophische Reflexion legitime Forderungen nach einer behindertenpädagogischen Ethik der Menschenwürde in einem höheren Maße zu begründen. In Art. 1 Abs. 1 sagt das Grundgesetz der Bundesrepublik Deutschland:

Menschenwürde im Grundgesetz

> Die Würde des Menschen ist unantastbar.

Das Bundesverfassungsgericht urteilte – im Zusammenhang mit der Revision des Abtreibungsparagraphen 218 – am 28. Mai 1993: Auch dem ungeborenen „menschlichen Leben" komme „Menschenwürde und somit Lebensrecht" zu. Es sei „in seiner Einmaligkeit und Unverwechselbarkeit bereits festgelegtes, nicht mehr teilbares Leben, das im Prozeß des Wachsens sich nicht erst zum Menschen, sondern als Mensch entwickelt".

Was als ‚Würde' des Menschen bezeichnet wird, meint einen „Schutzbezirk seiner Intimität und seines Eigensinns, der dem gesellschaftlichen Zugriff entzogen bleiben muß" (SCHOCKENHOFF 1993, 137) - vor allem, wenn er sich gegen Leib und Leben richtet. Lebensschutz ist so etwas wie eine Minimaldefinition der Menschenwürde, ihr „harter Kern" (44). Die Frage nach ihrem Ursprung beantwortet die christliche Ethik mit Zeugnissen und Exegesen eines biblischen Menschenbilds. Danach verdankt der Mensch seine Würde einzig der „tragenden Relation" zu Gott (132), der „Bejahung durch den schöpferischen Anruf Gottes" (141). Das ist gleichsam der „archimedische Punkt" (SCHMUHL) im christlichen Verständnis der Menschenwürde, dasjenige Kriterium, auf das es dabei allein ankommt.

Menschenwürde und christliche Ethik

Seine Implikationen für den Lebensschutz Behinderter sind mehrfach. Zunächst einmal läßt sich damit jeder Verstoß gegen die Würde eines Menschen als gegen Gott selbst gerichtet interpretieren (HAMMER 1988, 26) – übrigens in einem strengen Sinn auch die Selbsttötung, wenn man soweit gehen will, Gott mit der Schöpfung auch eine Art Eigentumsrecht am menschlichen Leben zuzubilligen (SCHOCKENHOFF 1993, 184). Zum anderen ergibt sich daraus, daß der Mensch die Würde nicht seinen Fähigkeiten verdankt – und sie auch nicht wieder mit ihnen verlieren kann. Auch der Mensch mit einer Behinderung bleibt ein „Mensch Gottes" (HAMMER 1988, 27), und seine Behinderung zieht keinerlei „Defizit an Würde" nach sich (26). Schließlich ist Würde damit auch weit mehr als eine Zuschreibung durch Mitmenschen und gesellschaftliche Institutionen, weil menschliches Leben schon „*vor* aller mitmenschlichen Begegnung" gerechtfertigt ist (SCHOCKENHOFF 1993, 149) – in Grenzsituationen totaler Verlassenheit gewiß ein tröstlicher Gedanke: „Erst der Gedanke einer absoluten Würde, die transzendent verankert ist, kann jedem Menschen ein Lebensrecht garantieren" (KNAPP 1993, 136).

Die traditionelle christliche Ethik stellt eine mögliche Figur der moralischen Rechtfertigung von Prinzipien der Menschenwürde dar. Angesichts der verbreiteten Säkularisierung unserer Weltanschauung dürfte jedoch ‚Bedarf' an gleichsam neutraler Ethikbegründung bestehen. Es ist aber bezeichnend, daß sich weltliche und theologische Theoreme dabei annähern. So kommt ebenso wie die philosophische Ethik auch eine christliche Morallehre nicht mehr umhin anzuerkennen, daß es ein Spannungsverhältnis gibt zwischen dem allgemeingültigen Prinzip der Menschenwürde und seiner Anwendung, zwischen der „Erkenntnis des sittlich Richtigen" und der „moralischen Bewertung des konkreten Handelns und seiner individuellen Umstände" (SCHOCKENHOFF 1993, 325). Sie muß der modernen Rechtskultur Tribut zollen, die mehr und mehr „von einem empirischen, überdies pragmatischen Denken bestimmt" ist (HÖFFE 1990, 11). Unsere Rechtsordnung richtet ihr besonderes Augenmerk auf den Täter, auf die Bedingungen, unter denen er handelt, und relativiert damit den Schuldgedanken – und das, obwohl gleichzeitig die Menschenrechte den Rang von kategorischen Rechtsprinzipien haben.

Grundgesetz, Meinungs- und Forschungsfreiheit

Die Geltung von Art. 1 Abs. 1 GG hat erhebliche Rechtsfolgen, die ethische Implikationen für den Umgang mit behindertem Leben betreffen. Das wird an zwei Beispielen deutlich, die scheinbar keine Beziehung zum Grundgesetz haben, so daß die Diskussion zunächst weit hergeholt dünkt. Es ist einmal der Streit, ob es legitim gewesen sei, SINGER auf Vortragsveranstaltungen Gelegenheit zu geben, seine Thesen zur Früheuthanasie zu vertreten. Der massive Protest von Behindertenverbänden gegen das öffentliche Auftreten von SINGER wurde als grundrechtsrelevanter Eingriff in das *Recht der freien Meinung* und Gefährdung der Diskussionsfreiheit in der Wissenschaft bezichtigt (HEGSELMANN/MERKEL 1991; ANSTÖTZ/HEGSELMANN/KLIEMT 1995). Der zweite Sachverhalt ist gravierender. Er betrifft gentechnische Experimente an behinderten Embryonen zu Forschungszwecken (siehe auch 4.5).

Geltungsweite von Art. 1 Abs. 1 GG

Für die weitreichende Gültigkeit der grundrechtlich verankerten Menschenrechte gilt ein herausgehobener Rechtsstatus. Das Gebot „Die Würde des Menschen ist unantastbar" steht unter keinem Gesetzesvorbehalt. Alle weiteren Verfassungsgrundsätze werden diesem Primat untergeordnet. Jeder Eingriff in die Menschenwürde stellt daher einen Verstoß gegen sie dar (PIEROTH/SCHLINK 1989, 91).

> Darum endet der Umfang der Meinungsfreiheit nach Art. 5 Abs. 1 GG und
> der Forschungsfreiheit gemäß Art. 5 Abs. 3 GG dort, wo Menschenwürde
> verletzt ist. Gegen den Schutz der Menschenwürde des einzelnen darf nicht
> das wirkliche oder vermeintliche Wohl der Menschheit oder des Volkes aus-
> gespielt werden. Es gibt kein noch so erstrebenswertes Ziel, das es erlauben
> würde, den Eigenwert des einzelnen zu opfern.

In der neueren Bioethik gibt es eine Konfliktlage, die in der öffentlichen
Diskussion wie in der rechtlichen Beurteilung die Geister scheidet. Sie ist
auf eine einfache Frage zu reduzieren, ob man menschliche Wesen im
Interesse einer gesundheitsbezogenen Forschung ‚benutzen' darf. Dabei
geht es z.B. um Experimente mit abgetriebenen Feten, deren Zellen
bekanntlich seit geraumer Zeit zur Therapie der Parkinson-Erkrankung
und zur Erforschung der genetischen Korrekturmöglichkeiten bei Langdon-Down-Syndrom verwendet werden. Die philosophische Antwort auf
dieses existentielle Problem wird unterschiedlich ausfallen, je nachdem
für welche der beiden Ableitungen man sich entscheidet.

Eine Beweisführung im Namen einer unbedingten Menschenwürde
stammt von Löw (1983). Darin wird zwar die „Heilung von Erbkrankheiten", selbstverständlich, gutgeheißen. Aber dieser Zweck heiligt nicht
ein Mittel, das in den grundrechtlich verankerten Schutz des werdenden
Lebens eingreift. So sind „Experimente zum Beispiel mit mongoloiden
Föten auch dann nicht zu rechtfertigen ... , wenn sie zum Ziel haben, eines
Tages Mongolismus im genetischen Bereich heilen zu können. Kein noch
so guter Zweck kann ein Mittel heiligen, das in seinem Grunde – als
Eingriff in den Personcharakter menschlichen Lebens – schlecht ist"
(1983, 44). – Dieser Standpunkt ist in jüngster Zeit bekräftigt worden
(ANTOR/BLEIDICK 1995, 215–216).

Unbedingte Menschenwürde und Experimente mit behinderten Feten

Daraus resultiert die Schlußfolgerung, daß ein möglicher Nutzen für die
Menschheit keine gentechnische Manipulation rechtfertigt, sofern sie den
einzelnen in seiner Würde verletzt: Gemäß Art. 1 Abs. 1 GG darf „weder
die Würde der heute lebenden Menschen dem vermeintlichen Nutzen
künftiger Generationen geopfert, noch heute eine Entwicklung zugelassen werden, die irreparable Manipulationen am Bild des Menschen vornehmen würde" (BENDA 1985, 22).

Diese Position besitzt eine philosophische Tradition. KANT hat in der
Lehre vom *Kategorischen Imperativ* die *Unbedingtheit des guten Willens*
betont:

Kant: Kategorischer Imperativ

> *Es ist überall nichts in der Welt, ja überhaupt auch außer derselben
> zu denken möglich, was ohne Einschränkung für gut könnte gehalten
> werden, als allein ein guter Wille ... so muß die wahre Bestimmung
> derselben (der Vernunft; G.A./U.B.) sein, einen nicht etwa in anderer
> Absicht als Mittel, sondern an sich selbst guten Willen hervorzubrin-
> gen ... also ist es zugleich ein objektives Prinzip, woraus aus einem
> obersten praktischen Grunde alle Gesetze des Willens müssen abge-
> leitet werden können. Der praktische Imperativ wird also folgender
> sein: Handle so, daß du die Menschheit, sowohl in deiner Person als in*

> *der Person eines jeden anderen, jederzeit zugleich als Zweck, niemals bloß als Mittel brauchst (Nachdruck 1993, 236, 237, 253).*

Der Mensch darf nicht zu einem außerhalb ihm liegenden Zweck mißbraucht werden.

Relativierung der Menschenwürde

Auch für die Gegenposition finden sich Belege, so etwa im Kommentar zur Neuausgabe eines Kapitels aus KANTS „Grundlegung zur Metaphysik der Sitten". Darin heißt es zum „Prinzip der Achtung vor der menschlichen Würde":

> *Seine klassische Formulierung und Präzisierung hat dieses an sich höchst unbestimmte Prinzip in der Kantischen Ethik als das Gebot erfahren, den anderen niemals als bloßes Mittel, sondern zugleich immer auch als Selbstzweck zu behandeln – eine Formulierung, die wohlgemerkt nicht ausschließt, daß es rechtmäßig sein kann, andere Menschen, etwa indem man ihre Dienste in Anspruch nimmt, auch als Mittel zu behandeln (BIRNBACHER/HOERSTER 1993, 232).*

Ähnlich interpretiert BRUMLIK den Kategorischen Imperativ:

> *Dieses Prinzip enthält ein – wenn auch begrenztes Instrumentalisierungsverbot ... Kant ist vorsichtig genug, ein bestimmtes Ausmaß an Instrumentalisierungen zuzulassen – verboten sind alleine jene Handlungs- und Denkweisen, die Menschen als reine, letzten Endes rechtlose Objekte treffen (1995, 19).*

Interpretationsproblem

KANTS Lehre vom Kategorischen Imperativ ist zwar für eine philosophische Begründung der Menschenwürde noch immer richtungsweisend, doch die ethischen Folgerungen daraus – absolute oder nur relative Geltung der Menschenwürde – sind unterschiedlich, ja kontrovers. Das Interpretationsproblem liegt gewiß auch an der für das heutige Sprachverständnis schwer nachvollziehbaren „verschnörkelte(n) Gedankenarchitektur" KANTS (von NATZMER 1955, 245). Mehr noch ist es der Umstand, daß „Kants Denkvoraussetzungen und viele seiner Formulierungen nur aus genauer Kenntnis der gesamten geistigen Situation seiner Zeit verständlich werden" (ebenda). Es erscheint daher angebracht, den Kategorischen Imperativ in einen größeren Legitimationsrahmen zu stellen.

Erklärungsversuche

Wie kommt es zu dieser gegensätzlichen Interpretation von *totalem versus begrenztem Verbot* der *Instrumentalisierung*? Hierfür lassen sich im wesentlichen zwei Gründe ins Feld führen: (1) sprachliche Mißverständnisse; (2) Nichtbeachtung des philosophischen Kontextes, in dem der Kategorische Imperativ steht. Der Einwand, dies sei ein bloßer Gelehrtenstreit, trägt nicht. Es bedarf kaum des Hinweises, daß ein Dammbruch ethischer Positionen zu befürchten ist, wenn bestimmten Entwicklungen unkritisch Raum gegeben wird: gentechnische Eingriffe am menschlichen Erbgut, Organtransplantationen nach Organspende und vieles mehr. Dafür gibt es längst gesetzliche Regelungen, oder aber sie sind in der, politisch höchst umstrittenen, Planung.

Zu (1): KANT macht es uns schwer, darauf wurde schon hingewiesen, „seinen weitläufigen Ausführungen" zu folgen, „die wie ein immer breiter werdender, in zahlreiche Arme geteilter Strom dahinfließen" (von NATZMER 1955, 245). Die letzte Schrift KANTs, die „Anthropologie in pragmatischer Hinsicht" erschien 1798. Seine Vorlesungen hatte er 1796 eingestellt. Die „Grundlegung zur Metaphysik der Sitten" wurde 1785 geschrieben; sie ist aber erst später in der „Metaphysik der Sitten" (1797) nach der angewandten Seite hin ausgebaut worden. Sowohl Zeitzeugen als auch die respektvollen Würdigungen in der Geschichte der Philosophie berichten von zunehmender Altersschwäche (VORLÄNDER 1908, 172). Wie auch immer: Der Kategorische Imperativ existiert in mehreren Fassungen.

Sprachliche Mißverständnisse

Übergeordnet ist die Formulierung in der „Grundlegung zur Metaphysik der Sitten" (1785):

> *Der kategorische Imperativ ist also ein einziger und zwar dieser: handle nur nach derjenigen Maxime, durch die du zugleich wollen kannst, daß sie ein allgemeines Gesetz werde (Nachdruck 1993, 249).*

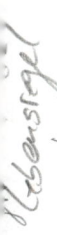

Die geläufige und meist zitierte Fassung des Kategorischen Imperativs steht in der „Kritik der praktischen Vernunft" (1788): „Handle so, daß die Maxime deines Willens jederzeit als Prinzip einer allgemeinen Gesetzgebung gelten könne (§ 7)."

Etliche Gesamtausgaben von KANTs Werken enthalten mehr oder weniger geringfügige Abweichungen im Text (z.B. Füllwörter wie „bloß"). Solche sprachlichen Feinheiten können einen hohen Stellenwert bekommen, wenn sie bestimmte Beweisführungen stützen sollen. Dabei ist es heute nur noch schwer auszumachen, ob das an der mitunter beanstandeten Schwammigkeit KANTischer Ausdrucksweise oder an zeitgenössischer Diktion liegt.

Zu (2): Die entscheidenden Einwände gegen jede Relativierung des Kategorischen Imperativs ergeben sich jedoch aus dem Gesamtzusammenhang der „Grundlegung zur Metaphysik der Sitten". Das lehrt auch ein Blick in die ältere Geschichte der Philosophie (VORLÄNDER 1908, 233):

Kategorischer Imperativ: zum Kontext

> *Der gute Wille ist nicht durch das, was er bewirkt oder ausrichtet, nicht durch seine Tauglichkeit zur Erreichung irgendeines vorgesetzten Zwecks, sondern allein durch das Wollen, d. i. an sich, gut ... Er (der moralische Wert einer Handlung; G.A./U.B.) kann nirgends anders liegen als im Prinzip des Willens, unangesehen der Zwecke, die durch solche Handlung bewirkt werden können (KANT Nachdruck 1915, 20, 30).*

Was KANT hier ausdrücklich betont, ist eine Absage an jede Erfolgsethik. Den Unterschied zwischen *Erfolgsethik* und *Gesinnungsethik* hat Max WEBER auf den Begriff gebracht. KANT wählt zur Veranschaulichung ein triviales Beispiel: die Lüge als Mittel zu einem angeblich guten Zweck. Er verurteilt sie mit folgenden Worten:

So werde ich bald inne, daß ich zwar die Lüge, aber ein allgemeines Gesetz zu lügen gar nicht wollen könne; denn nach einem solchen würde es eigentlich gar kein Versprechen geben, weil es vergeblich wäre, meinen Willen in Ansehung meiner künftigen Handlungen andern vorzugeben, die diesem Vorgeben doch nicht glauben, oder, wenn sie es übereilterweise täten, mich doch mit gleicher Münze bezahlen würden, mithin meine Maxime, sobald sie zum allgemeinen Gesetz gemacht würde, sich selbst zerstören müsse (KANT Nachdruck 1915, 34–35).

Der weise Volksmund hat für die populäre Form des Kategorischen Imperativs, um beim Beispiel der Lüge zu bleiben, eine sprichwörtliche Redensart zur Hand: Wo kämen wir denn hin, wenn jeder so handeln würde.

Hypothetischer und kategorischer Imperativ

In der „Metaphysik der Sitten" schließlich wird das Thema durch die Unterscheidung von *hypothetischen* und *kategorischen Imperativen* variiert. Hypothetische Imperative sind praktische Lebensregeln, die sich ein bestimmtes Ziel setzen, dessen Realisierung von gewissen Bedingungen abhängig ist (z.B.: Schulische Integration gilt unter der Bedingung, daß sie die gesellschaftliche Integration verbessert). Kategorische Imperative sind demgegenüber nicht an irgendwelche Bedingungen gebunden (z.B.: Integration ist ein unabdingbares demokratisches Gebot). In den Worten KANTs:

Alle Imperative nun gebieten entweder hypothetisch oder kategorisch. Jene stellen die praktische Notwendigkeit einer möglichen Handlung als Mittel zu etwas anderem, was man will... zu gelangen vor. Der kategorische Imperativ würde der sein, welcher eine Handlung als für sich selbst ohne Beziehung auf einen anderen Zweck, als objektiv- notwendig vorstellte ... das Wesentlich-Gute derselben (dieser Hand- lung; G.A./U.B.) besteht in der Gesinnung, der Erfolg mag sein, welcher er wollte (Nachdruck 1993, 242, 244).

Die genaue Hineinversetzung in die Diktion KANTs wie die ausführliche Bezugnahme auf seine gesamten Schriften kommen somit zu einem ein- deutigen Ergebnis: Die Würde des Menschen verbietet es, einen anderen Menschen in jedweder Verfassung und in jedem Fall als ein Mittel für einen außer ihm liegenden Zweck zu mißbrauchen. Nichts anderes will die Rede ausdrücken, der Mensch sei als Selbstzweck anzusehen:

Nun sage ich: der Mensch und überhaupt jedes vernünftige Wesen existiert als Zweck an sich selbst, nicht bloß als Mittel zum beliebigen Gebrauch für diesen oder jenen Willen, sondern muß in allen seinen sowohl auf sich selbst als auch auf andere vernünftige Wesen gerich- teten Handlungen zugleich als Zweck betrachtet werden (Nachdruck 1993, 252).

Kategorischer Imperativ: antiquiert?

Ist diese Idee aber nicht hoffnungslos „antiquiert", wie Günther ANDERS (1988, 25) schon früh, 1979, resignierend meinte? Er hätte heute noch viel mehr Grund, angesichts von Organbank und Gentechnik, von tech- nischer Reproduzierbarkeit und Vermarktung des menschlichen Leibes (KIMBRELL 1997). Sicher ist: Wenn das Prinzip der Zweckfreiheit des sich selbst rechtfertigenden Lebens, so wie es jeweils beschaffen ist, aufgegeben werden sollte, dann hätte das nicht hinnehmbare Konsequenzen für die Existenz aller in unserer Gesellschaft lebenden Menschen: derer, die behindert sind, die behindert zu werden drohen, die als behinderte Kinder geboren werden könnten, und derer, die nach heute noch nicht vorhandenen, aber vielleicht einmal eintretenden Wertmaßstäben als unerwünschte Menschen gelten. Es wäre dies ein „unmerklicher Übergang von defensiver zu melioristischer Erbstrategie" (JONAS 1987, 175), dem Einhalt zu gebieten ist.

Im Begriff der Menschenwürde ist der Wortbestandteil ‚Mensch' das gattungsspezifische Element, die ‚Würde' das zusätzliche Attribut. Die Zusammensetzung verrät, daß allein der Bestandteil der menschlichen Gattung als würdebringende Bevorzugung angesehen werden kann. Der Mensch wäre dann hervorgehoben gegenüber allen anderen lebenden Wesen, zumal den Tieren. Seine Würde besteht qua Zugehörigkeit zur Spezies Mensch.

Speziesargument

Dieses sog. *Speziesargument* hat in der neueren Diskussion durch SINGER eine aktuelle Bedeutung gewonnen, und zwar ex negatione: *dadurch, daß es in seiner Geltung bestritten wird*:

> *Die Tatsache, daß bestimmte Wesen nicht zu unserer Gattung gehören, berechtigt uns nicht, sie auszubeuten ... Aber ein ausgewachsenes Pferd oder ein Hund sind unvergleichlich vernünftigere und mitteilsamere Lebewesen als ein Kind, das erst einen Tag, eine Woche oder selbst einen Monat alt ist ... Was dieses Argument betrifft, so gehören nichtmenschliche Lebewesen, Säuglinge und schwer geistig behinderte Menschen zur selben Kategorie (SINGER 1994, 83, 84, 88).*

In dem Zitat werden Menschen nicht als Individuen der Gattung ‚Mensch' kategorisiert. An ihre Stelle tritt eine andere Art der Gruppierung, die nach der Befähigung zu vernünftigem Handeln, und sie bezieht grundsätzlich alle Lebewesen ein. So entsteht auch ein neuer, nämlich fähigkeitsbezogener und nicht mehr auf Menschen beschränkter Begriff von Person (bzw. Würde). Aussagen wie diese haben vor wenigen Jahren noch für Empörung, jedenfalls für Irritation gesorgt. Davon scheint kaum etwas übrig geblieben zu sein. Die Lage ist heute so, daß, was eigentlich intuitiv selbstverständlich sein sollte, schon einer eigenen Begründung bedarf, will es als moralische Richtschnur wieder ernst genommen werden (SPAEMANN 1996).

Menschenwürde und Personbegriff

Menschen auch dann ein Lebensrecht zuzubilligen, wenn sie über die in Kapitel 4.1 genannten Persönlichkeitsmerkmale gar nicht verfügen, lehnt SINGER nicht nur mit präferenzutilitaristischen Gründen ab. Hand in Hand damit geht ein bioethisches Weltbild der Verantwortung für die Biosphäre, das ihn darin bestärkt. SINGER möchte helfen, die Anthropozentrik unseres Denkens zu überwinden, durch die unserer Umwelt, „die wir mit den Mitgliedern anderer Arten teilen", in der Tat ein „unermeßlicher Schaden zugefügt worden" ist (1994, 10). Dazu hätten wir nicht nur den Glauben an die Überlegenheit des Menschen, an seine durch die Bibel begründete Sonderstellung im Kosmos aufzugeben. SINGER verlangt

Zur Bioethik im Verständnis Singers

Ethik ohne Anthropologie

von uns auch einen Tabubruch, aus Gründen der Gerechtigkeit gegenüber Tieren: nämlich den Vergleich von Menschen hinsichtlich ihrer Fähigkeiten mit Tieren und, wenn dies das Ergebnis des Vergleichs ist, die Überordnung bestimmter Tiere über Menschen. Das geschieht durch eine Personalisierung von Tieren bei gleichzeitiger Entpersonalisierung z.B. von Menschen mit schwersten Behinderungen. SINGERS Ethik löst damit die Vorstellung von einer Einheit des Menschseins auf; es ist eine *Ethik ohne Anthropologie*.

Anthropozentrismus

Die Motive und Konsequenzen dieser Art von Bioethik faßt ein anderer Bioethiker und Kritiker SINGERS so zusammen: Sie sei in Wahrheit selbst „anthropozentrisch". Denn sie macht die „Selbstdefinition des Menschen als selbstbewußtes, leidensfähiges und rational handelndes Wesen ... zum Maßstab für eine ethische Praxis, die den entscheidungsfähigen Menschen und ihm angeglichene höhere leidensfähige Tiere zu schützen vermag, nicht aber ungeborenes, behindertes und sterbendes menschliches Leben" – übrigens „auch nicht die nichtfühlende Natur" (ALTNER 1991, 3). Was dem entgegensteht – die Behauptung einer besonderen Schutzbedürftigkeit, einer besonderen Würde für alle Menschen allein wegen ihrer Gattungszugehörigkeit –, hat heute auch unter Moralphilosophen „jede Überzeugungskraft verloren" (LEIST 1990 a, 22). Die Folgen sind beklemmend. Hieße das doch, die Tötung etwa eines Affen, weil er vernunftbegabt ist, moralisch ernster zu nehmen als die Tötung eines Menschen, dem man zuvor die personalen Fähigkeiten abgesprochen hat. Für die Legitimation von Tierversuchen würde das bedeuten, daß man entweder alle Versuche „an höher entwickelten Säugetieren" einstellt oder „auf Humanexperimente an Kleinkindern und geistig behinderten Menschen" ausdehnt (SCHOCKENHOFF 1993, 48).

Plädoyer für einen uneingeschränkten, aber gattungsspezifischen Personbegriff

> Die Behindertenpädagogik sollte sich jedem Versuch widersetzen, Behinderte in personale und nicht-personale Wesen auseinanderzudividieren. Es gibt gute Gründe, einen Unterschied zu machen zwischen einem empirisch-psychologischen Personbegriff, der die Vergabe von Rechten nach bestimmten mentalen Voraussetzungen regelt, und einem normativen, der sie unterschiedslos jedem Menschen schon aufgrund seiner Leiblichkeit zubilligt – und dabei letzterem den Vorzug zu geben.

Relativität der ‚Messung' von Personalität

Die empirische Entscheidungsbasis, die die utilitaristische Ethik für eine Tötung anzubieten hat, ist überaus unbestimmt. Weder lassen sich die bekannten Kriterien für Personalität wie Selbstbewußtsein, Zukunftswissen und Kommunikationsfähigkeit operationalisieren, noch sind sie einheitlich. Genauso wenig sind das die Prognosen über die Zeitspanne, die ein Säugling nach der Geburt noch zur Ausbildung dieser Eigenschaften mutmaßlich braucht. Sie differieren von einem Autor zum anderen, selbst noch bei ein und demselben: SINGER – „vielleicht etwa" ein Monat (1994, 223); TOOLEY – zwischen einer und 10–12 Wochen (1990, 187, 190 f.); HOERSTER – ein Monat (1991) bzw. drei Monate (1995), immer aber in Verbindung mit einem uneingeschränkten Lebensrecht bereits ab Geburt. Außer Betracht sind die Entwicklungsmöglichkeiten, die ein Neugeborenes (auch gegenüber Tieren) dann hat, wenn man sein künftiges Leben in die Bilanz eines „übergreifenden" Lebensinteresses einbezieht (LEIST 1990 b, 159).

Die Beliebigkeit empirischer Argumente läßt keine Wahl: Man muß jedem Menschen qua Mensch ein Lebensrecht einräumen. Dieses sog. Spezies-Argument – von SINGER als *Speziesismus*, als vorurteilsbehaftete Privilegierung von Menschen gescholten – muß nicht schon irrational sein. Vor rund 350 Jahren sprach Blaise PASCAL von der „Vernunft des Herzens" – eine scheinbar paradoxe und für manche gewiß befremdliche Wendung. Was er damit zeigen wollte, ist, daß die Maßstäbe für sittliches Handeln ihre eigene Weise der Rationalität haben, die nicht die der Wissenschaft ist bzw., aus heutiger Sicht, nicht darin aufgeht. Die empirisch-rationale Vernunft verabsolutiert sich; sie nimmt sich für das Ganze der Vernunft. Um aber zeigen zu können, daß selbst noch das sensumotorische Handeln eines geistig Schwerstbehinderten eine „humane Existenzform" (JETTER 1986, 135) von eigener Wertigkeit ist, braucht es einen *Vernunftbegriff, der offen ist für Vielfalt und Differenz.*

In der angelsächsischen Moraldiskussion finden sich bemerkenswerterweise Argumente für den Speziesismus, die sich auf ein *menschliches Gefühl* berufen (die Übersetzungen könnten an den entsprechenden Stellen sinngemäß auch von „Gewissen" sprechen). So beruft sich die Vorsitzende der britischen WARNOCK-Kommission (einer Regierungskommission zur Untersuchung menschlicher Fortpflanzung und Embryologie) auf ihre moralischen Gefühle, wenn sie in der Frage der Embryonenforschung dafür eintritt, „daß menschliche Zellen ... anders als alle sonstigen lebenden Gegenstände behandelt werden sollten ... Ein solches Bevorzugen des Menschlichen wird manchmal für irrational gehalten, sogar für willkürlich ... Wir waren im Gegenteil alle der Meinung, daß es der Rechtfertigung bedürfte, die eigene Spezies einer anderen nicht vorzuziehen" (WARNOCK 1990a, 230–231, 226–227).

In der griechischen Sage hat bekanntlich Antigone entgegen dem Verbot ihren Bruder bestattet. Sie hat dabei im Einklang mit einem Gefühl für Pietät gehandelt, als wollte sie ihm *Menschenwürde* noch *über den Zeitpunkt des Todes hinaus* zuschreiben (vgl. BIRNBACHER 1990a, 275). In der automobilen Massengesellschaft von heute wird über die Frage diskutiert, ob Crash-Tests mit menschlichen Leichen einen Verstoß gegen die Menschenwürde darstellen. Dabei liegt ihr konsequentialistischer Sinn auf der Hand: Sie können Leben schützen, indem sie die passive Sicherheit von Autoinsassen in Zukunft erhöhen. Gewiß: Moralische Gefühle haben „die Wahrheit nicht gepachtet" (HABERMAS 1990, 143 b). Und man kann auch nicht die ganze Menschheit mit seinen Gefühlen ausfüllen. Um die Basisnorm akzeptieren zu können, daß „alle Menschen Brüder – und Schwestern – sind", reichen Gefühle ganz gewiß nicht aus. Sie können den Zugang zur Würde eines Menschen gelegentlich sogar verstellen; man denke nur an Gefühle wie Ekel oder auch Entsetzen beim Anblick von Menschen mit schweren Entstellungen (SEYWALD 1977). Auch Beobachtungen an dokumentierten Fällen von Mißhandlung und

Moral als Gefühl

Tötung in Altenpflegeheimen geben Anlaß dazu, Gefühlen gegenüber mißtrauisch zu sein.

Gefühle: ihre Rolle bei der Begründung und Anwendung von Moral

Dennoch spielen Gefühle eine wichtige Rolle vor allem bei der Anwendung moralischer Normen, aber selbst noch in Teilen ihrer Begründung, z.B. bei der Wahrnehmung „von etwas als etwas Moralischem", bei der Konstituierung moralischer Phänomene: „Wir werden bestimmte Handlungskonflikte überhaupt nicht als moralisch relevante wahrnehmen, wenn wir nicht empfinden, daß die Integrität einer Person bedroht oder verletzt wird" (HABERMAS 1990, 142). Und je nachdem, ob wir selbst oder andere eine moralische Norm verletzt haben, reagieren wir darauf mit Schuldgefühlen oder – man denke an die Lichterketten gegen Ausländerhaß – mit Empörung. Nur weil es solche Gefühle gibt, die uns „die psychische Existenz moralischer Normen" anzeigen (MONTADA 1993, 261), wird psychologisch verständlich, warum Menschen in ihrem alltäglichen Handeln „Anzeichen moralischer Normen erkennen" lassen, ohne je darüber „philosophiert" zu haben. Gefühle sensibilisieren erst einmal dafür, daß „alles, was Menschenantlitz trägt, Anspruch auf moralische Schonung haben soll" (HABERMAS 1990, 143).

Menschenwürde und menschliche Leiblichkeit

Dieser Gedanke läßt sich mit FICHTE und LÉVINAS philosophisch weiterentwickeln, wie BRUMLIK mehrfach gezeigt hat. Die menschliche Gestalt ist dann, in Anlehnung an FICHTE, ein „sichtbares Symbol der im Menschen verkörperten Freiheit" (BRUMLIK 1991b, 195). Sie ist „die notwendige Bedingung" von Freiheit und Vernunft, von sittlicher Verantwortung, die wir in Menschen achten. Daß wir sie auch dann noch zu achten haben, wenn die volle Ausprägung des Menschseins aus welchen Gründen auch immer ausbleibt, läßt sich so erklären: Weil wir dem Personsein „immer nur in seiner konkreten Verwirklichung als Personsein *dieses* Menschen in seiner leib-seelischen Einheit begegnen, müssen wir es überall dort anerkennen, wo die natürlichen Voraussetzungen dazu gegeben sind" (SCHOCKENHOFF 1993, 102). Nicht meßbare Vernunft, sondern einzig seine *Leiblichkeit*: Das macht die Würde des Menschen aus. Sie ist gar der „einzige nicht-utilitaristische und nicht-theologische Grund" für eine Würde aller Menschen (BRUMLIK 1991 b, 194). Leiblichkeit ist demnach eine „unverzichtbare" biologisch-anthropologische Bedeutungsdimension des Personbegriffs (SCHOCKENHOFF 1993, 90).

Menschenwürde als allgemeines Achtungsgebot

Als menschliches Antlitz steht die Leiblichkeit auch im Mittelpunkt der Ethik des französischen Philosophen LÉVINAS (zum Folgenden: BRUMLIK 1995). ‚Antlitz' soll darin in besonderer Weise Verletzbarkeit und so den durch keine Fremdheit zu tilgenden Achtungsanspruch anzeigen. Doch die Tatsache, daß sich Schmerz und Trauer im Gesichtsausdruck unmißverständlich widerspiegeln können, ist noch keine Garantie, daß wir den Anspruch auch wirklich hören. So etwas käme moralphilosophisch eher einem naturalistischen Fehlschluß gleich. Tatsächliche Achtung entspringt vielmehr einer Art „Beschluß", dem „in jedem Antlitz laut werdenden Ruf nach Hilfe" zu entsprechen (27).

Bewährungsprobe für das Achtungsgebot

Die steigende Zahl immer älterer und pflegebedürftiger Menschen wird so ein umfassendes Achtungsgebot noch auf eine harte Probe stellen. Die bisherige Pflege-Strategie, Leistungen auf niedrigem Niveau zu standardisieren, läßt jedenfalls Schlimmes befürchten. Ein bequemer Ausweg wäre nun zu behaupten, demente Menschen wie etwa Alzheimer-Patienten hätten gar kein Gefühl dafür, wie man mit ihnen umgeht, ob man z.B. ihre Privatsphäre achtet, ihnen persönliche Zuwendung zukommen läßt. Immerhin ist an die hiesige Rechtsprechung zu erinnern, wenn es nach einem Unfall um die Zumessung der Höhe des Schmerzensgelds geht: Daß jemand wegen einer geistigen Behinderung scheinbar nicht in der Lage ist, den erlittenen Schaden zu begreifen, dient Richtern dazu, erhebliche Abstriche zu rechtfertigen. Auch ein deutscher Verfassungsrechtler empfiehlt, Menschenwürde im vollen Sinn nur demjenigen zuzubilligen, der auch in der Lage sei, „Würde voll zu erleben", was etwa bei geistigbehinderten Menschen „häufig" schon an der begrenzten Wahrnehmungsmöglichkeit scheitere (QUAMBUSCH 1989, 16f.).

Quelle 41 – Gewalt gegen Behinderte

Von einem rechtsphilosophischen Standpunkt aus weist DWORKIN (1994, 247 ff.) diese erlebensbezogene Begründung von Menschenwürde zurück. Dabei ist er so optimistisch anzunehmen, die meisten von uns hielten eine solche „nicht wahrgenommene Entwürdigung" – eine Entwürdigung, unter der die Betroffenen scheinbar nicht leiden oder gegen die sie sich nicht auflehnen – sogar noch „für schlimmer" als eine wahrgenommene (327). Bedeutsamer ist ein anderes Argument: Wer sagt, „eine nicht wahrgenommene Entwürdigung wäre keine Entwürdigung", unterschlägt aber, daß unser Verständnis von Menschenwürde neben einer „erlebensbezogenen Begründung" auch eine „wertebezogene" kennt (363f., Anmerkung 23). Auf dieser Ebene geht eine Verletzung der Würde einer menschlichen Person immer beide Seiten an. Indem wir andere menschenwürdig behandeln, achten wir auch die Würde in uns selbst.

Menschenwürde: erlebensbezogen versus wertebezogen

Eine erlebensbezogene Menschenwürde bestimmt das Verhältnis von Erleben und Menschenwürde so, daß das Erlebenkönnen die Voraussetzung ist für eine Anerkennung als Person, mithin für Menschenwürde. Folgt man SPAEMANN (1996, 256), so verhält es sich genau umgekehrt: Erst wenn „ein Kind diejenige Zuwendung erfährt, die wir Personen entgegenbringen"; erst wenn wir also kontrafaktisch immer schon personale Fähigkeiten (z.B. des Sprachverstehens) unterstellen, können sich diese auch tatsächlich entwickeln. Ohne einen solchen Vorschuß kommt Bildung überhaupt nicht in Gang, auch nicht die Fähigkeit zum Erleben (s. 4.3). Die Achtung als Person hat notwendig am Anfang zu stehen. Sie verdankt sich der Kommunikation mit Bezugspersonen.

Menschenwürde und Bildung

Der enge Zusammenhang von Menschenwürde und Bildungsidee zeigt sich schließlich noch explizit in der Diskursethik, die seit einiger Zeit die Grundrechte unserer Verfassung, vor allem ihren „Leitsatz", den Schutz der Menschenwürde in Art. 1 Abs. 1, philosophisch zu rekonstruieren sucht. Sie begründet dies damit, daß der religiöse Ursprung solcher Grundnormen – z.B. die jüdisch-christliche Überzeugung von der Einmaligkeit eines jeden Menschen – heute vielen fremd geworden ist. Das war auch schon der Ausgangspunkt von SINGERS Kritik an der moralischen Bevorzugung von Menschen gegenüber Tieren. In der Tat reicht es nicht mehr aus, die Würde des Menschen einfach darauf zurückzuführen, daß

Menschenwürde und Diskursethik

er ein Geschöpf Gottes sei. In einer säkularisierten Welt muß man die Begründung auf eine andere, eine allgemeinere Basis stellen, wenn man möglichst viele Menschen erreichen will.

Ideale Kommunikations-
gemeinschaft

Die Diskursethik knüpft an die Tatsache an, daß es jede Ethik in erster Linie mit Fragen des Zusammenlebens von Menschen mit ganz unterschiedlichen Interessen und Überzeugungen zu tun hat; sie müssen gemeinsam, in Verhandlungen unter Betroffenen, geregelt werden. So hält die Diskursethik moralische Normen dann für gerechtfertigt, wenn sie im Rahmen einer *Kommunikationsgemeinschaft* einer umfassenden Prüfung standhalten. Sie müssen auf der Grundlage von Argumenten die freie Zustimmung aller Betroffenen finden (oder doch: finden können). Ohne nun aber ein Recht auf Leben zu haben, kann man schwerlich an solchen Diskursen teilnehmen. Das Lebensrecht ist insoweit ein Minimalerfordernis, eine transzendentale Voraussetzung für jeden Diskurs. Und das gilt ähnlich für andere, auch pädagogisch bedeutsame Freiheitsansprüche, die die Diskursethik gleichfalls zum „Grundgehalt" der Menschenwürde rechnet: Es sind die ‚kommunikativen' Freiheiten z.B. der Meinung, des Gewissens und vor allem der Persönlichkeitsentfaltung (BÖHLER 1991, 732). Man sieht hier, daß Menschenwürde zwar Lebensrecht ist, aber doch noch weit mehr, wenn man offen ist für ihre Weiterentwicklung von einem Abwehrrecht gegenüber jedweder Gewalt zu einem Recht auf umfassende gesellschaftliche Teilhabe. Beides gehört dann zusammen: Recht auf Leben und körperliche Unversehrtheit sowie Recht auf kommunikative Freiheit.

Diskursethisches Verfahren

Das diskursethische Verfahren unter Beachtung der Menschenwürde läßt sich so bestimmen:

Prinzipienebene: Begründung einer allgemeinen und unbedingt gültigen Menschenwürde in idealen Diskursen, in denen die Bedingungen einer ‚idealen Kommunikationsgemeinschaft' erfüllt sind oder als erfüllt gelten (z.B. die Gleichberechtigung aller am Diskurs Beteiligten); eine verfassungsgebende Versammlung mag diesem Ideal noch am nächsten kommen;

Verantwortungsebene: verantwortliche, die erwartbaren Folgen einer Handlung einkalkulierende Anwendung in sog. Verantwortungsdiskursen, wobei es zu einer Einschränkung des Lebensrechts kommen kann; darin sind manche dieser idealen Bedingungen wie z.B. ausreichende Hilfen für Menschen mit Behinderung nicht gegeben, und deshalb können Fragen der Zumutbarkeit und der Verantwortung für die unmittelbaren Folgen für die Betroffenen ins Spiel kommen. Hier, in existentiellen Einzelfällen, ist auch ein Bezug zur eingeschränkten Geltung der Menschenwürde.

Unverkennbar ist die Analogie der Diskursethik zu unserer Rechtsordnung, die den gleichen Widerspruch zwischen dem Ideal unbedingter Moralität und den Konflikten belastender Lebenssituationen aushalten muß: auf der einen Seite ein unabhängig von allen Lebenswertfeststellungen geltendes Lebensrecht, wie es aus Art. 1 Abs. 1 GG („Die Würde des Menschen ist unantastbar") und aus Art. 2 Abs. 2 GG („Jeder hat das

Recht auf Leben und körperliche Unversehrtheit") hervorgeht; auf der anderen Seite eine Gesetzgebung, die im aktualisierten § 218 StGB Abtreibung unter bestimmten, nunmehr erweiterten Bedingungen von einer Strafverfolgung ausnimmt. Beides gehört zusammen und bildet bei aller Widersprüchlichkeit eine Richtschnur für die moralische Qualität des Handelns.

4.3 Das Bildungsrecht behinderter Menschen

Im Begriff der Menschenwürde vereinigen sich Lebensrecht und Bildungsrecht. Zwischen dem Recht auf Leben und dem Recht auf Bildung besteht ein wechselseitiger Zusammenhang. Wer ein ungeteiltes Recht auf Leben für alle Menschen, auch für Schwerstbehinderte, einfordert, bejaht ein Bildungsrecht für alle, das Erziehung und Bildung nicht von irgendwie definierten Voraussetzungen wie Sprachfähigkeit, intellektuelle Mindestkompetenz oder dergleichen abhängig macht. Die unverbrüchliche Anerkenntnis des Rechts auf Leben schließt eine untere Grenze der Bildungsfähigkeit aus. Werden hingegen Bildungsrecht und Bildungsmöglichkeit für alle Menschen anerkannt, so ist das nur vor einem logischen Hintergrund denkbar, der das Recht auf Leben nicht in Frage stellt.

Zusammenhang von Lebensrecht und Bildungsrecht

Dieses Interdependenzverhältnis ist zunächst als These formuliert. Im folgenden soll die unterstellte Wechselbeziehung schrittweise begründet werden. Die Relation läßt sich hierbei auf zwei Ebenen herstellen:
– Lebensrecht und Bildungsrecht gehören *legitim* zusammen. Es gibt eine philosophisch ableitbare Rechtfertigung für den Zusammenhang.
– In den Schul- und Bildungsgesetzen finden sich *legalistische* Fassungen, die Bildungsrecht und Lebensrecht wechselseitig stützen. Ein Kind, das in einem fortgeschrittenen Stadium an progressiver Muskeldystrophie leidet, ist nicht nur schulpflichtig; es soll sein Recht und seine Chance auf Bildung und Erziehung auch in vollem Umfang wahrnehmen können. Entwicklungsverläufe von lebensbedrohlich erkrankten Kindern zeigen, daß alle medizinischen Prognosen über die tatsächliche Lebenserwartung, aber auch über ihre emotionale Befindlichkeit, über ihren erlebten Lebenssinn unsicher, willkürlich und relativ sind.

Die Interdependenz von Lebensrecht und Bildungsrecht ist insofern normativ und empirisch gegeben. Wer das eine fordert, muß auch das andere zur Norm erheben. Die Erfahrungstatsache besteht in der Einsicht, daß – etwa am Beispiel eines progressiven Muskelschwunds eines Schülers in der Schule für Körperbehinderte – der eine Gesichtspunkt nicht von dem anderen zu trennen ist. Die pädagogische Fragestellung, insbesondere auf schwerstbehinderte Menschen angewandt, bildet einen Schnittpunkt für die gleichzeitige Anerkenntnis von Lebensrecht und Bildungsrecht.

Normative und empirische Begründung

Im weitesten Sinne kann der Begriff des *Lernens* als ein pädagogischer Grundsachverhalt angesehen werden. In der Geschichte der Pädagogik hat es mehrere synonyme Umschreibungen für das gegeben, was wir heute psychologisch als Lerntätigkeit bezeichnen. Für HERBART galt die Bildsamkeit des Zöglings als Grundbegriff der Pädagogik; in moderner Terminologie sprechen wir von Lernfähigkeit. Der Mensch ist von Natur aus auf Lernen angelegt. Alles, was aus ihm wird und was er erreicht, muß durch Lernen angeeignet werden. Durch Lernen werden bessere Fertigkeiten erworben. Die Zielrichtung des Lernens beinhaltet eine Entwicklung auf höhere Formen hin. Der Mensch muß gleichsam lernen, in vollerem Sinne Mensch zu werden.

Das *anthropologische Bestimmungsssstück der Lernfähigkeit* gilt – da es gattungsspezifisch ist – für alle Menschen, unabhängig von ihrer Herkunft, ihren Anlagen, aber auch ungeachtet ihrer durch günstige oder ungünstige Faktoren beeinflußten Entwicklungsmöglichkeiten. Die Höhe des erreichten Lernstandes kann nicht entscheidend sein. Es gehört zur vielfältigen Ausprägung des Menschseins, daß das Maß der Bildung sehr unterschiedlich sein muß. Auch Menschen mit geringen kognitiven Fähigkeiten, fehlender Sprache, gestörter Motorik oder unkontrollierbarem Verhalten sind lernfähig gemäß der ihnen zur Verfügung stehenden Lernmöglichkeiten. Unter Umständen ist die Lernstrecke, die sie bis zur Erlangung höherer Formen der Kognition, der kommunikativen Äußerungen und der Bewegungssteuerung zurücklegen müssen, weiter und mühevoller als das gelungene, selbsttätige Lernen eines aufgeweckten Kindes in der Grundschule. Insofern ist die Feststellung des Vorstandes der Bundesvereinigung Lebenshilfe für geistig Behinderte auch eine empirische Aussage: „Der Entwicklungsstand einer Persönlichkeit kann nicht als Kriterium für Menschsein herangezogen werden" (Bundesvereinigung Lebenshilfe 1990, 256).

Aus der Erfahrungstatsache, daß alle Menschen lernfähig sind und alle Menschen lernen müssen, um höhere Stufen ihrer menschlichen Entfaltung zu erreichen, resultiert zunächst eine wenn-dann-Folgerung. Nur wenn Menschen Gelegenheiten zum Lernen erhalten, wenn förderliche Bedingungen für erfolgreichen Bildungserwerb bereitgestellt werden, kann das Ziel menschlicher Entwicklung überhaupt ins Auge gefaßt werden. Erziehung ist dann nichts anderes als die Zurverfügungstellung von Entwicklungsmöglichkeiten. Auch dies wiederum gilt auf jeder Stufe einer Entwicklungsprognose. Mithin kann es keine Grenzen der Schulpflicht ‚nach unten' geben. Auch für Schwerstbehinderte mit scheinbar geringen Lernchancen im Sinne der üblichen Kulturtechniken gilt es somit, Lernbedingungen bereitzustellen, die ihren jeweiligen Lernweisen und Entfaltungsmöglichkeiten entsprechen.

In der Philosophie wird es als *naturalistischer Fehlschluß* gewertet, aus sogenannten Ist-Aussagen auf Sollens-Aussagen zu schließen (s. 4.1). Aus Fakten können keine Normen abgeleitet werden. Aus der Lernfähigkeit des Menschen und aus der erwiesenen Lernfähigkeit selbst schwerstbehinderter Menschen kann noch nicht geschlossen werden, daß sie lernen sollen und was sie lernen sollen.

Es bedarf also einer eigenen *normativen Bestimmung, die das Bildungs-recht aller Menschen uneingeschränkt anerkennt,* und zwar zunächst unabhängig von ihren tatsächlichen Lern- und Entwicklungsaussichten. Wie zu zeigen sein wird, ergibt sich diese normative Position aus einer humanen Grundentscheidung, die das Bildungsrecht – gemäß unserer vorangestellten These – aus dem Lebensrecht ableitet und dieses wiederum rückwirkend verstärkt.

Normative Bestimmung von Bildung

Die Norm ,Bildung und Lernen für alle, auch für Schwerstbehinderte' ist indessen sehr wohl im Rahmen eines empirischen Kalküls gerechtfertigt, und in der Hinsicht existiert eine Brücke zwischen normativen und empirischen Prämissen: Wir können nie genau wissen, wie sich ein Mensch entwickeln wird. Die Bildung hat Freiheitsgrade, die nicht vorherbestimmbar sein dürfen und diagnostisch nie genau zu ermitteln sind. Die taube und blinde Helen KELLER hätte ansonsten – von scheinbar objektiven psychologischen Entwicklungsprognosen her – kaum die Chance gehabt, alle empirischen Vorhersagekriterien zu widerlegen, zu studieren und zu promovieren.

Die philosophische Tradition einer Verbindung von Lebensrecht und Bildungsrecht ist durch KANT (Vorlesungsnachschrift von 1803) formuliert worden: „Der Mensch ist das einzige Geschöpf, das erzogen werden muß... Der Mensch kann nur Mensch werden durch Erziehung. Er ist nichts, als was die Erziehung aus ihm macht." Aus der anthropologisch-biologischen Feststellung – nur der Mensch muß erzogen werden, damit er Mensch wird: „Ein Tier ist schon alles durch seinen Instinkt: eine fremde Vernunft hat bereits alles für dasselbe besorgt" – könnte zunächst eine Rückfrage erwachsen: Ist der Mensch, bevor er erzogen wird, kein Mensch, noch nicht Mensch, erst potentiell Mensch? Die Aporie muß in zweifacher Richtung aufgelöst werden. Zunächst ist KANT im historischen Kontext des aufklärerischen Optimismus seiner Epoche zu verstehen: „Vielleicht daß die Erziehung immer besser werden, und daß jede folgende Generation einen Schritt näher tun wird zur Vervollkommnung der Menschheit; denn hinter der Edukation steckt das große Geheimnis der Vollkommenheit der menschlichen Natur. Von jetzt an kann dieses geschehen". Mit der an den Geist der Aufklärung zeitgebundenen These ist allerdings eine weiterreichende anthropologische Grundaussage eingeleitet: „Es liegen viele Keime in der Menschheit, und nun ist es unsere Sache, die Naturanlagen proportionierlich zu entwickeln und die Menschheit aus ihren Keimen zu entfalten, und zu machen, daß der Mensch seine Bestimmung erreiche" (Zitate aus Nachdruck 1968, 11–14).

Kant: Anthropologie der Erziehung

Hier wird deutlich, daß KANT nicht den einzelnen Menschen meint. Das Ziel der Entwicklung aller Naturanlagen, aller „Keime", ist nicht die Entfaltung des einzelnen Individuums, sondern der Gattung insgesamt. Das letzte Prinzip dieser Erziehung ist die Idee der Menschheit, der sich der einzelne annähern soll (vgl. LASSAHN 1970, 391). Es leuchtet ein, daß die bildnerische Bemühung nicht an die Ausprägung menschlicher Voraussetzungen von Lernfähigkeit und Entwicklungsmöglichkeiten ,empirisch gebunden' ist. Die normative Aussage zum Bildungsrecht gilt für alle Menschen, ohne Ansehung ihrer Person.

Bildungsrecht als Fortsetzung von Lebensrecht

Dieses *Bildungsrecht ist im tieferen Sinne Lebensrecht*. Denn der Mensch kann in dem hier dargestellten Zusammenhang nur existieren, wenn er den Schritt zur ‚proportionierlichen Weiterentwicklung' seiner Naturanlagen tut, wenn er die Bedingungen dafür zugestanden bekommt.

> Lebensrecht und Bildungsrecht sind zwei Aspekte ein und derselben normativen Anerkennung des Menschen als eines Wesens, dessen Leben auf Weiterentwicklung angelegt ist.

Nichts anderes sagt Art. 2 Abs. 1 des Grundgesetzes: „Jeder hat das Recht auf die freie Entfaltung seiner Persönlichkeit". Die Interpretation liegt in diesem Fall nicht auf der Freiheitlichkeit der individuellen Entwicklungsentscheidungen, sondern auf dem Akzent, der das Recht zur Entfaltung der Persönlichkeit garantiert. Pflege und Betreuung von Behinderten genügen nicht zur Einlösung der Grundgesetzforderung. Werden Lebensrecht und Bildungsrecht für alle, auch für Schwerstbehinderte bejaht, muß das Bildungsrecht auch die generelle Schulpflicht für Behinderte unabhängig vom Schweregrad des Behindertseins fordern und für begründet ansehen.

Solche Forderungen erscheinen unmittelbar einsichtig. Aber selbst die Einlösung des Schulbesuchs für alle, die Öffnung der Schule ‚nach unten' durch die Bildungsverwaltungen hat die am gesundheitsfetischistischen Ideal orientierte Pädagogik der „humanen Perfektion" (LUHMANN/ SCHORR 1979, 63) noch nicht durchgängig zur Anerkenntnis des Bildungsrechts für behinderte Menschen bewegen können. Die Stellungnahmen der Allgemeinen Pädagogik zu „Benachteiligten und Ausgegrenzten" (HAEBERLIN 1996) sind durch vielfache Widersprüche bestimmt.

Irrtümer einer Allgemeinen Pädagogik der „humanen Perfektion"

Daß es an der Zustimmung zu einem ungeteilten Bildungsrecht noch immer fehlt, muß umso mehr erstaunen, als es eine immerhin jahrzehntelange erfolgreiche pädagogische Arbeit mit Schwerstbehinderten gibt (vgl. FRÖHLICH 1991). Wer aber, wie BRUMLIK (1992, 189), Erziehung und Bildung nur denken mag, wo Menschen voll „handlungsfähig" werden können, sieht zu Recht keinen Raum für das Projekt einer Pädagogik der Schwerstbehinderten. Denn viele von ihnen würden, legt man die Meßlatte so hoch, nur defizitäre Formen des geistigen Lebens ausbilden können. Jede Pädagogik aber, so BRUMLIK in Anlehnung an das Paternalismuskonzept von RAWLS, verlange zu ihrer Begründung den Nachweis, daß der Edukandus, obschon er eine „Noch-Nicht-Person" sei, sich durch geeignete pädagogische Bemühungen zu einer Person entwickeln kann. Personalität gilt ihm nicht schon als Voraussetzung aller Erziehung und Bildung, die jedem Menschen selbstverständlich zukommt, sondern lediglich als ihr verbindliches Ziel, und nur insoweit dieses Ziel auch erreichbar ist, sei Pädagogik legitim.

BRUMLIK reißt hier auseinander, was zusammengehört: Recht auf Leben und Recht auf Bildung. Kann man aber das Lebensrecht auch dann noch wirksam schützen, wenn man gleichzeitig das Bildungsrecht verweigert? Historische Beispiele – nicht zuletzt die ‚Behandlung' behinderter Menschen in der Zeit des Nationalsozialismus – weisen in eine andere Richtung. Sie zeigen, daß Bildung (bzw. Erziehung) einen aktiven Lebensschutz bedeuten und daß die Verweigerung des Bildungsrechts lebensbedrohliche Konsequenzen haben kann. Das ist die Kehrseite der enormen Aufwertung, die die Pädagogik seit der Aufklärungsphilosophie KANTs erfahren hat. Wenn es richtig ist, daß Erziehung und Bildung den Menschen erst zum Menschen machen, liegt es dann im „Umkehrschluß" nicht nahe, milder zu urteilen, wenn ein nicht-erzogener, ein nicht-gebildeter Mensch getötet wird, ein Mensch, in den pädagogisch (und damit auch volkswirtschaftlich) nichts investiert worden ist (LENZEN 1993, 158)? Soweit reicht die *anthropologisch-menschenrechtliche* Seite eines allgemeinen Bildungsrechts. Wichtige Kronzeugen sind, zusammengefaßt, KANT („Der Mensch kann nur Mensch werden durch Erziehung") sowie das Grundgesetz (Art. 2 Abs. 1: „Jeder hat das Recht auf die freie Entfaltung seiner Persönlichkeit").

Wo die Pädagogik dazu neigt, grundlegende Bildungsrechte nur zu gewähren, wenn auch entsprechende Fähigkeiten nachweislich vorhanden sind (SINGER 1984, 105: Selbstbewußtsein, Zukunftswissen, Beziehungsfähigkeit), da wird gegen ein pädagogisches Grundgesetz verstoßen:

> die Entwicklungsfähigkeit des Menschen, die Bildung zu einer vorgeschossenen Mündigkeit macht.

Bildung als vorgeschossene Mündigkeit

Es gibt keine Dispositionen, aus denen man zweifelsfrei auf eine fehlende Bildbarkeit rückschließen könnte. Das hat die Pädagogik der Schwerstbehinderten eindrucksvoll gelehrt. Insofern muß die Kritik an der Anzweifelung des Bildungsrechts gleichsinnig verfahren wie bei der Erörterung um das Lebensrecht. Man kann nicht, wie ANSTÖTZ das vorschwebt (1990, 57), die Feststellung, ob ein Kind bildbar ist, von einer systematischen pädagogischen Förderung abkoppeln und mit dieser erst einmal solange warten, bis irgendwann vielleicht ein positiver Fähigkeitsbefund die Bildungslegitimation nachliefert. Soviel sollte die Diskussion der letzten Jahrzehnte über Förderdiagnostik eigentlich erbracht haben. Realwissenschaftlich betrachtet mag Bildsamkeit „ein Stück Metaphysik" sein, weil nicht zuverlässig prognostizierbar, aber sie ist eine „notwendige, wenn Bildung überhaupt in Gang kommen soll". Ohne einen *Vorschuß an Bildsamkeit* „gäbe es auf seiten des Erziehers gar keine ernsthafte Anstrengung, an der Hervorbringung der Bildsamkeit mitzuwirken" (MOLLENHAUER 1983, 90, 102). Nur wer grundsätzlich mit ihr rechnet und dafür erst einmal (als Gesetzgeber und staatliche Instanz) geeignete schulische Voraussetzungen pflichtgemäß schafft, obwohl gesicherte empirische Anhaltspunkte vielfach fehlen, wird erfahren, inwieweit sie auch tatsächlich existiert (SPRENG 1979; PFEFFER 1988).

Man wird zwar nicht sagen können, daß es derzeit dem Lebensrecht vergleichbar massive und schlagzeilenträchtige Gefährdungen eines allgemeinen, auch Menschen mit schwersten Behinderungen einschließen-

Gefährdungen des Bildungsrechts

den Bildungsrechts gibt. Doch die Bereitschaft, dem politisch Rechnung zu tragen, scheint in jüngster Zeit nachzulassen. Es kommt zu Einschränkungen des Bildungsrechts für Schwerstbehinderte hauptsächlich in der Form, daß die Schulpflicht vorübergehend oder auf Dauer ruht. Sind das Vorboten eines grundsätzlichen Wandels, der von der historischen Errungenschaft eines ungeteilten Bildungsrechts wieder wegführt? Beispielhaft ist der folgende Fall: „Ein mehrfachbehindertes Mädchen wird in der Sonderschule angemeldet, die Schule sieht sich mit ihrer Personalsituation (LehrerInnen, TherapeutInnen, HelferInnen) nicht in der Lage, das Kind angemessen zu fördern. Für Hausunterricht stehen keine Stellen zur Verfügung. Die Schulpflicht ruht" (Verband evangelischer Einrichtungen für Menschen mit geistiger und seelischer Behinderung 1993, 1).

Erweiterung des Bildungsbegriffs

Wer mit Schwerstbehinderten arbeitet, wird die bildungstheoretische Prämisse vorgeschossener Bildsamkeit sogar noch radikalisieren müssen. Er muß sein Verständnis von menschlicher Vernunft erweitern.

Eine Mutter beschreibt die Anfänge von Selbstbewußtsein und Kommunikationsfähigkeit an ihrem schwerst mehrfachbehinderten Jungen so:

Christian kann beim Trinken jeweils nur winzige Schlucke bewältigen. Wenn ich den Becher, bevor er mühsam einen Schluck geschafft hat, in die Nähe seines Mundes führe, gibt er mir durch eine Wegschiebebewegung mit der Hand zu verstehen, daß er noch nicht soweit ist, einen neuen Schluck zu nehmen... Damit macht er handelnd einen Unterschied zwischen sich selbst als Subjekt und einem anderen Menschen als Adressaten seiner Wünsche... und sichert sich, wenn seine Umwelt entsprechend reagiert, ein Stück Autonomie (SEIFERT 1990, 266).

Bildung als Interaktion

Seine Fähigkeiten haben sich *in* der Interaktion entwickelt, und damit bleiben sie auch jederzeit gefährdet: Ohne Zuwendung „zieht er sich völlig in sich zurück und nährt mit diesem Verhalten die Einstellung des Blicks von außen, daß er keine weiteren Bedürfnisse habe" (267). Die Beobachtung illustriert in prägnanter Weise, was die Bildungstheorie so formuliert hat: Bildsamkeit bezeichnet keine Eigenschaft des Zu-Erziehenden, auch nicht seiner Bezugsperson, sondern eine „Verhältnisbestimmung der pädagogischen Interaktion" (BENNER 1991, 62). JETTER nennt es ein „anthropologisches Axiom" des pädagogischen Umgangs mit Schwerstbehinderten, daß jeder Mensch in der Lage ist, Verantwortung für eine Gemeinschaft zu übernehmen, wenn diese nur bereit ist, seine Lebensvollzüge ernstzunehmen. Dieses Axiom habe sich in der Praxis auch dort bewährt, „wo scheinbar alles dagegen sprach" (1986, 135) – als notwendiger Ausgangspunkt von Pädagogik.

Geschichtliche Beispiele

Auch die Behindertenpädagogik scheint ihre historisch bahnbrechenden Methoden der Förderung Behinderter u.a. dem Umstand zu verdanken, daß die Bildsamkeit ihrer Zöglinge oft genug gegen den Anschein, ‚kontrafaktisch', behauptet worden ist. Die Pioniere der frühen heilpädagogischen Bewegung wie etwa Carl Wilhelm SAEGERT haben sich offenbar mit ihren Erwartungen an die Lernfähigkeit behinderter Kinder konsequent über die scheinbare Evidenz der Nichtbildbarkeit hinweggesetzt. Dadurch wurde auch die Grenze der Erziehungsfähigkeit immer weiter hinausgeschoben. Es war, wie MÖCKEL feststellt (1988, 51), im 18. Jahrhundert noch ein „kühnes Unternehmen", weil im Gegensatz zu den „Anschauungen der Zeit", Schulen für Blinde einzurichten. Die Zuwendung zu Gehörlosen, zu Autisten, zu Taubblinden, ja jede Schulpflicht für Geistigbehinderte wären schlechthin nie durchzusetzen gewesen, wenn sie sich der Begründungen eines empirischen Personbegriffs bedient hätten. Soviel läßt sich sagen, auch wenn historisch noch längst nicht umfassend untersucht ist, unter was für Bedingungen im einzelnen – der Theoriegeschichte ebenso wie der Entwicklung sonderpädagogischer Institutionen und Professionen (MOSER 1998) – der Bildungsanspruch Behinderter pädagogisch anerkannt und sodann in ein *schulisches Bildungsrecht* umgesetzt worden ist.

Auch das rechtfertigt es, wenn die Behindertenpädagogik von einem Bildungsbegriff ausgeht, der ebenso offen ist wie der Person- und der Würdebegriff, der grundsätzlich keinen Menschen von schulischer Bildung ausschließt, auch wenn das auf Kosten der begrifflichen Präzision geht. Für die Pädagogik Behinderter dürfte gelten, was OELKERS in analoger Weise für die Allgemeine Pädagogik behauptet hat: Sie ist darin ein typisches Kind der Moderne, daß sie die Erfahrungen der Vergangenheit mit Behinderten nicht mehr als Einwand gegen eine bessere Zukunft der Normalisierung und gesellschaftlichen Integration gelten ließ. Im Rückblick könnte genau dies ihren Erfolg ausmachen, daß sie sich, gemessen an ihren bisherigen Erfahrungen, am völlig Unwahrscheinlichen orientiert hat. Das ist die utopische Mitgift der Pädagogik Behinderter, und sie muß lernen, mit dieser prekären Denkform umzugehen (sinngemäß nach OELKERS 1983).

Plädoyer für einen offenen Begriff von schulischer Bildung

Das alles sind im weitesten Sinne empirische Argumente, die die *normative Vorwegentscheidung* für ein Lebensrecht Schwerstbehinderter stützen können, ohne daß sie ihrerseits von solchen Argumenten abhängig ist. Schwerstbehinderte haben auch dann nicht ihr Recht auf Leben verwirkt, wenn sich pädagogische Erwartungen nicht ganz erfüllen, wenn gar „Erziehungsverhältnisse zusammenbrechen und schließlich gelöst werden" müssen (PFEFFER 1988, 55). Pädagogik kann den Lernfortschritt nicht garantieren. Sie kann gelegentlich nicht einmal den Rückschritt verhindern, wie das folgende Beispiel lehrt (nach KLEINBACH 1994, 170–172):

Bildungsrecht ohne garantierten Lernfortschritt

> *S. ist neunzehn Jahre alt. Sie leidet an dem sog. Spielmeyer-Vogt-Syndrom, einer langsam fortschreitenden Erkrankung der Augen und des Gehirns. Ihre Leistungen verschlechtern sich parallel zu ihrem Gesundheitszustand, erzwingen eine Umschulung auf die Lernbehinderten-, dann auf die Geistigbehindertenschule. Buchstaben und Wörter z.B., die sie am Schuljahresbeginn noch beherrschte, kann sie schon bald nicht mehr lesen. Gegenstände in ihrer Umgebung kann sie zwar benutzen, hat jedoch ihre Namen vergessen.*

Das macht auf die grundsätzliche *Diskontinuität menschlichen Lernens* aufmerksam, die jeden einmal erreichten Lernstand als prekären Besitz erscheinen läßt. Dafür noch ein letztes Beispiel, aus einem Bericht über einen 40jährigen Mann mit geistiger Behinderung:

> *Kognitiv sind im Zustand des Wohlbefindens längere Handlungsketten, eingebunden in die Gesetze der Logik von Raum und Zeit möglich. Geht es ihm nicht gut, sackt seine Fähigkeit zu denken sofort ab ... Geistige Behinderung ist nicht ein Zustand, sondern eine vom Befinden abhängige Variable* (KRONENBERG 1999, 82).

In der behindertenpädagogischen Diskussion ist die Aberkennung des Rechts auf Bildung provokant als ‚soziale Euthanasie‘ gebrandmarkt worden. Das mag, wenn man an die Euthanasieverbrechen der Nationalsozialisten denkt, zeithistorisch kontextwidrig klingen. Und doch markiert die überspitzte Aussage einen ideologischen Hintergrund, in dem sich Affinitäten nicht unterdrücken lassen. *Lebensrecht für alle ist Bildungsrecht für alle.* Wer das Recht auf Bildung für Behinderte reklamiert, hat damit das Recht auf Leben bestätigt. Wer das Recht auf Leben für die Schwerstbehinderten für unabdingbar ansieht, muß auch das Recht auf ihre Bildung einfordern.

4.4 Advokatorisches Handeln und Ethik

Beispiele für advokatorische Entscheidungen

Viele der moralisch strittigen Probleme, vor denen die Behindertenpädagogik heute steht, lassen sich im Problem des stellvertretenden, des advokatorischen Handelns fokussieren. Ob es sich z.B.
– um Lernortentscheidungen handelt,
– um Entscheidungen nach dem Betreuungsgesetz, vor allem bei der Frage der Sterilisation, oder
– um Entscheidungen zwischen Leben und Tod wie im Falle von Abtreibung und Früheuthanasie:

Wertschätzung selbstbestimmten Lebens

Immer ist eine Situation gegeben, in der jemandem, z.B. einem unmündigen Kind, die Einwilligungsfähigkeit abgeht und infolgedessen andere sich verpflichtet fühlen, *stellvertretend für ihn zu handeln*. Daß genau dies aber vielfach als Problem angesehen wird, hat einen einsichtigen Grund zunächst in der verbreiteten Wertschätzung selbstbestimmten Lebens.

> Der Autonomieanspruch ist heute so allgemein geworden, daß er sogar zur Signatur unserer Epoche, der Postmoderne, werden konnte.

Und er nimmt niemanden aus, auch Kinder nicht. So verlangt z.B. die sog. *Kinderrechtsbewegung*, daß Kinder „generell alles tun" dürfen, „was Erwachsene im Rahmen der Gesetze tun dürfen"; sie sollten nicht nur als gleichwertig anerkannt, sondern auch formal-rechtlich gleichgestellt sein, obwohl sie doch über manche lebenswichtigen Kompetenzen und Erfahrungen noch gar nicht verfügen können; Menschenrechte – gemeint ist hier das Selbstbestimmungsrecht – müßten unteilbar auch in dem

Sinne sein, daß sie ohne Rücksicht auf das Lebensalter gelten (zitiert nach: BRINKMANN 1995, 86, Anm. 10). Die offenbar zeitgemäße Forderung nach einem Wahlrecht für Kinder liegt ganz auf dieser Linie.

Darüber hinaus hat der medizinisch-technologische Fortschritt in unseren Tagen nicht nur die Tragweite solcher advokatorisch zu verantwortenden Entscheidungen beträchtlich erhöht. Er hat überhaupt erst einmal ein Bewußtsein dafür geweckt, daß es heute einen Zwang gibt, sich zu entscheiden, wo früher manches der menschlichen Verfügbarkeit entzogen und deshalb eine Hinnahme von Krankheit und Behinderung als schicksalhaft gegeben ganz selbstverständlich war. Insofern ist eine gesteigerte moralische Reflexion der „Preis der Moderne" (HÖFFE 1993). Das zeigte sich zuletzt wieder an der im Bundestag geführten Debatte um ein Organtransplantationsgesetz. Ein anderes Beispiel ist die Frage, ob sog. fremdnützige Forschung an nichteinwilligungsfähigen Personen um des medizinischen Fortschritts willen moralisch zulässig sei, wenn an deren Stelle Advokaten handeln; das ist auch ein Thema der sog. Bioethik-Konvention, auf das später noch, in 4.5, eingegangen werden soll. In diesen und ähnlichen Fällen wird zum Problem,

Tragweite advokatorischer Entscheidungen

(a) welche Entscheidung überhaupt von einem Stellvertreter getroffen werden darf (von Bedenken gegenüber einer Mitwirkung von Advokaten war schon im Zusammenhang mit Sterilisationsentscheidungen die Rede; siehe 2.5) und (b) welcher Advokat (Eltern, gesetzlich bestellte Betreuer, Pädagogen) gegebenenfalls dazu berechtigt sein soll. Das Stellvertretungsproblem hat viele Facetten, von denen hier nur einige darzustellen sind.

Zunächst einmal bezeichnet advokatorisches Handeln etwas eher Unspektakuläres. In vielen Situationen des Alltags sind wir gewohnt, uns auf *Experten* zu verlassen; von ihnen erwarten wir, daß sie den Durchblick haben und daß sie deshalb unsere Interessen wirksamer, als wir das könnten, zur Geltung bringen. Bei den extrem ausdifferenzierten und unübersichtlichen Bedingungen, unter denen wir leben, läßt sich das gar nicht vermeiden. Die zunehmende Verrechtlichung aller Lebensverhältnisse spielt dabei eine ganz wichtige Rolle. Wenn es auch normal ist, sich vertreten zu lassen, so ist es gleichwohl nicht ohne Risiko. Man sieht das daran, daß es heute eine Sorge vor Entmündigung durch ein wissenschaftliches und politisches Expertentum gibt; sie läßt immer wieder aufs neue auf gesellschaftliche Teilhabe drängende soziale Bewegungen entstehen wie etwa die Ökologie – oder auch die Behindertenbewegung. Bei diesen verbreiteten Formen advokatorischen Handelns treffen Advokaten Entscheidungen für Menschen, die, wenn sie bereits mündig sind, ein Mandat verleihen, aber auch wieder entziehen können. Advokatorisches Handeln bezeichnet hier ein situationsbedingt, von Fall zu Fall asymmetrisches Verhältnis – bei prinzipieller Gleichberechtigung.

Advokatorisches Handeln – ein alltägliches Phänomen

Zu einem moralischen Problem wird stellvertretendes Handeln freilich, wenn ein deutliches Mündigkeitsgefälle hinzukommt, wie das etwa in pädagogischen Beziehungen der Fall ist. Pädagogik wird deshalb auch als *pädagogischer Paternalismus* kritisiert. Gefragt wird gelegentlich, ob sie

Advokatorisches Handeln und Erziehung

nicht ein recht unmoralisches Unternehmen sei. Immerhin hat es die Pädagogik mit asymmetrischen Beziehungen zu tun, bisweilen ganz einfach auch mit Zwang (Beispiel: Schulpflicht), während moralische Beziehungen weithin in der Geschichte der Ethik ihrem Wesen nach als wechselseitig und symmetrisch aufgefaßt werden (BAYERTZ 1991, 37). Erinnert sei nur an die *Goldene Regel* in der Ethik! Dagegen steht nun einmal die Tatsache der Generationendifferenz; sie hat pädagogische Implikationen, die unabweisbar sind: „Neugeborene, dann auch Kinder und am Ende auch Jugendliche verlangen einigermaßen gebieterisch, daß man sie versorgt, ernährt, am Ende auch in den Wirrnissen dieser Welt unterstützt" (WINKLER 1992, 178), daß man an ihrer Statt handelt, Entscheidungen trifft. Es ist LÉVINAS, der die Evidenz asymmetrischer Beziehungen anerkannt und in das Zentrum seiner Ethik gerückt hat. Darin ist die intersubjektive Beziehung die „nicht-symmetrische Beziehung" schlechthin. Das heißt mit LÉVINAS gesprochen: Meine Verantwortung für den anderen reicht soweit, daß ich auch dann keine Gegenseitigkeit erwarten kann, „wenn es mich das Leben kosten würde" (1986, 75). Das „nie aufhebbare Gefälle zwischen Starken und Schwachen" ist „Stachel" und „Skandalon" dieser Ethik (BRUMLIK/BRUNKHORST 1993, 16). Und an dem Gefälle würde sich nicht einmal dann etwas ändern, „wenn alle sozialen Ungleichheiten weitestgehend behoben wären" (ebenda). In der Ethik von LÉVINAS hat folglich die Verantwortung für andere Menschen, stellvertretendes Handeln, einen bedeutsamen moralischen Rang. Etwas anders liegt der Fall in der Pädagogik. Von Pädagogen, auch für Behinderte, erwartet man selbstverständlich beides: daß sie Verantwortung übernehmen und daß sie sich zugleich überflüssig machen. Entsprechend sind sie bemüht, ihren Paternalismus damit zu rechtfertigen, daß sie ihn als bloß vorläufig deklarieren. Das geschieht mittels Legitimationsfiguren wie ‚Hilfe zur Selbsthilfe' oder auch ‚Hilfe zur Selbstbestimmung' (UHLE 1997, 318 f., 325).

Advokatorisches Handeln und Behindertenpädagogik

Nur: Was dann, wenn aus der Asymmetrie im pädagogischen Verhältnis nie Symmetrie werden kann; wenn z.B. sprachliche Kommunikation auf Dauer fehlt und Stimme, Blick und Berührung der Haut an ihre Stelle treten müssen wie in manchen pädagogischen Situationen bei schwerster geistiger Behinderung (KLEINBACH 1994); wenn in Schulen für Körperbehinderte todkranke Kinder den Abbau ihrer körperlichen und geistigen Leistungsfähigkeit erfahren (ORTMANN 1997; s. 4.3)? Hier ist das Ende einer erfolgsgewissen Pädagogik „der sonderpädagogischen Macher" (KLEINBACH 1994, 186), die sich überflüssig machen will. *Stellvertretendes Handeln in der Behindertenpädagogik* bringt noch andere Rechtfertigungsprobleme ins Spiel. Es ist vor allem die Frage, *wer* für Behinderte handeln darf, auch *mit welcher Begründung* das – zumal in pädagogischen Beziehungen – zu geschehen hat. Der Alltag des pädagogischen Umgangs mit Behinderten kennt eine Vielzahl kleiner und großer Entscheidungen: z.B. über das Ob und Wie einer Sprachtherapie oder auch des Lesenlernens in der Schule für Geistigbehinderte. Im Regelfall dürften Pädagogen die Interessen von Kindern und Jugendlichen dann am besten gewahrt sehen, wenn letztlich sie selbst, stellvertretend für die Betroffenen, aber in deren wohlverstandenem Interesse, begründete Entscheidungen treffen. Sie sind gleichwohl *kontingent*, auch wenn man sich das nicht immer bewußt macht.

Schon die Entscheidung, jemanden überhaupt als ‚behindert' einzustufen, sodann die Frage, ob bei dem Grad der Beeinträchtigung des Lernens z.B. noch an eine Kategorisierung als ‚lernbehindert' oder schon als ‚geistigbehindert' zu denken ist, das ist alles andere als evident. Es ist ein Akt sozialer Konstruktion und damit diskursfähig. Die Folgen unterschiedlicher Kategorisierung können erheblich sein. Dazu FRÖHLICH (1999, 94): Entschließt man sich zu einer „Identifikation als lernbehindert, so wird dieses Kind ... mit oder ohne Abschluß ins Leben hinaus gelassen werden ... Die Schulform ist in der Regel eine Halbtagsschule, die Nachmittage bleiben ohne institutionell gestaltete pädagogische Angebote." Im Falle einer Schule für geistig Behinderte jedoch „dauert die Schulzeit ... insgesamt drei bis vier Jahre länger", ist die Schule eine Ganztagsschule und ist die Werkstatt für Behinderte „die wahrscheinlichste Zielstation ... , deren ökonomische Beschränktheit sehr stark auf die Lebensmöglichkeiten" einwirkt. *Behindertenpädagogik als institutionalisierte Stellvertretung Behinderter*, so könnte man mit FRÖHLICH folgern, *ist ein Machtfaktor*, der sich einer ethischen Kontrolle durch die Betroffenen stellen muß. Man sollte aber hinzufügen, daß sie darin ein Spezialfall von Pädagogik überhaupt ist.

Hier sind nun mit der Grundgesetzergänzung („Niemand darf wegen seiner Behinderung benachteiligt werden") in einem moralisch hoch sensiblen Punkt, die schulische Integration betreffend, erfreulicherweise die Weichen neu gestellt. Denn in seinem Grundsatzurteil vom 8.10.1997 (Az. 1 BvR 9/97 –) hat das Bundesverfassungsgericht gefolgert, daß nunmehr *die Erziehungswünsche der Eltern*, was die Bereitstellung eines integrativen Schulplatzes anlangt, ein sehr viel größeres Gewicht erhalten müßten. Sollte es demnach zur Ablehnung eines entsprechenden Antrags kommen, so müßte dieser schon „substantiiert" begründet werden. Das heißt nichts anderes, als daß der Staat, bisher im wesentlichen alleiniger Advokat für ein behindertengerechtes Schulwesen, einen Teil seiner Verantwortung an die mitbetroffenen Eltern zurückzugeben hat. Es muß sich allerdings noch zeigen, ob damit nicht im Gegenzug und auf längere Sicht auch einer Entstaatlichung, einer Privatisierung von Bildung Vorschub geleistet wird; sie würde für Schwerstbehinderte verhängnisvoll sein (SPECK 1997a, 238–240). Das wird noch ein Thema sein, wenn im nächsten Kapitel die gesellschaftliche Verantwortung auf den Prüfstand kommt.

Verfassungsinterpreten berufen sich bei dieser Aufwertung der advokatorischen Rolle der Eltern behinderter Kinder gegenüber der Schule auf das Menschenbild des Grundgesetzes. Sie argumentieren damit, daß „die Verantwortung für den eigenen Lebensentwurf und für das, was für den einzelnen am besten ist,..." grundsätzlich dem Betroffenen bzw. den Eltern obliegt und keineswegs staatlicher Fürsorge (Der Beauftragte der Bundesregierung 1995, 27). Zumal aus dem Umgang mit Behinderten ist dieses Prinzip ‚*Betroffenheit*' seit langem bekannt. Es liefert die Legitimation, um stellvertretend handeln zu dürfen. Man denke etwa an die

Marginalien (rechte Spalte):

Behindertenpädagogik als Machtfaktor

Beispiel: schulische Integration

Rückzug des Staates aus seiner Verantwortung für das Bildungswesen?

Aufwertung der Rolle der Eltern und das Menschenbild des Grundgesetzes betroffenen Eltern in der Integrationsbewegung zur Durchsetzung eines gemeinsamen Unterrichts für Behinderte und Nichtbehinderte! Es bleibt im Interesse von Behinderten zu wünschen, angesichts gesplitteter advokatorischer Verantwortung zwischen Eltern und Schule zu einem abgestimmten, gemeinsamen pädagogischen Vorgehen zu kommen. Das müßte sich z.B. in dem Fall bewähren, daß eine einmal getroffene Lernortentscheidung für schulische Integration revidiert werden muß (ANTOR 1992). Daß der letzte Bezugspunkt sonderpädagogischer Argumentation ohnedies das Kind zu sein hat und daß es schon deshalb Sinn macht, an der analytischen Trennung von Kindes- und Elternrechten festzuhalten, sollte man auch in der Behindertenpädagogik wieder in Erinnerung rufen (BENNER/TENORTH 1996, 10–12).

Advokatorische Interessenvertretung und prinzipielle Offenheit menschlicher Entwicklung

Eine advokatorische Interessenvertretung kann ihrer Sache nie ganz sicher sein, bedenkt man die prinzipielle Offenheit menschlicher Entwicklung. Sie muß daher gleichermaßen offen, reversibel gehalten werden. Diesem Grundsatz versucht das schon mehrfach erwähnte Betreuungsgesetz Rechnung zu tragen. Statt der früher verfügten faktisch oftmals lebenslänglichen Entmündigung – sie war gleichbedeutend beispielsweise mit dem Verlust des Wahlrechts und der Ehefähigkeit sowie mit dem Ruhen der elterlichen Sorge für das eigene minderjährige Kind – grenzt es die Betreuung sowohl sachlich wie zeitlich ein. So regelt es den Umfang der Betreuung, indem es diejenigen Aufgaben genau spezifiziert, für die im Einzelfall auch tatsächlich ein Betreuungsbedarf durch einen gesetzlichen Vertreter besteht. Dazu könnte etwa die Verwaltung des Vermögens gehören, die Auflösung der Wohnung, die Vertretung in einem Gerichtsverfahren oder gegenüber der Heimleitung. Und diese Aufgaben sind im Gesetz zeitlich befristet, längstens auf fünf Jahre. Man will nicht ausschließen, daß die Fähigkeit, selbstbestimmt zu handeln, irgendwann zurückkehrt, wie rudimentär auch immer, und dann könnte die Betreuung wegfallen.

Reversibilität advokatorischer Entscheidungen am Beispiel der Sterilisation

Eine Reversibilität der einmal von Advokaten getroffenen Entscheidungen als Handlungsmaxime empfiehlt der Gesetzgeber selbst noch in dem Fall, daß eine *Sterilisation* erwogen wird. Zu den einschlägigen Schutzvorschriften des sog. Betreuungsgesetzes zählt, daß derjenigen Sterilisationsmethode der Vorzug zu geben sei, die nicht dauerhaft zu einem Verlust der Fortpflanzungsfähigkeit führt, die vielmehr später eine „Refertilisierung" im Rahmen eines weiteren operativen Eingriffs erlaubt (HOFFMANN 1996, 173). Im Zeitraum von 1992 bis einschließlich 1995 sind immerhin sechs solcher Fälle bekannt geworden (Bericht der Bundesregierung 1996).

Advokatorisches Handeln und Entscheidungen zwischen Leben und Tod

Was aber dann, wenn die notorische Unsicherheit menschlichen Wissens nicht mehr durch die Revidierbarkeit der Entscheidung in Schach zu halten ist? Wenn es z.B. zu einer Gratwanderung zwischen allgemeinem Lebensrecht und abweichendem Einzelfall kommt und die Entscheidung bei Eingriffen in das Lebensrecht unumkehrbar wird? Eigentlich ist das derjenige Fall, für den ein besonders dringlicher Bedarf an Rechtfertigungshilfen besteht. Es ist der Fall, daß wir zwar den Rigorismus einer von höchsten Normen geleiteten deontologischen Ethik nicht mehr in jeder Situation leben können, aber auch nicht bereit sind, grundlegenden Normen einfach abzuschwören. So sucht man denn nach Rechtfertigungen, um im Einzelfall auch einmal anders handeln zu dürfen. Die Befugnis zu stellvertretender Entscheidung könnte hierfür einen Legitimationswert haben.

Der Advokat ist dann jemand, der darüber zu wachen hätte, daß auch noch in existentiellen Ausnahmefällen im Interesse des Betroffenen gehandelt wird – auf der Basis verfahrensrechtlicher Bestimmungen z.B. zur Sterilisation oder zum Schwangerschaftsabbruch, die dem Mißbrauch wehren sollen. Advokatorische Rechtfertigungsversuche sind daher konstitutiv für Ethiken wie die Diskursethik, die das *Spannungsverhältnis* zwischen generellem Gebot und konkretem Einzelfall als unaufhebbar ansehen. Deontologische Ethiken kommen ohne Stellvertreter aus. Doch gerade in Fällen von Leben und Tod wird auch das *Dilemma einer advokatorischen Ethik* vollends offensichtlich. Am Beispiel der Diskursethik, die vernünftige Entscheidungen im Konsens treffen möchte, läßt sich zeigen, daß das Dilemma, genau besehen, zweifach und daß es unlösbar ist, weil wichtige Voraussetzungen nur schwer bzw. gar nicht zu erfüllen sind:

(1) *Stellvertretungs-Problem*: Eine diskursive Ethik steht vor dem Problem, daß sie die Geltung von Normen von einer Zustimmung aller Betroffenen abhängig macht, ohne daß diese immer die Möglichkeit hätten, tatsächlich auch ihre Stimme abzugeben. Das wird ihnen dadurch verwehrt, daß die Diskursethik „nur den kompetenten Sprecher" (BRUMLIK 1986, 272) als Teilnehmer eines Diskurses akzeptiert. Mit diesem selektiven Anspruch schließt sie nicht nur Ungeborene aus, sondern auch Menschen mit unterdurchschnittlicher Intelligenz und Sprachfähigkeit, zumal Geistigbehinderte (HAEBERLIN 1995, 14). Zum Ausgleich setzt sie auf Advokaten, auf Eltern, Betreuer, Ärzte, die für die Ausgeschlossenen sprechen sollen.

Auf diesem Wege aber, advokatorisch, lassen sich nicht Entscheidungen im Angesicht schweren Leids – man denke an Koma-Patienten oder an schwerstgeschädigte Säuglinge – legitimieren. Zwar meint stellvertretende Interessenwahrnehmung in diesem Fall nichts anderes, als sich in die Innenperspektive solcher Menschen hineinzuversetzen. Es ist also eine von Empathie geleitete Sicht im Interesse des Betroffenen; sie unterscheidet sich damit analytisch klar von einer nützlichkeitsorientierten gesellschaftlichen Betrachtung, die nicht den Betroffenen vertritt, sondern die Gesellschaft, und zwar gegen ihn. Aber es ist auch keine Selbstbewertung. Das Stellvertretungs-Problem bezeichnet dabei das Problem, daß stellvertretende Bewertungen subjektiven Lebenssinns immer nur von außen möglich sind, damit aber ihren ‚Gegenstand' verfehlen. Nicht nur bleibt da oftmals verborgen, daß es für Behinderte ausschlaggebend sein kann, ob sie in einem sozialen Netzwerk leben, das sie ‚trägt'; Familie und Nachbarschaft kommt diese wichtige kompensatorische Funktion zu. Es gibt auch nicht einfach einen objektiven Beobachterstandpunkt, von dem aus man fremdes Leben bewerten könnte. Denn „Leben läßt sich als Wert nur bestimmen, indem man es selber lebt" (RADTKE 1990, 275). Dann ist

Stellvertretungs-Problem

Selbstbewertung, advokatorische Lebensbewertung, gesellschaftliche Sicht

Stellvertretung und subjektiver Lebenssinn

Aussagen von Behinderten

auch die Bestimmung unwerten Lebens „ausschließlich an mein eigenes Erleben gebunden, das niemand anders in seiner Fülle nachvollziehen kann" (SAAL in: DÖRNER 1988, 106).

Es gibt Grenzen der Hermeneutik gerade auch zwischen Behinderten und Nichtbehinderten:

> *Gehörlose Eltern wünschen sich nachweislich nicht selten gehörlose Kinder. Kein Hörender wird ohne weiteres diese Einstellung verstehen, denn er kann sich nicht in die Lage eines Gehörlosen versetzen. Wenn ich mit meinen über hundert Knochenbrüchen dennoch nicht mit sogenannten ‚Gesunden' tauschen möchte, so liegt dies auf einer gleichen Ebene. Außenstehende haben zwangsläufig keine Ahnung davon, was es bedeutet, sowohl im positiven wie im negativen Sinne bewußt ein Leben mit Behinderung zu führen* (RADTKE 1990, 278).

Auch die derzeitige Rechtsprechung verfährt so, daß nur die Innensicht – und zwar so, wie der Betroffene sie ausdrücklich vornimmt – maßgeblich ist, nicht die advokatorische. In Fällen von Sterbehilfe z.B. bei Erwachsenen haben Advokaten kein Mandat. Rechtsverbindlich kann nur die Selbstbewertung, der Patientenwille sein – wenngleich mit einer wichtigen Einschränkung: Zwar darf der Arzt nicht mehr tun, als der Patient gestattet; aber er darf „nicht alles tun, was dieser von ihm verlangt" (KUTZER 1993, 51). Das heißt dann, daß passive Sterbehilfe zuzulassen, Tötung auf Verlangen aber auszuschließen ist. Es muß der erkennbare Wille eines Menschen gegeben sein, sterben zu wollen, im juristisch eindeutigen Fall muß eine schriftliche Erklärung vorliegen.

Ersatzkonstruktionen für fehlende Selbstbewertung?

Man kann den Nachteil fehlender Authentizität auch nicht mit Ersatzkonstruktionen wettmachen. Dazu wäre etwa der Hinweis von APEL zu rechnen, daß stellvertretendes Handeln dann „möglich und zumutbar" sei, wenn der Advokat nur lange genug mit einem Menschen, der vielleicht nicht mehr spricht, zusammenleben und seine Wünsche kennenlernen konnte (APEL 1986; 231; vgl. SCHÖNBERGER 1988, 289); allerdings steht der Vorschlag auch nicht im Zusammenhang mit Fragen von Leben und Tod. Andere Vorschläge gehen dahin, mit Schwerstbehinderten einen Dialog zu simulieren oder auch die advokatorische Bewertung auf mehrere Schultern zu verteilen, und zwar auf Nichtbehinderte wie auf Behinderte (BÖHLER/MATHEIS 1991, 370). Dieser letzte Vorschlag leitet über zum sog. Konsens-Problem.

Konsens-Problem

(2) *Konsens-Problem*: Für den Vorschlag, daß sich Nichtbehinderte und Behinderte gemeinsam um eine advokatorische Stellungnahme bemühen, spräche, daß so die Interessen Behinderter gewiß aussichtsreicher zur Geltung gebracht werden könnten als allein durch Nichtbehinderte. Gleichwohl dürfte es schwer sein, zu einem Konsens zu kommen. Das wird sofort klar, wenn man sich vergegenwärtigt, wie komplex diese Aufgabe ist: Zum einen müßte man sich über die empirische Frage einigen können, zu was für Konsequenzen eine bestimmte Entscheidung mutmaßlich führt, sodann über die eher noch schwierigere Frage, wie man diese zu bewerten hat (NUNNER-WINKLER 1986, 140). Und beide Fragen müßten einvernehmlich von Behinderten und Nichtbehinderten

beantwortet werden, anderenfalls entsteht, weil Behinderte in diesem Modell eine „Art Veto-Recht" haben und wegen des Zwangs zum Konsens, eine Pattsituation, in der nicht mehr entschieden werden kann (HERRMANN 1991, 387 f.).

Dahin könnte es kommen. Es gibt das Interesse derer, die nicht krank, nicht behindert sein wollen, und es gibt ebenso das Interesse derer, die als Kranke, als Behinderte Angst vor gesellschaftlicher Diskriminierung, ja vor Tötung haben müssen. CHRISTOPH, einer der Begründer der sog. Krüppelbewegung und selbst behindert, hat seinen Widerstand gegen Nichtbehinderte als Sachwalter der Rechte von Behinderten mehr als einmal zu Protokoll gegeben. So kreidet er z.B. der Berichterstattung über die Folgen der Reaktorkatastrophe von Tschernobyl an, sie habe die Behinderten als Abschreckungsmodell mißbraucht. Sie habe sich nicht gefragt, wie man vor Schädigungen warnen bzw. sie verhindern könne, ohne zugleich die Geschädigten zu verachten (1990, 25, 26). In wertpluralistischen Gesellschaften läßt sich schwerlich Einvernehmen darüber erzielen, daß man z.B. ein behindertes Kind eher annehmen als abtreiben solle und daß man schweres körperliches Leid eher ertragen solle, statt ihm durch Suizid zu entgehen (vgl. SCHOCKENHOFF 1993, 38 f.). Vermutlich gelingt das heute nur noch dort, wo sich Menschen mit einer einheitlichen Idee des *guten Lebens* in eigenen „Wertgemeinschaften" (SPECK 1991), vielleicht als Christen, zusammengefunden haben. Auch die Sterbebegleitung in Hospizen hat hierin ihren Grund.

Soviel zum Dilemma einer advokatorischen Ethik. Damit aber erledigt sich nicht das Problem, daß menschliches Leben immer wieder in Situationen führen kann, in denen glatte Lösungen der Übereinstimmung von allgemeinem Lebensrecht und individueller Notsituation nicht lebbar sind. Sicher erscheint nur, daß eine rationalistische Rechtfertigung via advokatorischer Ethik dem nicht gerecht wird. Ob die Tötung eines Menschen in Kauf genommen oder gar herbeigeführt wird, das ist eine Entscheidung von unerhörter Tragweite und gleichzeitig von Kontingenz. Man sollte das nicht mit Willkür gleichsetzen. Es ist eine *existentielle Entscheidung*. Die pädagogische Ethik versteht darunter einen Typus von Entscheidungen, für den kennzeichnend ist, daß im Moment der Entscheidung alle halbwegs verläßlichen Angaben fehlen, ob eher die eine oder die andere Handlungsalternative richtig ist. Wenn überhaupt, dann stellt sich vielleicht noch im nachhinein so etwas wie das Gefühl ein, richtig gehandelt zu haben (ROMBACH 1971, 357).

Statt advokatorischer Ethik: existentielle Entscheidung

4.5 Die Verantwortung der Gesellschaft

Eine Ethik für die Behindertenpädagogik hat es im wesentlichen mit der Rechtfertigung grundlegender Individualnormen – in diesem Fall Positionen eines allgemeingültigen Lebens- und Bildungsrechts – zu tun. Das ist ihr *individualethischer Aspekt*. Wie steht es aber um die Aussicht, diesen Ansprüchen Taten, das sind konkrete Hilfen für Leben und Bil-

Individualethik und Sozialethik

dung, folgen zu lassen? Läßt sich heute noch – angesichts der akuten Probleme bei der Finanzierung des Sozialstaats – eine gesellschaftliche Verantwortung für Behinderte mit Aussicht auf Erfolg einfordern? Immerhin überwiegt diesbezüglich in der Behindertenpädagogik eine skeptische Haltung. Sie reicht mittlerweile bis zu dem Punkt der Warnung vor *Dammbruchgefahren;* Anlaß ist die ausdrückliche Infragestellung des Lebensrechts Schwerstbehinderter, die sich zudem vermehrt ökonomischer Argumente der schwindenden sozialpolitischen Ressourcen bedient. Läuft dies doch darauf hinaus, daß man sich eine „Lösung sozialer Probleme" gerade von einer „Beseitigung derjenigen" zu versprechen scheint, „die sie verursachen". Spätestens dann aber, so die Dammbruch-Befürchtung, könnte eine Entwicklung in Gang kommen, die sich nur noch schwer stoppen läßt (SPECK 1998, 171).

Damit ist die *sozialethische Seite* der behindertenpädagogischen Ethik angesprochen (GRÖSCHKE 1993). Im Mittelpunkt einer Sozialethik stehen die normativen Prinzipien des Zusammenlebens in einer Gesellschaft, vor allem das Gemeinwohl. Es bezeichnet im Idealfall größtmögliche individuelle Selbstverwirklichung, und das bei Minimierung sozialer Konflikte und gerechter Verteilung der Lasten (VOSSENKUHL 1992, 82, 83). In Wirklichkeit aber kann das Gemeinwohlverständnis natürlich variieren. Es macht z.B. einen ganz erheblichen Unterschied, ob jeder Mensch, wie immer er beschaffen ist, als ein vollwertiges Mitglied in einer Gemeinschaft mit allen Rechten und Pflichten gilt, oder ob einzelne ausgeschlossen werden (WALZER 1994, 65 ff.; vgl. SPECK 1998, 173). Das Gemeinwohlverständnis wird damit zu einem wichtigen Prüfstein für die Verwirklichung der individualethischen Ansprüche Behinderter.

Gefahren für das Gemeinwohl

Daß es heute das *Gemeinwohl* wieder neu zu entdecken gilt, das gehört schon seit Jahren zu den gängigen Themen in Publizistik und Sozialwissenschaften. Man sucht verzweifelt nach Klammern, nach dem berühmten ‚Kitt' für den brüchig gewordenen gesellschaftlichen Zusammenhalt. Zu offensichtlich sind eine Reihe von Fehlentwicklungen, die nicht erst in jüngster Zeit in einer krisenhaften Zuspitzung das Gemeinwohl bedrohen. Dabei ist die Lage durchaus vielschichtig. Zwei besonders markante Beispiele mögen das illustrieren. Das eine sind Fälle von *Gewalt gegen Behinderte* – auch im Rahmen der Pflege alter Menschen etwa in Heimen. Sie machen andere Antworten erforderlich – z.B. rechtspolitischer Art, wenn man etwa an behindertenfeindliche Gerichtsurteile denkt – als die derzeitige *Massenarbeitslosigkeit.* Letztere hat bekanntlich zu einer Kombination von Steuerausfällen und gleichzeitig explodierenden Kosten im Sozialbereich geführt, an der der Generationenvertrag, verstanden als Solidarverpflichtung der Erwerbstätigen gegenüber den Nicht-mehr-Erwerbstätigen, noch zerbrechen könnte. So eine denkbare Entkoppelung der Generationen – oder, wie DÖRNER das nennt, von „Wirtschaftssystem" und „Sozialsystem" (1988, 24f.) – wird vielfach als Aufkündigung von Solidarität schlechthin verstanden.

Quelle 41 –
Gewalt gegen Behinderte

Zum Hintergrund gesellschaftlicher Ausgrenzung

Der Ausschluß von Menschen von gesellschaftlicher Teilhabe, etwa durch Arbeitslosigkeit, macht nicht an den Grenzen des Behinderungsbegriffs halt. Er scheint vielmehr charakteristisch zu sein für moderne Gesell-

111

schaften insgesamt, die in der neueren Soziologie auch „*Multioptions-gesellschaften*" (GROSS 1994) heißen: Sie suggerieren, so HAEBERLIN, ein Höchstmaß an Freiheit, an Optionen für jeden; doch sie brauchen für ihre Dynamik beständig eine „Differenz zwischen jenen ..., die an ihr teilhaben, und jenen, die auf der Strecke bleiben" (1997, 168). Im globalen Wettbewerb sollen Abbau sozialstaatlicher Leistungen, Deregulierung auf dem Arbeitsmarkt sowie höhere Mobilität Vorteile bringen, begünstigen zugleich aber eine „Entwurzelung" der Menschen (DAHRENDORF 1996, 17). Die Folgen haben längst auch die Kinder erreicht: als Armutserfahrung und – damit im Zusammenhang – als Gefährdung von Entwicklung und Schulerfolg (WEISS 1996). Auf den gesellschaftlichen Ausschluß Behinderter gibt es aber nicht nur soziologische Antworten. Eine andere Interpretation folgt den ideengeschichtlichen Spuren. So sieht sie etwa in den Denksystemen vieler klassisch gewordener Philosophen und Pädagogen *entsolidarisierende Menschenbilder* angelegt (HAEBERLIN 1996, 147ff.).

> Es macht die Besonderheit der Aufgabenstellung in der Behindertenpädagogik aus, daß sie zwar ein naheliegendes Interesse an einer Stärkung des Gemeinwohls haben muß, daß sie aber auch mit besonderem Nachdruck auf einem garantierten Freiraum für Abweichungen von einem allzu engen Normalitätsverständnis bestehen muß.

Für ein Gemeinwohlverständnis, das Behindertenbelange integriert!

Sie darf deshalb die gegenwärtigen Pluralisierungstendenzen nicht einfach nur in ihren bedrohlichen Erscheinungen der Auflösung und Entsolidarisierung wahrnehmen. Sie sollte sie ebenso in ihrem positiven Sinn für einen individualisierenden pädagogischen Umgang mit Behinderten wie für eine Sicherung ihrer grundlegenden individuellen Rechtsansprüche nutzen lernen.

Letzteres geschieht offenbar noch zu selten, wie etwa das Beispiel der Gehörlosenpädagogik zeigt (VOIT 1996). Darin dominieren noch immer Einheitsvorstellungen davon, wie Gehörlose leben und lernen (sollten). Man denkt sich gesellschaftliche Integration entweder als Eingliederung in die Lautsprache der Hörenden oder in die Gebärdensprache der Gehörlosen. Die plurale Realität aber ist über solche Vorstellungen offenbar längst hinaus. Tatsächlich praktizieren Gehörlose in ihrem Alltag eine Vielfalt von Optionen der Lebensführung. Sie sind vermehrt in der Lage, ihre jeweilige Sprache (Lautsprache, lautsprachbegleitende Gebärden, Gebärdensprache) und ihre Bezugsgruppe (Hörende, Gehörlose) flexibel zu wählen. Ermöglicht wurde das auch durch neue Hörgerätetechniken wie das Cochlear Implantat sowie durch den Reputationszuwachs und die Verbreitung der Gebärdensprache in den letzten Jahren. Offenbar ist die Behinderung eines Menschen weniger konstitutiv für Persönlichkeitsentwicklung und Verhaltensmöglichkeiten, als bislang gedacht. Auch die Sehgeschädigtenpädagogik ist dabei, sich unter dem Eindruck pluraler Lebensverhältnisse von Einheitsvorstellungen über die Identität Blinder und Sehbehinderter zu lösen (AHRBECK/RATH 1995).

Pluralismusgebot: individualisierender pädagogischer Umgang mit Behinderten

Pluralismusgebot:
Lebensrecht und Menschen-
würde für jeden Menschen

Eine existentielle Bewährungsprobe freilich hat das Pluralismusgebot erst dann zu bestehen, wenn es darum geht, so grundlegende individuelle Rechtsansprüche wie Lebensrecht und Menschenwürde eines jeden Behinderten sicherzustellen und sie nicht dem Wohle anderer zu opfern. Zur Zeit deutet einiges darauf hin, daß die Entwicklung auch in eine andere Richtung gehen könnte. Die Pädagogik Erziehungsschwieriger z.B. kennt seit langem mißachtete, in ihrer Menschenwürde verletzte Kinder, die ihrerseits dann durch Gewalttätigkeit zu einer Bedrohung für das Gemeinwohl werden können (SPECK 1996). – Vom Standpunkt geistigbehinderter Menschen aus betrachtet, kommen mehrere Ursachen der Gefährdung der Menschenwürde ins Blickfeld. Das sind einmal der medizinisch-technologische Fortschritt kontinuierlich erweiterter Überlebensmöglichkeiten bei Krankheit zu Lasten anderer (z.B. durch Organtransplantationen, u.U. ohne Einwilligung Betroffener; in Zukunft vielleicht auch durch die Transplantation fetaler Zellen im Falle einer Parkinsonschen Erkrankung), sodann der Mangel an Ressourcen (Finanzmittel, Spenderorgane, Solidarität als ‚humane Substanz‘) – womöglich aber auch, so jedenfalls sieht es HÖFFE, die „ausufernden Begehrlichkeiten" der Menschen (1997, 77). Im Ergebnis führt das, absehbar immer häufiger, zu einem Konflikt, der schier ausweglos scheint, wenn die einen nur noch um den Preis weiterleben können, daß in Grundrechte der anderen eingegriffen wird.

> Individualethische und sozialethische Gebote driften auseinander.

Beispiel: sog.
Bioethik-Konvention

Das lehrt aus Sicht der Behindertenpädagogik besonders nachdrücklich das Beispiel der sog. *Bioethik-Konvention*, die für wichtige Bereiche der neueren Biomedizin moralische Regeln europaweit zur Geltung gebracht hat. Versucht sie doch erklärtermaßen nichts weniger, als die Menschenrechte mit dem Fortschritt der biomedizinischen Forschung – wie es heißt: im Dienst am Gemeinwohl – zu versöhnen. Die *Präambel* der Bioethik-Konvention – diese heißt nunmehr: „Übereinkommen zum Schutz der Menschenrechte und der Menschenwürde im Hinblick auf die Anwendung von Biologie und Medizin – Übereinkommen über Menschenrechte und Biomedizin – des Europarats" vom 4. April 1997 (Bundesministerium der Justiz 1998) – beschwört die hehren Absichten, von denen sich die Mitgliedsstaaten des Europarats leiten ließen:

Auszug aus der Präambel der
Bioethik-Konvention

> z.B. *von der „Konvention zum Schutz der Menschenwürde und Grundfreiheiten vom 4. November 1950"; von dem „Übereinkommen über die Rechte des Kindes vom 20. November 1989"; von dem „Bewußtsein, daß der Mißbrauch von Biologie und Medizin zu Handlungen führen kann, die die Menschenwürde gefährden"; zugleich aber auch von der Tatsache , „daß die Fortschritte in Biologie und Medizin zum Wohle der jetzigen und der künftigen Generationen genutzt werden sollten..."*

Die Bioethik-Konvention – der Kürze halber soll es bei dieser Bezeichnung bleiben – ist im November 1996, nach einem mehr als zwei Jahre dauernden parlamentarischen Verfahren und kontroversen öffentlichen

Debatten, vom Ministerkomitee des Europarats ratifiziert worden. In Deutschland kann sie solange nicht nationales Recht werden, wie die Regierung die Konvention nicht unterzeichnet hat und eine Ratifizierung durch das Parlament aussteht. Der Meinungsbildungsprozeß der Bundesregierung ist noch nicht abgeschlossen. Doch heißt es dazu in der Koalitionsvereinbarung vom 20.10.1998 (laut Mitteilung des Bundesministeriums der Justiz, Dr. Born): „Der Schutz der verfassungsmäßigen Grundrechte und der Würde des Menschen im Rahmen von medizinisch-ethischen Fragen muß auch bei der Bioethik-Konvention beachtet werden."

Quelle 42 –
Bioethik-Konvention

Kontrovers diskutiert wurde vor allem über diejenigen Bestimmungen, die dem Schutz der Menschenwürde Nichteinwilligungsfähiger bei medizinischer Forschung dienen sollten, aber vor allem deutscherseits als unbefriedigend empfunden wurden – und größtenteils noch immer werden. Zwar betont die Beschlußfassung die grundsätzliche Ansicht, daß jede Forschung an einem Menschen an dessen Einwilligung gebunden sei (Art. 5). Doch ausnahmsweise, unter bestimmten Bedingungen, die sämtlich erfüllt sein müssen, erkennt sie auch Forschung an Nichteinwilligungsfähigen an; das können etwa Neugeborene, Kinder, altersverwirrte und schwer geistigbehinderte Menschen sein. Dazu zählt u.a. (nach Art. 17 Abs. 2):

(1) daß solche Forschung, wenn schon nicht dem Betroffenen selbst (direkter *therapeutischer* Nutzen, der überwiegend als moralisch unbedenkliches Kriterium gilt: Art. 17 Abs. 1), so doch anderen Menschen zugute kommt, die sich im gleichen Alter befinden oder an der gleichen Erkrankung leiden (sog. fremdnützige Forschung *präventiver* Medizin);

(2) daß es dazu keine Alternative gibt, will man zu vergleichbaren Resultaten kommen;

(3) daß Risiko und Belastung solcher Forschung für den Betroffenen „minimal" sind;

(4) daß diese Forschung als ethisch akzeptabel gilt, was so viel heißt wie: daß sie die Zustimmung einer Ethikkommission findet;

(5) daß ein gesetzlicher Vertreter des Betroffenen einwilligt;

(6) daß ihr der Betroffene nicht widerspricht.

Die beiden letztgenannten Bedingungen wiederholen im Grunde die schon aus dem Betreuungsgesetz bekannten Rechtfertigungsfiguren für eine *ausnahmsweise Sterilisation an Menschen ohne Einwilligungsfähigkeit*. Gemeint ist damit – neben der advokatorischen Zustimmung durch einen gesetzlichen Vertreter –, daß sich solche Forschung nicht gegen den Willen des Betroffenen richten darf. Man geht also davon aus, daß auch noch, wer nicht einwilligungsfähig ist, Ablehnung und Widerstand grundsätzlich zum Ausdruck bringen kann.

Der Widersprüchlichkeit zwischen grundsätzlichem Verbot medizinischer Forschung ohne Einwilligung und ausnahmsweiser Zulässigkeit bei Nichteinwilligungsfähigen in Form fremdnütziger Forschung entspricht auch die ‚Philosophie' der Bioethik-Konvention. Sie postuliert zwar (in Art. 2) einen „Vorrang des menschlichen Lebewesens"; aber sie meint lediglich: vor dem „bloßen" Interesse von Gesellschaft und Wissenschaft. Sie legt also ein Bekenntnis ab zur Unantastbarkeit menschlicher Würde, die eigentlich als höchster und unbedingter Wert gegenüber allen Gemeinschaftsinteressen vorrangig sein sollte – und modifiziert es sogleich wieder. Denn sie bindet den einzelnen Menschen dann doch in einen „Abwägungsprozeß" ein, „in dem Individual- und Kollektivinteressen in ein Verhältnis gestufter Berücksichtigung" zueinander treten (MIETH/DÜWELL 1996, 844). Menschenwürde verliert damit ihren absoluten Charakter, sie wird – jedenfalls in Grenzen – verhandelbar. Ganz ähnlich hat zuletzt auch die Zentrale Ethikkommission bei der Bundesärztekammer in einer einschlägigen Stellungnahme argumentiert; sie betont, daß fremdnützige Forschung bei nichteinwilligungsfähigen Personen nicht „ausschließlich" – also doch auch! – fremdnützig sein dürfe.

Was die Wirksamkeit der genannten Schutzbestimmungen, ja von Schutz gegen Mißbrauch überhaupt anlangt, so ist offenbar erhebliche Skepsis angezeigt. Das lehrt ein kurzer Blick in die *Geschichte solcher ethischen Kodizes* (zum Folgenden: LEVEN 1997). Die Bioethik-Konvention ist zwar der jüngste Versuch, medizinische Experimente mit Menschen einer strengen Kontrolle zu unterwerfen. Aber es ist nicht der erste seiner Art. Bereits im Jahre 1900 erging eine „Anweisung" des preußischen Kultusministeriums an die „Vorsteher" von Kliniken, von den Versuchspersonen zunächst eine Einwilligung einzuholen. Das war die Geburtsstunde dessen, was heute in der medizinischen Ethik ‚informed consent', Zustimmung nach Aufklärung, heißt und was so auch in Art. 5 der Bioethik-Konvention Eingang gefunden hat. 1931 wurde dieser Grundsatz vom zuständigen Reichsministerium fortgeschrieben. Daran lehnte sich auch der sog. *Nürnberger Kodex* an. Er ist in der Urteilsbegründung zum Nürnberger Ärzteprozeß von 1947 enthalten, in dem sich NS-Ärzte für eine „Medizin ohne Menschlichkeit" (MITSCHERLICH/MIELKE 1960) zu verantworten hatten. Als Berufungsinstanz für Ärzte, um sich medizinischen Versuchen an Menschen ohne deren Einwilligung in Zukunft verweigern zu können, sollte der Nürnberger Kodex einen Damm errichten gegen die mögliche Wiederkehr solcher Verbrechen. Eine Forschung an Nichteinwilligungsfähigen, auf die das Erfordernis der freiwilligen Zustimmung der „Versuchsperson" ja nicht anwendbar ist, schien damit implizit ausgeschlossen zu sein.

Resümierend, auch im Blick auf die NS-Vergangenheit, heißt es dazu (LEVEN 1997, 49): Deutschland habe „die fortschrittlichsten Kodizes zum Schutz der Probanden und Patienten hervorgebracht", zugleich aber auch „die schlimmsten Verstöße gegen diese ethischen Regeln begangen". Durch das Recht kann man die Menschenwürde nicht hinlänglich sichern.

Zwar geht die Bioethik-Konvention, in ihrer Rücksicht auf kollektive Interessen zu Lasten des individuellen Wohls, ihren Kritikern nicht nur in der Behindertenpädagogik viel zu weit. Diese halten entweder, deontologisch, jede auch ausnahmsweise fremdnützige Forschung an Nichteinwilligungsfähigen für illegitim. Oder sie sehen zumindest die derzeitigen

Schutzbestimmungen noch immer als völlig unzureichend an und wünschen sich deshalb wesentlich restriktivere und weniger mißverständliche Formulierungen (MIETH/DÜWELL 1996).

(1) So fehlt z.B. eine eindeutige europäische Antwort auf die Frage, ob denn nun die Konvention eine Nutzung von Embryonen zu Forschungszwecken generell verbietet oder nur dann, wenn das auf der Basis eigens erzeugter Embryonen geschehen soll (nach Art. 18 Abs. 1 und 2). (2) Kritisiert wird ferner, wie interpretationsfähig die Forderung sei (nach Art. 17 Abs. 2), Risiko und Belastung medizinischer Forschung für die betroffenen Probanden müßten „minimal" sein. Daß es dabei lediglich um eine Entnahme von Blut-, Urin- und Speichelproben gehen solle, wie immer wieder beruhigend versichert wird, begegnet erheblichem Zweifel. (3) Gefordert wird schließlich ein klares Bekenntnis zur Gleichsetzung von Mensch und Person und eine entsprechend konsistente Terminologie. Sie ist für die Behindertenpädagogik substantiell. Immerhin hängt davon ab, wie weit der Schutz auf Grund des Rechtstitels ‚Menschenwürde' reicht; ob davon alle Menschen profitieren oder nur solche mit bestimmten Eigenschaften, entsprechend dem fähigkeitsbezogenen Personbegriff bei SINGER.

Anderen indes, jedenfalls außerhalb der Behindertenpädagogik, geht die Bioethik-Konvention gerade darin, in der Wertschätzung sozialer Verpflichtungen auch um den Preis der Vernachlässigung individueller Risiken, eher noch nicht weit genug. Daß sie dabei ebenfalls mit dem Menschenwürde-Argument operieren, zeigt nur, wie wenig bestimmt die Bedeutung von Menschenwürde in ihren rechtlichen Folgen ist, national wie international, inwieweit sie also eine absolute Interventionsgrenze darstellt. Die Argumentation verdient über den Anlaß hinaus Beachtung. Wer an einer absolut verstandenen Menschenwürde festhalte, so heißt es, beschädige die Idee der gebotenen Solidarität mit anderen Erkrankten, vornehmlich künftiger Generationen. Ihnen sollen ja die Forschungsergebnisse im wesentlichen zugutekommen. Unterstellt wird ein Menschenbild, „das an individualistischer Absolutheit und eigennütziger Einseitigkeit kaum zu überbieten" sei:

> *So sehr der Mensch zuallererst „Individuum" ist, so ist er horizontal zugleich „Mitmensch" und zudem vertikal „Mitglied" in einer Generationenkette. Was wären wir ohne die – gewiß nicht immer freiwilligen – Opfer unserer Vorfahren? Und was dürfen unsere Nachfahren erwarten, wenn wir unsererseits nicht zu ähnlichen Opfern bereit sind? (ESER 1996, 16)*

So betrachtet würde gerade die Zustimmung zur Bioethik-Konvention – und nicht ihre Ablehnung – zu einem Gebot gesellschaftlicher, nämlich generationsübergreifender Solidarität (ANTOR 1997). Empfohlen wird ein neuer und richtig verstandener Generationenvertrag des fairen Lastenausgleichs zwischen Jung und Alt: Hilfe der Jungen gegen die Bereitschaft der Alten zur Teilnahme an präventiver medizinischer Forschung, hauptsächlich mit dem Ziel, die Therapie z.B. der Alzheimerschen Krankheit voranzutreiben (HELMCHEN/LAUTER 1995, 71).

Zustimmung zur Bioethik-Konvention

Bioethik-Konvention: Ausdruck gesellschaftlicher Solidarität?

Das Argument hat heute eine hohe Plausibilität und auch einige Brisanz, und das belegt nicht nur die gelegentlich aggressive Rhetorik gegenüber alten Menschen bei der Kritik am Generationenvertrag. Erinnert wird auch daran, daß sich pflegende Angehörige von Alzheimerpatienten in einer „Zwei-Familien-Verantwortlichkeit" (GUBRIUM 1995, 237) – verantwortlich etwa für den pflegebedürftigen Vater und für die Kinder – buchstäblich aufreiben können. Da verdient ein Vorschlag Beachtung, mit dem von FERBER (1996) eine zeitgemäße, differenzierende Neuinterpretation des Generationenvertrags angemahnt hat. Da sich heutzutage Menschen im Alter vielfach einer besseren Gesundheit und finanziellen Absicherung erfreuen könnten als noch 1957 zum Zeitpunkt der Einführung des Generationenvertrags, seien jedenfalls die „jungen" Alten im Rentenalter zu mehr freiwilligem sozialem Engagement in der Lage, z.B. zur Entlastung pflegender Angehöriger, auch in der Sterbebegleitung.

Generationenvertrag: menschliche Anteilnahme und „pekuniäres Profil"

Doch diese Seite des Generationenvertrags, bei der menschliche Anteilnahme und Fürsorge im Zentrum stehen, interessiert heute zu wenig, wenn die Rede auf die gefährdeten Beziehungen zwischen den Generationen kommt (RAUSCHENBACH 1994, 168). In der öffentlichen Debatte hat der Sozialstaat ein „pekuniäres Profil" (OLK u.a. 1996, 11). Es geht um den Generationenvertrag i.e.S. und um die bange Frage, wie lange die Solidaritätsgarantie zwischen Erwerbstätigen und Nicht-mehr-Erwerbstätigen, was etwa die Sicherheit der Renten anlangt, noch halten wird. Die Akzeptanz für diesen Grundpfeiler des Sozialstaats scheint zu schwinden. In dieser prekären Lage setzen sich manche Befürworter der Bioethik-Konvention für eine advokatorische Ethik zugunsten künftig Lebender ein, die auch schwerwiegende Eingriffe in die Menschenwürde jetzt lebender Nichteinwilligungsfähiger in Kauf zu nehmen bereit ist.

Warnung vor der Gefahr eines Mißbrauchs der Medizin

In einer Rede vor dem internationalen Kongreß „Medizin und Gewissen. 50 Jahre nach dem Nürnberger Ärzteprozeß" von 1947 heißt es warnend, die Medizin stehe „immer in Gefahr, sich primär ... im Dienste des Allgemeinwohls zu sehen und nicht als Anwalt der ihr anvertrauten Menschen..." (TOELLNER 1997). Man muß zum Beleg nur an das gesundheitspolitische Programm der Europäischen Gemeinschaften von 1988 zur „*Prädiktiven Medizin*" erinnern (ANTOR/BLEIDICK 1995, 47 f.), das, obschon erst einmal gestoppt, symptomatisch sein dürfte für den herrschenden Gesundheitsfetischismus. Es will ein „Europa der Gesundheit" und damit der Kostenbegrenzung für medizinische Aufwendungen errichten – auf der Grundlage einer Analyse des menschlichen Genoms und in Verbindung mit Maßnahmen, die die Weitergabe einer genetischen Disposition für bestimmte Krankheiten einschränken sollen. Doch solch eine prädiktive (voraussagende) und zugleich präventive Medizin müsse „begreifen", so fährt TOELLNER (1997) fort, daß sie dem Gemeinwohl gerade dann dienen kann, wenn sie notfalls das Einzelwohl auch „gegen die Interessen der Gemeinschaft verteidigt".

Quelle 27 – Prädiktive Medizin

Sozialethische Prinzipien für eine Verteilung von Gütern

Dadurch, daß die Verteilungsmasse kaum noch wächst, entsteht das moralische Problem, wie man mit der notorischen Knappheit auf eine sozial verträgliche Weise umgeht. Mit HÖFFE (1997, 81–85) lassen sich dafür drei sozialethische Prinzipien angeben, die das Gemeinwohl auf unterschiedliche Weise definieren:

(1) *Utilitarismus*: Wenn die alleinige Richtschnur für moralische Entscheidungen das größte Glück der größten Zahl ist, dann sind die unveräußerlichen Rechte eines jeden Menschen nicht mehr gesichert. Dann ist der maximale Gesamtnutzen maßgebend, und der kann höher sein, wenn man etwa in das Leben eines nichtbehinderten statt eines behinderten Kindes investiert (z.B. bei überlebensnotwendigen Operationen) oder in das eines Kindes statt eines älteren Menschen, der im Durchschnitt weniger Lebensjahre zu erwarten hat. Grundlegende Individualnormen für Behinderte wie etwa das Lebensrecht sind im Utilitarismus nicht vorgesehen. Entsprechend kritisch fällt das Urteil in der Behindertenpädagogik über diese *selektive Gemeinwohldefinition* aus.

(2) *Soziale Gerechtigkeit*: Als der Normalfall sozialer Gerechtigkeit gilt HÖFFE die sog. Tauschgerechtigkeit: z.B. Dienstleistungen gegen Geld, aber auch Gewaltverzicht gegen Gewaltverzicht. Ihre ethische Basis ist eine Wechselseitigkeit der Ansprüche gegeneinander, ist Gleichheit in der Beziehung. Eine solche Tauschgerechtigkeit müßte aber zur Farce werden, wenn sie auf Menschen Anwendung finden sollte, die wie etwa Kinder oder auch manche Behinderte nichts oder nicht genügend zu tauschen haben. Deshalb tritt in solchen Fällen der Sozialstaat auf den Plan: mit ergänzenden, nämlich ausgleichenden, korrigierenden Maßnahmen. Man spricht von einer „korrektiven Gerechtigkeit". Sie würde künftig, ginge es nach HÖFFE, lediglich noch ein „soziales Minimum", jedenfalls bei den medizinischen Leistungen, garantieren. Er empfiehlt eine Rationierung: „Daß jedem Patienten zu jeder Zeit jedes medizinische Wissen und Können zur Verfügung gestellt werde, zugespitzt: ‚Macht, was ihr könnt, bezahlt wird alles' – dieser Grundsatz kann in Zukunft nicht mehr gelten," (1997, 85).

(3) *Wohltätigkeit*: So bezeichnet man jede „freiwillige Mehrleistung", die über gerechtigkeitsgebotene Hilfen, wie sie im Rahmen staatlicher Gesetzgebung fällig werden, noch hinausgeht. Das Motiv dafür ist Mitleid.

HÖFFES Einteilung sortiert die sozialethischen Prinzipien im wesentlichen idealtypisch. Unsere gesellschaftliche Wirklichkeit ist eher durch Mischungsverhältnisse gekennzeichnet: Ansätze einer selektiven Gemeinwohldefinition (versteckte ökonomische Kosten-Nutzen-Analysen zur Rechtfertigung von Euthanasie: s. 2.3; Rationierung in der Medizin), sozialstaatliche, korrektive Gerechtigkeit (z.B.: Schwerbehindertengesetz), Wohltätigkeit. Man darf getrost die Prognose wagen,

(Randnotiz:) Tauschgerechtigkeit

(Randnotiz:) korrektive Gerechtigkeit

> daß künftig neben Selbstverantwortung (Privatisierung) die freiwillig geleistete Solidarität, also Wohltätigkeit, noch erheblich an Bedeutung gewinnen, während der Sozialstaat an Boden verlieren wird.

Sieg der Ökonomie über die Politik?

Manche stellen sogar die Frage, ob man künftig überhaupt noch auf den Staat als Hüter des Gemeinwohls zählen könne; ob wir es gar mit einem *„Sieg der Ökonomie über die Politik"* zu tun haben (VOGEL 1997, 365). Ein wichtiges Indiz dafür könnte eine Entwicklung sein, die man auch als Einführung marktwirtschaftlicher Elemente in Bereiche öffentlicher Verantwortung wie etwa das staatliche Bildungssystem umschrieben hat. *Leistungssteigerung durch mehr Wettbewerb* zwischen unterschiedlichen Anbietern: so lautet allenthalben die Devise. Offensichtlich werden „Fragen des Gemeinwohls... in zunehmendem Maße dominant mit Denkfiguren wie Wettbewerb / Leistungsfähigkeit / Rentabilität usw. behandelt..." (ebenda). Genau in diesem Trend der Ökonomisierung läge auch ein radikaler schulpolitischer Kurswechsel zum integrativen Unterricht. Denn er böte die finanzpolitisch willkommene Gelegenheit, unter einem progressiven Etikett Bildungsausgaben einzusparen, die heute noch durch ein eigenes System ‚Sonderschule' einigermaßen garantiert sind (HAEBERLIN 1997, 169; SPECK 1999, 210f.)

Qualitätssicherung der sozialen Hilfe

Über solche noch etwas vagen Befürchtungen ist die derzeit unter dem Leitbegriff der *Qualitätssicherung* zusammengefaßte Diskussion über die soziale Unterstützung behinderter Menschen und ihre marktwirtschaftlichen Implikationen schon hinaus (JANTZEN u.a. 1999). Die Qualitätsfeststellung sozialer Leistungen ist ein Ergebnis der jüngsten sozial- und gesundheitspolitischen Bestrebungen, wonach der Umbau des (angeblich nicht mehr in der bisherigen Weise finanzierbaren) Sozialstaates, die Konsolidierung der öffentlichen Haushalte und die Kostenreduzierung im Sozial- und Gesundheitswesen geboten sind. Die gesetzlichen Rahmenbedingungen für die Einleitung der Sparmaßnahmen sind weitgehend mit großer parlamentarischer Zustimmung verabschiedet worden.

Ursachen der ‚Sozialmisere'

Der wirtschaftliche Druck auf den Sozialstaat hat komplexe Ursachen: die demographische Entwicklung mit einer stetigen Zunahme der Zahl alter, hilfs- und pflegebedürftiger Menschen; die medizinische Fortschrittsfalle, die höhere Lebenserwartung auch bei morbiden Zuständen eröffnet; wirtschaftliche Globalisierung und verschärfter Wettbewerb; Umstrukturierung des Arbeits- und Beschäftigungsmarktes mit rationalisierter Produktion und geringerem Steueraufkommen; nachlassendes Wirtschaftswachstum bei zunehmender Ressourcenknappheit; durch sozialstaatliche Garantien beförderte Versorgungsmentalität und höheres Anspruchsdenken. Die damit einhergehende Liberalisierung, Privatisierung und Deregulation geht zu Lasten von Hilfsbedürftigen und sozial Schwachen, weil diese als ökonomisch uninteressante, wenn nicht als Ballast empfundene Menschen der Leistungs- und Profitgesellschaft im Wege stehen. Das betrifft Alte und Kinder, minderqualifizierte Arbeitnehmer, Asylanten und Aussiedler, insbesondere aber behinderte Menschen.

Die Notwendigkeit der beinahe täglich verkündeten politischen Absichten, sparen zu müssen, wird von kaum jemandem bestritten. Erst persönliches Betroffensein – wenn ich selbst bei mir Einsparungen in Kauf nehmen muß – bringt die Diskrepanz zwischen Gemeinwohlverpflichtung und individuellen Ansprüchen ins Spiel. Behinderte Menschen sind durch solche Spannungen in höherem Maße benachteiligt, weil sie eine geringere Lobby besitzen und sich als Minderheitengruppe weniger öffentlich Gehör verschaffen können. Es gibt dafür Beispiele der jüngsten Gesetzgebung in Deutschland: die Irritationen um die Auswirkungen des Kinder- und Jugendhilfegesetzes KJHG (1990), die Einführung der Pflegeversicherung (1995) und die Neufassung der §§ 93ff. des Bundessozialhilfegesetzes BSHG (1999).

Mit Inkrafttreten der Pflegeversicherung wird ein Teil der bisherigen Leistungen nach BSHG über Pflege abgerechnet. Die gesetzliche Regelung sieht vor, daß die Eingliederungshilfe für behinderte Menschen einer Überprüfung unterzogen wird, ob der Behinderte „eingliederungsfähig" oder „eingliederungsunfähig" ist. Mit der graduellen Abmessung einer Entwicklungs- und Bildungsfähigkeit geht für einen Großteil der Betroffenen die bislang scheinbar gesicherte Anspruchsberechtigung für ganzheitliche pädagogische Entwicklungsförderung und Eingliederung verloren. „Eingliederungsunfähige" Menschen drohen so zu einer Manövriermasse zwischen den Kostenträgern und ein Spielball der Marktkräfte zu werden.

Pflegeversicherung

Hinzu kommen Veränderungen, die mit der BSHG-Novelle seit 1.1.1999 in Kraft sind (WIENAND 1999), so etwa die Aufhebung der traditionellen Monopolstellung der Wohlfahrtsverbände im Bereich der Eingliederungshilfe für Behinderte und der Einzug des Wettbewerbs mit anderen, gewerblichen und gewinnorientierten Anbietern. Daneben entfällt die bisherige Pauschalfinanzierung der anfallenden Personal- und Sachkosten. Voraussetzung für eine Kostenübernahme ist vielmehr, daß der Leistungserbringer eine Reihe von Verpflichtungen eingeht, durch den Abschluß von Vereinbarungen mit dem Sozialhilfeträger: über Inhalt, Umfang und Qualität der Leistung (Leistungsvereinbarung); über Unterkunft und Verpflegung sowie Betreuung, Förderung und Pflege, kalkuliert nach Gruppen von Hilfeempfängern mit vergleichbarem Hilfebedarf (Vergütungsvereinbarung); schließlich über die Sicherstellung von Wirtschaftlichkeit und Qualität der Leistung (Prüfungsvereinbarung). Die entsprechende Gesetzesänderung hat damit zwei Implikationen: Durch die Ideologie des Marktes und des Sozialabbaus werden ökonomisch ausgerichtete Kriterien der Qualitätsdefinition wirksam, die behinderte Menschen benachteiligen. Es entsteht ein verhängnisvoller Gegensatz von Wettbewerb, Verteilungskampf, Marktordnung und Kostendämpfung auf der einen Seite und der Forderung nach Selbstbestimmung, Adressatenorientierung und Lebensqualität für die Betroffenen, deren subjektive Stellungnahme von fiskalischen Ordnungszwängen gedeckt wird.

Novellierung des BSHG

Infolgedessen fehlt es nicht an entsprechenden Warnungen vor einer grundlegenden Ökonomisierung gesellschaftlicher Verhältnisse auf dem Rücken der wirtschaftlich weniger Leistungsfähigen:

Ein dominant werdender Faktor Wirtschaftlichkeit, z.B. begründet in Kostenreduzierungszwängen, würde die fachliche und die menschliche Qualität (Lebensqualität) gefährden ... Soziale Qualität ist nicht meßbar wie ein Warenprodukt ... Staat und Kommunen müssen ihre soziale Grundverantwortung weiter behalten ... Das unserer sozialen Kultur zugrundeliegende Menschenbild und Ethos ist mit einem dem Primat der Wirtschaftlichkeit und des dominanten Eigennutzes folgenden Typus eines homo oeconomicus nicht vereinbar ... Wirklicher Wert menschlichen Zusammenlebens wird immer auch davon bestimmt, was dabei diejenigen wert sind, die soziale Hilfe in besonderem Maße brauchen. Qualitätssicherung hat deshalb unter einer sozialen Perspektive als Sicherung dieses Wertes der Hilfe zum menschenwürdigen Leben zu gelten (SPECK 1999, 212–213).

Es leuchtet ein, daß angesichts von Deregulierung und Deinstitutionalisierung im Sozial- und Gesundheitswesen der Gesichtspunkt der *Qualitätsbestimmung* vor dem Hintergrund des Sparzwanges eine immer größere Rolle spielen wird. Darin kann aber auch die Chance liegen, individual- und sozialethische Maximen zu einem Ausgleich zu bringen, wenn es gelingt, die Anstrengungen des einzelnen mit einer solidarischen Verantwortung aller zu verbinden. Dazu werden zahlreiche organisatorische Vorschläge unterbreitet (JANTZEN u.a. 1999).

Verteilungsprobleme

Bei der Abwärtsspirale in der Gewährleistung sozialpolitischer Hilfen tritt noch ein anderer Punkt heute in aller Schärfe hervor. Zwar berührt die Verkürzung bisher garantierter Rechtsansprüche unterstützungsbedürftiger Bürger auf begrenzte finanzielle Mittel den Sozialstaat des Grundgesetzes nach Art. 20 Abs. 1 und Art. 28 Abs. 1 in seinem Kern. Trotzdem ist *der Haushaltsvorbehalt, dem das Sozialstaatsgebot unterliegt*, rechtens. Das wurde auch in dem schon mehrfach erwähnten Grundsatzurteil des Bundesverfassungsgerichts zu den schulrechtlichen

Beispiel: schulische Integration

Folgen des Benachteiligungsverbots des Grundgesetzes deutlich. Angesichts der „nur begrenzt verfügbaren öffentlichen Mittel" könnten künftig nicht mehr alle Gemeinschaftsaufgaben – konkret ging es dabei um schulische Integration – mit bevorzugter staatlicher Unterstützung rechnen. Doch das Verteilungsproblem ist genau genommen ein zweifaches. Entschieden werden muß nicht allein (1) zwischen unterschiedlichen sozialstaatlichen Aufgaben und dem Maß finanzpolitischer Zuwendung (z.B. ob mehr Mittel in die schulische Integration oder in die berufliche Rehabilitation Behinderter fließen sollen), auch (2) zwischen unterschiedlichen Personen und ihren Ansprüchen: So möchte das Bundesverfassungsgericht neben dem Förderbedarf behinderter Kinder „denkbare Belastungen für Mitschüler und Lehrpersonal" bei einer Integrationsentscheidung berücksichtigt sehen.

Beispiel: Zusammenleben Behinderter und Nichtbehinderter im Wohngebiet

Eine andere Art von Verteilungsproblemen zwischen Behinderten und Nichtbehinderten hat jüngst aufgrund eines *Urteils des Oberlandesgerichts Köln vom 8.1.1998* bundesweit für Schlagzeilen gesorgt. Gegenstand richterlicher Entscheidung war dabei nicht ein Fall von Integration in der Schule, sondern eines heilpädagogischen Heims für Geistigbehinderte in einem Wohngebiet. Zu dem Rechtsstreit kam es, weil sich der Kläger, ein Musiklehrer, durch „Lärmeinwirkungen wie Schreien, Stöhnen, Kreischen und sonstige unartikulierte Laute" gestört fühlte, wenn sich die Heimbewohner im Garten des benachbarten Grundstücks aufhielten.

Quelle 36 –
Urteil des OLG Köln v.
8.1.1998

Das Gericht verurteilte nun den Beklagten – das ist der Landesverband Rheinland als Träger der Einrichtung – dazu, in der Jahreszeit zwischen dem 1. April und dem 31. Oktober, in der sich die Heimbewohner (wie andere Menschen auch) erfahrungsgemäß viel im Garten aufhalten, sog. Ruhezeiten einzuhalten. D.h.: Er soll „durch geeignete Maßnahmen... verhindern, daß von den auf seinem Grundstück untergebrachten geistig behinderten Personen" solche Lärmeinwirkungen auf das Grundstück des Klägers gelangen können. Als „Ruhezeiten" in dem definierten Sinn werden bestimmt: an Sonntagen und gesetzlichen Feiertagen die Zeit ab 12.30 Uhr, mittwochs und samstags ab 15.30 Uhr und an den übrigen Werktagen ab 18.30 Uhr.

Die Einhaltung von „Ruhezeiten" ist also nicht schon gleichbedeutend mit einem Verbot, sich im Garten frei zu bewegen, auch wenn das in der ersten Empörung über das Urteil verschiedentlich so behauptet wurde. Dennoch kann sie faktisch auf eine Einschränkung der Mobilität Behinderter hinauslaufen. Denn entweder gelingt es, die Heimbewohner anzuleiten, in dieser Zeit ohne die inkriminierten Geräusche zu kommunizieren. Oder sie müssen dem Urteil zufolge ins Haus geholt werden.

> „Ruhezeiten" statt Aufenthaltsverbot

In der Begründung für diese Entscheidung setzt das Gericht auf einen Interessenausgleich zwischen den streitenden Parteien, statt von einem absoluten „Vorrang" der Behinderteninteressen auszugehen. Sie sind vielmehr gegen die Interessen der Nichtbehinderten abzuwägen. Genauso hat umgekehrt der Kläger „keinen Anspruch darauf, daß die Lärmeinwirkungen in vollem Umfang unterbleiben". Ist dieser Interessenausgleich aber aus Sicht der Behinderten gerecht und im Einklang mit dem Benachteiligungsverbot des Grundgesetzes? Viel hängt davon ab, ob die verbotenen Geräusche nur ein Randphänomen der Kommunikation Geistigbehinderter ausmachen, oder dafür „wesensimmanent" sind (LACHWITZ 1998, 882). Im letzteren Fall könnte selbst ein teilweises Verbot eine gravierende, womöglich an den Kern der Menschenwürde reichende Beeinträchtigung, eine „Benachteiligung" im Sinne des Art. 3 Abs. 3 Satz 2 GG darstellen.

> Konfliktlösung als Interessenausgleich

Sollte man zur Klärung einer solchen Frage, unabhängig von diesem Fall, den Rechtsweg beschreiten? Am Ende einer gerichtlichen Auseinandersetzung gibt es nur Sieger und Besiegte. Ob so ein wünschenswerter moralischer Lernprozeß mit dem Ziel der Verständigung in Gang kommen kann, mag man bezweifeln. Es muß viel auf dem Spiel stehen, wenn man trotzdem eine gerichtliche Entscheidung meint herbeiführen zu müssen.

> Gerichtliche Entscheidung versus außergerichtliche Einigung

Das Beispiel erinnert daran, daß es neben der sprichwörtlichen Knappheit der Finanzmittel auch noch eine der humanen Ressourcen gibt. Aus all dem freilich zu schließen, wir befänden uns schon auf dem direkten Weg von einer gesellschaftlichen, in der Hauptsache durch den Sozialstaat repräsentierten, Verantwortung für das Gemeinwohl zu einer Privatisierung des sozialen Lebens, würde jedenfalls analytisch zu kurz greifen. Es gibt auch einen Zwischenbereich, das sind *gemeinnützige, intermediäre Organisationen* wie z.B. Wohlfahrtsverbände (etwa Caritas und Diakonie) oder auch die Selbsthilfebewegung. Behinderte, kritisch gegenüber

> Von der gesellschaftlichen Verantwortung zur Privatisierung des sozialen Lebens?

dem Paternalismus des deutschen Wohlfahrtsstaates, knüpfen daran die Hoffnung auf Mitwirkung und adressatenorientierte Hilfen (ANTOR 1998). Inwieweit es tatsächlich gelingt, so das freiwillige Engagement und die Verantwortungsbereitschaft des Bürgers zu stärken, ob nicht vielmehr die Umwandlung von Wohlfahrtsverbänden in Dienstleistungsunternehmen schon zu weit fortgeschritten ist, das ist die Frage (OLK u.a. 1996, 31).

Emotionen als Grundlage für wohltätiges Handeln

Wie entsteht überhaupt eine Motivation zu wohltätigem Handeln? Sozialpsychologische Untersuchungen lassen z.B. vermuten, daß die Bereitschaft, sich für andere zu engagieren, eher bei Menschen zu erwarten ist, die ausgeprägte _„existentielle Schuldgefühle"_ haben (MONTADA 1995, 323f.). Solche können sich einstellen, wenn man konfrontiert wird mit der Diskrepanz zwischen eigenen Privilegien und der viel schlechteren Lage anderer. Doch das allein reicht noch nicht. Hinzu kommen muß so etwas wie eine „Identifikation mit dem Leiden in der Welt" (OSER/ALT-HOF 1992, 222). Und diese Schuld können wir empfinden, „obwohl wir direkt nichts dafür können, daß Menschen z.B. arbeitslos sind, arm, krank, elend, von Unglücken allerlei Art betroffen" (221).

Kommunitarismus

Wer heute für eine Gewichtsverlagerung von per Gesetz geschuldeter zu freiwillig geleisteter Solidarität eintritt, auch für selbstverantwortliches Handeln, beruft sich zumeist auf den _Kommunitarismus_. Unter diesem Namen firmiert nicht nur eine aus den USA stammende _soziale Bewegung_ mit inzwischen weltweiter Ausstrahlung, deren pragmatischer Sprecher der amerikanische Soziologe ETZIONI (1995) ist. Ihr Ziel: die moralische Erneuerung unserer Gegenwartsgesellschaften, deren exzessiver Individualismus sie an den Rand der Selbstzerstörung geführt habe. ‚Kommunitaristisch' heißt aber auch ein vielfältiger theoretischer, vor allem philosophischer und soziologischer Unterbau mit kontroversen Debatten zum Verhältnis von Individuum und Gemeinschaft (KALLSCHEUER 1994). Es sind Autoren, zwischen denen kaum eine „Einheit", ehestens eine gewisse „Familienähnlichkeit" besteht (REESE-SCHÄFER 1997, 233).

Vorrang der Gemeinschaft vor dem Individuum

Eine zugespitzte Variante des Kommunitarismus behauptet einen Vorrang der Gemeinschaft vor dem Individuum in dreifacher Hinsicht: Gemeinschaftsbelange gehen vor (a) individuellen Rechten, (b) einer Pluralisierung von Wertvorstellungen und (c) vor der Freiheit, sich z.B. durch Ehescheidung von einer Gemeinschaft auch wieder abwenden zu können (RÖSSLER 1994, 77 ff.). Dabei ist ihnen gemeinsam, daß sie vor allem auf freiwillig übernommene Verpflichtungen setzen, wenn es um die soziale Integration von Menschen geht. Mal geschieht das alternativ zu einer staatlich erzwungenen Solidarität – wobei als ‚staatsgläubig' gescholten wird, wer noch immer auf staatliche Hilfen setzt –, häufiger ergänzend, mit den schon genannten Non-Profit-Organisationen als treibende Kraft.

In dieser letzteren, moderaten Fassung vertritt auch die Behindertenpädagogik bei ihrer Rezeption des Kommunitarismus das Anliegen: „Was wäre eine rechtlich erwirkte soziale Integration menschlich wert, wenn sie nicht von einer entsprechenden mitmenschlichen Akzeptanz und gegenseitigen Bereitschaft zur Solidarität aller Mitglieder getragen wäre!" (SPECK 1995, 113; vgl. ANTOR 1996). Unter einer anderen Perspektive betrachtet: Es geht darum, daß zum „systembedingten ‚Sozialindustrialismus' " unseres verrechtlichten und bürokratisierten Wohlfahrtsstaates die „persönliche Caritas" hinzukommt (BLEIDICK 1988, 75).

Die Mängel einer auf Rechtsansprüche verkürzten Integrationsform sind in der Behindertenpädagogik seit langem bekannt. So erweisen sich z.B. die besonderen arbeitsplatzsichernden Maßnahmen des Schwerbehindertengesetzes als kontraproduktive Sperre bei Neueinstellungen. Und ob ein entstigmatisierendes Grundrecht wie etwa das neugeschaffene Benachteiligungsverbot ein wirksames Mittel ist, um nicht nur objektive Benachteiligungen abbauen, sondern auch Einstellungen verändern zu können, und gegebenenfalls unter welchen Bedingungen, das ist rechtssoziologisch strittig.

Rechtliche Integration als Verkürzung

Andererseits ist evident, welche Bedeutung die im Grundgesetz verankerte Verfassungsgemeinschaft der gleichberechtigten Teilhabe aller Menschen zumindest als Appellationsinstanz hat. Dagegen spricht nicht, daß es auch bei uns noch immer Menschen gibt, denen man den vollen Grundrechtsschutz glaubt versagen zu können. Vielfach belegt sind die menschenunwürdigen, gegen Art. 1 GG verstoßenden Lebensbedingungen mancher Geistigbehinderter in psychiatrischen Einrichtungen, in denen es selbst an einem „Mindestmaß an Intimsphäre" fehlt (LACHWITZ 1994, 210). Sie sind eher damit zu erklären, daß Rechte, auch Grundrechte erst einmal eingeklagt werden müssen.

Der Kommunitarismus liefert Ansatzpunkte für eine behindertenfreundlichere Gesellschaft ‚von unten'; lenkt er doch den Blick auf die Bereitschaft zur Selbsthilfe und zur Übernahme von Verantwortung in den kleinen Gemeinschaften wie Familie, Schule und Nachbarschaft, in denen sich soziale Integration zuallererst zu verwirklichen hat (ETZIONI in: REESE-SCHÄFER 1997, vor allem 388; THIMM 1994). Aber er befördert und legitimiert auch eine *Tendenz zur Entstaatlichung des Sozialen.* Damit könnte er manchen Hilfesuchenden in Zukunft der Zufälligkeit und Selektivität der persönlichen Motivation zur Hilfe ausliefern, wo heute noch staatliche Hilfe zuverlässig erwartbar ist.

Zur Ambivalenz des Kommunitarismus

4.6 Die Moral des Erziehers

Den Schlußpunkt einer Ethik der Behindertenpädagogik soll nicht die ‚Gesellschaft', ihre kollektive Moral, sondern der Pädagoge selbst bilden. Das entspricht zunächst einmal der Tradition ethischer Sollensforderungen in der Pädagogik, die sich in verdichteter Form in der *Persönlichkeit des Erziehers*, vor allem im Bild des Lehrers, wiederfindet. Das Personal der Behindertenpädagogik – insbesondere die Lehrerinnen und Lehrer an Sonderschulen – macht hierin keine Ausnahme. Es besteht sogar der Eindruck, daß die idealistische Überhöhung von Tugenden in der Beschwörung der „helfenden Liebe zum behinderten Kind" besonders farbige Blüten treibt.

Ethik der Erzieherpersönlichkeit

Historische Beispiele

KIELHORN, einer der Gründer der Hilfsschulen in Deutschland, fordert auf dem ersten Verbandstag der Hilfsschulen Deutschlands 1898 „innere Hingabe, Kraft und Ausdauer" (Belege fortan: BLEIDICK/ELLGER-RÜTTGARDT 1978, 49 ff.). HORRIX beschreibt 1899 „eine Lehrerpersönlichkeit edelster Art..., mit Tugenden der Entsagung seiner selbst". LESEMANN, langjähriger Funktionär des Verbandes in der Vorkriegszeit und nach dem Zweiten Weltkrieg Ehrenvorsitzender des Verbandes Deutscher Sonderschulen, ruft seinen Kollegen 1933 zu:

> *Unsere Hilfsschularbeit.... ist nicht nur Tat, ist nicht nur Werk, nicht nur Handlung, nein, sie ist Opfer und Hingabe!... Und wir wollen uns immerdar für die Bedürftigen, die Schwachen und Gebrechlichen einsetzen.*

In der Nachkriegszeit nach 1945 bietet sich zunächst das gleiche Bild. SPRANGERS Wort vom „*geborenen Erzieher*" bestimmt den Tenor der geisteswissenschaftlichen Pädagogik. So wird vom Sonderschullehrer ein „besonderer Berufsidealismus" erwartet (so 1957: von den DRIESCH), getragen von der „erzieherischen Liebe mit ihrem religiösen Hintergrund" (1951: HOFMANN). Darum muß auch der Hilfsschullehrer „der geborene Heilpädagoge sein" (1955: SCHEFFLER). Den Höhepunkt des normativen Anspruchs hatte schon BOPP in der Allgemeinen Heilpädagogik erreicht: „So wird das Leben des Heilerziehers viel Gemeinschaft haben mit dem Heilandsleben und demnach ein beständiges Opferleben sein müssen, damit er nicht mit der Zeit ermüde und erlahme" (1930, 225). Der Beruf des Heilerziehers erscheint „in der Wahrheit und Wirklichkeit des Glaubens... als wiederholter Beruf des Heilandes" (BOPP 1958, 8).

Parteinahme für die Behinderten

Die Wandlungen des Lehrerbildes spiegeln sich im hektischen Umbruch der Studentenrebellion und der Bildungsreform der sechziger und siebziger Jahre. Charakteristisch erscheint die Ablösung individualistischer moralischer Tugendforderungen an den Erzieher zugunsten einer gesellschaftskritischen Einstellung, die die *Solidarität mit Benachteiligten* zum Thema hat (Belege: BLEIDICK/ELLGER-RÜTTGARDT 1978, 117 ff.). Die „Parteilichkeit als Bildungsprinzip" und insbesondere die „Parteinahme für die Interessen der Behinderten" (ROCKEMER) stellen Grundbegriffe politischen Kampfes dar, mit dem eben jene Gesellschaft verändert werden soll, die soziale Benachteiligung und Ausgrenzung produziert. Die ethische Ausstaffierung der Integrationsbewegung – Gemeinsamkeit von Behinderten und Nichtbehinderten als humanitäre Verpflichtung (s.o. 2.4) – ist Ausdruck dieser Verlagerung von persönlicher moralischer Verantwortung auf gesellschaftsbetontes Engagement.

Der gute Lehrer für Geistigbehinderte

Mit dem Älterwerden der kritischen Generation der 68er schwingt das Pendel ethischer Konjunkturthemen wieder zurück. Sowohl der individuelle Dienst am behinderten Kinde als auch die Emphase gesellschaftlicher Vermittlung sind deutlich zurückgegangen, wenn nicht neutralisiert worden. So charakterisiert ANSTÖTZ den „guten Lehrer" zunächst mit der Feststellung, „daß es sich gerade bei dem Beruf des Geistigbehindertenpädagogen um Tätigkeiten handelt, die in einem Maße von ethischen Vorentscheidungen abhängig sind, wie das in den meisten anderen

Berufen kaum der Fall sein dürfte" (1986, 593). Weil er aber die objektiven Ergebnisse seiner unterrichtlichen und erziehlichen Tätigkeit nicht zuverlässig abschätzen könne, habe er nur drei Möglichkeiten: sich zu drücken, sich zu täuschen oder „die moralischen Anforderungen zu erkennen und sich ihnen zu stellen" (600). Dies kann er dadurch tun, daß er sich um „eine wissenschaftsorientierte sonderpädagogische Praxis" bemüht (601). Wie man sieht, ist das Pathos ethischer Hypostasierung gegenüber früheren Idealisierungen so weit zurückgewichen, daß von der Substanz moralischen Handelns – wie immer man es nun auch definiert – nur ein unterkühlter Rest distanzierten Rationalisierens übrig zu bleiben scheint.

Das Ergebnis dieser turbulenten Kurzgeschichte einer Moral – sicher Zeichen für die Schnellebigkeit unserer Zeit – ist in Synthesen ablesbar, mit denen heute zusammengefaßt wird, was alles schon einmal an Sollensforderungen für Sonderpädagoginnen und Sonderpädagogen aufgeschrieben worden ist. Das ist bei ganz unterschiedlichen Autoren nachlesbar.

Synthesen zur Ethik

In einer „heilpädagogischen Ethik als Berufsethik der Heilpädagogen" wird eine „kleine heilpädagogische Tugendlehre" mit den Haltungen der Solidarität, des Wohlwollens, der Toleranz, der Sachlichkeit und der Gelassenheit dargestellt (GRÖSCHKE 1993, 136). Zugleich ist eine neue *Wertvergewisserung* betont, die die „merkwürdige Scheu vor wertgebundenen oder sonstwie normativ zu verstehenden Sollensaussagen in den heilpädagogischen Lehrtexten für Theorie und Praxis" beklagt (141).

Heilpädagogische Tugendlehre

In der „Berufsethik für Heilpädagogen" (HAEBERLIN 1995; 1996) kommt die Zuwendung zu einer „wertgeleiteten Wissenschaft" – so der Titel des Lehrbuchs von HAEBERLIN (1996) – noch stärker zum Tragen. Weil sowohl utilitaristische Ethik und Rationalismus als auch Verhandlungsethik keine brauchbaren Moralprinzipien für den pädagogischen Umgang mit „Benachteiligten und Ausgegrenzten" liefern, begründet HAEBERLIN heilpädagogisches Tun auf drei Grundwerten: „Wert der Unverletzlichkeit von jeglichem menschlichen Leben", „Wert der Gleichwertigkeit aller Menschen bei extremster individueller Verschiedenartigkeit" und „Wert der unverlierbaren Würde jedes Menschen" (1996, 33). Die konkrete Umsetzung soll durch „Tugenden in der wertgeleiteten Heilpädagogik" befördert werden: Ideologische Offenheit, Bekenntnis zu verantwortetem Speziesismus und Lebensrecht, Bildbarkeit und Bildungsrecht, Selbständigkeit und Lebensqualität, Pädagogische Effizienzkontrolle und Selbstkritik (1995, 143 ff.; 1996, 341 ff.).

Heilpädagogik als wertgeleitete Wissenschaft

Die Aufzählung dieser *heilpädagogischen Haltungen* mutet zunächst wie eine Zusammenfassung von Positionen an, die in diesem Buch an verschiedenen Stellen Resultat der moralischen Vergewisserung in der Behindertenpädagogik gewesen sind: Lebensrecht (2.3), Bildungsrecht (4.3), verantworteter Speziesismus (4.2), Effizienzkontrolle (2.4). Darin kommt nicht nur ein Konsens in der Diskussion um Grundlagen zum Ausdruck. Die Belege zeigen zudem, daß alles das, was unter dem Thema der behindertenpädagogischen Ethik versammelt ist, über Personen vermittelt wird – auch wenn nicht alles in gleicher Weise im Zentrum der beruflichen Tätigkeit steht.

> Die moralischen Erzieherinnen und Erzieher müssen das richtige Tun und die guten Haltungen umsetzen.

Das vollzieht sich auf zwei Ebenen. Im unmittelbaren Umgang wird Hilfe ohne große Worte praktiziert, weil man sie tun muß. Auf der theoretischen Ebene „ist das Legitimationsproblem sonderpädagogischen Handelns ein Problem des professionellen Wissens von Experten" (ANTOR 1985, 263). – Selbstredend kann ein theoretischer Text nicht tatsächliches Handeln bewirken. Aber er kann versuchen, etwas vom zuträglichen Expertenwissen für die Begründung tatkräftiger pädagogischer Hilfe zu verbreiten.

Quelle 41 –
Gewalt gegen Behinderte

Die moralische Haltung des Behindertenpädagogen hat unter dem Eindruck epochaler Entwicklungen in den letzten Jahrzehnten beträchtlich an Bedeutung gewonnen. Es besteht kein Zweifel in der Diagnose, daß verbreiteter Egoismus, zunehmende Gewaltbereitschaft, Aggression und Vandalismus sowie überfordernde Erziehungsprobleme uns mehr zu schaffen machen als früher – so wenig neu auch diese Erscheinungen insgesamt sein mögen. Was bisher an Gewalt gegen Behinderte bekannt geworden ist, steht zwar nicht für Mißachtung Behinderter im ganzen. HONNETH (1990) unterscheidet in seiner Moral der Achtung, angelehnt an Untersuchungen von Ernst BLOCH, drei Gruppen von Mißachtungserfahrungen: (1) körperliche Mißhandlung und Folter; (2) Ausschluß von grundlegenden gesellschaftlichen Teilhaberechten; (3) „Herabwürdigung" einzelner Lebensformen als „minderwertig" (Verstoß gegen das Diskriminierungsverbot). Gleichwohl bleiben Gewalthandlungen ein besonders grelles Symptom für besorgniserregende Geschehnisse vorenthaltener Achtung. Die Rolle der Moral gegenüber Formen der Mißachtung ist eine zweifache: Analyse und Gegenwehr.

Eine naheliegende Deutung der wachsenden Probleme unseres gesellschaftlichen Zusammenlebens geht von einem *Verlust tragender Werte* der Moral, der Rücksicht und Toleranz aus. So jedenfalls beschreibt SPECK aus pädagogischer Sicht die destruktive „Aggressivität als Verneinung von Moral" (1997b, 28–31). Es wäre demnach kurzschlüssig, dem Problem mit vorschneller Zuschreibung der ‚Diagnose: Verhaltensstörung' beikommen zu wollen. Die Ursachen liegen tiefer:

Meine These läuft darauf hinaus, daß wir es im Raum der Erziehung mit einer Kategorie von Störungen zu tun bekommen, denen auch mit einer fachqualitativen Verbesserung der Professionalität und der entsprechenden Dienste – nach bisher üblichem Muster – nicht beizukommen sein wird. Das Problem, das hier angesprochen wird, ist im besonderen von einer Dimension bestimmt, die an sich eine pädagogisch zentrale ist, die aber im Rahmen der mehr psychologisch und soziologisch orientierten Kausalerklärungen für Störungen und Abweichungen weithin ausgeklammert wurde: Es ist die normative oder moralische Dimension menschlichen Handelns, d.h. seine Orientierung an allgemeinverbindlichen Werten und Normen. Durch Destruktivität wird das moralische Verletzungsverbot überschritten, wird die Integrität und Würde des anderen mißachtet, werden moralische Grundlagen des Zusammenlebens angegriffen. Mit der Zunahme solchen Verhaltens stellt sich verstärkt die Frage nach der ethischen Begründung erzieherischen Handelns (SPECK 1997b, 41).

Wie lautet das Gegenmittel? Sicherlich hat SPECK hier besonders elementare Bedrohungen der physischen bzw. psychischen Integrität eines Menschen im Auge. Hier ist das Verletzungsverbot grundlegend und alternativlos. Daß man Menschen z.B. bei Angriffen auf Leib und Leben oder bei offensichtlicher Diskriminierung zur Seite stehen soll, ist von unzweideutiger moralischer Evidenz. Eine viel komplexere Situation liegt dort vor, wo der Handelnde im Widerstreit zwischen unterschiedlichen Werten erst zu entscheiden hat, was das jeweils Richtige ist. Gerade die pädagogischen Berufe kennzeichnet diese Konfliktlage. Dazu hat die Forschungsgruppe um OSER ein Verfahren entwickelt, wie man zu Entscheidungen zwischen den pädagogischen Tugenden der Fürsorglichkeit, der Gerechtigkeit und der Wahrhaftigkeit kommen kann – möglichst im Einvernehmen mit den Schülern (REICHENBACH 1994).

Moralische Erziehung

Ist das normative Problem aber – wie SPECK im Anschluß an LÉVINAS analysiert – der Verlust an gemeinschaftragfähiger Solidarität und liegt das in der fehlenden Achtung vor dem Anderen begründet, dann muß versucht werden, diese *Achtung des anderen Menschen* wiederzugewinnen. SPECK hat das überzeugend in zwei Büchern beschrieben: Wir müssen Erziehungsschwierigkeiten „unter moralischem Aspekt" neu bewerten (1997b), und wir müssen die „moralische Dimension der Erziehung" zurückgewinnen, als das „Erfordernis einer neuen moralischen Orientierung", als „ein nach-individualistisches" (1996, 15). Es überrascht nicht, daß der Begriff der *Menschenwürde*, der auch zum Angelpunkt ethischer Begründung der Behindertenpädagogik wird (s.o. 4.2), eine zentrale Bedeutung erlangt: im „Begriff der Achtung im Sinne von Anerkennung der Würde (dignitas) anderer Menschen. Heute beinhaltet der Begriff vor allem Rücksicht, Wertschätzung und Anerkennung" (1996, 79).

Für die „Ethik vom Anderen her" finden sich bei SPECK etliche anschauliche Beispiele, die in der sonderpädagogischen Praxis, zumal der Verhaltensgestörtenpädagogik, deshalb überzeugen, weil sie die Übereinstimmung von zugrundeliegender Haltung und tatsächlichem Handeln deutlich zu machen suchen. Es wäre wenig gewonnen, wenn sich die Moral des Erziehers nur in einer Feiertagsethik erschöpfte und nicht auch in den Widerständigkeiten des Alltags zur Geltung käme.

Ethik vom Anderen her

Was geht in einem gutachtenden Sonderschullehrer vor, wenn er ein Kind für die Schule für Lernbehinderte vorschlägt, obwohl er den diffamierenden Ruf der Schule kennt und obwohl die Eltern, möglicherweise und gar nicht so selten, dagegen sind? Kann er seine gutachtliche Empfehlung moralisch verantworten? Von RAWLS (1994, 255 ff.) stammt ein Gedankenexperiment, mit dem er sein Konzept einer „Gerechtigkeit als

Beispiel: Sonderschulüberweisung

Fairneß" erklärt. Es wird, hypothetisch, ein gesellschaftlicher Urzustand angenommen, in dem jeder die für ihn passende Gesellschaftsordnung wählen kann, die aber nur insofern als gerecht gilt, als keines ihrer Mitglieder in irgend einer Form benachteiligt werden darf. Im Beispielfall bedeutet das, der Lehrer müsse sich fragen, ob er selbst in die Sonderschule überwiesen werden will. Allerdings könnte es auch sein, daß er, wiederum in Anlehnung an RAWLS, den Nachteil einer Sonderbeschulung hinzunehmen gewillt ist, wenn diese „zum größten Vorteil der am wenigsten begünstigten Mitglieder der Gesellschaft" ist (261).

Hierin steckt wiederum die Goldene Regel (s.o. 4.1), zum anderen aber die Frage der Betroffenenlegitimation. Nur wenn der Sonderschullehrer selbst behindert ist, kann er – in Hineinversetzung in eine Innenperspektive – mitreden (ANTOR 1985, 244). Bei Lernbehinderten ist das naturgemäß nicht der Fall, bei Körperbehinderten und Blinden gelegentlich; bei Hörgeschädigten wird dies zur Identitätsbildung der Schüler neuerdings ausdrücklich gefordert. Die Ethik vom Anderen her ist der Versuch, von mir selbst abzusehen, um dem Anderen höchstmögliche Achtung zukommen zu lassen.

5 Dokumentation zur Bewertung behinderten Lebens

(1) Platon: Politeia (um 400 v.Chr.)

Bei den Hochzeiten nun und der Kindererzeugung scheint dies Richtige gar nicht in geringem Maß vorzukommen. – Wieso? – Nach dem Eingestandenen sollte jeder Trefflichste der Trefflichsten am meisten beiwohnen, die Schlechtesten aber den ebensolchen umgekehrt; und die Sprößlinge jener sollten aufgezogen werden, dieser aber nicht, wenn uns die Herde recht edel bleiben soll; und dies alles muß völlig unbekannt bleiben, außer den Oberen selbst, wenn die Gesamtheit der Hüter soviel möglich durch keine Zwietracht gestört werden soll. – Das ist ganz richtig, sagte er. – Also werden gewisse Feste gesetzlich eingeführt werden, an welchen wir die neuen Ehegenossen beiderlei Geschlechts zusammenführen werden, und Opfer und Gesänge sollen unsere Dichter dichten, wie sie sich für die zu feiernden Hochzeiten schicken. Die Menge aber der Hochzeiten wollen wir den Oberen freistellen, damit diese, indem sie Kriege und Krankheiten und alles dergleichen mit in Anschlag bringen, uns möglichst dieselbe Anzahl von Männern erhalten, und so der Staat nach Möglichkeit weder größer werde noch kleiner. – Richtig, sagte er. – Und dann, denke ich, müssen wir stattliche Lose machen, damit bei jeder Verbindung jener Schlechtere dem Glück die Schuld beimesse und nicht den Oberen. – Ei freilich, sagte er. – Und den Jünglingen, die sich wacker im Kriege oder sonstwo gezeigt haben, sind auch andere Gaben zwar und Preise zuzuteilen, aber auch eine reichlichere Erlaubnis zur Beiwohnung der Frauen, damit zugleich auch unter gerechtem Vorwand die meisten Kinder von solchen erzeugt werden. – Richtig. – Weiter nun, die jedesmal geborenen Kinder nehmen die dazu bestellten Obrigkeiten an sich, bestehen sie nun aus Männern oder Frauen oder beiden, denn die Ämter sind ja auch Frauen und Männern gemeinsam. – Ja. – Die der guten nun, denke ich, tragen sie in das Säugehaus zu Wärterinnen, die in einem besonderen Teil der Stadt wohnen, die der schlechteren aber, und wenn eines von den anderen verstümmelt geboren ist, werden sie, wie es sich ziemt, in einem unzugänglichen und unbekannten Ort verbergen.

Quelle: Platon 1961, 181.

* * *

(2) Aristoteles: Politik und Staat der Athener (um 360 v.Chr.)

Welche körperlichen Dispositionen für die Erzeuger am förderlichsten sind, darüber ist in den Untersuchungen über die Aufzucht der Kinder zu sprechen. Hier sei das nur im Umriß berührt. Die Konstitution der Athleten ist nützlich weder für die politische Tätigkeit, noch für die Gesundheit oder die Kinderzeugung, ebenso auch nicht die zarte und allzu schwächliche, sondern eben die mittlere. Man muß also trainiert sein, aber nicht mit allzu gewaltsamen Mitteln und nicht einseitig wie bei den Athleten, sondern in großzügiger Weise. Dasselbe gilt hier für Männer und Frauen.

Auch die Schwangeren müssen für ihren Körper sorgen und weder sich gehen lassen, noch bloß trockene Nahrung genießen. Das kann der Gesetzgeber leicht damit bewerkstelligen, daß er täglich einen Gang zur Verehrung derjenigen Götter vorschreibt, die als Schützer der Geburten gelten. Den Geist dagegen müssen sie im Gegensatz zum Körper mehr in Ruhe lassen. Denn das Kind scheint Dinge von der Mutter aufzunehmen, wie die Pflanzen von der Erde. Was Aussetzung oder Aufnahme der Kinder anlangt, so soll es Gesetz sein, daß nichts Verstümmeltes aufgezogen wird; wenn da-

gegen die Zahl der Kinder zu groß wird, so verbietet zwar die Ordnung der Sitten, irgendein Geborenes auszusetzen, aber dennoch soll die Zahl der Kinder eine Grenze haben, und wenn ein Kind durch die Vereinigung über diese Grenze hinaus entsteht, so soll man es entfernen, bevor es Wahrnehmung und Leben erhalten hat. Denn was erlaubt ist oder nicht, soll sich nach dem Vorhandensein von Leben und Wahrnehmung richten.

Quelle: Aristoteles 1955, 302–303.

* * *

(3) Plutarch: Lykurgos (um 110 n.Chr.)

Es hing nicht bloß von dem Vater ab, ob er das neugeborene Kind aufziehen wollte, sondern er mußte es an einen gewissen Ort, Lesche genannt, tragen, wo die Ältesten jeder Zunft versammelt waren. Diese besichtigten es genau, und wenn es stark und wohlgebaut war, hießen sie ihn es aufziehen und wiesen ihm eins von den neuntausend Losen an; war es hingegen schwach und mißgestaltet, so ließen sie es gleich in die sogenannten Apothetä, ein tiefes Loch am Berge Taygetus, werfen, weil man glaubte, daß ein Mensch, der schon von Mutterleibe an einen schwachen und gebrechlichen Körper hätte, sowohl sich selbst als dem Staate zur Last fallen müsse. Daher wurden auch die Kinder nach der Geburt von den Weibern nicht in Wasser, sondern in Wein gebadet, um dadurch den Zustand ihrer Gesundheit zu prüfen. Denn man sagt, daß epileptische oder sonst kränkliche Kinder vom Weine ohnmächtig werden und abzehren, die gesunden aber noch mehr Kraft und Stärke bekommen.

Die Art, wie die Kinder gepflegt wurden, verriet ebenfalls viel Kunst und Sorgfalt. Die Ammen zogen sie ohne Windeln auf und gaben so dem ganzen Gliederbau etwas Freies und Ungezwungenes; sie gewöhnten die Kinder, mit jeder Speise vorlieb zu nehmen und nicht wählerisch zu sein, sie sahen darauf, daß sie im Finstern und in der Einsamkeit ohne Furcht blieben und verwahrten sie vor dem unartigen Eigenwillen und dem damit verbundenen Weinen.

Quelle: Plutarch o.J., 137f.

* * *

(4) Seneca: Über den Zorn (um 60 n.Chr.)

...Mißgeburten löschen wir aus, Kinder auch, wenn sie schwächlich und mißgestaltet geboren worden sind, ertränken wir...

Quelle: Seneca 1969, 129.

* * *

(5) Seneca: Briefe über Ethik (um 60 n.Chr.)

...nicht werde ich auf das Alter verzichten, wenn es mich ganz für mich bewahrt, ganz jedoch auf jener besseren Seite; aber wenn es beginnt, zu zerstören meinen Geist, Teile von ihm zu vernichten, wenn es mir nicht das Leben läßt, sondern nur den Atem, werde ich aus dem Gebäude springen, da es morsch und brüchig. Vor einer Krankheit werde ich nicht mit Hilfe des Todes fliehen, solange sie heilbar und nicht beeinträchtigt die Seele. Nicht werde ich Hand an mich legen wegen Schmerzes: so zu sterben heißt unterliegen. Wenn ich allerdings weiß, ständig muß ich ihn erleiden, werde ich gehen, nicht seiner selbst wegen, sondern weil er mir hinderlich sein wird bei allem, dessentwegen ich lebe. Schwach ist und feige, wer wegen Schmerzes stirbt, töricht, wer um des Schmerzes willen lebt.

Quelle: Seneca 1974, 491–493.

* * *

(6) Epiktet: Unterredungen und Handbüchlein der Moral (um 120 n.Chr.)

Die Krankheit ist ein Hindernis für den Körper; für den Willen aber nicht, wenn er nicht selber sich's gefallen läßt. Lähmung ist ein Hindernis für den Schenkel, für den Willen aber nicht. Dies sage dir vor bei allem, was dich trifft! Dann wirst du finden, daß es für irgend etwas ein Hindernis bildet, für dich aber nicht.

Quelle: Epiktet 1914, 286.

* * *

(7) Thomas von Aquin: Summa Theologica (1265)

Die Erkenntnisgaben unterscheiden sich gemäß den höheren oder niederen Gründen; so betrachtet die Weisheit im Bereich des auf die Schau gerichteten Denkens höhere Gründe als die Wissenschaft und unterscheidet sich deshalb von ihr. Und so muß es auch im Bereich des Wirkens sein. Offenbar wird das, was außerhalb der Ordnung eines niederen Grundes oder einer niederen Ursache liegt, bisweilen auf die Ordnung eines höheren Grundes zurückgeführt; so liegen die Mißgeburten bei den Lebewesen außerhalb der Ordnung der Wirkkraft im Samen, fallen jedoch unter die Ordnung eines höheren Grundes, nämlich eines Himmelskörpers oder darüber hinaus der Vorsehung Gottes. Darum könnte derjenige, der die Wirkkraft im Samen betrachtete, kein sicheres Urteil über solche Mißgeburten abgeben, man kann darüber jedoch urteilen, wenn man die Vorsehung Gottes betrachtet. Es

trifft nun bisweilen zu, daß etwas außerhalb der allgemeinen Regeln des Handelns zu tun ist; z.B. wenn einem Feind des Vaterlandes ein hinterlegtes Gut nicht wiederzuerstatten ist oder anderes dergleichen. Und darum muß man in solchen Fällen nach höheren Gründen urteilen, als es die gewöhnlichen Regeln sind, nach denen die Verständigkeit urteilt. Und entsprechend jenen höheren Gründen wird eine höhere Urteilskraft gefordert, die Klarsicht genannt wird und einen gewissen Scharfblick des Urteils bedeutet.

Quelle: Thomas von Aquin 1966, 291.

* * *

(8) Paulinische Leidensverklärung

Das reale, quälende, physische Leid wird mittels theologischer Argumentation sozusagen „hinweggedeutet", nicht ernstgenommen, vermutlich auch nicht mehr wirklich wahrgenommen; diese Mühe kann man sich sparen angesichts der Tatsache, daß das konkrete Leid ja eigentlich kein Leid mehr ist, sondern Vehikel der Gnade.

Dem Behinderten wird jede legitime Möglichkeit der Klage, des Protestes gegen sein Leiden genommen. Wer in besonderer Weise durch sein Leiden ausgezeichnet wurde von Gott, Gefäß der Gnade zu sein, der darf sich gegen diese göttliche Auszeichnung nicht auflehnen, eher sollte er Dank zeigen. Der Behinderte wird so zu geduldigem Ertragen jedweder Leiden verurteilt.

Da die Behinderung, Schwachheit, ja Leiden überhaupt den Träger in dieser verklärenden Weise auszeichnet, besteht für den Nichtleidenden eigentlich kein Anlaß mehr, den Status des Leidenden nachhaltig zu verändern oder aber, wenn möglich, sein Leiden ganz zu überwinden. Der Nichtleidende kann sich mit dem beruhigenden Gefühl, daß Gott durch die gnadenhafte Vollendung seiner Kraft in der Schwäche des behinderten Mitmenschen dessen Defizite auffange und kompensiere, von jedem ernsthaften Engagement zurückziehen.

Folgen dieser paulinischen „Leidensverklärung" auf Seiten des Nichtbehinderten sind Apathie, Gleichgültigkeit und ein subtiler Sadismus gegenüber Behinderten. Auf Seiten des Behinderten wurde die Gefahr eines lähmenden Masochismus aufgezeigt, wenn der Kranke selbst diese Deutung seines Leidens vollzieht.

Quelle: Szagun 1983, 91–92.

* * *

(9) Martin Luther: Tischreden (um 1519)

Vor acht Jahren war zu Dessau eines, das ich Doctor Martinus Luther gesehen und angegriffen hab, welches zwölf Jahr alt war, seine Augen und alle Sinne hatte, daß man meinete, es wäre ein recht Kind. Dasselbige thät nichts, denn daß es nur fraß und zwar so viel als irgends vier Bauern oder Drescher. Es fraß, schiß und seichte, und wenn mans angriff, so schrie es. Wenns ubel im Hause zuging, daß Schaden geschah, so lachete es und war fröhlich; gings aber wol zu, so weinete es. Diese zwo Tugend hatte es an sich. Da sagte ich zu den Fürsten zu Anhalt: Wenn ich da Fürst oder Herr wäre, so wollte ich mit diesem Kinde in das Wasser, in die Wolda, so bei Dessau fleußt, und wollte das homicidium dran wagen! Aber der Kurfürst zu Sachsen, so mit zu Dessau war, und die Fürsten zu Anhalt wollten mir nicht folgen. Da sprach ich: So sollten sie in der Kirchen die Christen ein Vater Unser beten lassen, daß der liebe Gott den Teufel wegnehme. Das thäte man täglich zu Dessau; da starb dasselbige Wechselkind im andern Jahre darnach. Also muß es da auch sein. Es hat einer sonst von den succubis und incubis fein geschrieben, denn es ist nicht seltsam. Und sind die Succubi Weiber, welche mit dem Teufel zu thun haben und denselbigen alten Huren und Wettermacherinnen die Lust büßet, wie die Melusina zu Lucelburg auch ein solcher Succubus und Teufel gewesen ist.

Anno 1541 hat D. Luther dieser Historie auch uber Tische gedacht, und daß er den Fürsten von Anhalt gerathen hätte, man sollte den Wechselbalg oder den Kielkropf (welches man darum so heißet, daß es stets kielt im Kropf) ersäufen. Da ward er gefragt: „Warum er solchs gerathen hätte?" Antwortete er darauf: „Daß ers gänzlich dafur hielte, daß solche Wechselkinder nur ein Stück Fleisch, eine massa carnis, sein, da keine Seele innen ist; denn solches könne der Teufel wol machen, wie sonst die Menschen, so Vernunft, ja Leib und Seele haben, verderbt, wenn er sie leiblich besitzet, daß sie weder hören, sehen, noch etwas fühlen, er macht sie stumm, taub, blind. Da ist denn der Teufel in solchen Wechselbälgen als ihre Seele. Es ist eine große Gewalt des Teufels, daß er unsere Herzen also gefangen hält." Und sprach: „Origines hat die Gewalt des Teufels nicht gnugsam verstanden, da er in den Gedanken gewesen ist, daß am jüngsten Tage die Teufel von der ewigen Verdammniß sollten erlöset werden. „Ach", saget er, „es ist eine große Sünde des Teufels, daß er sich wissentlich wider Gott, seinen Schöpfer, setzet!"

Quelle: Martin Luther, Tischreden, 1540–1544. Wiedergabe nach: Mürner 1996, 128.

* * *

(10) Thomas Morus: Utopia (1515)

Einen Häßlichen oder Krüppel zu verspotten, gilt nicht für den Verspotteten, sondern für den Verspotter als schimpflich, der da dasjenige, was jemand nicht in seiner Macht hat, zu vermeiden, diesem törichterweise als einen Mangel vorwirft...

Die Kranken pflegen sie (die Utopier), wie ich schon gesagt habe, mit großer Hingebung, und sie unterlassen nichts, wodurch sie ihnen wieder zur Gesundheit verhelfen können, sei's durch Arzneigebrauch, sei's durch Befolgung einer zweckmäßigen Diät. Die an unheilbaren Krankheiten Daniederliegenden werden auf alle Weise getröstet: man wartet sie fleißig, spricht viel mit ihnen und läßt ihnen alle möglichen Linderungsmittel angedeihen.

Wenn aber die Krankheit nicht nur unheilbar ist, sondern auch Schmerzen und Pein ohne Ende verursacht, dann ergeht von den Priestern und den obrigkeitlichen Personen die Mahnung an den Betreffenden: da er allen Obliegenheiten des Lebens nicht mehr gewachsen sei, da er den andern nur zur Last falle, ja selbst unerträglich sei und seinen eigenen Tod überlebe, so möge er sich entschließen, der verpestenden Krankheit und Seuche nicht länger ein nährender Herd zu sein, und, da ihm das Leben doch nur eine einzige Qual sei, nicht zaudern, getrost zu sterben, sondern vielmehr, froher Hoffnung voll, sich entweder selbst einem so bitterschmerzlichen Leben wie einem Kerker oder einer Folter entziehen, oder willig gestatten, daß ihn andere davon befreien. Daran werde er weise handeln, da er ja durch seinen Tod um keine Wonnen des Lebens komme, sondern nur seinem Jammer entgehe; und wenn er so den Rat der Priester und der Ausleger des Willens Gottes befolge, so begehe er ein frommes, Gott wohlgefälliges Werk.

Diejenigen, die sich solchergestalt haben überreden lassen, enden ihr Leben entweder freiwillig durch Nahrungsenthaltung oder erhalten ein Schlafmittel und finden im bewußtlosen Zustande ihre Erlösung.

Gegen seinen Willen wird keinem das Leben entzogen, aber man erweist ihm darum um nichts weniger Liebesdienste; nur wird es denen, die in der so erlangten Überzeugung sterben, als besonders ehrenvoll angerechnet.

Quelle: Thomas Morus 1992, 160, 154–155.

* * *

(11) Jean-Jacques Rousseau: Emile oder Über die Erziehung (1762)

Obwohl das Leben bis zum Jünglingsalter eine Zeit der Schwäche ist, gibt es in diesen Jahren dennoch einen Punkt, in dem der Heranwachsende trotz absoluter Schwäche relativ stark ist, weil die Kräfte die Bedürfnisse überholt haben. Diese Bedürfnisse sind noch nicht alle entwickelt, die gegenwärtigen Kräfte aber mehr als ausreichend, um sie zu befriedigen. Als Erwachsene wären sie sehr schwach, als Kinder sind sie sehr stark.

Emil hat das Zeug, ein guter Jäger zu werden. Er ist kräftig, gewandt, geduldig, unermüdlich. Unweigerlich findet er bald an dieser Betätigung sein Gefallen; er setzt seinen Feuereifer daran; er verliert dabei, wenigstens für eine Zeit, die gefährlichen Neigungen, die der Verweichlichung entspringen. Die Jagd härtet das Herz ebenso ab wie den Körper, Blut und Grausamkeit wird zur Gewohnheit.

Quelle: Jean-Jacques Rousseau 1971, 156, 343.

* * *

(12) Jean-Jacques Rousseau: Emile oder Über die Erziehung (1762)

Dieser vorher abgeschlossene Vertrag setzt eine glückliche Entbindung, ein wohlgebildetes, starkes und gesundes Kind voraus. Ein Vater hat keine Wahl und darf kein Kind bevorzugen; sie sind alle auf gleiche Weise seine Kinder, er schuldet ihnen allen die gleiche Fürsorge und die gleiche Zuneigung. Ob Krüppel oder nicht, kränklich oder stark, jedes ist sein Gut, über das er dem Rechenschaft ablegen muß, der es ihm schenkte. Die Ehe ist ein Vertrag, der mit der Natur ebenso wie zwischen den Eheleuten abgeschlossen wird.

Wer eine Pflicht übernimmt, die ihm die Natur nicht aufzwingt, muß sich zuvor der Mittel versichern, sie zu erfüllen. Andernfalls ist er sogar dafür verantwortlich, was er nicht leisten konnte. Wer sich mit einem kränklichen und schwächlichen Zögling belastet, macht sich zum Krankenpfleger statt zum Erzieher. Mit der Sorge für ein unnützes Leben verliert er die Zeit, die der Wertsteigerung dieses Lebens gewidmet war. Er setzt sich der Gefahr aus, daß ihm eine weinende Mutter den Tod eines Sohnes vorwirft, den er ihr so lange vorenthalten hat.

Ich würde mich nicht mit einem kränklichen und siechen Kind belasten, und wenn es achtzig Jahre alt würde. Ich mag keinen Zögling, der sich selbst und anderen unnütz ist, der allein damit beschäftigt ist, sich am Leben zu erhalten, und dessen Leib der Erziehung der Seele schadet. Verschwende ich meine Fürsorge an ihn, so verdopple ich den Verlust, indem ich der Gesellschaft zwei statt nur einen Menschen entziehe. Mag ein

anderer sich dieses Krüppels annehmen. Ich bin einverstanden und lobe seine Nächstenliebe; hier aber liegt nicht meine Stärke. Ich kann nicht jemanden leben lehren, der nur daran denkt, wie er dem Tode entgeht.

Quelle: Jean-Jacques Rousseau 1971, 28.

* * *

(13) Johann Amos Comenius: Didactica Magna (1627)

Zunächst sind alle als Menschen Geborene zu dem Hauptzwecke geboren, Mensch zu sein, d.h. vernünftiges Geschöpf, Herr der (anderen) Geschöpfe und genaues Abbild seines Schöpfers. Darum sind alle so zu fördern und in Wissenschaft, Sittlichkeit und Religion recht einzuführen, daß sie das gegenwärtige Leben nützlich zubringen und sich auf das künftige angemessen vorbereiten können. Daß bei Gott kein Ansehen der Person gilt, hat er selbst oft kundgetan. Wenn wir also zu solcher Wartung des Geistes nur einige zulassen, andere aber ausschließen, sind wir ungerecht nicht nur gegen die, welche an der gleichen Natur wie wir teilhaben, sondern gegen Gott selbst, der von allen, denen er sein Bild aufgeprägt hat, erkannt, geliebt und gepriesen sein will...

Dem widerspricht nicht, daß manche Menschen von Natur aus träge und dumm erscheinen. Gerade das empfiehlt und fordert eine solche Wartung der Geister nur noch mehr. Denn je träger und schwächlicher einer von Natur aus ist, um so mehr bedarf er der Hilfe, um von seiner schwerfälligen Stumpfheit und Dummheit so weit wie möglich befreit zu werden. Und man findet keine so unglückliche Geistesanlage, daß sie durch Pflege nicht verbessert werden könnte.

Quelle: Johann Amos Comenius 1954, 56.

* * *

(14) Paul Schumann: Bericht aus der Taubstummenanstalt von Schleswig von 1816 (1940)

Dieser kam, kein Mensch, sondern ein Vieh an Sitten und Klotz in äußerer Gesstalt, er war als Kind verwaist und auf mindestkostende Pflege verauktioniert worden. Jetzt ist er gebildet, schreibt eine schöne Handschrift, liest jedes leichte deutsche Buch, kennt die Religion und seine menschlichen und bürgerlichen Pflichten und ist vorzüglich gut an Sitten und Charakter.

Quelle: Schumann 1940, 28.

* * *

(15) Arthur Schopenhauer: Über das Fundament der Moral (1840)

Da nun hier der Begriff der Verpflichtung zur Sprache gekommen, ist es der Ort, den in der Ethik, wie im Leben, so häufig angewandten Begriff der Pflicht, dem jedoch eine zu große Ausdehnung gegeben wird, festzustellen. Wir haben gefunden, daß das Unrecht allemal in der Verletzung eines Andern besteht, sei es an seiner Person, seiner Freiheit, seinem Eigenthum, oder seiner Ehre. Hieraus scheint zu folgen, daß jedes Unrecht ein positiver Angriff, eine That seyn müsse. Allein es giebt Handlungen, deren bloße Unterlassung ein Unrecht ist: solche Handlungen heißen Pflichten. Dieses ist die wahre philosophische Definition des Begriffs der Pflicht, welcher hingegen alle Eigenthümlichkeit einbüßt und dadurch verloren geht, wenn man, wie in der bisherigen Moral, jede lobenswerthe Handlungsweise Pflicht nennen will, wobei man vergißt, daß was Pflicht ist auch Schuldigkeit seyn muß. Pflicht ... ist also eine Handlung, durch deren bloße Unterlassung man einen Andern verletzt, d.h. Unrecht begeht. Offenbar kann dies nur dadurch der Fall seyn, daß der Unterlasser sich zu einer solchen Handlung anheischig gemacht, d.h. eben verpflichtet hat. Demnach beruhen alle Pflichten auf eingegangener Verpflichtung. Diese ist in der Regel eine ausdrückliche, gegenseitige Uebereinkunft, wie z.B. zwischen Fürst und Volk, Regierung und Beamten, Herrn und Diener, Advokat und Klienten, Arzt und Kranken, überhaupt zwischen einem Jeden, der eine Leistung irgend einer Art übernommen hat, und seinem Besteller, im weitesten Sinne des Worts. Darum giebt jede Pflicht ein Recht: weil Keiner sich ohne ein Motiv, d.h. hier, ohne irgend einen Vortheil für sich, verpflichten kann. Nur eine Verpflichtung ist mir bekannt, die nicht mittelst einer Uebereinkunft, sondern unmittelbar durch eine bloße Handlung übernommen wird; weil Der, gegen den man sie hat, noch nicht dawar, als man sie übernahm: es ist die der Eltern gegen ihre Kinder. Wer ein Kind in die Welt setzt, hat die Pflicht es zu erhalten, bis es sich selbst zu erhalten fähig ist: und sollte diese Zeit, wie bei einem Blinden, Krüppel, Kretinen u. dgl. nie eintreten, so hört auch die Pflicht nie auf. Denn durch das bloße Nichtleisten der Hülfe, also eine Unterlassung, würde er sein Kind verletzen, ja, dem Untergange zuführen. Die moralische Pflicht der Kinder gegen die Eltern ist nicht so unmittelbar und entschieden. Sie beruht darauf, daß, weil jede Pflicht ein Recht giebt, auch die Eltern eines gegen die Kinder haben müssen, welches bei diesen die Pflicht des Gehorsams begründet, die aber nachmals, mit dem Recht, aus welchem sie entstanden ist, auch aufhört. An ihre Stelle wird alsdann Dankbarkeit treten für Das, was die Eltern mehr gethan, als strenge ihre Pflicht war. Jedoch, ein so häßliches, oft selbst empörendes Laster auch der Undank ist; so ist Dankbarkeit doch nicht Pflicht zu nennen: weil ihr Ausbleiben keine Verletzung des Andern, also kein Unrecht ist.

Außerdem müßte der Wohltäter vermeint haben, stillschweigend einen Handel abzuschließen. – Allenfalls könnte man als unmittelbar durch eine Handlung entstehende Verpflichtung den Ersatz für angerichteten Schaden geltend machen. Jedoch ist dieser, als Aufhebung der Folgen einer ungerechten Handlung, eine bloße Bemühung sie auszulöschen, etwas rein Negatives, das darauf beruht, daß die Handlung selbst hätte unterbleiben sollen.

Quelle: Arthur Schopenhauer 1860, 291–292.

* * *

(16) Charles Darwin: Die Entstehung der Arten (1859)

Bei Wilden werden die an Geist und Körper Schwachen bald beseitigt und die, welche leben bleiben, zeigen gewöhnlich einen Zustand kräftiger Gesundheit. Auf der anderen Seite tun wir zivilisierten Menschen alles nur Mögliche, um den Prozeß dieser Beseitigung aufzuhalten. Wir bauen Zufluchtstätten für die Schwachsinnigen, für die Krüppel und die Kranken, wir erlassen Armengesetze, und unsere Ärzte strengen die größte Geschicklichkeit an, das Leben eines jeden bis zum letzten Moment noch zu erhalten. Es ist Grund vorhanden, anzunehmen, daß die Impfung Tausende erhalten hat, welche infolge ihrer schwachen Konstitution früher den Pocken erlegen wären. Hierdurch geschieht es, daß die schwächeren Glieder der zivilisierten Gesellschaft auch ihre Art fortpflanzen. Niemand, welcher der Zucht domestizierter Tiere seine Aufmerksamkeit geschenkt hat, wird daran zweifeln, daß dies für die Rasse des Menschen im höchsten Grade schädlich sein muß. Es ist überraschend, wie bald ein Mangel an Sorgfalt oder eine unrecht geleitete Sorgfalt zur Degeneration einer domestizierten Rasse führt; aber mit Ausnahme des den Menschen betreffenden Falls ist kein Züchter so unwissend, daß er seine schlechtesten Tiere zur Nachzucht zuläßt.

Quelle: Charles Darwin 1963, 146.

* * *

(17) Charles Darwin: Die Abstammung des Menschen (1871)

Ich habe jetzt nur die Entwicklung des Menschen aus dem Zustand des Halbmenschen bis zu dem des heute lebenden Wilden geschildert. Es dürfte jedoch der Mühe wert sein, einige Bemerkungen über den Einfluß der natürlichen Zuchtwahl auf die zivilisierten Völker hinzuzufügen. Dieser Gegenstand ist recht gut von W. Greg und früher schon von Wallace und Galton behandelt worden. Die meisten meiner Bemerkungen sind diesen drei Schriftstellern entnommen. Unter den Willen werden die an Körper und Geist Schwachen bald eliminiert; die Überlebenden sind gewöhnlich von kräftigster Gesundheit. Wir zivilisierten Menschen dagegen tun alles mögliche, um den Prozeß dieser Ausscheidung zu verhindern. Wir erbauen Heime für Idioten, Krüppel und Kranke. Wir erlassen Armengesetze, und unsere Ärzte bieten alle Geschicklichkeit auf, um das Leben der Kranken so lange als möglich zu erhalten. Wir können wohl annehmen, daß durch die Impfung Tausende geschützt werden, die wegen ihrer schwachen Widerstandskraft den Blattern zum Opfer fallen würden. Hierdurch können auch die schwachen Individuen der zivilisierten Völker ihre Art fortpflanzen. Niemand, der etwas von der Zucht von Haustieren weiß, wird daran zweifeln, daß dies äußerst nachteilig für die Rasse ist. Es ist auffallend, wie bald ein Mangel an Sorgfalt, oder auch übel angebrachte Sorgfalt, zur Degeneration einer domestizierten Rasse führt; ausgenommen im Falle des Menschen selbst wird auch niemand so töricht sein, seinen schlechtesten Tieren die Fortpflanzung zu gestatten.

Die Hilfe, die wir dem Hilflosen schuldig zu sein glauben, entspringt hauptsächlich dem Instinkt der Sympathie, die ursprünglich als Nebenform des sozialen Instinkts auftrat, aber in der schon früher angedeuteten Weise allmählich feiner und weitherziger wurde. Jetzt können wir diese Sympathie nicht mehr unterdrücken, selbst wenn unsere Überlegung es verlangte, ohne daß dadurch unsere edelste Natur an Wert verlöre. Der Chirurg mag sich selbst hart machen, wenn er eine Operation ausführt; denn er weiß, daß sie zum Besten des Kranken dient. Wenn wir aber absichtlich die Schwachen und Hilflosen vernachlässigen wollten, so wäre das nur zu rechtfertigen, wenn das Gegenteil ein größeres Übel, die Unterlassung aber eine Wohltat herbeiführen würde. Wir müssen uns daher mit den ohne Zweifel nachteiligen Folgen der Erhaltung und Vermehrung der Schwachen abfinden. Doch scheint wenigstens ein ständiges Hindernis dieses Vorgangs zu existieren, nämlich die bei den schwachen und inferioren Mitgliedern geringere Neigung zum Heiraten als bei den Gesunden. Dies Hindernis könnte noch viel wirksamer werden, wenn die körperlich und geistig Schwachen sich der Ehe enthielten. Allerdings kann dies mehr erhofft als erwartet werden.

Quelle: Charles Darwin o.J., 94.

* * *

(18) Friedrich Nietzsche: Zur Genealogie der Moral (1887)

Je normaler die Krankhaftigkeit am Menschen ist – und wir können diese Normalität nicht in Abrede stellen – , um so höher sollte man die seltnen Fälle der

seelisch-leiblichen Mächtigkeit, die Glücksfälle des Menschen in Ehren halten, um so strenger die Wohlgeratenen vor der schlechtesten Luft, der Kranken-Luft behüten. Tut man das? ... Die Kranken sind die größte Gefahr für die Gesunden; nicht von den Stärksten kommt das Unheil für die Starken, sondern von den Schwächsten. Weiß man das? ... Ins große gerechnet, ist es durchaus nicht die Furcht vor dem Menschen, deren Verminderung man wünschen dürfte: denn diese Furcht zwingt die Starken dazu, stark, unter Umständen furchtbar zu sein – sie hält den wohlgeratenen Typus Mensch aufrecht. Was zu fürchten ist, was verhängnisvoll wirkt wie kein andres Verhängnis, das wäre nicht die große Furcht, sondern der große Ekel vor dem Menschen; insgleichen das große Mitleid mit dem Menschen. Gesetzt, daß diese beiden eines Tages sich begatteten, so würde unvermeidlich sofort etwas vom Unheimlichsten zur Welt kommen, der „letzte Wille" des Menschen, sein Wille zum Nichts, der Nihilismus. Und in der Tat: hierzu ist viel vorbereitet. Wer nicht nur seine Nase zum Riechen hat, sondern auch seine Augen und Ohren, der spürt fast überall, wohin er heute auch nur tritt, etwas Irrenhaus-, wie Krankenhaus-Luft. – Ich rede, wie billig, von den Kulturgebieten des Menschen, von jeder Art „Europa", das es nachgerade auf Erden gibt. Die Krankhaften sind des Menschen große Gefahr: nicht die Bösen, nicht die „Raubtiere". Die von vornherein Verunglückten, Niedergeworfenen, Zerbrochnen – sie sind es, die Schwächsten sind es, welche am meisten das Leben unter Menschen unterminieren, welche unser Vertrauen zum Leben, zum Menschen, zu uns am gefährlichsten vergiften und in Frage stellen. Wo entginge man ihm, jenem verhängten Blick, von dem man eine tiefe Traurigkeit mit forttrüge, jenem zurückgewendeten Blick des Mißborenen von Anbeginn, der es verrät, wie ein solcher Mensch zu sich selber spricht – jenem Blick, der ein Seufzer ist! „Möchte ich irgend jemand anderes sein!" so seufzt dieser Blick: aber da ist keine Hoffnung. „Ich, der ich bin: wie käme ich von mir selber los? Und doch – habe ich mich satt!" ... Auf solchem Boden der Selbstverachtung, einem eigentlichen Sumpfboden, wächst jedes Unkraut, jedes Giftgewächs, und alles so klein, so versteckt, so unehrlich, so süßlich. Hier wimmeln die Würmer der Rach- und Nachgefühle: hier stinkt die Luft nach Heimlichkeiten und Uneingeständlichkeiten; hier spinnt sich beständig das Netz der bösartigsten Verschwörung – der Verschwörung der Leidenden gegen die Wohlgeratenen und Siegreichen, hier wird der Aspekt des Siegreichen gehaßt. Und welche Verlogenheit, um diesen Haß nicht als Haß einzugestehn! Welcher Aufwand an großen Worten und Attitüden, welche Kunst der „rechtschaffnen" Verleumdung! Diese Mißratnen: welche edle Beredsamkeit entströmt ihren Lippen! Wie viel zuckrige, schleimige, demütige Ergebung schwimmt in ihren Augen! Was wollen sie eigentlich? Die Gerechtigkeit, die Liebe, die Weisheit, die Überlegenheit wenigstens darstellen – das ist der Ehrgeiz dieser „Untersten", dieser Kranken! Und wie geschickt macht ein solcher Ehrgeiz! Man bewundere namentlich die Falschmünzer-Geschicklichkeit, mit der hier das Gepräge der Tugend, selbst der Klingklang, der Goldklang der Tugend nachgemacht wird. Sie haben die Tugend jetzt ganz und gar für sich in Pacht genommen, diese Schwachen und Heillos-Krankhaften, daran ist kein Zweifel: „wir allein sind die Guten, die Gerechten, so sprechen sie, wir allein sind die homines bonae voluntatis." Sie wandeln unter uns herum als leibhafte Vorwürfe, als Warnungen an uns – wie als ob Gesundheit, Wohlgeratenheit, Stärke, Stolz, Machtgefühl an sich schon lasterhafte Dinge seien, für die man einst büßen, bitter büßen müsse: o wie sie im Grunde dazu selbst bereit sind, büßen zu machen, wie sie darnach dürsten, Henker zu sein. Unter ihnen gibt es in Fülle die zu Richtern verkleideten Rachsüchtigen, welche beständig das Wort „Gerechtigkeit" wie einen giftigen Speichel im Munde tragen, immer gespitzten Mundes, immer bereit, alles anzuspeien, was nicht unzufrieden blickt und guten Muts seine Straße zieht. Unter ihnen fehlt auch jene ekelhafteste Spezies der Eitlen nicht, die verlognen Mißgeburten, die darauf aus sind, „schöne Seelen" darzustellen, und etwa ihre verhunzte Sinnlichkeit, in Verse und andere Windeln gewickelt, als „Reinheit des Herzens" auf den Markt bringen: die Spezies der moralischen Onanisten und „Selbstbefriediger". Der Wille der Kranken, irgend eine Form der Überlegenheit darzustellen, ihr Instinkt für Schleichwege, die zu einer Tyrannei über die Gesunden führen – wo fände er sich nicht, dieser Wille gerade der Schwächsten zur Macht! Das kranke Weib insonderheit: niemand übertrifft es in Raffinements, zu herrschen, zu drücken, zu tyrannisieren. Das kranke Weib schont dazu nichts Lebendiges, nichts Totes, es gräbt die begrabensten Dinge wieder auf (die Bogos sagen: „das Weib ist eine Hyäne"). Man blicke in die Hintergründe jeder Familie, jeder Körperschaft, jedes Gemeinwesens: überall der Kampf der Kranken gegen die Gesunden – ein stiller Kampf zumeist mit kleinen Giftpulvern, mit Nadelstichen, mit tückischem Dulder-Mienenspiele, mitunter aber auch mit jenem Kranken-Pharisäismus der lauten Gebärde, der am liebsten „die edle Entrüstung" spielt.

...es könnte gar kein größeres und verhängnisvolleres Mißverständnis geben, als wenn ... die Glücklichen, die Wohlgeratenen, die Mächtigen an Leib und Seele anfingen, an ihrem Recht auf Glück zu zweifeln. Fort mit dieser „verkehrten Welt"! Fort mit dieser schändlichen Verweichlichung des Gefühls! Daß die Kranken nicht die Gesunden krank machen – und dies wäre eine solche Verweichlichung –, das sollte doch der oberste Gesichtspunkt auf Erden sein – dazu aber gehört vor allen Dingen, daß die Gesunden von den Kranken abgetrennt bleiben, behütet selbst vor dem Anblick der Kranken, daß sie sich nicht mit den Kranken verwechseln. Oder wäre es etwa ihre Aufgabe, Krankenwärter oder Ärzte zu sein? ... Aber sie könnten ihre Aufgabe gar nicht schlimmer verkennen und verleugnen – das

Höhere soll sich nicht zum Werkzeug des Niedrigeren herabwürdigen, das Pathos der Distanz soll in alle Ewigkeit auch die Aufgaben auseinanderhalten! Ihr Recht, dazusein, das Vorrecht der Glocke mit vollem Klange vor der mißtönigen, zersprungenen, ist ja ein tausendfach größeres: sie allein sind die Bürgen der Zukunft, sie allein sind verpflichtet für die Menschen-Zukunft. Was sie können, was sie sollen, das dürften niemals Kranke können und sollen: aber damit sie können, was nur sie sollen, wie stünde es ihnen noch frei, den Arzt, den Trostbringer, den „Heiland" der Kranken zu machen? ... Und darum gute Luft! gute Luft! und weg jedenfalls aus der Nähe von allen Irren- und Krankenhäusern der Kultur! Und darum gute Gesellschaft, unsre Gesellschaft! Oder Einsamkeit, wenn es sein muß! Aber weg jedenfalls von den üblen Dünsten der inwendigen Verderbnis und des heimlichen Kranken-Wurmfraßes! ... Damit wir uns selbst nämlich, meine Freunde, wenigstens eine Weile noch gegen die zwei schlimmsten Seuchen verteidigen, die gerade für uns aufgespart sein mögen – gegen den großen Ekel am Menschen! gegen das große Mitleid mit dem Menschen!...

Quelle: Friedrich Nietzsche 1991, 116–120.

* * *

(19) Binding/Hoche: Die Freigabe der Vernichtung lebensunwerten Lebens (²1922)

...Der in der neueren Literatur aufgetauchte unschöne Name der „Sterbehilfe" ist zweideutig. Völlig außer Betracht muß hier das schmerzstillende Mittel bleiben, das die wirkende Todesursache der Krankheit in ihrer Wirkung beläßt. Allein bedeutsam wird für unsere Betrachtung die Verdrängung der schmerzhaften, vielleicht auch noch länger dauernden, in der Krankheit wurzelnden Todesursache durch eine schmerzlosere andere. Einem am Zungenkrebs furchtbar schwer Leidenden macht der Arzt oder ein anderer Hilfsreicher eine tödliche Morphiuminjektion, die schmerzlos, vielleicht auch rascher, vielleicht aber auch erst in etwas längerer Zeit den Tod herbeiführt...

Um die rechtliche Natur dieser Handlung, ihre Rechtswidrigkeit oder ihr Unverbotensein... ist derselbe m.E. ganz unnötige Streit entstanden wie über die Natur des ärztlichen – richtiger des auf Heilung abzielenden – scheinbaren Eingriffs in die Gesundheit, besonders in die Körperintegrität eines anderen.

Die Lage, in welcher diese Handlung der Bewirkung von Euthanasie vorgenommen wird, muß aber genau präzisirt werden: dem innerlich Kranken oder dem Verwundeten steht der Tod von der Krankheit oder der Wunde, die ihn quält, sicher und zwar alsbald bevor, so daß der Zeitunterschied zwischen dem infolge der Krankheit vorauszusehenden und dem durch das untergeschobene Mittel verursachten Tode nicht in Betracht fällt. Von einer spürbaren Verringerung der Lebenszeit der Verstorbenen kann dann überhaupt nicht oder höchstens nur von einem beschränkten Pedanten gesprochen werden.

Wer also einem Paralytiker am Anfang von dessen vielleicht auf die Dauer von Jahren zu berechnenden Krankheit auf dessen Bitte oder vielleicht sogar ohne diese die tödliche Morphiumeinspritzung macht – bei dem kann von reiner Bewirkung der Euthanasie keine Rede sein. Hier ist eine starke, auch für das Recht ins Gewicht fallende Lebensverkürzung vorgenommen worden, die ohne rechtliche Freigabe unzulässig ist...

In demselben Augenblick aber wird klar: die sichere Ursache qualvollen Todes war definitiv gesetzt, der baldige Tod stand in sicherer Aussicht. An dieser toddrohenden Lage wird nichts geändert, als die Vertauschung der vorhandenen Todesursache durch eine andere von der gleichen Wirkung, welche die Schmerzlosigkeit vor ihr voraus hat. Das ist keine „Tötungshandlung im Rechtssinne", sondern nur eine Abwandelung der schon unwiderruflich gesetzten Todesursache, deren Vernichtung nicht mehr gelingen kann: es ist in Wahrheit eine reine Heilhandlung. „Die Beseitigung der Qual ist auch Heilwerk."

Als verbotene Tötung könnte solch Verhalten nur betrachtet werden, wenn die Rechtsordnung barbarisch genug wäre zu verlangen, daß der Todkranke durchaus an seinen Qualen zugrunde gehen müsse. Davon kann doch zurzeit keine Rede mehr sein. Es ist beschämend, daß man je daran hat denken, je danach hat handeln können...

Daraus ergibt sich: es handelt sich hier gar nicht um eine statuierte Ausnahme von der Tötungsnorm, um eine rechtswidrige Tötung, falls von dieser nicht eine Ausnahme ausdrücklich anerkannt worden wäre, sondern um unverbotenes Heilwerk von segensreichster Wirkung für schwer gequälte Kranke, um eine Leidverringerung für noch Lebende, solange sie noch leben, und wahrlich nicht um ihre Tötung. So muß die Handlung als unverboten betrachtet werden, auch wenn das Gesetz ihrer gar nicht im Sinne der Anerkennung Erwähnung tut. Und zwar kommt es dabei auf die Einwilligung des gequälten Kranken gar nicht an. Natürlich darf die Handlung nicht seinem Verbot zuwider vorgenommen werden, aber in sehr vielen Fällen werden momentan Bewußtlose Gegenstand dieses heilenden Eingriffes sein müssen...

Gibt es Menschenleben, die so stark die Eigenschaft des Rechtsgutes eingebüßt haben, daß ihre Fortdauer für die Lebensträger wie für die Gesellschaft dauernd allen Wert verloren hat?

Man braucht sie (gemeint ist: diese Frage; G.A./U.B.) nur zu stellen und ein beklommenes Gefühl regt sich in Jedem, der sich gewöhnt hat, den Wert des einzelnen Lebens für den Lebensträger und für die Gesamtheit auszuschätzen. Er nimmt mit Schmerzen wahr, wie verschwenderisch wir mit dem wertvollsten, vom stärksten Lebenswillen und der größten Lebenskraft erfüllten und von ihm getragenen Leben umgehen, und welch ein Maß von oft ganz nutzlos vergeudeter Arbeitskraft, Geduld, Vermögensaufwendung wir nur darauf verwenden, um lebensunwerte Leben so lange zu erhalten, bis die Natur – oft so mitleidlos spät – sie der letzten Möglichkeit der Fortdauer beraubt.

Denkt man sich gleichzeitig ein Schlachtfeld, bedeckt mit Tausenden toter Jugend, oder ein Bergwerk, worin schlagende Wetter Hunderte fleißiger Arbeiter verschüttet haben, und stellt man in Gedanken unsere Idioteninstitute mit ihrer Sorgfalt für ihre lebenden Insassen daneben – und man ist auf das tiefste erschüttert von diesem grellen Mißklang zwischen der Opferung des teuersten Gutes der Menschheit im größten Maßstabe auf der einen und der größten Pflege nicht nur absolut wertloser, sondern negativ zu wertender Existenzen auf der anderen Seite.

Daß es lebende Menschen gibt, deren Tod für sie eine Erlösung und zugleich für die Gesellschaft und den Staat insbesondere eine Befreiung von einer Last ist, deren Tragung außer dem einen, ein Vorbild größter Selbstlosigkeit zu sein, nicht den kleinsten Nutzen stiftet, läßt sich in keiner Weise bezweifeln...

Die in Betracht kommenden Menschen zerfallen ... in zwei große Gruppen ... In 1. die zufolge Krankheit oder Verwundung unrettbar Verlorenen, die im vollen Verständnis ihrer Lage den dringenden Wunsch nach Erlösung besitzen und ihn in irgendeiner Weise zu erkennen gegeben haben... Wie steht es aber mit der Rücksichtnahme auf die Gefühle, vielleicht gar auf starke Interessen der Angehörigen an der Fortdauer dieses Lebens? Die Frau des Kranken, die ihn schwärmerisch liebt, klammert sich an sein Leben. Vielleicht erhält er durch Bezug seiner Pension seine Familie, und diese widerspricht dem Gnadenakt auf das energischste.

Mir will jedoch scheinen, das Mitleid mit dem Unrettbaren muß hier unbedingt überwiegen. Seine Seelenqual ihm tragen zu helfen vermag auch von seinen Geliebten keiner. Nichts kann er für sie tun; täglich verstrickt er sie in neues Leid, fällt ihnen vielleicht schwer zur Last; er muß entscheiden, ob er dies verlorene Leben noch tragen kann. Ein Einspruchsrecht, ein Hinderungsrecht der Verwandten kann nicht anerkannt werden – immer vorausgesetzt, daß das Verlangen nach dem Tode ein beachtliches ist...

Die zweite Gruppe besteht aus den unheilbar Blödsinnigen – einerlei ob sie so geboren oder etwa wie die Paralytiker im letzten Stadium ihres Leidens so geworden sind. Sie haben weder den Willen zu leben, noch zu sterben. So gibt es ihrerseits keine beachtliche Einwilligung in die Tötung, andererseits stößt diese auf keinen Lebenswillen, der gebrochen werden müßte. Ihr Leben ist absolut zwecklos, aber sie empfinden es nicht als unerträglich. Für ihre Angehörigen wie für die Gesellschaft bilden sie eine furchtbar schwere Belastung. Ihr Tod reißt nicht die geringste Lücke – außer vielleicht im Gefühl der Mutter oder der treuen Pflegerin. Da sie großer Pflege bedürfen, geben sie Anlaß, daß ein Menschenberuf entsteht, der darin aufgeht, absolut lebensunwertes Leben für Jahre und Jahrzehnte zu fristen. Daß darin eine furchtbare Widersinnigkeit, ein Mißbrauch der Lebenskraft zu ihrer unwürdigen Zwecken, enthalten ist, läßt sich nicht leugnen.

Wieder finde ich weder vom rechtlichen, noch vom sozialen, noch vom sittlichen, noch vom religiösen Standpunkt aus schlechterdings keinen Grund, die Tötung dieser Menschen, die das furchtbare Gegenbild echter Menschen bilden und fast in Jedem Entsetzen erwecken, der ihnen begegnet, freizugeben – natürlich nicht an Jedermann! In Zeiten höherer Sittlichkeit – der unseren ist aller Heroismus verloren gegangen – würde man diese armen Menschen wohl amtlich von sich selbst erlösen. Wer aber schwänge sich heute in unserer Entnervtheit zum Bekenntnis dieser Notwendigkeit, also solcher Berechtigung auf?

Und so wäre heute zu fragen: wem gegenüber darf und soll diese Tötung freigegeben werden? Ich würde meinen, zunächst den Angehörigen, die ihn zu pflegen haben, und deren Leben durch das Dasein des Armen dauernd so schwer belastet wird, auch wenn der Pflegling in eine Idiotenanstalt Aufnahme gefunden hat, dann auch ihren Vormündern – falls die einen oder die anderen die Freigabe beantragen.

Den Vorstehern gerade dieser Anstalten zur Pflege der Idioten wird solch Antragsrecht kaum gegeben werden können. Auch würde ich meinen, der Mutter, die trotz des Zustandes ihres Kindes sich die Liebe zu ihm nicht hat nehmen lassen, sei ein Einspruch freizugeben, falls sie die Pflege selbst übernimmt oder dafür aufkommt. Weitaus am besten würde der Antrag gestellt, sobald der unheilbare Blödsinn die Feststellung gefunden hätte...

Die Anstalten, die der Idiotenpflege dienen, werden anderen Zwecken entzogen; soweit es sich um Privatanstalten handelt, muß die Verzinsung berechnet werden; ein Pflegepersonal von vielen tausend Köpfen wird für diese gänzlich unfruchtbare Aufgabe festgelegt und fördernder Arbeit entzogen; es ist eine peinliche Vorstellung, daß ganze Generationen von Pflegern neben diesen leeren Menschenhülsen dahinaltern, von denen nicht wenige 70 Jahre und älter werden.

Die Frage, ob der für diese Kategorien von Ballastexistenzen notwendige Aufwand nach allen Richtungen hin gerechtfertigt sei, war in den verflossenen Zeiten des Wohlstandes nicht dringend; jetzt ist es anders geworden, und wir müssen uns ernstlich mit ihr beschäftigen. Unsere Lage ist wie die der Teilnehmer an einer schwierigen Expedition, bei welcher die größtmögliche Leistungsfähigkeit Aller die unerläßliche Voraussetzung für das Gelingen der Unternehmung bedeutet, und bei der kein Platz ist für halbe, Viertels- und Achtels-Kräfte. Unsere deutsche Aufgabe wird für lange Zeit sein: eine bis zum höchsten gesteigerte Zusammenfassung aller Möglichkeiten, im Freimachen jeder verfügbaren Leistungsfähigkeit für fördernde Zwecke. Der Erfüllung dieser Aufgabe steht das moderne Bestreben entgegen, möglichst auch die Schwächlinge aller Sorten zu erhalten, allen, auch den zwar nicht geistig toten, aber doch ihrer Organisation nach minderwertigen Elementen Pflege und Schutz angedeihen zu lassen – Bemühungen, die dadurch ihre besondere Tragweite erhalten, daß es bisher nicht möglich gewesen, auch nicht im Ernste versucht worden ist, diese Defektmenschen von der Fortpflanzung auszuschließen.

Die ungeheure Schwierigkeit jedes Versuches, diesen Dingen irgendwie auf gesetzgeberischem Wege beizukommen, wird noch lange bestehen, und auch der Gedanke, durch Freigabe der Vernichtung völlig wertloser, geistig Toter eine Entlastung für unsere nationale Überbürdung herbeizuführen, wird zunächst und vielleicht noch für weite Zeitstrecken lebhaftem, vorwiegend gefühlsmäßig vermitteltem Widerspruch begegnen, der seine Stärke aus sehr verschiedenen Quellen beziehen wird (Abneigung gegen das Neue, Ungewohnte, religiöse Bedenken, sentimentale Empfindungen usw.). In einer auf Erreichung möglichst greifbarer Ergebnisse gerichteten Untersuchung, wie der vorliegenden, soll daher dieser Punkt zunächst in der Form der theoretischen Erörterung der Möglichkeiten und Bedingungen, nicht aber in der des „Antrags" behandelt werden.

Bei allen Zuständen der Wertlosigkeit infolge geistigen Todes findet sich ein Widerspruch zwischen ihrem subjektiven Rechte auf Existenz und der objektiven Zweckmäßigkeit und Notwendigkeit.

Die Art der Lösung dieses Konfliktes war bisher der Maßstab für den Grad der in den einzelnen Menschheitsperioden und in den einzelnen Bezirken dieses Erdballs erreichten Humanität, zu deren heutigem Niveau ein langer mühsamer Entwicklungsgang über die Jahrtausende hin, zum Teil unter wesentlicher Mitwirkung christlicher Vorstellungsreihen, geführt hat. Von dem Standpunkte einer höheren staatlichen Sittlichkeit aus gesehen kann nicht wohl bezweifelt werden, daß in dem Streben nach unbedingter Erhaltung lebensunwerter Leben Übertreibungen geübt worden sind. Wir haben es, von fremden Gesichtspunkten aus, verlernt, in dieser Beziehung den staatlichen Organismus im selben Sinne wie ein Ganzes mit eigenen Gesetzen und Rechten zu betrachten, wie ihn etwa ein in sich geschlossener menschlicher Organismus darstellt, der, wie wir

Ärzte wissen, im Interesse der Wohlfahrt des Ganzen auch einzelne wertlos gewordene oder schädliche Teile oder Teilchen preisgibt und abstößt.

Ein Überblick über die oben aufgestellte Reihe der Ballastexistenzen und ein kurzes Nachdenken zeigt, daß die Mehrzahl davon für die Frage einer bewußten Abstoßung, d.h. Beseitigung nicht in Betracht kommt. Wir werden auch in den Zeiten der Not, denen wir entgegengehen, nie aufhören wollen, körperlich Defekte und Sieche zu pflegen, solange sie nicht geistig tot sind; wir werden nie aufhören, körperlich und geistig Erkrankte bis zum Äußersten zu behandeln, solange noch irgendeine Aussicht auf Änderung ihres Zustandes zum Guten vorhanden ist; aber wir werden vielleicht eines Tages zu der Auffassung heranreifen, daß die Beseitigung der geistig völlig Toten kein Verbrechen, keine unmoralische Handlung, keine gefühlsmäßige Rohheit, sondern einen erlaubten nützlichen Akt darstellt.

Hier interessiert uns nun zunächst die Frage, welche Eigenschaften und Wirkungen den Zuständen geistigen Todes zukommen. In äußerlicher Beziehung ist ohne weiteres erkennbar: der Fremdkörpercharakter der geistig Toten im Gefüge der menschlichen Gesellschaft, das Fehlen irgendwelcher produktiver Leistungen, ein Zustand völliger Hilflosigkeit mit der Notwendigkeit der Versorgung durch Dritte.

In bezug auf den inneren Zustand würde zum Begriff des geistigen Todes gehören, daß nach der Art der Hirnbeschaffenheit klare Vorstellungen, Gefühle oder Willensregungen nicht entstehen können, daß keine Möglichkeit der Erweckung eines Weltbildes im Bewußtsein besteht, und daß keine Gefühlsbeziehungen zur Umwelt von den geistig Toten ausgehen können, (wenn sie auch natürlich Gegenstand der Zuneigung von seiten Dritter sein mögen).

Das Wesentlichste aber ist das Fehlen der Möglichkeit, sich der eigenen Persönlichkeit bewußt zu werden, das Fehlen des Selbstbewußtseins. Die geistig Toten stehen auf einem intellektuellen Niveau, das wir erst tief unten in der Tierreihe wieder finden, und auch die Gefühlsregungen erheben sich nicht über die Linie elementarster, an das animalische Leben gebundener Vorgänge. Ein geistig Toter ist somit auch nicht imstande, innerlich einen subjektiven Anspruch auf Leben erheben zu können, ebensowenig wie er irgendwelcher anderer geistiger Prozesse fähig wäre. Dieses letztere Moment ist nur scheinbar unwesentlich; in Wirklichkeit hat es seine Bedeutung in dem Sinne, daß die Beseitigung eines geistig Toten einer sonstigen Tötung nicht gleichzusetzen ist. Schon rein juristisch bedeutet die Vernichtung eines Menschenlebens keineswegs immer dasselbe.

Die Unterschiede liegen nicht nur in den Motiven des Tötenden, (je nachdem: Mord, Totschlag, Fahrlässigkeit, Notwehr, Zweikampf usw.), sondern auch in dem Verhältnis des Getöteten zu seinem Anspruch auf Leben. Während die vorsätzliche überlegte Tötung gegen den Willen eines Menschen die Todesstrafe nach sich zieht, wird die Tötung auf Verlangen nur mit ein paar Jahren Gefängnis geahndet. Der Akt des Eingreifens in fremdes Leben ist dabei jedesmal derselbe. Die Tötung auf Verlangen wird dabei im Zweifelsfalle eher noch eine kühlere, planmäßigere, reiflicher überlegte Handlung bedeuten, als der Mord, und doch wird sie unter anderem darum so viel milder aufgefaßt, weil der zu Tötende sich seines subjektiven Anspruches auf das Leben begeben hat, und im Gegenteil sein Recht auf den Tod geltend macht...

Im Falle der Tötung eines geistig Toten, der nach Lage der Dinge, vermöge seines Hinzustandes, nicht imstande ist, subjektiven Anspruch auf irgend etwas, u.a. also auch auf das Leben zu erheben, wird somit auch kein subjektiver Anspruch verletzt.

Quelle: Binding/Hoche [2]1922, 16–19, 27–28, 29, 31–32, 55–58, 59.

* * *

(20) Gesetz zur Verhütung erbkranken Nachwuchses (GzVeN) vom 14. Juli 1933, in Kraft getreten zum 1. Januar 1934

§ 1

(1) Wer erbkrank ist, kann durch chirurgischen Eingriff unfruchtbar gemacht (sterilisiert) werden, wenn nach den Erfahrungen der ärztlichen Wissenschaft mit großer Wahrscheinlichkeit zu erwarten ist, daß seine Nachkommen an schweren körperlichen oder geistigen Erbschäden leiden werden.

(2) Erbkrank im Sinne des Gesetzes ist, wer an einer der folgenden Krankheiten leidet:
1. angeborenem Schwachsinn,
2. Schizophrenie,
3. zirkulärem (manisch-depressivem) Irresein,
4. erblicher Fallsucht,
5. erblichem Veitstanz (huntingtonsche Chorea),
6. erblicher Blindheit,
7. erblicher Taubheit,
8. schwerer erblicher körperlicher Mißbildung,

(3) Ferner kann unfruchtbar gemacht werden, wer an schwerem Alkoholismus leidet.

Quelle: Gesetz zur Verhütung erbkranken Nachwuchses 1933, 529.

* * *

(21) Gutachten über einen Hilfsschüler (1937)

StABr E 480 IV 757
Kielhornschule
Braunschweig
Breitestr. 19
Tgb. Nr. 140/37

Gutachten über R. B.

Geboren zu Braunschweig am 4.12.1903 als viertes von 6 Kindern des Schlossers A.B. Er besuchte die Hilfsschule von Ostern 1912 bis Ostern 1918 und wurde aus der 3. Klasse entlassen. Über seine Kenntnisse und Fertigkeiten bei der Schulentlassung wird ausgesagt, daß er seine Gedanken hinreichend in Worten ausdrücken könne, aber im schriftlichen Gedankenaustausch schwerfällig sei. Deutsche und lateinische Druckschrift wird langsam und unsicher gelesen. Im Rechnen addiert er bis 100 mit Zehnerüberschreitung, während die Multiplikation und Division sehr unsicher geht.

Nach diesen schulischen Leistungen und der Tatsache, daß R. nur die 3. Hilfsschulklasse besuchte, muß sein Geisteszustand als mittlerer Schwachsinn bezeichnet werden.

Über erbliche Belastung sagt der Personalbogen aus, daß der Vater seit Jugend auf stotterte und nervös sei, ebenfalls ein unehelich geborene Großvater väterlicherseits. Der Vater gibt selbst an, daß er zeitweilig stark nervös sei, an Herzklopfen und Schwindelanfällen leide und unruhigen Schlaf habe. Von Alkohol und Tabak ist er enthaltsam. Die Mutter lungenleidend und ebenfalls nervös.

Über die vorschulische Entwicklung ist dem Schülerbogen zu entnehmen, daß R. mit anderthalb Jahren das Gehen und Sprechen gelernt hat, stets wortarm und mundfaul gewesen sei, aber die Wörter lautrein gesprochen habe. Von Geburt an hat er dicken und harten Leib gehabt.

Sein Charakter wird als gutmütig, weich, stets zufrieden und anhänglich bezeichnet, wenig ordnungsliebend und daher der steten Aufsicht bedürftig.

Von seinen Geschwistern besuchte seine Schwester A., geb. 31.7.05, ebenfalls die Hilfsschule von Ostern 1913 bis 1919. Ihr Geisteszustand wird bei der Schulentlassung als Schwachsinn mittleren Grades bezeichnet, dazu vernachlässigt und sehr zurückgeblieben. Unordentliches Kind, schwänzt gern, sonst aber gutartig, schwatzhaft, Aussagen nicht bestimmt zuverlässig, gerät leicht in Streit.

Ein Verbleiben im Erbgang scheint nach den Ergebnissen des Hilfsschulbesuchs nicht erwünscht.

Br., 15./3.37.

an Städt. Gesundheitsamt Br.

Eheberatungsstelle.

gez. P.   gez. Sch.

Quelle: Bleidick 1981, 233.

* * *

(22) Erlaß zur Vorarbeit und Mitwirkung der Schulen bei der Durchführung des Gesetzes zur Verhütung erbkranken Nachwuchses (1935)

Die Reichsregierung will durch das „Gesetz zur Verhütung erbkranken Nachwuchses" vom 14.7.1933 die im Volkskörper verbreiteten kranken Erbanlagen allmählich beseitigen und damit für die nachfolgenden Generationen eine steigende Gesundung einleiten und sicherstellen.

Die große Bedeutung dieses Gesetzes in bevölkerungs- und rassenpolitischer, in sozialer und auch in finanzieller Hinsicht macht es jeder Lehrkraft zur Pflicht, sich mit den wichtigsten Bestimmungen vertraut und mit den Erscheinungsformen der in § 1 gen. Erbkrankheiten bekanntzumachen. Von den Hilfsschullehrern muß eine genaue Kenntnis des Gesetzes, seiner Ausführungsbestimmungen und Erläuterungen erwartet werden.

Alle Hilfsschulen und größeren Schulen verpflichte ich aus vorgen. Gründen zur Anschaffung des Buches „Gesetz zur Verhütung erbkranken Nachwuchses vom 14.7.1933", bearbeitet und erläutert von Gütt, Rüdin und Ruttke. Verlag: Lehmann – München. Preis 6,- RM.

Bei der Durchführung des Gesetzes haben die Schulen, insbesondere die Hilfsschulen, wertvolle Vorarbeit zu leisten. Ich ordne daher an:

I. Terminmäßige Meldungen.

1. In Zukunft sind stets zum 15. Januar sämtliche Kinder, die im abgelaufenen Kalenderjahre das 10. Lebensjahr vollendet haben und mit einer der im § 1 des Gesetzes gen. Krankheiten behaftet sind oder verdächtig erscheinen, Träger kranker Erbanlagen zu sein, dem zuständigen Schularzt zu melden.

Hilfsschulen, Hilfsschulklassen und Anstaltsschulen machen zum gleichen Zeitpunkt grundsätzlich a l l e Kinder im bezeichneten Alter namhaft.

2. Kinder, die wegen hochgradiger körperlicher oder geistiger Mängel oder aus anderen Gründen vor dem

10. Lebensjahr aus der Schule entlassen werden, sind unter Mitwirkung des Schularztes sofort nach der Ausschulung dem Kreisarzt zu melden.

3. Sämtliche Meldungen haben nach dem anliegenden Muster A in zweifacher Ausfertigung zu erfolgen. Die kurze Kennzeichnung der Krankheit durch den Klassenlehrer hat zu enthalten:

Art, Beginn und bisherigen Verlauf der Krankheit; Gesundheitsstand der Vorfahren und Geschwister; besondere Beobachtungen.

4. Der Schularzt ist verpflichtet, die namhaft gemachten Kinder bis zum 15.4. zu untersuchen und das Ergebnis in die Listen (Muster A) einzutragen. Dabei ist insbesondere eine von den Feststellungen des Klassenlehrers abweichende Erkenntnis deutlich zum Ausdruck zu bringen.

Von den ausgefüllten Listen verbleibt die eine bei den Akten der Schule, die andere ist von dem Schulleiter bis zum 1.5. dem Kreisarzt zu übersenden.

5. Zum 1.6. jeden Jahres sind mir von den Schulaufsichtsbeamten in einer Übersicht nach Schulen getrennt zu melden:

a) Wieviel Knaben und Mädchen sind auf Grund dieser Verfügung im abgelaufenen Schuljahr dem Kreisarzt namhaft gemacht?

b) Wieviel Knaben und Mädchen wurden während des gleichen Zeitraumes sterilisiert?

II. Berichte an das Erbgesundheitsgericht.

Die Erbgesundheitsgerichte werden in Zukunft genötigt sein, von den Schulen, insbesondere von den Hilfsschulen, Auskünfte über ehemalige Schüler(-innen) anzufordern.

Der Berichterstattung seitens der Schulen ist das anliegende Muster B zugrunde zu legen.

Die Personalbogen aller erbkranken oder in dieser Hinsicht verdächtigen Kinder, dazu gehören alle Hilfsschul-, Anstalts- und z.T. die Förderklassenkinder, sind schon jetzt daraufhin zu prüfen, ob die in dem Bericht verlangten Angaben aus den Akten zu ersehen sind.

Für alle Hilfsschulen des Landes Braunschweig und für einzelne erbkranke Kinder in anderen Schulen ist der vorgeschriebene Personalbogen für Hilfsschulen zu verwenden. Die ausgefüllten Hilfsschulpersonalbogen sind von den Schulleitern mit besonderer Sorgfalt aufzubewahren.

Ich mache allen in Frage kommenden Lehrkräften, vor allem den Hilfsschullehrern, zur Pflicht, durch wiederholte Hausbesuche und Rücksprache mit den Eltern und Verwandten der Kinder, durch enge Zusammen-arbeit mit dem Schularzt usw. die eigenen Beobachtungen so zu klären und zu ergänzen, daß ein abgerundetes Krankheitsbild entsteht und nach und nach in den Personalakten niedergelegt werden kann.

III. Aufklärung der Eltern.

Eine weitere wesentliche Aufgabe erwächst den Lehrkräften in der Aufklärung der Eltern. Jeder Erzieher muß aus seiner nationalsozialistischen Grundhaltung heraus erkennen, daß die Verhütung der Geburt erbkranker Kinder wichtiger und erfolgreicher ist als das Bestreben, diese Unglücklichen, die unverdient ein schweres Schicksal tragen, durch besondere Maßnahmen vor dem größten Elend zu bewahren. Diese Erkenntnis muß durch vertrauensvolle Aussprachen zwischen Eltern und Lehrer, durch Einwirkung des Schularztes auf die Erziehungsberechtigten, durch Lichtbildervorträge der Kreisärzte über Erbgesundheitspflege und ähnliche Maßnahmen in weiteste Volkskreise getragen werden. Es muß dadurch erreicht werden, daß jeder Volksgenosse von der großen Bedeutung des Gesetzes für die zukünftige Volksgesundung überzeugt ist und sein erbkrankes Kind freiwillig der Sterilisation zuführt.

Quelle: Bleidick 1981, 229–230.

* * *

(23) Denkschrift über die Vernichtung sog. lebensunwerten Lebens vom 9. Juli 1940

Es handelt sich also um ein bewußtes planmäßiges Vorgehen zur Ausmerzung aller derer, die geisteskrank oder sonst gemeinschaftsunfähig sind. Es sind dabei aber keineswegs völlig verblödete Menschen, die nichts mehr von ihrer Umgebung kennen und verstehen, die auch zu keiner Beschäftigung mehr fähig sind, sondern, wie gerade aus vielen kleinen Einzelbeobachtungen hervorgeht, sind es oft Menschen, die in ihrem Leben oft jahrelang feste Berufe ausgeübt haben, bei denen erst späterhin geistige Störungen aufgetreten sind... Hier steigen ernsteste Fragen und Sorgen auf. Es ist ein gefährliches Unterfangen, die Unverletzlichkeit der Person ohne jeden Rechtsgrundsatz preiszugeben. Jedem Rechtsbrecher wird der gesetzliche Schutz gewährt, soll man gerade die Hilflosen ohne Schutz lassen? Wird es nicht die Ethik des ganzen Volkes gefährden, wenn das Menschenleben so wenig gilt? Wie wird es die Kraft lähmen, Schweres zu tragen, wenn man nicht einmal mehr seine Kranken tragen kann? Das gehört zur echten Volksgemeinschaft und zur Verbundenheit im besten Sinn, wenn sich die Gesunden der Kranken und Schwachen annehmen, wenn auch die Familien die ihnen auferlegte Last gern und freudig tragen. Ja, wieviel Freude bedeutet für viele der Dienst am „unwerten" Leben? ... So handelt es sich hier um einen Notstand, der alle Kundigen bis aufs tiefste erschüttert, der die innere Ruhe vieler Familien zerstört und der sich vor allem auch zu einer Gefahr auszuwachsen droht, deren Folgen noch gar nicht abzusehen sind.

Quelle: Denkschrift 1940, 203–206.

* * *

(24) Verfügung Hitlers zum Fall Knauer (1939)

Adolf Hitler   Berlin, den 1. September 1939

Reichsleiter Bouhler und

Dr. med. Brandt

sind unter Verantwortung beauftragt, die Befugnisse namentlich zu bestimmender Ärzte so zu erweitern, daß nach menschlichem Ermessen unheilbar Kranken bei kritischster Beurteilung ihres Krankheitszustandes der Gnadentod gewährt werden kann.

gez. Adolf Hitler.

Quelle: Klee 1989, 100.

* * *

(25) Runderlaß des Reichsministers des Innern (IV b 3088/39 – 1079 Mi) von 1939 zur Erfassung von mißgestalteten Neugeborenen

Streng vertraulich!

An die außerpreußischen Landesregierungen usw.

Betrifft: Meldepflicht über mißgestaltete usw. Neugeborene

(1) Zur Klärung wissenschaftlicher Fragen auf dem Gebiete der angeborenen Mißbildung und der geistigen Unterentwicklung ist eine möglichst frühzeitige Erfassung der einschlägigen Fälle notwendig.

(2) Ich ordne daher an, daß die Hebamme, die bei der Geburt eines Kindes Beistand geleistet hat – auch für den Fall, daß die Beiziehung eines Arztes zu der Entbindung erfolgte – eine Meldung an das für den Geburtsort zuständige Gesundheitsamt nach beifolgendem bei den Gesundheitsämtern vorrätig gehaltenen Formblatt zu erstatten hat, falls das neugeborene Kind verdächtig ist, mit folgenden schweren angeborenen Leiden behaftet zu ein:

1 Idiotie sowie Mongolismus (besonders Fälle, die mit Blindheit und Taubheit verbunden sind),
2 Mikrocephalie [damit wird eine von der Norm abweichende Kleinheit des Kopfes, besonders des Schädels bezeichnet, E.K.],
3 Hydrocephalus [Wasserkopf, E.K.], schweren bzw. fortschreitenden Grades,
4 Mißbildungen jeder Art, besonders Fehlen von Gliedmaßen, schwere Spaltbildungen des Kopfes und der Wirbelsäule usw.,
5 Lähmungen einschließlich Littlescher Erkrankung [heute unter dem Begriff Spastiker geläufiger, E.K.].

Für Entbindungsanstalten, geburtshilfliche Abteilungen von Krankenhäusern liegt die Meldepflicht den Hebammen nur dann ob, wenn ein leitender Arzt (Abs. 5) nicht vorhanden oder an der Meldung verhindert ist.

(3) Ferner sind von allen Ärzten zu melden Kinder, die mit einem der unter Abs. 2 Ziffer 1–5 genannten Leiden behaftet sind und das 3. Lebensjahr noch nicht vollendet haben, falls den Ärzten die Kinder in Ausübung ihrer Berufstätigkeit bekannt werden.

(4) Die Hebamme erhält für ihre Mühewaltung eine Entschädigung von 2 RM. Die Auszahlung dieses Betrages hat durch das Gesundheitsamt zu erfolgen. Hierneben wird ihr die verauslagte Freigebühr erstattet.

(5) Der Reichsgesundheitsführer wird auf Grund des § 46 Abs. 2 Ziffer 3 und 4 der Reichsärzteordnung vom 13. Dezember 1935 (RGBl. I S. 1433) die leitenden Ärzte von Entbindungsanstalten und geburtshilflichen Abteilungen verpflichten, die erforderlichen Meldungen für die in der von ihnen geleiteten Anstalt geborenen Kinder an das für den Geburtsort des Kindes zuständige Gesundheitsamt zu erstatten.

Er wird ferner alle Ärzte verpflichten, Anzeige an den für den Wohnort des Kindes zuständigen Amtsarzt in den Fällen zu erstatten, in denen ihnen in ihrer Berufstätigkeit Kinder bekannt werden, die unter Abs. 2 dieses Runderlasses fallen und das 3. Lebensjahr noch nicht überschritten haben. Bei voraussichtlich längerem Anstaltsaufenthalt ist die Meldung an das für den Sitz der Anstalt zuständige Gesundheitsamt zu erstatten.

(6) Für den Anzeigenden (Arzt, Hebamme) ist die Verpflichtung zur Anzeige aus Artikel 3 Abs. 4 der Ersten Verordnung zur Ausführung des Gesetzes zur Verhütung erbkranken Nachwuchses vom 5. Dezember 1933 (RGBl. I S. 1021) mit dieser Meldung erfüllt. Weitere Meldeverpflichtungen, insbesondere nach dem Preußischen Krüppelfürsorgegesetz vom 6. Mai 1920 (Ges. S. S. 280), bleiben nach wie vor in Kraft.

(7) bei jeder ihm zugehenden Meldung ist der Amtsarzt verpflichtet, sich unverzüglich von der Richtigkeit der ihm erstatteten Meldung zu überzeugen. Bei Verhinderung kann der Amtsarzt einen haupt- oder neben-

amtlich beschäftigten Arzt des Gesundheitsamtes mit seiner Vertretung beauftragen.

(8) Der Amtsarzt hat die ihm erstattete Meldung auf die Vollständigkeit der Angaben zu prüfen und nach etwa erforderlicher Ergänzung unter Beifügung des von ihm bezw. seinem Beauftragten hierzu erstatteten Befundsberichts unverzüglich an den Reichsausschuß zur wissenschaftlichen Erfassung von erb- und anlagebedingten schweren Leiden in Berlin W 9, Postfach 101, weiterzuleiten.

(9) Die von den Gesundheitsämtern (einschl. der kommunalen) gezahlten Beträge (Entschädigungen für Sondermeldungen, Freigebühren) sind bei den Regierungshauptkassen (Ostmark: Landesbuchhaltung der Landeshauptmannschaft; Sudetengau: Regierungsoberkasse) monatlich anzufordern und von diesen den Gesundheitsämtern zu erstatten. Zum 2. Januar und 1. Juli jeden Jahres sind die von den Regierungshauptkassen (Landesbuchhaltungen der Landeshauptmannschaften, Regierungsoberkassen) verauslagten Beträge nach beifolgendem Muster bei mir anzumelden. Die Beträge werden von mir aus Reichsmitteln zurückvergütet werden. Fehlanzeigen sind erforderlich.

(10) Abschrift dieses Erlasses ist den Amtsärzten ihres Bezirks anzufertigen. Von diesen ist den im Bezirk des Gesundheitsamts wohnenden Hebammen, ärztlichen Leitern von Entbindungsanstalten, geburtshilflichen Abteilungen von Krankenhäusern usw. auszugsweise Abdruck dieses Erlasses nach beifolgendem Muster gegen Empfangsbescheinigung zuzufertigen. Eine entsprechende Anzahl von Druckstücken des Erlaßauszuges wird ihnen gesondert zugehen. Bei der Niederlassung von Hebammen und Neueinrichtung vorbezeichneter Anstalten ist entsprechend zu verfahren.

Bei allen sich bietenden Gelegenheiten sind die Hebammen von den Amtsärzten auf die Erstattung der Meldungen hinzuweisen.

(11) Die zur Meldung erforderlichen Formblätter sind von den Gesundheitsämtern bei der höheren Verwaltungsbehörde anzufordern, die ihren Bedarf bei der Reichsdruckerei zu decken hat. Die Formblätter werden von dort kostenlos abgegeben. Eine größere Anzahl Druckstücke für den ersten Bedarf werden auf hiesige Anordnung von der Reichsdruckerei demnächst an die höheren Verwaltungsbehörden zur Versendung gelangen. Die Versandkosten sind von dort vorschußweise zu zahlen und mit den nach Abs. 9 zu verrechnenden Beträgen bei mir anzufordern.

In Vertretung

gez. Unterschrift

Quelle: Klee 1989, 80–81.

* * *

(26) Nürnberger Kodex-Grundsätze (1947)

Das vom amerik. Militärtribunal I in Nürnberg am 20.8.1947 gefällte Urteil im Ärzteprozeß hat allgemeine Richtlinien über die Zulässigkeit ärztlicher Experimente an Menschen und über das Euthanasieproblem aufgestellt, die auch für die vor den deutschen Gerichten noch schwebenden Ärzteprozesse von Bedeutung sind.

In der Frage, wann Versuche an Menschen zulässig bzw. unzulässig seien, schloß sich das Gericht der gutachtlichen Äußerung des von der Anklage als Sachverständigen benannten amerikanischen Arztes Prof. *Ivi* sowie einem von diesem überbrachten Beschluß der amerikanischen Ärztevereinigung vom Juli 1946 an und sprach die Überzeugung aus: „daß gewisse medizinische Experimente an Menschen, wenn sie innerhalb ziemlich klar festgelegter Grenzen bleiben, der ärztlichen Ethik entsprechen", da „solche Versuche für das Wohl der Menschheit Ergebnisse erzielen, welche durch andere Methoden oder Studien nicht zu erlangen" sind. Jedoch müssen hierbei bestimmte Grundsätze verfolgt werden, „um mit moralischen, ethischen und juristischen Grundregeln in Einklang zu stehen". Diese Grundsätze sind folgende:
„1. Die freiwillige Zustimmung der Versuchsperson ist unbedingt erforderlich, d.h. daß der Betreffende die gesetzmäßige Fähigkeit haben muß, seine Einwilligung zu geben; in der Lage sein muß, eine freie Entscheidung zu treffen, unbeeinflußt durch Gewalt, Betrug, List, Druck, Vortäuschung oder irgendeine andere Form der Beeinflussung oder des Zwanges; und genügend Kenntnis von und Einsicht in die Bestandteile des betreffenden Versuches haben muß, um eine verständnisvolle und aufgeklärte Entscheidung treffen zu können. Diese letzte Bedingung macht es notwendig, daß der Versuchsperson vor der Annahme ihrer bejahenden Entscheidung das Wesen, die Länge und der Zweck des Versuches klargemacht werden; sowie die Methode und die Mittel, welche angewendet werden sollen, alle Unannehmlichkeiten und Gefahren, welche mit Fug zu erwarten sind, und die Folgen für ihre Gesundheit oder ihre Person, welche sich aus der Teilnahme ergeben mögen.
Die Pflicht und die Verantwortlichkeit, den Wert der Zustimmung festzustellen, obliegt jedem, der den Versuch anordnet, leitet oder ihn durchführt. Dies sind persönliche Pflichten und persönliche Verantwortungen, welche nicht ungestraft auf andere übertragen werden können.
2. Der Versuch muß derart sein, daß fruchtbare Ergebnisse für das Wohl der Gesellschaft zu erwarten sind, welche nicht durch andere Forschungsmittel oder Methoden zu erlangen sind und welche ihrem Wesen nach nicht willkürlich und unnötig sind.
3. Der Versuch ist so zu planen und auf den Ergebnissen von Tierversuchen und einer Kenntnis des Wesens der Krankheit oder des sonstigen Problems aufzubau-

en, daß die vermutlichen Ergebnisse die Ausführung des Versuchs rechtfertigen.

4. Der Versuch ist so durchzuführen, daß alle unnötigen körperlichen und geistigen Leiden und Verletzungen vermieden werden.

5. Kein Versuch darf durchgeführt werden, wenn a priori ein Grund besteht für die Annahme, daß der Tod oder ein dauernder körperlicher Schaden eintreten wird, mit der Ausnahme vielleicht jener Versuche, bei welchen Versuchsleiter gleichzeitig als Versuchspersonen dienen.

6. Das Gefahrenmoment darf niemals die Grenzen überschreiten, welche sich aus der humanitären Bedeutung des zu lösenden Problems ergeben.

7. Angemessene Vorbereitungen sind zu machen und ausreichende Vorkehrungen zu treffen, um die Versuchspersonen gegen selbst die geringste Möglichkeit der Verletzung, der bleibenden gesundheitlichen Schädigung oder des Todes zu schützen.

8. Der Versuch darf nur von wissenschaftlich geschulten Personen durchgeführt werden. Die größte Geschicklichkeit und die größte Vorsicht müssen in allen Stufen des Versuches von denjenigen angewandt werden, die den Versuch leiten oder durchführen.

9. Während des Versuches muß der Versuchsperson freigestellt bleiben, den Versuch zu beenden, wenn sie körperlich oder geistig den Punkt erreicht hat, an dem ihr seine Fortsetzung unmöglich erscheint.

10. Im Verlauf des Versuches muß der Versuchsleiter jederzeit bereit bleiben, den Versuch einzustellen, wenn er bei Anwendung des von ihm geforderten guten Glaubens, besonderer Geschicklichkeit und Sorgfalt des Urteils Grund hat anzunehmen, daß eine Fortsetzung des Versuches eine Verletzung, eine bleibende gesundheitliche Schädigung oder den Tod der Versuchsperson herbeiführen könnte."

Versuche, die unter Mißachtung dieser Grundsätze an KZ-Häftlingen durchgeführt wurden, stellen nach Ansicht des Gerichts eine „völlige Mißachtung internationaler Abmachungen, der Gesetze und Gebräuche des Krieges, der sich aus den Strafgesetzen aller Kulturstaaten ableitenden Grundsätze des Strafrechts und des KRG 10" dar. „Menschenversuche unter solchen Bedingungen widersprechen offenbar den Grundsätzen des Völkerrechts, wie sie sich aus den unter Kulturvölkern angenommenen Gebräuchen, den Gesetzen der Menschlichkeit und dem Diktat des öffentlichen Gewissens ergeben."

Von denselben völkerrechtlichen Grundsätzen geht der Gerichtshof bei der Beurteilung des Euthanasieproblems aus. „Die abstrakte Fragestellung, ob die Euthanasie in gewissen Fällen der erwähnten Kategorie (hoffnungslos Kranke, deren Leben ihnen selbst zur Last und dem Staat und ihren Familien eine Quelle von Unkosten ist, Anm. des Verfassers) gerechtfertigt sei, beschäftigt diesen Gerichtshof nicht. Ob ein Staat eine gültige Gesetzgebung, welche die Euthanasie über ge-

wisse Kategorien seiner Bürger verhängt, erlassen kann, ist ebenfalls eine Frage, welche nicht hier hereinspielt. Selbst angenommen, daß er dazu ein Recht habe, die Völkerfamilie hat nicht die Verpflichtung, solche Gesetzgebung anzuerkennen, wenn sie offensichtlich eindeutigem Mord und der Folterung wehr- und machtloser Wesen anderer Nationalität Legalität verleiht."

Quelle: Nürnberger Kodex 1949, 377.

* * *

(27) Prädiktive Medizin: Analyse des menschlichen Genoms (1989–1991) (1988)

Zusammenfassung

In der westlichen Welt sind Infektionskrankheiten nicht länger die Hauptursache von Krankheit und Tod. Aber viele Krankheiten haben eine genetische Komponente: sei es als Folge eines ererbten Ein-Gen-Defekts (monofaktoriell) oder in Form der Interaktion von mehrfachen Gendefekten (multifaktoriell) mit Umweltfaktoren. Zahlreiche weitverbreitete und zur Debilität führende Krankheiten wie Herzkranzgefäßerkrankungen, Diabetes und starke Psychosen fallen unter das letztere, d.h. unter die Krankheiten, die dadurch entstehen, daß Menschen mit einer genetischen Prädisposition bestimmten Umweltfaktoren ausgesetzt werden. Prädiktive Medizin versucht diese Prädisposition zu erkennen mit der Aussicht, sie sowohl zu verhüten und früh zu diagnostizieren als auch eine bessere Prognose zu stellen und schließlich sie zu behandeln.

Das menschliche Genom ist der vollständige Satz genetischen Materials – Desoxyribonukleinsäure (DNA) –, das die Instruktionen enthält, die jeden Menschen beschreiben. Es ist nunmehr möglich, das Genom zu analysieren oder zu kartieren, so daß man diese Instruktionen „lesen" kann. Hierdurch lassen sich die Gene, deren Veränderung bestimmte Krankheiten hervorruft, lokalisieren. Im Zuge dieser Entwicklungen wird es möglich sein, neue grundlegende Entdeckungen in der Biologie zu machen, und neue medizinische Technologien zu entwickeln.

Das Programm Prädiktive Medizin wird folgende Linien enthalten:

– Verbesserung der Auflösung der menschlichen Genkarten, d.h. Schaffung einer Karte des menschlichen Genoms, die aus DNA-Markern besteht und es Forschern ermöglicht, Gene einfach und schnell zu lokalisieren.

– Die Erstellung geordneter Klonbibliotheken, d.h. von Sammlungen geordneter Gruppen von DNA-Fragmenten, die die DNA des gesamten Genoms, ausgewählter Gene oder von Teilen von Chromosomen vollständig repräsentieren.

– Die Verbesserung der fortschrittlichen Gentechnologien und, durch ein Ausbildungsprogramm, ihre Verbreitung in den Mitgliedsstaaten.

Das Programm ist eine Europäische Antwort auf die internationalen Herausforderungen durch die groß angelegten Forschungsprojekte der USA (Kartierung und Sequenzierung des Menschlichen Genoms) und Japans (das „Human Frontiers Science Programm"). Obwohl es ein Programm vorkommerzieller Grundlagenforschung ist, werden sowohl neue Informationen als auch Materialien daraus hervorgehen, die ein kommerzielles Potential haben, auch neue technologische Prozesse werden entwickelt werden. All dies wird zur Entwicklung der Europäischen biotechnologischen Industrie beitragen, die oft auf kleinen und mittleren Betrieben basiert.

Wie der Titel bereits impliziert, hat der Inhalt des Programms das letztendliche Ziel, die Gene, die mit Krankheiten in Verbindung stehen, mit der Aussicht zu identifizieren, sie zu isolieren und ihre Struktur zu analysieren.

Der enorme Zuwachs an genetischer Information – oder besser deren Nutzung – wirft ethische Fragen auf. Aspekte wie die Privatsphäre müssen gegen allgemeine Überlegungen zur Gesundheitsfürsorge abgewogen werden. Die Möglichkeiten zur Diagnose von Krankheiten werden die Behandlungsmöglichkeiten übersteigen. Diese und andere Probleme müssen sorgfältig diskutiert werden.

Forschungsprogramm im Gesundheitsbereich:
Prädiktive Medizin: Analyse des menschlichen
Genoms

1. Begründung

1.1 Was ist prädiktive Medizin?

Vor fünfzig Jahren waren Infektionskrankheiten die Hauptursache für Morbidität und Sterblichkeit, doch ist diese Ursache seit der Entdeckung von Antibiotika und durch die Verbesserungen auf dem Gebiet der Hygiene und der Kontrolle von Seuchen in den Industrieländern nunmehr in den Hintergrund getreten. Abgesehen von Unfall- oder Kriegsfolgen haben viele Krankheiten heutzutage eine mehr oder weniger bedeutende genetische Komponente. In den letzten Jahren wurde das Wissen über die Krankheiten, die auf die Vererbung eines einzigen schadhaften Gens zurückzuführen sind, stark erweitert, obwohl wir in den meisten Fällen noch sehr weit von einer Therapie entfernt sind.

Allerdings ist die Lage, was die gängigen Krankheiten wie Herzkranzgefäßerkrankungen, Diabetes, Krebs, Autoimmunkrankheiten, schwere Psychosen und andere bedeutende Krankheiten der westlichen Gesellschaft angeht, viel weniger eindeutig. Diese Störungen haben eine starke Umweltkomponente, und obwohl genetische Faktoren beteiligt sind, liegt hier kein klar erkennbares Erbmuster vor. Anders ausgedrückt, ist die Krankheit darauf zurückzuführen, daß von der genetischen Struktur her für diese Krankheit bestimmten Personen oder Populationen bestimmten Umweltbelastungen ausgesetzt sind; die Krankheitsverhütung wird davon abhängen, inwieweit die Belastung der Populationen oder, was wahrscheinlicher ist, der anfälligen Personen vermindert werden kann. Da es höchst unwahrscheinlich ist, daß wir in der Lage sein werden, die umweltbedingten Risikofaktoren vollständig auszuschalten, ist es wichtig, daß wir soviel wie möglich über Faktoren der genetischen Prä-Disposition lernen und somit stark gefährdete Personen identifizieren können. Zusammengefaßt zielt prädiktive Medizin darauf ab, Personen vor Krankheiten zu schützen, für die sie von der genetischen Struktur her äußerst anfällig sind und gegebenenfalls, die Weitergabe der genetischen Dispositiertheit an die folgende Generation zu verhindern...

1.3 Gesellschaftliche und ethische Überlegungen

Mit der Kartierung des menschlichen Genoms wird eine ungeheure Erweiterung der Informationen über den Aufbau des menschlichen Gens einhergehen; es werden einfachere, schnellere und billigere Screening-Methoden zur Feststellung der genetischen Disposition für eine Erkrankung entwickelt. Hieraus ergibt sich die Möglichkeit therapeutischer Eingriffe ergeben, durch die das Auftreten der Krankheit verhindert wird. Wenn die Gene identifiziert worden sind, die mit einem erhöhten Risiko für die gängigen Krankheiten wie Herzkrankheiten, Diabetes und Arthritis in Verbindung stehen, wird sich die Möglichkeit zu Reihenuntersuchungen der Bevölkerung ergeben. In Westeuropa, mit einer Bevölkerung mit zunehmendem Durchschnittsalter und einem damit verbundenen stetigen Kostenanstieg im Gesundheitswesen, sind die Aussichten sowohl auf billigere Tests als auch auf frühzeitiges Eingreifen, wodurch eine Abnahme der Erkrankungshäufigkeit möglich wird, äußerst attraktiv.

Diese ungeheure Zunahme der genetischen Informationen wirft ethische Fragen auf. Verbesserungen auf den Gebieten der Diagnose und der Risikovoraussage werden der Entwicklung therapeutischer Mittel unweigerlich vorausgehen, wodurch eine wachsende Diskrepanz zwischen Diagnose und Behandlung entstehen wird. Die Informationen über die genetische Konstitution eines Menschen werden genauer, detaillierter und leichter zu erzielen sein; dies wird dem Einzelnen nützen, da er über gesundheitliche Risiken informiert wird, doch könnten diese Informationen auch von Dritten, z.B. Arbeitgebern oder Versicherungsgesellschaften, zu seinem Nachteil verwendet werden. Weitere ethische Überlegungen werden sich aus dem größeren Spektrum pränataler Diagnosen ergeben, die dann leicht verfügbar sein werden – möglicherweise wollen Eltern dann zum Beispiel das Geschlecht ihrer Kinder bestimmen. Diese Fragen ergeben sich nicht unmittelbar aus den zusammengetragenen Informationen, sondern aus deren Anwendung. Dies bedeutet, daß es, unabhängig von den technischen Möglichkeiten und Vorzügen, die die Analyse des menschlichen Genoms bietet, von entscheidender Bedeutung ist, daß sich die Politiker und die Gesellschaft als Ganzes über diese schwierigen Fragen ernsthafte Gedanken machen. Aspekte wie die Privatsphäre eines Menschen, einschließlich des Rechts eines Menschen auf Wissen oder Nichtwissen, müssen gegen allgemeine Überlegungen zur Gesundheitsfürsorge abgewogen werden.

Der Dialog mit den verschiedenen interessierten Gruppen und die Vermittlung von Informationen über die gesellschaftlichen und ethischen Konsequenzen solcher Forschung wird in systematischer Art und Weise organisiert werden.

Es herrscht allgemeine Übereinstimmung, daß aus ethischen Gründen jegliche Möglichkeit einer Änderung der genetischen Konstitution der menschlichen Keimzelle, selbst zu rein therapeutischen Zwecken, abgelehnt werden muß; dieses Thema wird aus diesem Forschungsprogramm der Europäischen Gemeinschaft ausgeklammert.

Quelle: Kommission der Europäischen Gemeinschaften 1988, Auszug.

* * *

(28) Gesetzentwurf zur Verringerung der Zahl anomaler Kinder (1988)

Begründung

Unter den Belastungen der Nation wird niemand die Last bestreiten, die die Behinderten darstellen. Nach bereits veralteten Statistiken beläuft sich die Zahl der körperlich und geistig Behinderten auf etwa:

unter 20 Jahren	1 227 000
Erwachsene	1 104 000
insgesamt	2 331 000

Zu diesen kommen die über 60jährigen, die einschließlich der gebrechlichen Alten etwa 1 500 000 ausmachen.

Luxemburg, 5. Oktober 1988

APEH
Vereinigung zur Verhütung
behinderter Kinder
Frau Yvonne JEGOU,

Vorsitzende
B.P. 18
F – 94802 VILLEJUIF Cedex

Die Anlagen wurden dem Petitionsausschuß übermittelt.

Sofern es sich nur um die finanzielle Belastung handelte, könnte man sagen, daß dies zu verschmerzen wäre. Diese Behinderten sind jedoch nicht nur selbst unglücklich, sondern bringen im allgemeinen das Unglück in die Haushalte, in denen sie leben. Die Familie ist in den meisten Fällen schwer gestört und konzentriert sich nur noch auf sie, wobei sie sich einer oft hoffnungslosen Aufgabe widmet. Gibt sie das Kind in eine Spezialeinrichtung, so leidet sie unter starken Schuldgefühlen. Angesichts eines solchen so gut wie unlösbaren Problems geraten Vater und Mutter oft in Streit, oder der Vater gibt auf und verläßt die Familie und beraubt diese somit ihrer Haupteinnahmequelle. Die Familie kann sich noch glücklich schätzen, wenn die Behinderung lediglich körperlicher Natur ist bzw. wenn der Behinderte lediglich geistig zurückgeblieben, jedoch nicht bösartig ist, denn es gibt auch Unzurechnungsfähige, die gewalttätig sind oder die nicht in der Lage sind, ihre Gefühle zu beherrschen.

Es wird immer Behinderte geben. Unfälle bei der Arbeit, im Straßenverkehr oder im täglichen Leben führen dazu, daß es jeden Tag neue Körperbehinderte gibt. Kriege lassen eine große Zahl von Behinderten entstehen. Man schätzt die Zahl der durch Unfälle oder Krankheit „Schwerbehinderten" auf 842 000 Personen im Alter von 0–59. Neben diesen Schwerbehinderten aufgrund von Unfällen, deren Zunahme nur durch die Verhütung der Unfälle bekämpft werden kann, gibt es ebenfalls 658 000 Menschen, die von Geburt an behindert sind, und jeden Tag werden neue geboren. Der vorliegende Vorschlag möchte zur Verringerung ihrer Zahl beitragen. Man muß alles für die Behinderten tun. Es muß jedoch auch alles getan werden, damit ihre Zahl abnimmt, auf jeden Fall aber nicht zunimmt.

Es wurde bereits ein wichtiger Schritt getan, als man die Schwangerschaftsuntersuchungen entwickelte und die therapeutische Abtreibung genehmigte. Viele Schwangerschaften werden bereits sehr gut überwacht, und wenn eine Behinderung gewiß oder wahrscheinlich ist, teilt der Arzt dies der Mutter mit, die dann einen medizinischen Schwangerschaftsabbruch beantragen kann. Diese Art des Vorgehens wird jedoch einerseits als zu radikal und andererseits als ungenügend kritisiert.

Sie ist ungenügend, da schwere Anomalien vor der Geburt häufig nicht erkennbar sind. Außerdem entstehen viele Behinderungen, insbesondere geistige, durch Unfälle bei der Geburt. Einige Minuten ohne zu atmen genügen, damit das Gehirn nicht wieder gutzumachende Schäden davonträgt. Angesichts der Tatsache, daß die Mehrzahl der behinderten Kinder bei der Geburt wiederbelebt werden muß, bestünde die erste Maßnahme darin, es dem Arzt zu gestatten, die Neugeborenen, die augenscheinlich nicht in der Lage sind, ein normales Leben zu führen, nicht wieder zu beleben. Dies verstößt allerdings gegen das Gesetz, das nicht nur Mord verbietet und bestraft (Art. 295–304 des Strafgesetzbuchs), sondern auch die unterlassene Hilfeleistung für eine Person, die sich in Gefahr befindet (Art. 63 dieses Gesetzes).

Wenn man der vorbeugenden Abtreibung vorwerfen kann, sie sei ungenügend, so wird merkwürdigerweise auch der Vorwurf erhoben, sie ginge zu weit. Denn die vorgeburtlichen Untersuchungen zeigen häufig nur die Wahrscheinlichkeit oder sogar nur die Möglichkeit einer Anomalie an. Und neben den Fällen, bei denen die Untersuchung eine Gewißheit ergeben hat, kann man annehmen, daß von den verdächtigen Föten, die durch die therapeutische Abtreibung vernichtet wurden, ein Teil ganz normale Kinder ergeben hätte. Sie werden lediglich aus Sicherheitsgründen getötet und weil man weiß, daß nach ihrer Geburt ihr Leben heilig ist. Man will nicht das Risiko eingehen, ein anomales Kind in die Welt zu setzen. Dies ist sehr vernünftig. Es wäre allerdings besser, wenn dem Arzt, bevor er eine unwiderrufliche Entscheidung trifft, gestattet würde, zu warten, bis das Kind geboren ist, damit er es sehen und berühren kann.

So führen merkwürdigerweise, und so schockierend für unsere Mentalität die Vorstellung der Kindestötung ist, sowohl der Wunsch, die Zahl der geistig Behinderten in der Gesellschaft zu verringern als auch der umgekehrte Wunsch, zu rasche Verurteilungen zu verhindern, beide dazu, im Rahmen der notwendigen Garantien die Kindestötung bei geistig Behinderten zu gestatten.

Zwei Fragen sind zu prüfen: die Garantien und die Frist.

Es sind natürlich Garantien zu fordern, damit die vom Gesetz gebotenen Möglichkeiten nicht zu einer zu umfangreichen Anwendung führen. Im Hinblick darauf fordert ein Gesetzentwurf BRAHAMS, der vor einigen Jahren in Großbritannien vorgelegt wurde (Law Society's Gazette, 26. November 1981):
– das Einverständnis der Eltern,
– eine Bescheinigung von zwei Ärzten, die über sieben Jahre Berufserfahrung verfügen,
– darunter ein qualifizierter Facharzt.

Diese zweifache Bedingung erscheint vernünftig. Sie wird hier übernommen.

In bezug auf die Frist trifft der genannte Vorschlag eine weniger glückliche Wahl. Er spricht von „weniger als 28 Tagen", was sehr lang erscheint. Ganz sicher muß man sehr gut überlegen, bevor man das Unwiderrufliche tut und die erste Diagnose durch einen qualifizierten Dritten bestätigen lassen. Vielleicht wäre es sogar nützlich abzuwarten, wie die Dinge sich entwik-

keln. Aber eine Mutter vier Wochen lang im Zweifel darüber zu lassen, ob sie noch hoffen kann oder ob es das Klügste wäre, ihre Unterschrift zu geben, damit ihr Kind stirbt, dies erscheint außerordentlich grausam. Und mit vier Wochen hängt eine Mutter bereits sehr an ihrem Kind.

Gewiß praktizierte man in den antiken Kulturen „die Aussetzung" der schlechtangepaßten oder einfach unerwünschten Neugeborenen, dies jedoch nur so lange, wie das Kind noch keinen Namen hatte. Es erhielt diesen je nach Stadt oder auch Geschlecht zwischen dem 5. und dem 10. Tag.

Wenn man demnach annimmt, daß das Kind erst eine Rechtsperson und sein Leben unantastbar ist, wenn die gesetzliche Frist für die Namensgebung abgelaufen ist, wäre die Frist in Frankreich noch kürzer. Sie betrüge 3 Tage, da das Kind seinen Namen in der Geburtsurkunde erhält und die Erklärung der Geburt innerhalb von drei Tagen nach der Geburt erfolgen muß (Art. 55 des Code Civil).

Andererseits scheinen drei Tage ausreichend, um sich über den Zustand des Kindes klar zu werden. Und ein Kind von drei Tagen befindet sich praktisch im gleichen Zustand wie bei seiner Geburt, da es noch nicht wieder das Gewicht erreicht hat, das es zu dem Zeitpunkt hatte. Und die Problem- oder Frühgeburten werden im allgemeinen mit drei Tagen noch nicht ihrer Mutter zurückgegeben.

Dies sind die wichtigsten Gründe für den Gesetzentwurf, dessen Inhalt folgt.

Gesetzentwurf

Artikel 1

Ein Arzt begeht weder ein Verbrechen noch ein Vergehen, wenn er einem Kind von weniger als drei Tagen die zum Überleben notwendige Pflege verweigert, wenn dieses Kind ein unheilbares Gebrechen aufweist, derart, daß man voraussehen kann, daß es niemals ein lebenswertes Leben führen können wird. Diese Unterbrechung der Pflege unterliegt den in Artikel 2 und 3 genannten Bedingungen.

Artikel 2

Eine ausführliche und detaillierte Invaliditätsbescheinigung muß von 2 Ärzten unterzeichnet werden, die beide 7 Jahre Berufserfahrung haben und von denen einer Facharzt der Kinderheilkunde oder für das bei dem Kind vorliegende Gebrechen sein muß. Der behandelnde Arzt der Mutter wird nicht ausgeschlossen, sofern er kein erbberechtigter Verwandter ist.

Artikel 3

Der Vater und die Mutter oder ersatzweise die Personen, die die elterliche Gewalt über das Kind ausüben, müssen eine Genehmigung zur Unterbrechung der lebenserhaltenden Pflege unterzeichnet haben.

Artikel 4

Das so innerhalb von drei Tagen nach seiner Geburt verstorbene Kind gilt als bei der Geburt nicht lebensfähiges Kind im Sinne von Artikel 725 des Code Civil.

Quelle: Europäisches Parlament 1988.

6 Dokumentation zum Umgang mit behindertem Leben

(29) Bundesärztekammer: Genetische Beratung und pränatale Diagnostik in der Bundesrepublik Deutschland (1980)

Aufruf der Bundesärztekammer an die für die Universitäten und für das Gesundheitswesen zuständigen Ministerien der Bundesländer zur Dringlichkeit der genetischen Beratung in der Bundesrepublik Deutschland

Die genetische Beratung einschließlich der vorgeburtlichen genetischen Diagnostik aus dem Fruchtwasser ist eine ärztliche Tätigkeit im Interesse der Gesundheit unserer Kinder. Sie gewinnt seit einigen Jahren an Bedeutung, weil unser Verständnis der Erbleiden, die Möglichkeiten der genetischen Diagnostik, der Verhütung und Behandlung gewachsen sind und weil die Nachfrage aus der Bevölkerung nach genetischer Beratung steigt. Genetische Beratung und Diagnostik wird bisher fast nur nebenher an primär für Forschung und Lehre konzipierten Instituten unserer Universitäten durchgeführt.

Diese Institute sind schon derzeit hoffnungslos überlastet. Die Wartezeiten auf eine genetische Beratung betragen oft Monate; die Diagnostik aus dem Fruchtwasser kann trotz vorliegender Indikation in vielen Fällen nicht durchgeführt werden, weil die Kapazität der hierfür erforderlichen Untersuchungseinrichtungen nicht ausreicht. Die Situation wird an vielen Orten noch verschärft durch das Auslaufen bisheriger Drittmittel.

Die Forderung nach mehr genetischer Beratung und pränataler Diagnostik wird einmal gestellt, weil dadurch in manchen Fällen die Geburt eines schwerbehinderten Kindes vermieden und so menschliches Leid verhindert werden kann. Zum anderen kann in der genetischen Beratung die häufig unnötige Angst junger Eheleute vor der Geburt eines schwerbehinderten Kindes zerstreut werden, die vorher den Kinderwunsch unterdrückt hatte.

Die sofortige Bereitstellung einer ausreichenden Beratungs- und Laborkapazität gehört zu den wichtigsten Forderungen der Vorsorgemedizin.

Wenn man die Ärzteschaft in Klinik, Praxis und Gesundheitsamt als Filter vor der Beratung einschaltet, dann könnte eine genetische Beratungsstelle an jeder Medizinischen Fakultät auch langfristig den Bedarf decken.

Die erforderliche personelle Ausstattung einer solchen Beratungsstelle (einschließlich des Chromosomenlabors) beträgt im Durchschnitt sechs Ärzte und Wissenschaftler, sechs technische Hilfskräfte und vier sonstige Mitarbeiter.

Die deutsche Ärzteschaft bittet die für die Universitäten und die für das Gesundheitswesen zuständigen Ministerien der Länder in gemeinsamer koordinierter Anstrengung, diese Beratungsstellen jetzt zu schaffen und den Ausbau einiger zentraler Untersuchungsstellen für die notwendigen biochemischen Methoden zu fördern. Andernfalls ist mit einer rasch wachsenden Zahl von Beschwerden aus der Bevölkerung zu rechnen, weil genetische Beratung und genetische Fruchtwasserdiagnostik nicht in ausreichendem Umfang geleistet werden können.

Genetische Beratung und pränatale genetische Diagnostik

Eine Kurzinformation für den Arzt

In unserer Zeit ist das Schicksal behinderter Mitmenschen jedermann bewußt geworden. Deshalb machen sich immer mehr Paare Sorgen um die Gesundheit ihrer künftigen Kinder. Sie erwarten von ihrem Arzt, daß er sie auf besondere Risiken schon vor der Zeugung von Kindern hinweist.

Ist bereits ein behindertes Kind geboren, wagen sie oft ohne Auskunft über das Wiederholungsrisiko keine erneute Schwangerschaft. Hier können die genetische Beratung und in manchen Fällen die pränatale genetische Diagnostik aus dem Fruchtwasser helfen.

Die Bedeutung dieser präventiven Tätigkeit ergibt sich aus der Tatsache, daß mindestens 5 von 100 Neugeborenen mit einem genetischen Defekt zur Welt kommen. Dieser Defekt kann, wie zum Beispiel eine Fehlbildung, schon bei der Geburt erkennbar sein. Er mag, wie eine Muskelkrankheit, auch erst später zutage treten.

In der genetischen Beratung kann durch eine auf ärztliche Befunde gestützte Familienanamnese oder durch die Untersuchung der Ratsuchenden in manchen Fällen ein besonderes Risiko für das Auftreten einer bestimmten Krankheit bei den gewünschten Kindern festgestellt oder ausgeschlossen werden. In voller Kenntnis der Höhe dieses Risikos und gegebenenfalls der Schwere der zu befürchtenden Krankheit können dann die Ratsuchenden ihre Entscheidung treffen.

Wann sollte der Arzt an die Möglichkeit der genetischen Beratung denken?
– Nach der Geburt eines behinderten Kindes.
– Falls eine möglicherweise genetisch bedingte Krankheit in der Familie oder bei einem der Fragesteller bekannt ist. Auch das einmalige Vorkommen einer Krankheit spricht nicht immer gegen eine genetische Ursache.
– Bei älteren Paaren oder engen Blutsverwandten mit Kinderwunsch.
– Bei wiederholten gynäkologisch nicht erklärbaren Aborten oder totgeborenen Kindern.
– In seltenen Fällen kann eine besondere Belastung mit Mutagenen oder Teratogenen (insbesondere ionisierende Strahlen oder Zytostatika) vor oder in der Schwangerschaft Anlaß zur genetischen Beratung werden.

Bei den einfach vererbten Krankheiten können die Risiken für Nachkommen je nach Familiensituation zwischen 0 und 50 Prozent betragen. Es sind mehr als 2000 derartige Leiden bekannt. Viele davon sind selten. Einzelne treten aber relativ häufig auf, so die zystische Fibrose (Mukoviszidose) bei 1 von 3000, die Phenylketonurie bei 1 von 10000 bis 20000 Kindern. Als weitere Beispiele seien genannt: adrenogenitale Syndrome, akute intermittierende Porphyrie, Albinismus, Dystrophia myotonica, Galaktosämie, Ichthyosis congenita, Hämophilie, Huntingtonsche Chorea, Kugelzellanämie, zahlreiche Muskeldystrophien, Neurofibromatose, Osteogenesis imperfecta, Polydaktylie, Spalthand, Sphingolipidosen, Syndaktylie, tuberöse Sklerose, Xeroderma pigmentosum.

Weit häufiger sind polygen oder multifaktoriell vererbte Krankheiten. Am Zustandekommen dieser Gruppen erblicher Leiden sind auch exogene Faktoren beteiligt. Die Schätzung des Risikos für Nachkommen beziehungsweise Geschwister von Kranken beruht auf Erfahrungswerten (empirische Erbprognose). Typische Werte liegen zwischen 2 und 10 Prozent. Als Beispiele polygener Krankheiten lassen sich nennen: Die meisten Formen von Atopien, Diabetes mellitus, Epilepsien, Hüftgelenksluxation, Klumpfuß, Lippen-Kiefer-Gaumen-Spalte, manisch-depressive Psychosen, Psoriasis, Pylorusstenose, Spina bifida, Schizophrenien und die meisten angeborenen Herzdefekte.

Die Abgrenzung von Sonderformen mit einfachem Erbgang oder anderen Ursachen ist hier besonders wichtig. Die genetische Beratung bei multifaktoriell vererbten Krankheiten ist deshalb häufig schwieriger als bei Leiden mit einfachem Erbgang.

Eine weitere Gruppe genetisch bedingter Störungen beruht auf einer Abweichung von der normalen Zahl oder Struktur der Chromosomen. Sie stellen überwiegend Neumutationen in den Keimzellen gesunder Eltern dar, werden also zumeist nicht über mehrere Generationen vererbt. Das wichtigste Beispiel für eine veränderte Chromosomenzahl ist der Mongolismus (mit einer Häufigkeit von 1 bis 2 auf 1000 Neugeborene).

Weitere häufigere Veränderungen sind die Trisomien 13 und 18 (Patau- und Edwards-Syndrom) sowie ... das Turner-Syndrom (45. XO) und das Klinefelter-Syndrom (47. XXY)

Ganz besondere Bedeutung für das Wiederholungsrisiko haben Chromosomen-Umbauten, sogenannte Translokationen. Daher ist auch bei allen Patienten mit dem Verdacht auf eine Chromosomenkrankheit eine Chromosomenanalyse erforderlich, um die genaue Form festzulegen. Typische Risiken nach der Geburt eines Kindes mit einer Chromosomen-Anomalie haben eine Größenordnung zwischen 1 und 10 Prozent.

Hier kann die pränatale genetische Diagnostik helfen, da Chromosomenanomalien des Feten aus den im Fruchtwasser enthaltenen Zellen erkannt werden können.

Auch bei einer größeren Zahl von Stoffwechselanomalien, besonders bei den Sphingolipidosen, ist eine Diagnose aus den durch Amniozentese gewonnenen Zellen des Fruchtwassers möglich.

Die Erfahrung zeigt, daß in 96 bis 97 Prozent aller Schwangerschaften, die zu einer pränatalen Diagnostik kommen, die befürchtete Anomalie oder Krankheit beim Feten ausgeschlossen werden kann. In 3 bis 4 Prozent aller Untersuchungen wurde die Diagnose einer schweren genetischen Krankheit beim Feten gestellt. Dann kann auf Wunsch der Mutter eine Interruptio (nach § 218 a Abs. 2 Nr. 1 und Abs. 3) erfolgen. Der Arzt sollte eine Fruchtwasserdiagnostik erwägen, wenn:
– eine Mutter bereits ein mongoloides Kind oder ein Kind mit einer anderen Chromosomenanomalie geboren hat,
– bei einem der Eltern eine Chromosomenanomalie (zum Beispiel eine balancierte Translokation) bekannt ist,
– die Mutter mindestens 37 Jahre alt ist (altersbedingte Risikoerhöhung),
– ein Risiko für das Auftreten einer Stoffwechselstörung beim Feten besteht und wenn diese Stoffwechselstörung aus dem Fruchtwasser diagnostiziert werden kann,
– die Mutter Konduktorin für eine schwere X-chromosomal rezessive Krankheit ist. Sofern eine direkte Diagnose noch nicht möglich ist, wird hier das Geschlecht des Feten bestimmt, da nur Knaben ein Erkrankungsrisiko von 50 Prozent tragen,
– durch die vorhergehende Geburt eines entsprechend kranken Kindes oder durch die Familienanamnese ein erhöhtes Risiko für das Auftreten einer Spina bifida nachgewiesen ist oder eine Alpha-Fetoprotein-Untersuchung im Serum der Graviden erhöhte Werte ergeben hat.

Die pränatale genetische Diagnostik aus dem Fruchtwasser ist keine Methode, mit der man generell ängstlichen Müttern die Geburt eines gesunden Kindes garantieren kann. Eine solche Diagnostik ist deshalb nur dann indiziert, wenn vorher in der genetischen Beratung festgestellt wurde, daß der Fetus ein besonderes Risiko für das Auftreten einer aus dem Fruchtwasser erkennbaren Krankheit trägt.

Zweifelsfragen zur Indikation einer genetischen Beratung oder einer pränatalen Diagnostik sollte der Hausarzt mit der nächsten genetischen Beratungsstelle klären. Ein Verzeichnis enthält der Anhang.

Generell wird genetische Beratung an den Instituten für Humangenetik oder für Anthropologie und Humangenetik aller Universitäten und medizinischen Hochschulen durchgeführt.

Genetische Beratung und pränatale Diagnostik erfordern als kassenärztliche Leistungen einen Überweisungsschein...

Genetische Beratung ist eine ärztliche Hilfe im Interesse der Gesundheit unserer Bevölkerung.

In einer Zeit, in der fast jedermann durch die Massenmedien über das Schicksal der Behinderten informiert ist, machen sich immer mehr Paare Sorgen um die Gesundheit ihrer Kinder. Diesen besorgten Familien will die genetische Beratung helfen, indem sie ihnen – möglichst schon vor der Zeugung von Kindern – die Frage beantwortet, ob sich aus der Familienanamnese oder durch eine Untersuchung der Fragesteller ein besonderes Risiko für eine bestimmte Krankheit bei den gewünschten Kindern erkennen läßt ...

Genetische Beratung wird als eine Tätigkeit im Interesse der Gesundheit unserer Bevölkerung definiert. Sie hat nichts mit dem zu tun, was man früher unter Eugenik verstand. Erbdefekte sind so häufig, daß auch jeder Gesunde damit rechnen muß, eine oder mehrere ungünstige Erbanlagen verdeckt zu tragen ...

Man muß ... befürchten, daß genetische Krankheiten nicht nur relativ, sondern auch absolut häufiger werden.

Dieses Häufigerwerden genetischer Krankheiten unter den Neugeborenen könnte mit der modernen perinatalen Medizin zusammenhängen. Sie läßt viele Kinder überleben, die früher während der Schwangerschaft oder Geburt verstorben wären.

Sodann ist eine absolute Zunahme genetischer Krankheiten zu befürchten, weil immer mehr genetisch kranke Menschen klinisch so weit geheilt oder gebessert werden, daß sie sich normal oder fast normal fortpflanzen können. Auf diese Weise gelangen aufs Ganze gesehen sicher mehr krankmachende Erbanlagen in die nächste Generation als früher ...

Ein gewichtiges und für jedermann leicht einsehbares Argument für die Notwendigkeit genetischer Beratung ergibt sich aus dem Behindertenproblem.

Zweifellos steigt derzeit der Anteil der unter uns lebenden behinderten Mitmenschen von Jahr zu Jahr. Dieser Anstieg beruht nur zu einem kleinen Teil auf einer Zunahme der angeborenen Behinderungen. Im wesentlichen geht dieser Anstieg der Behindertenzahl zurück auf eine Zunahme der Lebenserwartung fast aller Gruppen von Behinderten durch eine in den letzten Jahrzehnten fortlaufend verbesserte ärztliche und soziale Betreuung.

Wir stehen vor der Notwendigkeit, immer mehr und immer ältere Behinderte zu versorgen. Wir diskutieren neben Früherkennung und schulischer Betreuung jetzt auch Sexualität, Partnerschaft, Ehe und berufliche Integration.

Die Grenze der Leistungsfähigkeit der Gesamtheit der Versicherten und des Staates im Bereich gesundheitlicher Maßnahmen ist in Sicht, ja verschiedentlich bereits überschritten. Als wichtige Konsequenz ergibt sich aus dieser Situation, daß der Krankheitsvorbeugung und somit auch der genetischen Beratung für die Zukunft ein besonderes Gewicht beigemessen werden muß.

Quelle: Bundesärztekammer 1980, 187–192 (Auszug).

* * *

(30) Übersicht über die Schädigungsarten und ihre Vererbung

(1) Pränatale Schädigungen.

Neben Art und Stärke der schädigenden Faktoren ist der Zeitpunkt der Einwirkung auf das sich entwickelnde Leben von Bedeutung. Allgemein kann gesagt werden, daß die Empfindlichkeit während der Embryonalphase (3.-8. Woche) am stärksten ist, da in diesem Zeitraum die Organe sich zu differenzieren beginnen.

Vergiftungen: Unter anderem sind von folgenden Substanzen fruchtschädigende Wirkungen bekannt: Thalidomid, Alkohol, Methylquecksilber. Die entstandenen Schädigungen werden nicht weitervererbt, jedoch bleibt beim Alkoholismus die genetische Weitergabe einer seelischen Disposition zu geringer Frustrationstoleranz denkbar.

Infektionen: In Betracht kommen im wesentlichen Infektionen durch Röteln, Zytomegalie und Toxoplasmose, da sie schwere Augen-, Gehör- und Hirnschäden verursachen können, wenn sie während der Schwangerschaft auftreten. Leichtere Schädigungen des Embryos werden allerdings auch durch die meisten anderen Virusinfektionen verursacht. Die so entstandenen Schädigungen werden nicht weitervererbt.

Strahlenexposition: Strahlenexpositionen in der Frühschwangerschaft können geistige Retardierung, Mikrozephalie, Augenschäden u.a. verursachen. Es scheint keinen Schwellenwert zu geben, unter welchem keine Gefahr der Schädigung bestehen würde. Wenn auch die Strahlenbelastungen durch sachgerecht durchgeführte Röntgenaufnahmen fast nie den Wert von 1 Rem erreichen (ab 20 Rem wird eine Schwangerschaftsunterbrechung empfohlen), sollten derartige Untersuchungen in der Schwangerschaft möglichst vermieden werden. Die Beantwortung der Frage der Weitergabe der entstandenen Schädigungen an die nächste Generation hängt davon ab, ob und wie stark die Urkeimzellen des Fetus geschädigt wurden.

Fehlentwicklungen: In 0,01 % der Schwangerschaften kommt es aus bisher noch ungeklärter Ursache zur Ruptur des Amnions, wobei sich Schlingen bilden, in denen sich der Embryo verfangen kann, wodurch sich u.a. Kiefer-Gaumen-Spalten ausbilden. Eine genetische Komponente ist unwahrscheinlich, ein Wiederholungsrisiko ist praktisch nicht gegeben.

(2) Perinatale Schädigungen.

Diese Schädigungen werden nicht weitervererbt. Jedoch besteht bei nicht behandelter Rhesusunverträglichkeit des Kindes (Rh⁺, Mutter Rh⁻) die Möglichkeit der Wiederholung von 50 % in der nächsten Generation, wenn das Kind männlich ist und einen Rh⁻-Partner hat.

(3) Postnatale Schädigungen.

Nachgeburtliche Schädigungen werden nicht vererbt.

(4) Genetisch bedingte Schädigungen.

Chromosomenaberration (Morbus Langdon Down, sog. Mongolismus). Sie nehmen mit steigendem Alter der Mutter zu und führen in fast allen Fällen zu mehr oder weniger stark ausgeprägter geistiger Retardierung. Die Ursachen für derartige Schädigungen können grundsätzlich weitervererbt werden, jedoch hängt die Wahrscheinlichkeit der Weitergabe im einzelnen Fall von der genauen Art der Chromosomenaberrationen ab, die nur mit Hilfe einer genetischen Beratung geklärt werden kann.

Klassische Erbkrankheiten: Bei den Erbkrankheiten muß zwischen dominanten (überwiegend schwere Erkrankungen) und rezessiven (überwiegend schwere Stoffwechselstörungen) Erbgängen unterschieden werden. Allgemein kann gesagt werden, daß dominante Erbkrankheiten eher weitervererbt werden als rezessive; auch hier bedarf es der Klärung durch eine Stammbaumanalyse.

Spontanmutationen: Spontanmutationen sind zufällige, ungerichtete Veränderungen der DNS, die durch natürliche Radioaktivität, kosmische Strahlung, Übertragungsfehler bei der Zellteilung oder aber durch künstliche Radioaktivität, chemische Substanzen und Viren ausgelöst werden können. Sie können sich in Form von Chromosomenaberrationen, Erbkrankheiten oder als Aborte äußern und werden grundsätzlich weitervererbt. Ein Wiederholungs- bzw. Weitergaberisiko besteht jedoch nur dann, wenn bereits die Keimzellen der Eltern oder des Embryo geschädigt wurden. Die Spontanmutationsraten liegen heute zwischen 1:10000 und 1:100000.

(5) Psychische Erkrankungen.

Sie kommen nur selten rein umweltbedingt oder rein anlagebedingt zustande. Das Gros liegt zwischen diesen beiden Extremen. Es findet eine komplexe Interaktion zwischen Anlage und Umwelt statt; beide Größen sind an psychischen Erkrankungen beteiligt, allerdings im Einzelfall mit verschiedenen Gewichten. Die genauen Zusammenhänge sind weitgehend unbekannt.

Schizophrenien und depressive Psychosen: Sie haben eine genetische Grundlage, jedoch sind für ihre Manifestation Umwelteinflüsse mitverantwortlich, die nicht generalisiert werden können.

Epilepsien: Hier sind sowohl dominante wie auch rezessive Erbgänge bekannt, obwohl der Erbgang im allgemeinen polygen ist.

Neurosen: Sie weisen u.U. eine genetische Komponente auf, bei der es sich um eine Disposition handelt, die eine variable und polygene Persönlichkeitsvariante darstellt und sich ähnlich wie andere Persönlichkeitseigenschaften kontinuierlich in der Bevölkerung verteilt. Bei einer schwachen Disposition bedarf es einer starken psychischen Belastung, um eine krankhafte neurotische Reaktion hervorzurufen, bei starker Disposition genügt eine minimale Belastung.

Quelle: Antor/Bleidick 1995, 189–191.

* * *

(31) Verband Deutscher Sonderschulen: Schließung der Humangenetischen Beratungsstellen (1989)

Antrag Nr. 35 – Landesverband Hessen. Humangenetik

Der vds möge beschließen: Der Bundesvorstand setzt sich bei den entsprechenden Trägern und den politischen Parteien für eine Schließung der humangenetischen Beratungsstellen in der Bundesrepublik Deutschland ein, da sich aus der Arbeit dieser Stellen eine Einstufung von Leben als lebensunwert ableitet. Der vds fordert, daß ab sofort die Mittel, die zur Verhinderung behinderten Lebens vergeben werden, dazu benutzt werden, die Lebensbedingungen behinderter Menschen und ihrer Angehörigen zu verbessern.

Begründung: Die Angst vieler Frauen/Paare, ein behindertes Kind zu bekommen, ist vor dem Hintergrund unzureichender Versorgungsmöglichkeiten und der immer noch gravierenden Isolierung behinderter Kinder und ihrer Familien verständlich. Sie wird darüber hinaus durch die aktuellen Einschnitte im Gesundheitswesen und in der Sozialfürsorge sogar noch verstärkt. Humangenetische Beratungsstellen greifen mit ihrem „Beratungsangebot" diese Angst auf, indem sie vorgeben, Frauen die Angst zu nehmen und ihnen bei der Entscheidung für oder gegen ein behindertes Kind helfen zu können.

Mit der Propagierung von pränataler Diagnostik als wichtigstem Instrument humangenetischer Beratungsstellen wird Frauen diese Entscheidung jedoch erst aufgezwungen. Sie sollen damit an der diesen Einrichtungen zugrundeliegenden Einteilung in erwünschtes und unerwünschtes Leben teilnehmen und so das Hauptziel genetischer Beratung, die Verhinderung ‚behinderten' Lebens übernehmen.

Die angewandten Methoden wie klinische Untersuchungen, Stammbaumanalyse und vor allem neue gentechnische Methoden zur Schwangerschaftsdiagnostik (spezielle Fruchtwasseruntersuchungen) und andere pränatale Diagnosemethoden zeigen auf, was unter Verhinderung verstanden werden muß: Bei Verdacht auf mögliche vererbbare ‚Defekte' soll ein Verzicht auf eigene Kinder erzielt, zur Sterilisation beraten bzw. bei schon bestehender Schwangerschaft ein Abbruch nahegelegt werden. Hierbei handelt es sich um selektiven Abbruch, d.h. es wird nach lebenswert und lebensunwert unterschieden. Anhand der Diagnose wird also auf die Lebensqualität und den Wert des entstehenden Lebens geschlossen, wobei Behinderung als eine unzumutbare Beeinträchtigung und daher von sich aus als lebensunwert bestimmt wird, d.h. nicht zu leben wird als ‚lebenswerter' angesehen als mit der vermuteten Beeinträchtigung zu leben. So gilt schon heute die Verhinderung von Down-Syndrom-Kindern als vernünftig, legitim und geboten. Eine Auseinandersetzung mit Behinderung als einer Form (unter vielen anderen) von Leben ist dagegen nicht gewollt.

Behinderung wird von Befürwortern genetischer Beratung als individuelles schwerwiegendes Leiden verstanden, das allein auf körperliche und geistige Beeinträchtigungen – genetische Defekte – zurückgeführt und durch diese ausgelöst wird. Die Ursachen von Behinderung sind demnach nicht die gesellschaftliche Ächtung und Diskriminierung, sondern sie werden ausschließlich als im jeweiligen individuellen Schicksal begründet gesehen.

Krankmachende Umweltbedingungen und Umweltskandale, die ursächlich für ungewollte Kinderlosigkeit und körperliche Schädigungen verantwortlich sind, werden dabei nur soweit ins Feld geführt, wie sie die Logik von Humangenetikern unterstützen: genetische Beratung mit dem Ziel der Abschaffung des Leidens durch Abschaffung/Verhinderung der Leidenden.

Behinderung wird dabei als schwerwiegende Belastung sowohl für den Betroffenen und seine Angehörigen, aber vor allem auch für die Gesellschaft definiert. Dies zeigt sich deutlich in der Argumentation für den Ausbau genetischer Beratungsstellen, die sich hauptsächlich auf Kosten-Nutzen-Analysen stützen (die Ausgaben zum Unterhalt der humangenetischen Beratungsstellen sind geringer als die Kosten, die für die Pflege von Behinderten aufgewendet werden müssen). Der gesellschaftlich errechenbare Nutzen dieser Menschen besteht in ihrer Nichtexistenz!

Mit der Aussage, daß Behinderung einen vermeidbaren Kostenfaktor darstellt, wird zugleich die Bereitschaft der Gesamtbevölkerung, für eine humane gesundheitliche, kulturelle und soziale Versorgung aller ihrer Mitglieder einzutreten, untergraben. Statt dessen gilt die Geburt eines behinderten Kindes zukünftig als individuell verschuldet und damit als ein individuelles Problem. Aus dem proklamierten ‚Recht auf ein eigenes Kind‘ wird die ‚Pflicht zu einem gesunden Kind‘. In dieser Kultur der Zukunft haben Leid, Schmerz und Behinderung keinen Platz. Diese Phänomene passen nicht in das durch Gentechnologie und Apparatemedizin geprägte Bild der Gesellschaft der ‚optimalen Menschen‘. Mit diesem Wertewandel werden Vorstellungen über anderes Leben und Andersdenken im Keim erstickt und an eine Denk- und Argumentationstradition geknüpft, die in der Vernichtungspraxis des Nationalsozialismus ihren logischen Höhepunkt hatte. Bestrebungen nach der Realisierung eines besseren Zusammenlebens, konkret der Integration von Kranken und Behinderten in einer zukünftigen Gesellschaft des Miteinanders werden damit zunichte gemacht.

Mit der Forderung nach Schließung humangenetischer Beratungsstellen drücken wir unsere Ablehnung gegenüber einer staatlich geförderten und angewandten eugenischen Bevölkerungspolitik aus. Ihre Erscheinungsform zeigt sich vor allem in den oben genannten Bestrebungen von:
– Fortpflanzungskontrolle als Qualitätskontrolle (gesundheitliche Erfassung von Menschen, Verfügbarkeit und Druck auf Frauen, pränatale Diagnosemöglichkeiten in Anspruch zu nehmen im Sinne einer Zwangsdiagnostik, z.B. als ‚Altersindikation‘);
– Sterilisation von Menschen, die sich als nicht ‚fortpflanzungswürdig‘ erweisen;
– Etablierung einer ‚neoeugenischen‘ Ideologie.

Die Praxis genetischer Beratung zeigt, daß eugenische Gedanken von positiver und negativer Selektion wieder aufleben. Die Akzeptanz hierfür wird über humangenetische Beratungsstellen hergestellt. Sie sorgen für die Schaffung eines individuellen eugenischen Bewußtseins, das sich vor allem in der Bewertung von entstehendem Leben und dessen Einteilung in lebenswert und lebensunwert ausdrückt. Damit verbunden ist ebenso die Ideologie, alle gesellschaftlichen Probleme wie z.B. Behinderung, Alkoholismus, psychische Störungen und Verhaltungsstörungen seien ausschließlich auf die biologisch-genetische Natur des Menschen zurückzuführen.

Uns ist klar, daß humangenetische Beratungsstellen nur eines unter vielen Beispielen zur Durchsetzung eugenischer Bevölkerungspolitik darstellen. Weitere Glieder dieser ‚bevölkerungseugenischen‘ Kette sind: das Sterilisationsgesetz, das Embryonenschutzgesetz, die Schaffung eines europäischen Genomforschungs-Projekts ‚Prädiktive Medizin‘ (Entschlüsselung der menschlichen Gene) und Forschungen im Bereich der Gentechnologie, in denen sich ebenfalls die Versatzstücke dieser eugenischen Ideologie wiederfinden lassen.

Humangenetik und das darin enthaltene Ausleseprogramm dürfen auf keinen Fall als individuelles medizinisches Angebot mißverstanden werden, sondern sind vielmehr Ausdruck einer politisch hochbrisanten Entwicklung, die Qualitätskontrolle und Fremdbestimmung der Menschen zur Folge haben wird.

Quelle: Verband Deutscher Sonderschulen, Bericht über die Hauptversammlung 1989, 665–666.

* * *

(32) Verfahren der Pränatalen Diagnostik

I. Nicht invasive Methoden

1. Ultraschalluntersuchung, Risikolose Diagnostik, während der gesamten Schwangerschaft möglich, unmittelbare Bildschirmkontrolle. Diagnose von Mikrocephalie, Wachstumsstörungen, Gliedmaßenfehlbildungen. Genauigkeit unsicher, je nach ärztlicher Erfahrung.
2. Mütterliche Blutentnahme. Risikoloses Verfahren; bereits ab 6. bis 8. Woche möglich. Diagnose von Infektionen, Neuralrohrdefekte, Nierenerkrankungen. Diverse Bluttests noch in der Erprobung.

II. Invasive Methoden

3. Amniozentese, Fruchtwasserentnahme in der 16.-20. Schwangerschaftswoche, Chromosomenanalyse in weiteren 2–4 Wochen. Fehlgeburtsrisiko 0,5–1 %; seltener Infektionsrisiko;

Verletzung des Fetus 1–2 %. Analyse von Chromosomenanomalien, Neuralrohrdefekte und Stoffwechselstörungen. Höchster Genauigkeitsgrad.

4. Chorionzottenbiopsie. Entnahme fetalen Materials von Chorionzellen in der 10. Schwangerschaftswoche. In den letzten Jahren wird über erhöhtes Risiko zu Fehlgeburten (5–8 %) und steigende Raten von fetalen Verletzungen mit späteren Fehlbildungen (bis zu 6–7 % der Eingriffe) berichtet. Immungenetische Untersuchung für Chromosomenanomalien und Stoffwechselerkrankungen. Hohe Versagerquote bei Diagnosen.

Weitere Methoden (Plazentazentese, Fetale Blutentnahme, Fetoskopie) spielen praktisch keine größere Rolle.

Quelle: Marschner 1989, Auszug.

* * *

(33) Argumente wider die Amniozentese (1987)

Gegner der Amniozentese sind ... häufig Eltern, die bereits ein behindertes Kind haben. Sie versetzen sich zurück in die Zeit der Schwangerschaft mit diesem Kind und vermuten, daß sie, hätten sie damals ebenfalls die Gelegenheit erhalten, sich für oder gegen ihr Kind zu entscheiden, letzteres getan hätten. Die Unkenntnis dessen, was die Behinderung für ihr Leben bedeuten werde, Vorurteile und diffuse Ängste hätten sie zu diesem Schritt bewogen. Heute erschrecke sie diese Vorstellung, da sie sich ihr Leben ohne dieses Kind nicht mehr vorstellen möchten und die mit ihm verbundenen, durchaus auch leidvollen, Erfahrungen als wichtige Entwicklungsschritte für die eigene Person ansehen. Die ursprünglich befürchtete Lebensveränderung wird nunmehr nicht selten als positives Erlebnis von Wertverschiebung beschrieben.

Die kleine Gruppe von Eltern, die sich trotz einer Risikoschwangerschaft oder eines bereits vorhandenen behinderten Kindes gegen präventive Diagnostik oder gar nach Durchführung der Amniozentese und vorliegender eugenischer Indikation gegen den Schwangerschaftsabbruch und damit für die Geburt eines Kindes mit einer Behinderung entscheidet, tut dieses aus ethischen Motiven. Diese Eltern sehen das Erlebnis, die Auseinandersetzung und die Bewältigung schmerzlicher Lebensanteile als zum Menschsein gehörig. Die Schwierigkeiten, die das Leben mit einem behinderten Kind für sie selbst und für das Kind bringt, betrachten sie als vor allem von außen verursacht und gesellschaftlich bedingt. Hierzu trage nicht zuletzt die Amniozentese bei, die die Geburt Behinderter aus medizinischer

Sicht „unnötig" und – bei ihrer bewußten Verweigerung – die Eltern als schuldig oder zumindest anomal erscheinen lasse (vgl. die Aussagen eines Elternpaares im ZDF-Film „Das Kind in meinem Bauch ist behindert" 1984, das nach der Geburt einer Tochter mit Down-Syndrom im Widerstreit mit dem Frauenarzt aus Achtung und Liebe der Tochter gegenüber bei der nächsten Schwangerschaft bewußt auf die Amniozentese verzichtete und einen Sohn, ebenfalls mit Down-Syndrom, bekam). Wie dieses Paar betonen auch Eltern in Zuschriften an die Zeitschrift „Zusammen" und die „Lebenshilfe-Zeitung", daß der Wunsch nach einem Kind niemals die Garantie für dessen leidfreies, unbehindertes Leben beinhalten könne und daß die Amniozentese einen zu weit gehenden Eingriff in natürliche Prozesse darstelle. Sie leiste einer defektorientierten Sicht Vorschub, die nur dem gesunden, starken Menschen Wert zubillige. Die Medizin schüre damit die Illusion, Behinderungen seien verhinderbar. Demgegenüber sei es endlich an der Zeit, das Sosein anderer Menschen nicht länger zu bewerten, sondern zu akzeptieren, die Verschiedenheit der Menschen zu bejahen und ihre Heterogenität als Quelle gegenseitiger Anregung anzunehmen.

Vertreter der Krüppelgruppen erheben schwere Vorwürfe gegen die immer wieder vorgenommene Gleichsetzung von Behinderung mit Leid und Unglück. Diese führe unweigerlich dazu, daß die Verhinderung von Leid erwünscht und damit die Verhinderung von Behinderung, also behinderten Menschen als Leidträgern, anzustreben sei. Leid solle verhindert werden durch die Abschaffung der Leidenden (Sierck/Radtke 1984, S. 79). Sie zitieren die Humangenetikerin Stoeckenius, die als Ziel humangenetischer Beratung die größtmögliche Verhinderung behinderten Nachwuchses postuliere, womit Menschen mit einer Behinderung das zusätzliche Stigma aufgebürdet werde, lediglich nicht „rechtzeitig entdeckt" worden zu sein. Sierck/Radtke weisen weiter darauf hin, welche Gefahren die verfeinerten Möglichkeiten der humangenetischen Beratung und deren gesetzliche Bestimmungen in sich bergen, deren Ausweitung auch anders stigmatisierte Menschen betreffen könnten, und belegen dieses anhand von Dokumenten aus der Praxis von Stoeckenius (Sierck/Radtke 1984, S. 109–119).

Wenn sie Parallelen zum nationalsozialistischen Deutschland der Hitler-Ära anführen, finden sie sich wiederum einig mit Ethikern (z.B. Eibach 1983, S. 101) und einem großen Teil der Bundesvereinigung Lebenshilfe, die auch in ihren Veröffentlichungen immer wieder vor entsprechenden Tendenzen warnt... Die Diskussion lasse bereits die verhängnisvollen Begriffe „lebenswert" und „lebensunwert" wieder auftauchen. Die neuerlich eingeräumte Freiheit, Menschen über Leben und Sterben anderer (nach bestimmten Indikationen, die auch der Gefahr der Inflationierung unterliegen können) entscheiden zu lassen, stelle eine ethisch-moralische Überforderung aller Beteiligten dar, so der Tenor vieler Beiträge in „Zusammen" und „Lebenshilfe-Zeitung".

Der Ethiker Eibach spricht bei Verfahren wie dem der Amniozentese von einem „ethischen Novum" (1983, S. 94), da hierbei erstmals Diagnostik nicht nur angewandt werde um zu therapieren bzw. zu helfen, sondern „auch um eventuell zu töten" (ebda.). Sie nötige dazu, „über lebenswert und lebensunwert zu entscheiden" (S. 95). Dieses habe katastrophale Auswirkungen auf das soziale Klima, „denn wenn die (diagnostizierte, d. Verf.) Krankheit ein unzumutbares leidvolles Leben bedingt, ist auch das Leben derer ein unzumutbares Leben, die ... ein ebenso leidvolles oder gar noch unzumutbareres Leben leben müssen, weil sie nun einmal geboren sind" (S. 96). Fatal sei die Entwicklung latenter Katalogbildung bei empfehlenden Ratgebern von „zumutbaren" und „nicht zumutbaren Syndromen" (S. 98), die zudem ohne öffentliche Diskussion nur intern bei Humangenetikern und Gynäkologen abgelaufen sei, ohne die sozialen und moralischen Folgen zu bedenken (S. 115). Insbesondere seien Kosten-Nutzen-Rechnungen von Übel, denn sie legten die Befürchtungen nahe, „daß nur noch gesundes Leben geboren werden und leben darf" (S. 103).

Mediziner und Juristen betonen das Recht auf Leben, das auch dem hilflosen, bedürftigen Menschen und ungeborenem Leben zustehe. Daß die anthropologisch-philosophische Frage, wann menschliches Leben beginne, unbeantwortet bleiben müsse, dürfe nicht zu großzügiger, sondern nur zu restriktiver Auslegung von Fristen führen. Andernfalls impliziere das Einräumen von Fristen, also von relativen Größen, die Frage, ob nicht das Töten von Babies ... postnatal denkbar werde, etwa wenn Schädigungen erst unter der Geburt verursacht oder Mißbildungen erst dann erkannt werden. Die Vereinbarkeit pränataler Diagnostik mit der Menschenwürde, GG Art. 1, lasse sich nicht schlüssig beantworten. Als bedenklich erscheine, daß sich ein sozialer Druck entwickeln könne, in dem die Geburt behinderter Kinder als „Zeichen der Verantwortungslosigkeit" ... gewertet werde, da es „die Gesellschaft sei, die für die Folgen des ‚eigensüchtigen' Handelns der Eltern aufkommen müsse" ... Es drohe die Gefahr der „Zerstörung der Menschenwürde unter der Fahne der Humanität" ...

Vertreter anderer Bereiche wenden gegen die Amniozentese ein, daß die Medizin mit ihr in Überforderung der Eltern das Problem der Prävention individualisiere, anstatt ihr Augenmerk auf ökologisch schädigende Verursacher von Krankheit und Behinderung zu richten. Auf diese Weise werde auch von den gesellschaftlichen Bedingungen abgelenkt, die das Leben mit einer Behinderung oft erst zum Problem werden ließen (vgl. Sierck/Radtke 1984, S. 43 f.). Das Abortrisiko von ca. 1 % sei ein medizinisch hohes bei einer Untersuchungsmethode, die zwar Mutter und Fetus gefährde, aber

nur einen geringen Teil vorgeburtlicher Behinderungen nachweisen könne, während der Großteil von Schädigungen erst unter der Geburt, postnatal oder im weiteren Verlauf des Lebens erworben werde.

Gemäß ihrer inneren Logik geordnet, ergibt sich als Argumentationskette wider die Amniozentese folgende: Humangenetische Beratung darf allenfalls der frühzeitigen Aufklärung und Einstellung auf eine mögliche Schädigung des Kindes dienen, nicht hingegen zu seiner Tötung führen. Eine Schädigung ist zu akzeptieren als eine spezifische Eigenschaft des Kindes, die sein Sosein u.U. maßgeblich beeinflußt. Eine Trauer hierüber ist zu bewältigen. Behinderung und Trauer sind zum Menschsein dazugehörig. Die Amniozentese ist abzulehnen als ein zu weit gehender Eingriff in humanbiologische Prozesse. Die Medizin darf nicht ungezügelt hierzu Verfahren entwickeln und dabei exogene Ursachen von Schädigungen ignorieren. Medizin und Justiz müssen Leben schützen und die ethischen wie die sozialen Folgen ihres Tuns bedenken. Kosten-Nutzen-Rechnungen, Werturteile über Leben, dürfen nicht greifen. Behinderte Menschen und deren Eltern dürfen nicht durch Verfahren wie das der Amniozentese zusätzlich stigmatisiert werden.

Quelle: Boban/Hinz 1987, 26–29.

* * *

(34) Einbecker Empfehlungen (1992)

Grenzen ärztlicher Behandlungspflicht bei schwerstgeschädigten Neugeborenen

Einbecker Empfehlungen
Revidierte Fassung 1992

Präambel:

Die nachfolgenden Empfehlungen sind nicht als Handlungsanweisung aufzufassen, sondern als Orientierungshilfe für die konkrete, vom einzelnen Arzt jeweils zu verantwortende Situation. Sie sollen gleichermaßen der Entscheidungsfindung und der Beratung dienen.

In der Neufassung berücksichtigen sie die seit ihrer Formulierung 1986 eingetretenen Veränderungen der diagnostischen, therapeutischen und prognostischen Situation bei schwerstgeschädigten Neugeborenen. Auf die im Gang befindliche Verlagerung mancher Probleme in den Pränatalbereich wird nicht eingegangen.

Ausgangspunkt bleibt die grundsätzliche Unverfügbarkeit menschlichen Lebens in jeder Entwicklungs- und Altersstufe. Dennoch können in den Empfehlungen angesprochene Grenzsituationen dazu führen, daß dem Bemühen um Leidensvermeidung oder Leidensminderung im wohlverstandenen Interesse des Patienten ein höherer Stellenwert eingeräumt werden muß als dem Bemühen um Lebenserhaltung oder Lebensverlängerung. Hierzu ist Einvernehmlichkeit mit allen Betroffenen zu suchen und anzustreben, daß die Entscheidung von ihnen mitgetragen werden kann.

I.

1. Das menschliche Leben ist ein Wert höchsten Ranges innerhalb unserer Rechts- und Sittenordnung. Sein Schutz ist staatliche Pflicht (Art. 2 Abs. 2 Grundgesetz), seine Erhaltung vorrangige ärztliche Aufgabe.
2. Eine Abstufung des Schutzes des Lebens nach der sozialen Wertigkeit, der Nützlichkeit, dem körperlichen oder dem geistigen Zustand verstößt gegen Sittengesetz und Verfassung.

II.

1. Die gezielte Verkürzung des Lebens eines Neugeborenen durch aktive Eingriffe ist Tötung und verstößt gegen die Rechts- und die ärztliche Berufsordnung.
2. Der Umstand, daß dem Neugeborenen ein Leben mit Behinderungen bevorsteht, rechtfertigt es nicht, lebenserhaltende Maßnahmen zu unterlassen oder abzubrechen.

III.

Eine Pflicht zur Behandlung und zur personalen Betreuung endet mit der Feststellung des Todes des Neugeborenen. Tod ist nach der übereinstimmenden medizinischen und rechtlichen Auffassung als irreversibler Funktionsausfall des Gehirns (Gesamthirntod) zu definieren.

IV.

1. Der Arzt ist verpflichtet, nach bestem Wissen und Gewissen das Leben zu erhalten sowie bestehende Schädigungen zu beheben oder zu mildern.
2. Die ärztliche Behandlungspflicht wird jedoch nicht allein durch Möglichkeiten der Medizin bestimmt. Sie ist ebenso an ethischen Kriterien und am Heilauftrag des Arztes auszurichten. Das Prinzip der verantwortungsvollen Einzelfallentscheidung nach sorgfältiger Abwägung darf nicht aufgegeben werden.
3. Es gibt daher Fälle, in denen der Arzt nicht den ganzen Umfang der medizinischen Behandlungsmöglichkeiten ausschöpfen muß.

V.

Diese Situation ist gegeben, wenn nach dem aktuellen Stand der medizinischen Erfahrungen und menschlichem Ermessen das Leben des Neugeborenen nicht auf Dauer erhalten werden kann, sondern ein in Kürze zu erwartender Tod nur hinausgezögert wird.

VI.

Angesichts der in der Medizin stets begrenzten Prognosesicherheit besteht für den Arzt ein Beurteilungsrahmen für die Indikation von medizinischen Behandlungsmaßnahmen, insbesondere, wenn diese dem Neugeborenen nur ein Leben mit äußerst schweren Schädigungen ermöglichen würden, für die keine Besserungschancen bestehen. Es entspricht dem ethischen Auftrag des Arztes zu prüfen, ob die Belastung durch gegenwärtig zur Verfügung stehende Behandlungsmöglichkeiten die zu erwartende Hilfe übersteigt und dadurch der Behandlungsversuch ins Gegenteil verkehrt wird.

VII.

Auch wenn im Einzelfall eine absolute Verpflichtung zu lebensverlängernden Maßnahmen nicht besteht, hat der Arzt für eine ausreichende Grundversorgung des Neugeborenen, für Leidenslinderung und menschliche Zuwendung zu sorgen.

VIII.

1. Die Eltern/Sorgeberechtigten sind über die bei ihrem Kind vorliegenden Schäden und deren Folgen sowie über die Behandlungsmöglichkeiten und deren Konsequenzen aufzuklären. Sie sollen darüber hinaus durch Beratung und Information in den Entscheidungsprozeß mit einbezogen werden.
2. In den Prozeß der Entscheidungsfindung gehen auch die Erfahrungen der mit der Betreuung und Pflege des Kindes betrauten Personen mit ein.
3. Gegen den Willen der Eltern darf eine Behandlung nicht unterlassen oder abgebrochen werden. Verweigern die Eltern/Sorgeberechtigten die Einwilligung in ärztlich gebotene Maßnahmen oder können sie sich nicht einigen, so ist die Entscheidung des Vormundschaftsgerichtes einzuholen. Ist dies nicht möglich, hat der Arzt die Pflicht, eine medizinisch dringend indizierte Behandlung (Notmaßnahmen) durchzuführen.

IX.

Die erhobenen Befunde, die ergriffenen Maßnahmen sowie die Gründe für den Verzicht auf eine lebenserhaltende Behandlung sind in beweiskräftiger Form zu dokumentieren.

Akademie für Ethik in der Medizin
Hermann Hepp, München
Udo Schlaudraff, Göttingen
Traute Schroeder-Kurth, Heidelberg
Eduard Seidler, Freiburg

Deutsche Gesellschaft für Kinderheilkunde
Arno Dittmer, Cottbus
Hans-Gerd Lenard, Düsseldorf
Volker von Loewenich, Frankfurt
Peter Meinecke, Hamburg

Deutsche Gesellschaft für Medizinrecht
Wolfram Eberbach, Bonn/Meckenheim
Hans-Dieter Hiersche, Kaiserslautern
Günter Hirsch, München
Adolf Laufs, Heidelberg

Quelle: Grenzen ärztlicher Behandlungspflicht 1993, 183–184.

* * *

(35) Bundesärztekammer: Grundsätze zur ärztlichen Sterbebegleitung (1998)

Präambel

Aufgabe des Arztes ist es, unter Beachtung des Selbstbestimmungsrechtes des Patienten Leben zu erhalten, Gesundheit zu schützen und wiederherzustellen sowie Leiden zu lindern und Sterbenden bis zum Tod beizustehen.

Die ärztliche Verpflichtung zur Lebenserhaltung besteht jedoch nicht unter allen Umständen. Es gibt Situationen, in denen sonst angemessene Diagnostik und Therapieverfahren nicht mehr indiziert sind, sondern Begrenzung geboten sein kann. Dann tritt palliativmedizinische Versorgung in den Vordergrund. Die Entscheidung hierzu darf nicht von wirtschaftlichen Erwägungen abhängig gemacht werden.

Unabhängig von dem Ziel der medizinischen Behandlung hat der Arzt in jedem Fall für eine Basisbetreuung zu sorgen. Dazu gehören u.a.: Menschenwürdige Unterbringung, Zuwendung, Körperpflege, Lindern von Schmerzen, Atemnot und Übelkeit sowie Stillen von Hunger und Durst.

Art und Ausmaß einer Behandlung sind vom Arzt zu verantworten. Er muß dabei den Willen des Patienten beachten. Bei seiner Entscheidungsfindung soll der Arzt mit ärztlichen und pflegenden Mitarbeitern einen Konsens suchen.

Aktive Sterbehilfe ist unzulässig und mit Strafe bedroht, auch dann, wenn sie auf Verlangen des Patienten geschieht. Die Mitwirkung des Arztes bei der Selbsttötung widerspricht dem ärztlichen Ethos und kann strafbar sein.

Diese Grundsätze können dem Arzt die eigene Verantwortung in der konkreten Situation nicht abnehmen.

I. Ärztliche Pflichten bei Sterbenden

Der Arzt ist verpflichtet, Sterbenden, d.h. Kranken oder Verletzten mit irreversiblem Versagen einer oder mehrerer vitaler Funktionen, bei denen der Eintritt des Todes in kurzer Zeit zu erwarten ist, so zu helfen, daß sie in Würde zu sterben vermögen. Die Hilfe besteht neben palliativer Behandlung in Beistand und Sorge für Basisbetreuung.

Maßnahmen zur Verlängerung des Lebens dürfen in Übereinstimmung mit dem Willen des Patienten unterlassen oder nicht weitergeführt werden, wenn diese nur den Todeseintritt verzögern und die Krankheit in ihrem Verlauf nicht mehr aufgehalten werden kann. Bei Sterbenden kann die Linderung des Leidens so im Vordergrund stehen, daß eine möglicherweise unvermeidbare Lebensverkürzung hingenommen werden darf...

II. Verhalten bei Patienten mit infauster Prognose

Bei Patienten mit infauster Prognose, die sich noch nicht im Sterben befinden, kommt eine Änderung des Behandlungszieles nur dann in Betracht, wenn die Krankheit weit fortgeschritten ist und eine lebenserhaltende Behandlung nur Leiden verlängert. An die Stelle von Lebensverlängerung und Lebenserhaltung treten dann palliativ-medizinische und pflegerische Maßnahmen. Die Entscheidung über Änderung des Therapieziels muß dem Willen des Patienten entsprechen.

Bei Neugeborenen mit schwersten Fehlbildungen oder schweren Stoffwechselstörungen, bei denen keine Aussicht auf Heilung oder Besserung besteht, kann nach hinreichender Diagnostik und im Einvernehmen mit den Eltern eine lebenserhaltende Behandlung, die ausgefallene oder ungenügende Vitalfunktion ersetzt, unterlassen oder nicht weitergeführt werden. Gleiches gilt für extrem unreife Kinder, deren unausweichliches Sterben abzusehen ist, und für Neugeborene, die schwerste Zerstörungen des Gehirns erlitten haben. Eine weniger schwere Schädigung ist kein Grund zur Vorenthaltung oder zum Abbruch lebenserhaltender Maßnahmen, auch dann nicht, wenn Eltern dies fordern. Ein offensichtlicher Sterbevorgang soll nicht durch lebenserhaltende Therapie künstlich in die Länge gezogen werden.

Alle diesbezüglichen Entscheidungen müssen individuell erarbeitet werden. Wie bei Erwachsenen gibt es keine Ausnahmen von der Pflicht zu leidensmindernder Behandlung, auch nicht bei unreifen Frühgeborenen.

III. Behandlung bei sonstiger lebensbedrohender Schädigung

Patienten mit einer lebensbedrohenden Krankheit, an der sie trotz generell schlechter Prognose nicht zwangsläufig in absehbarer Zeit sterben, haben, wie alle Patienten, ein Recht auf Behandlung, Pflege und Zuwendung. Lebenserhaltende Therapie einschließlich – ggfs. künstlicher – Ernährung ist daher geboten. Dieses gilt auch für Patienten mit schwersten cerebralen Schädigungen und anhaltender Bewußtlosigkeit (apallisches Syndrom, sog. „Wachkoma").

Bei fortgeschrittener Krankheit kann aber auch bei diesen Patienten eine Änderung des Therapiezieles und die Unterlassung lebenserhaltender Maßnahmen in Betracht kommen. So kann der unwiderrufliche Ausfall weiterer vitaler Organfunktionen die Entscheidung rechtfertigen, auf den Einsatz technischer Hilfsmittel zu verzichten. Die Dauer der Bewußtlosigkeit darf dabei nicht alleiniges Kriterium sein.

Alle Entscheidungen müssen dem Willen des Patienten entsprechen. Bei bewußtlosen Patienten wird in der Regel zur Ermittlung des mutmaßlichen Willens die Bestellung eines Betreuers erforderlich sein.

IV. Ermittlung des Patientenwillens

Bei einwilligungsfähigen Patienten hat der Arzt den aktuell geäußerten Willen des angemessen aufgeklärten Patienten zu beachten, selbst wenn sich dieser Wille nicht mit den aus ärztlicher Sicht gebotenen Diagnose- und Therapiemaßnahmen deckt...

Bei einwilligungsunfähigen Patienten ist die Erklärung des gesetzlichen Vertreters, z.B. der Eltern oder des Betreuers, oder des Bevollmächtigten maßgeblich. Diese sind gehalten, zum Wohl des Patienten zu entscheiden. Bei Verdacht auf Mißbrauch oder offensichtlicher Fehlentscheidung soll sich der Arzt an das Vormundschaftsgericht wenden.

Liegen weder vom Patienten noch von einem gesetzlichen Vertreter oder einem Bevollmächtigten Erklärungen vor oder können diese nicht rechtzeitig eingeholt werden, so hat der Arzt so zu handeln, wie es dem mutmaßlichen Willen des Patienten in der konkreten Situation entspricht. Der Arzt hat den mutmaßlichen Willen aus den Gesamtumständen zu ermitteln. Eine besondere Bedeutung kommt hierbei einer früheren Erklärung des Patienten zu. Anhaltspunkte für den mutmaßlichen Willen des Patienten können seine Lebenseinstellung, seine religiöse Überzeugung, seine Haltung zu Schmerzen und zu schweren Schäden in der ihm verbleibenden Lebenszeit sein. In die Ermittlung des mutmaßlichen Willens sollen auch Angehörige oder nahestehende Personen einbezogen werden.

Läßt sich der mutmaßliche Wille des Patienten nicht anhand der genannten Kriterien ermitteln, so handelt der Arzt im Interesse des Patienten, wenn er die ärztlich indizierten Maßnahmen trifft.

V. Patientenverfügungen, Vorsorgevollmachten und Betreuungsverfügungen

...Patientenverfügungen sind verbindlich, sofern sie sich auf die konkrete Behandlungssituation beziehen und keine Umstände erkennbar sind, daß der Patient sie nicht mehr gelten lassen würde. Es muß stets geprüft werden, ob die Verfügung, die eine Behandlungsbegrenzung erwägen läßt, auch für die aktuelle Situation gelten soll. Bei der Entscheidungsfindung sollte der Arzt daran denken, daß solche Willensäußerungen meist in gesunden Tagen verfaßt wurden und daß Hoffnung oftmals in ausweglos erscheinenden Lagen wächst. Bei der Abwägung der Verbindlichkeit kommt der Ernsthaftigkeit eine wesentliche Rolle zu. Der Zeitpunkt der Aufstellung hat untergeordnete Bedeutung...

Quelle: Bundesärztekammer 1998, A 2367.

* * *

(36) Urteil des Oberlandesgerichts Köln (1998)

Urteil des OBERLANDESGERICHTS KÖLN

verkündet am 8.1.1998

In dem Rechtsstreit

pp.

hat der 7. Zivilsenat des Oberlandesgerichts Köln auf die mündliche Verhandlung vom 13. November 1997 durch den Vorsitzenden Richter am Oberlandesgericht Dr. Prior und die Richter am Oberlandesgericht Martens und Dr. Kling

für Recht erkannt:

...Der Beklagte wird verurteilt, in der Jahreszeit zwischen dem 1. April und dem 31. Oktober durch geeignete Maßnahmen zu verhindern, daß von den auf seinem Grundstück untergebrachten geistig behinderten Personen Lärmeinwirkungen wie Schreien, Stöhnen, Kreischen und sonstige unartikulierte Laute zu folgenden Tageszeiten auf das Grundstück des Klägers dringen:
a) an Sonntagen und gesetzlichen Feiertagen ab 12:30 Uhr;
b) mittwochs und samstags ab 15:30 Uhr;
c) an den übrigen Werktagen ab 18.30 Uhr...

Im übrigen wird die Klage abgewiesen.

Die Kosten des Rechtsstreits beider Instanzen tragen der Kläger zu 2/3, der Beklagte zu 1/3.

...Hinsichtlich der Lärmeinwirkungen steht dem Kläger grundsätzlich ein Unterlassungsanspruch gemäß

§ 1004 Abs. 1 Satz 2 BGB (in Verbindung mit § 906 BGB) zu.

Die für die Entscheidung des Rechtsstreits maßgebende Bestimmung enthält § 906 Abs. 1 BGB. Danach hat der Eigentümer eines Grundstücks bestimmte Einwirkungen, u.a. Geräuschimmissionen, nur zu dulden, soweit die Benutzung seines Grundstücks nicht oder nur unwesentlich beeinträchtigt wird. Der Beklagte bestreitet nicht, daß die Heimbewohner Laute von sich geben, die auf dem benachbarten Grundstück des Klägers hörbar sind. Er meine nur, die Beeinträchtigung, die der Kläger dadurch erfahre, sei nicht wesentlich. In dieser Einschätzung kann dem Beklagten nach dem Ergebnis der Beweisaufnahme nicht gefolgt werden.

1. Bei der Beurteilung der rechtlichen Kriterien, nach denen sich die Wesentlichkeit einer Beeinträchtigung bemißt, folgt der Senat der neueren Rechtsprechung des Bundesgerichtshofs und des Bundesverwaltungsgerichts.

Als Maßstab für die Duldungspflicht nach § 906 Abs. 1 BGB diente früher das Empfinden des sog. „normalen" Durchschnittsmenschen (BGHZ 70, 102, 110). Als unwesentlich galt eine Beeinträchtigung nur dann, wenn sie von einem durchschnittlichen Grundstücksbenutzer kaum noch empfunden wurde (BGH NJW 1982, 440, 441; OLG Stuttgart, NJW-RR 1986, 1339, 1340). Nach der neueren Rechtsprechung des Bundesgerichtshofs ist dagegen das Empfinden des „verständigen" Durchschnittsmenschen maßgebend, was insbesondere bedeutet, daß im Gegensatz zur früheren Rechtsprechung nicht mehr allein auf das Maß der objektiven Beeinträchtigung abzustellen ist, sondern daß auch wertende Momente wie beispielsweise Belange des Umweltschutzes oder das öffentliche Interesse an einer kinderfreundlichen Umgebung in die Beurteilung einzubeziehen sind (BGHZ 120, 239, 255; 121, 248, 255).

Die neuere Rechtsentwicklung ist ferner dadurch gekennzeichnet, daß die Rechtsprechung das privatrechtliche Kriterium der Wesentlichkeit im Sinne des § 906 Abs. 1 BGB gleichsetzt mit dem öffentlich-rechtlichen Kriterium der Erheblichkeit im Sinne des § 3 Abs. 1 BImSchG, um zu einer Vereinheitlichung zivilrechtlicher und öffentlich-rechtlicher Beurteilungsmaßstäbe zu kommen (BGHZ 111, 63, 68; 120, 239, 255; 121, 248, 254; BVerwG NJW 1989, 1291). Der Senat berücksichtigt daher auch die zu § 3 Abs. 1 BImSchG ergangene Rechtsprechung des Bundesverwaltungsgerichts, wonach im Sinne einer „Sozialadäquanz" und „Akzeptanz" auch die allgemeine Einschätzung der Bevölkerung in die Abwägung einzubeziehen ist (BVerwGE 88, 143, 149).

Grundsätzlich ist damit eine Rechtsentwicklung festzustellen, die es ermöglicht und nahelegt, bei der Beurteilung der Wesentlichkeit im Sinne des § 906 Abs. 1 BGB auch die spezifischen Belange der Behinderten zu berücksichtigen. In diesem Zusammenhang ist der mit Gesetz vom 27. Oktober 1994 in das Grundgesetz eingefügte Artikel 3 Abs. 3 Satz 2 GG („Niemand darf wegen seiner Behinderung benachteiligt werden") zu beachten, der nicht nur dem Staat und seinen Organen ein Diskriminierungsverbot auferlegt, sondern kraft seiner „Ausstrahlungswirkung" auf das Privatrecht auch bei der Auslegung und Anwendung privatrechtlicher Normen nicht unbeachtet bleiben darf (vgl. Jarass/Pieroth, Grundgesetz, Art. 3 Rdn. 83). Im Lichte des Art. 3 Abs. 3 Satz 2 GG muß von dem „verständigen" Durchschnittsmenschen, auf dessen Empfinden es maßgebend ankommt, im nachbarschaftlichen Zusammenleben mit behinderten Menschen eine erhöhte Toleranzbereitschaft eingefordert werden. Dies bedeutet aber nicht, daß den Interessen der Behinderten schlechthin der Vorrang vor den berechtigten Belangen ihrer Nachbarn gebührt. Eine schrankenlose Duldungspflicht widerspräche dem nachbarlichen Gebot der Rücksichtnahme und wäre mit der gesetzlichen Regelung des § 906 Abs. 1 BGB nicht in Einklang zu bringen. Das Toleranzgebot muß – spätestens – dort enden, wo die Unzumutbarkeit beginnt. Insoweit gilt auch für den vorliegenden Fall, daß eine umfassende Abwägung zwischen Art und Ausmaß der Beeinträchtigung einerseits und den hinter der Geräuschbelästigung stehenden privaten und öffentlichen Belangen andererseits stattzufinden hat, wobei die Grenze der Duldungspflicht überschritten und damit die Wesentlichkeit im Sinne des § 906 Abs. 1 BGB zu bejahen ist, wenn dem Nachbarn die Belästigung „billigerweise nicht mehr zuzumuten ist" (BGHZ 120, 239, 255; vgl. auch BVerwGE 79, 254, 260).

2. Die vom Senat durchgeführte Beweisaufnahme hat ergeben, daß die Geräusche, denen der Kläger vom Grundstück des Beklagten her ausgesetzt ist, die Zumutbarkeitsschwelle überschreiten.

a) Der Senat war nicht gehindert, die vom Kläger gefertigten Tonaufzeichnungen als Beweismittel zu verwerten.
Das vom Landgericht angenommene Beweisverwertungsverbot gilt nur für Aufzeichnungen sprachlicher Art. Insoweit gilt, daß in das Recht der Selbstbestimmung des Menschen eingegriffen wird, wenn der aus der Spontaneität heraus formulierte Gedanke durch die Aufzeichnung verfestigt und so die Möglichkeit der jederzeitigen Abrufbarkeit und Wiederholbarkeit geschaffen wird (BGH NJW 1988, 1016, 1017). Hinzukommen muß ferner, daß das gesprochene Wort einer bestimmten Person als Urheber zugeordnet werden kann. Beides ist bei den

Aufzeichnungen des Klägers nicht der Fall. Sie enthalten ausschließlich nichtverbale Laute, die jedenfalls für Außenstehende keinen Informationsgehalt haben und auch nicht mit einer bestimmten Person als Urheber in Verbindung gebracht werden können. Durch die Aufzeichnung und die Wiedergabe eines solchen Dokuments werden die Heimbewohner nicht in ihrem Selbstbestimmungsrecht verletzt.

b) Durch das Abspielen der Tonbänder und die Vernehmung der Zeugen ist der Wahrheitsbeweis für die vom Kläger behauptete Beeinträchtigung im wesentlichen erbracht.

Die auf den Tonbändern aufgezeichneten Äußerungen der Heimbewohner sind durchgehend stimmliche Laute nichtverbaler Art, in denen für das ungeübte Ohr weder Gedanken noch Gefühle zum Ausdruck gelangen. Der Kläger hat die Äußerungen als „unartikuliertes Schreien, Rufen, Gurgeln, Stöhnen, Lachen" und „Lallen" beschrieben, während der Beklagte sie als „Artikulationsversuche" interpretiert hat. Diese Deutung entspricht auch dem Eindruck des Senats, daß viele Laute von dem – vergeblichen – Bemühen der Heimbewohner zeugen, ihre Gedanken auszudrücken und sprachlich miteinander zu kommunizieren. Aus dem Mißlingen der Sprechversuche resultieren Laute, die von einem unvoreingenommenen Zuhörer als unharmonisch, fehlmoduliert und damit als unangenehm empfunden werden...

Nach dem Abhören der Tonbänder hatte der Senat dem Vorwurf des Beklagten nachzugehen, der Kläger habe die Aufzeichnungen manipuliert, insbesondere die Lautstärke verfälscht. Durch die Vernehmung der Zeugen – jedem Zeugen sind bei der Vernehmung Teile der Aufzeichnungen vorgespielt worden – hat sich dieser Vorwurf als haltlos erwiesen...

Im Kern stimmen alle Zeugenaussagen auch darin überein, daß die Äußerungen nicht nur sporadisch zu hören sind. Geringfügig sind sie nur während der kalten Jahreszeit, in der sich die Heimbewohner in ihren Räumen innerhalb des Hauses aufhalten. Der Kläger behauptet auch nicht, daß während dieser Zeit eine nennenswerte Beeinträchtigung stattfindet. Anders verhält es sich in der warmen Jahreszeit, in der die Heimbewohner auch den an das Anwesen des Klägers grenzenden Garten nutzen. In dieser Zeit halten sie sich, wie auch die als Zeugen vernommenen Betreuungspersonen bestätigt haben, bei schönem Wetter regelmäßig mehrere Stunden täglich im Freien auf. Dann geben sie auch, zwar nicht ständig, aber doch während eines nicht unerheblichen Teils der Zeit, die vom Kläger aufgenommenen Laute von sich, die in der Nachbarschaft deutlich zu hören sind.

Diese Lauteinwirkungen braucht der Kläger in der schrankenlosen Form, in der sie nach der Vorstellung des Beklagten auch in Zukunft möglich sein sollen, nicht zu dulden, da sie die Nutzung seines Grundstücks so sehr beeinträchtigen, daß sie unzumutbar sind.

Im Vordergrund der Beurteilung steht dabei weniger die Dauer und die Lautstärke als vielmehr die Art der Geräusche, denen der Kläger ausgesetzt ist. Von der Rechtsprechung ist seit jeher anerkannt, daß das letztlich entscheidende Kriterium für die Wesentlichkeit einer Geräuschimmission deren Lästigkeit ist, wobei es sich um einen Faktor handelt, der nicht klar zu definieren und noch weniger zahlenmäßig zu erfassen ist (BGHZ 46, 45, 38; NJW 1983, 751; 1992, 2019; BVerwGE 88, 143, 149; NJW 1989, 1291, 1292). Bei den Lauten, die die geistig schwerbehinderten Heimbewohner von sich geben, ist der „Lästigkeitsfaktor" besonders hoch. So empfindet nach Auffassung des Senats nicht nur der „normale" Durchschnittsmensch, der sich leicht von Vorurteilen leiten läßt, sondern auch der „verständige" Bürger (und Nachbar), dessen Haltung gegenüber Behinderten nicht von falschem Wertigkeitsdenken, sondern von Mitmenschlichkeit und Toleranz geprägt ist. Es ist eine Eigenart des menschlichen Gehörs, daß es auf ungewohnte, auffällige Geräusche mit besonderer Aufmerksamkeit und Empfindlichkeit reagiert (vgl. OLG Hamm, DWW 1989, 257, 260; OLG Köln, 12. Zivilsenat, VersR 1993, 1242). Daß die erzwungene Wahrnehmung solcher Geräusche als unangenehm und störend empfunden wird, beruht auf einem weitgehend reflexartigen Verhalten, das auch für einen um Toleranz bemühten „verständigen" Menschen nur begrenzt beherrschbar ist.

Entgegen der Auffassung des Beklagten kann für die Beurteilung der Lästigkeit nicht maßgebend sein, wie die Äußerungen der Heimbewohner von den sie betreuenden Aufsichtspersonen empfunden werden. Die in den Außenwohngruppen tätigen Mitarbeiter des Beklagten verfügen aufgrund ihrer Ausbildung über heilpädagogische und psychologische Kenntnisse, die es ihnen jedenfalls in begrenztem Umfang ermöglichen, die Äußerungen der Behinderten als Ausdruck bestimmter Gedanken und Empfindungen zu „verstehen". Sie haben zu den Behinderten auch den unmittelbaren persönlichen Kontakt, der ein wichtiges Mittel ist, emotionale Abwehrhaltungen abzubauen oder erst gar nicht entstehen zu lassen. Im übrigen gehört der Umgang mit den Behinderten zu ihrem Beruf, für den sie sich freiwillig entschieden haben. Bei den Nachbarn sind diese Voraussetzungen allesamt nicht gegeben...

3. Der Kläger hat keinen Anspruch darauf, daß die Lärmeinwirkungen in vollem Umfang unterblei-

ben. Der Beklagte hat sie nur zeitlich so zu beschränken, daß die in der Vergangenheit überschrittene Grenze zur Wesentlichkeit im Sinne des § 906 Abs. 1 BGB in Zukunft eingehalten wird.

Dieses Ziel wird durch die im Urteilstenor näher festgelegten Ruhezeiten erreicht. Auf die Nutzung seines Gartens und seiner Terrasse ist der Kläger am stärksten sonntags und an den gesetzlichen Feiertagen angewiesen. An diesen Tagen sollen deshalb Störungen schon ab 12:30 Uhr unterbleiben. An zwei weiteren Tagen, nämlich mittwochs und samstags, soll ihm jedenfalls ab 15:30 Uhr ein störungsfreier Aufenthalt im Freien ermöglicht werden. An den restlichen Wochentagen soll der Beklagte eine abendliche Ruhezeit einhalten, die um 18:30 Uhr beginnt. Die abendliche Einschränkung bedeutet für die Heimbewohner keine einschneidende Änderung, da sie sich, wie die Vernehmung der Betreuerinnen ergeben hat, um diese Zeit ohnehin zum Essen in das Haus zurückziehen und danach, von wenigen Ausnahmen abgesehen, nicht mehr in den Garten zurückkehren.

Insgesamt gilt die Regelung nur für die Jahreszeit vom 1. April bis zum 31. Oktober. In der übrigen Jahreszeit kommen Störungen nach den eigenen Angaben des Klägers praktisch nicht vor, da sich die Heimbewohner im Hause aufhalten. Mangels einer Beeinträchtigung steht dem Kläger insoweit auch kein Abwehranspruch zu...

Zur Klarstellung weist der Senat ferner darauf hin, daß dem Beklagten keine Unterlassungspflicht in bezug auf die Nutzung des Gartens auferlegt wird. Den Heimbewohnern soll der Aufenthalt im Garten auch in Zukunft grundsätzlich ungehindert möglich sein. Während der angeordneten Ruhezeiten sollen nur die im Urteilstenor näher bezeichneten Störungen unterbleiben. Die Wahl der dazu geeigneten Mittel bleibt dem Beklagten beziehungsweise dem Betreuungspersonal überlassen. Es genügt, wenn das Personal tätig wird, sobald störende Laute vernehmbar werden. Die Zeitspannen, die das Personal benötigt, um den oder die auffällig gewordenen Heimbewohner zu beruhigen oder ins Haus zu holen, stellen eine nur unwesentliche Beeinträchtigung dar, die der Kläger hinzunehmen hat...

Es besteht kein Anlaß, die Revision zuzulassen. Um eine Rechtssache von grundsätzlicher Bedeutung handelt es sich nicht; auch weicht das Urteil nicht von einer höchstrichterlichen Entscheidung ab (§ 546 Abs. 1 Satz 2 ZPO).

Die Kostenentscheidung beruht auf § 92 ZPO...

Dr. Prior   Dr. Kling   Martens

* * *

(37) Urteil des Bundesverfassungsgerichts zum Benachteiligungsverbot im Schulwesen (1997)

In dem Verfahren
über
die Verfassungsbeschwerde

der minderjährigen S...

- Bevollmächtigte: Rechtsanwalt Professor Dr. Joachim Fischer und Partnerin, Kurze Geismarstraße 22, Göttingen –

gegen den Beschluß des Niedersächsischen Oberverwaltungsgerichts vom 29. November 1996 – 13 M 4539/96 –

hat das Bundesverfassungsgericht – Erster Senat –

am 8. Oktober 1997 beschlossen:

Die Verfassungsbeschwerde wird zurückgewiesen.

Leitsätze

zum Beschluß des Ersten Senats vom 8. Oktober 1997

- 1 BvR 9/97 –

1. Zum Verbot der Benachteiligung Behinderter (Art. 3 Abs. 3 Satz 2 GG) im Bereich des Schulwesens.

2. Die Überweisung eines behinderten Schülers an eine Sonderschule gegen seinen und seiner Eltern Willen stellt nicht schon für sich eine verbotene Benachteiligung im Sinne des Art. 3 Abs. 3 Satz 2 GG dar. Eine solche Benachteiligung ist jedoch gegeben, wenn die Überweisung erfolgt, obwohl eine Unterrichtung an der allgemeinen Schule mit sonderpädagogischer Förderung möglich ist, der dafür benötigte personelle und sächliche Aufwand mit vorhandenen Personal- und Sachmitteln bestritten werden kann und auch organisatorische Schwierigkeiten und schutzwürdige Belange Dritter der integrativen Beschulung nicht entgegenstehen.

G r ü n d e :

A.

Die Verfassungsbeschwerde betrifft die Frage, ob Art. 3 Abs. 3 Satz 2 GG eine gemeinsame Erziehung und Unterrichtung von schulpflichtigen behinderten und nichtbehinderten Kindern und Jugendlichen an allgemeinen öffentlichen Schulen (sogenannte integrative Beschulung) verlangt.

I.

1. Behinderte Kinder und Jugendliche, die wegen ihrer Behinderung sonderpädagogischer Förderung bedürfen, wurden in der Bundesrepublik Deutschland nach dem Aufbau eines eigenständigen Sonderschulwesens zunächst nahezu ausschließlich in Sonderschulen unterrichtet. Vor allem mit der Begründung, daß im Rahmen einer solchen Beschulung die angestrebte gesellschaftliche Integration behinderter Menschen nicht in dem gewünschten Maße gefördert werden könne, wurde in Wissenschaft und Politik aber schon bald die Forderung erhoben, behinderte Schüler möglichst gemeinsam mit nichtbehinderten Schülern in allgemeinen Schulen (im folgenden auch als Regelschulen bezeichnet) zu unterrichten. Unter Berücksichtigung des im Einzelfall festgestellten sonderpädagogischen Förderbedarfs sollen danach integrative Angebotsformen und Förderkonzepte (etwa der Besuch einer Regelklasse mit zusätzlichem sonderpädagogischem Förderunterricht) einer separierenden Förderung in eigenständigen Institutionen (wie der Beschulung in einer Sonder- und Förderschule) vorgehen...

2. Im Sinne dieser Forderung hatte sich schon 1973 die Bildungskommission des Deutschen Bildungsrats in ihren Empfehlungen „Zur pädagogischen Förderung behinderter und von Behinderung bedrohter Kinder und Jugendlicher" gegen deren Unterrichtung in eigens für sie eingerichteten Schulen ausgesprochen. Statt dessen empfahl sie, Behinderte und Nichtbehinderte so weit wie möglich gemeinsam zu unterrichten, und befürwortete selbst für solche behinderten Kinder, für die eine gemeinsame Unterrichtung nicht sinnvoll erscheine, soziale Kontakte mit Nichtbehinderten...

Auf europäischer Ebene sind der Rat der Europäischen Gemeinschaften und die im Rat vereinigten Minister der Mitgliedstaaten für das Bildungswesen mehrfach dafür eingetreten, die – auch für nichtbehinderte Kinder gewinnbringende – Integration behinderter Kinder in normalen Schulen als wichtigen Beitrag zur Eingliederung der Behinderten in die Gesellschaft zu verstehen... Deshalb sollte ihre volle Integration in das allgemeine Bildungssystem der Mitgliedstaaten in allen geeigneten Fällen als vorrangige Option gelten; die Arbeit der Sonderschulen und Einrichtungen sei als Ergänzung der Arbeit des allgemeinen Bildungssystems anzusehen...

Im nationalen Rahmen hat sich die Kultusministerkonferenz in ihren am 6. Mai 1994 beschlossenen „Empfehlungen zur sonderpädagogischen Förderung in den Schulen der Bundesrepublik Deutschland", dem „gewandelten pädagogischen Selbstverständnis" auf dem Gebiet der sonderpädagogischen Förderung Rechnung tragend, dafür ausgesprochen, die Bildung behinderter junger Menschen verstärkt als gemeinsame Aufgabe für grundsätzlich alle Schulen anzustreben. Ziel müsse es sein, die Bemühungen um gemeinsame Erziehung

und gemeinsamen Unterricht für Behinderte und Nichtbehinderte zu unterstützen... Kinder und Jugendliche mit sonderpädagogischem Förderbedarf könnten allgemeine Schulen besuchen, wenn dort die notwendige sonderpädagogische und auch sächliche Unterstützung sowie die räumlichen Voraussetzungen gewährleistet seien, wobei die Förderung aller Schülerinnen und Schüler sichergestellt sein müsse; sei die sonderpädagogische Förderung in einer allgemeinen Schule nicht ausreichend gewährleistet, werde in Sonderschulen und vergleichbaren Einrichtungen unterrichtet...

3. Die integrative Unterrichtung behinderter Schüler kann in unterschiedlichen, nach dem Grad der Integration abgestuften Formen erfolgen. Diese reichen von der Erziehung und Ausbildung in allgemeinen Schulen mit sonderpädagogischer Förderung über die Einrichtung sogenannter Außenklassen von Sonder- und Förderschulen in den Gebäuden der allgemeinen Schulen bis hin zu mehr oder weniger intensiven Formen bloßer Kooperation zwischen – räumlich getrennten – allgemeinen und besonderen Schulen... Soweit die integrative Unterrichtung an allgemeinen Schulen stattfindet, kann sie zielgleich oder zieldifferent vorgenommen werden. Im ersten Fall gelten für die behinderten Schüler die gleichen Lernziele wie für die nichtbehinderten.

4. Für Niedersachsen bestimmt das Niedersächsische Schulgesetz... in der Fassung vom 27. September 1993..., daß im gegliederten Schulwesen des Landes... Schülerinnen und Schüler, die wegen körperlicher, geistiger oder psychischer Beeinträchtigungen oder einer Beeinträchtigung ihres sozialen Verhaltens einer sonderpädagogischen Förderung bedürfen, an allen Schulen gemeinsam mit anderen Schülerinnen und Schülern erzogen und unterrichtet werden sollen, wenn auf diese Weise ihrem individuellen Förderbedarf entsprochen werden kann und soweit es die organisatorischen, personellen und sächlichen Gegebenheiten erlauben. Dementsprechend sind Schulpflichtige mit sonderpädagogischem Förderbedarf... zum Besuch der Sonderschule nur verpflichtet, wenn sie die notwendige Förderung nicht in einer Schule einer anderen Schulform erfahren können. Als eine anderweitige Förderung kommt auch eine integrative zieldifferente Beschulung in einer sogenannten Integrationsklasse in Betracht. Derartige Klassen können... mit Genehmigung der Schulbehörde im 1. bis 10. Schuljahrgang der allgemeinbildenden Schulen eingerichtet werden...

II.

1. Die Beschwerdeführerin wurde 1984 mit einer Fehlbildung des Rückenmarks (spina bifida) geboren. Sie ist an beiden Beinen, Blase und Mastdarm gelähmt und auf einen Rollstuhl angewiesen. Außerdem leidet sie an einer Störung der Koordination von Bewegungsabläufen (Ataxie) mit Verlangsamung der Motorik und des

Sprechens sowie einer feinmotorischen Beeinträchtigung der Hände, die sich in Streßsituationen verstärkt.

Entsprechend dem Vorschlag eines zuvor eingeholten sonderpädagogischen Gutachtens wurde die Beschwerdeführerin in eine Grundschule aufgenommen, die sie ohne Klassenwiederholung durchlief. Sie erhielt sonderpädagogischen Förderunterricht in Rechnen und wurde im Unterricht von einem Zivildienstleistenden begleitet.

Zum Schuljahr 1995/96 wechselte die Beschwerdeführerin in den 5. Schuljahrgang einer Integrierten Gesamtschule. Ein bald danach eingeholtes neues Beratungsgutachten kam zu dem Ergebnis, daß sie an dieser Schule in den meisten Unterrichtsfächern, unter anderem in Mathematik und den naturwissenschaftlichen Fächern, nicht zielgleich unterrichtet werden könne; für Mathematik bestehe ein erweiterter sonderpädagogischer Förderbedarf. Bei entsprechender Förderung sei die weitere integrative Unterrichtung in der Integrierten Gesamtschule möglich; alternativ komme eine Beschulung in einer Schule für Körperbehinderte in Betracht. Die Förderkommission empfahl als sonderpädagogische Fördermaßnahmen an der bisherigen Schule fünf Stunden Einzelunterricht wöchentlich in Mathematik und Unterrichtsbegleitung durch eine pädagogisch oder therapeutisch ausgebildete Stützkraft als Eingliederungshilfe in allen anderen Lernbereichen, in denen eine zielgleiche Unterrichtung nicht möglich sei. Die Bezirksregierung stellte daraufhin bei der Beschwerdeführerin einen sonderpädagogischen Förderbedarf fest und verfügte – entgegen dem Wunsch der Eltern – die Überweisung an eine Schule für Körperbehinderte, weil die erforderlichen Fördermaßnahmen an der Integrierten Gesamtschule nicht ermöglicht werden könnten. Im – ausführlich begründeten – Widerspruchsbescheid ordnete sie außerdem die sofortige Vollziehung der Sonderschulüberweisung an.

2. a) Über die von der Beschwerdeführerin erhobene Klage ist noch nicht entschieden. Ihren Antrag auf Wiederherstellung der aufschiebenden Wirkung der Klage lehnte das Oberverwaltungsgericht ab. Die Beschwerdeführerin benötige eine sonderpädagogische Förderung im Sinne von § 14 Abs. 2 Satz 1 NSchG. Organisationsbedingt könne ihr diese Förderung nicht an der Integrierten Gesamtschule zuteil werden. Das öffentliche Interesse an der sofortigen Vollziehung der demnach voraussichtlich rechtmäßigen Sonderschulüberweisung überwiege das Interesse der Beschwerdeführerin, an der Integrierten Gesamtschule zu bleiben.

b) Diese Entscheidung wurde auf eine frühere Verfassungsbeschwerde der Beschwerdeführerin hin durch die 1. Kammer des Ersten Senats des Bundesverfassungsgerichts unter Zurückverweisung der Sache an das Oberverwaltungsgericht aufgehoben... Die Beschwerdeführerin werde in ihrem Recht aus Art. 3 Abs. 3 Satz 2 GG verletzt, weil die Begründung der

Entscheidung nicht erkennen lasse, daß das Oberverwaltungsgericht die Ausstrahlungswirkung dieser Regelung berücksichtigt habe.

c) Das Oberverwaltungsgericht hat den Antrag der Beschwerdeführerin auf Wiederherstellung der aufschiebenden Wirkung erneut abgelehnt...

In der Verweisung eines behinderten Kindes auf eine Sonderschule gegen seinen oder den Willen seiner Erziehungsberechtigten liege nicht schon in einer verbotene Benachteiligung. Ein Verstoß gegen Art. 3 Abs. 3 Satz 2 GG komme vielmehr nur in Betracht, wenn ein Schüler gegen seinen Willen wegen seiner Behinderung in die Sonderschule „abgeschoben" werden solle, obwohl er für die allgemeine Schule geeignet sei.

Es erscheine zweifelhaft, inwieweit Art. 3 Abs. 3 Satz 2 GG überhaupt auf die schulrechtliche Verpflichtung zum Besuch einer Sonderschule einwirke. Diese Verpflichtung bestehe nach § 68 Abs. 1 NSchG bei einem – in einer anderen Schule nicht zu erfüllenden – „sonderpädagogischen Förderbedarf". Demgegenüber knüpfe das Benachteiligungsverbot des Art. 3 Abs. 3 Satz 2 GG an den – unklaren – Begriff einer „Behinderung" an. Beides sei nicht identisch.

In jedem Fall werde die Wirkung des Art. 3 Abs. 3 Satz 2 GG im Schulbereich durch die staatliche Schulaufsicht begrenzt. Die Länder hätten danach eine weitgehende Gestaltungsfreiheit insbesondere bei der Festlegung der Schulorganisation und der Erziehungsprinzipien. Diese Gestaltungsfreiheit werde durch Art. 3 Abs. 3 Satz 2 GG nicht beseitigt. Die Schaffung und Beibehaltung von Sonderschulen im Lande könne deshalb nicht als verfassungswidrige Benachteiligung im Sinne des Art. 3 Abs. 3 Satz 2 GG angesehen werden...

Auf dieser rechtlichen Grundlage spreche Überwiegendes dafür, daß die angefochtene Verfügung der Schulbehörde rechtmäßig sei. Die gebotene besondere Förderung der in erheblichem Umfang sonderpädagogisch förderbedürftigen Beschwerdeführerin könne an der von ihr besuchten Integrierten Gesamtschule in einer Klasse mit 27 Schülern nicht erbracht werden, weil der Schule die dafür erforderlichen Sonderschullehrer (-stunden) nicht zur Verfügung stünden, sie für die Eingliederungshilfe nach dem Bundessozialhilfegesetz nicht zuständig sei und die Beschäftigung schulfremder Personen, worauf der Begriff „Stützkraft" offenbar abziele, nach dem Niedersächsischen Schulgesetz unzulässig sei.

In die zu Beginn des Schuljahres 1996/97 bei der Integrierten Gesamtschule eingerichtete Integrationsklasse könne die Beschwerdeführerin nicht aufgenommen werden. Es sei rechtlich nicht zu beanstanden, daß die Schulbehörde eine Aufnahme in diese Lerngruppe mit drei Schülern, die nach den Rahmenrichtlinien der Schule für Geistigbehinderte und der Schule für Lernhilfe unterrichtet würden, und 18 anderen Kindern wegen Fehlens der personellen Möglichkeiten und aus pädagogischen Gründen – im Hinblick auf die gebotene Relation von Schülern mit sonderpädagogischem Förderbedarf zu Schülern ohne einen solchen Bedarf – nicht für vertretbar halte. Ebenso sei es frei von Ermessensfehlern, daß sie der Weiterführung bereits eingerichteter Integrationsklassen im Hinblick auf den Vertrauensschutz der dort unterrichteten Kinder den Vorrang vor einer Neueinrichtung solcher Klassen einräume. Schließlich habe die Schulbehörde auch glaubhaft gemacht, daß die erforderlichen personellen Ressourcen für die Bildung einer zusätzlichen Integrationsklasse an der Integrierten Gesamtschule nicht vorhanden seien.

Unter diesen Umständen sei auch von der Rechtmäßigkeit des angeordneten Sofortvollzugs auszugehen.

3. Auf einen Antrag der Beschwerdeführerin setzte die 1. Kammer des Ersten Senats des Bundesverfassungsgerichts die Wirkung dieser Entscheidung vorläufig aus… Die Bezirksregierung hob daraufhin die sofortige Vollziehung der Überweisung an die Schule für Körperbehinderte auf. Über die Frage einer Fortsetzung des Hauptsacheverfahrens könne nach einer grundlegenden Entscheidung des Bundesverfassungsgerichts zur Auslegung des Art. 3 Abs. 3 Satz 2 GG befunden werden.

Seit August 1997 besucht die Beschwerdeführerin die 7. Klasse einer Hauptschule.

III.

Mit der Verfassungsbeschwerde wendet sich die Beschwerdeführerin gegen die unter II 2 c dargestellte zweite Entscheidung des Oberverwaltungsgerichts.

Sie hält die Verfassungsbeschwerde ungeachtet der inzwischen eingetretenen Entwicklung aufrecht. Ihr Rechtsschutzbedürfnis an der Aufhebung des angegriffenen Beschlusses bestehe fort. Es bliebe eine verfassungsrechtliche Frage von grundsätzlicher Bedeutung ungeklärt, wenn über die Verfassungsbeschwerde nicht entschieden würde; auch betreffe der gerügte Eingriff ein besonders bedeutsames Grundrecht.

In der Sache rügt die Beschwerdeführerin eine Verletzung von Art. 3 Abs. 3 Satz 2 GG…

In der Überweisung auf die Sonderschule liege eine Benachteiligung. Die Beschwerdeführerin empfinde diese Maßnahme als Degradierung und nicht etwa als Chance. Das Oberverwaltungsgericht habe nur festgestellt, daß der sonderpädagogische Förderbedarf an der Integrierten Gesamtschule nicht erfüllt werde. Hingegen lasse sich der Entscheidung nicht entnehmen, daß es unmöglich sei, ihn dort zu erfüllen. Unberücksichtigt bleibe, daß die notwendigen Förderstunden der Integrierten Gesamtschule von der Bezirksregierung ange-

boten, von der Schule jedoch nicht in Anspruch genommen worden seien.

IV.

Zu der Verfassungsbeschwerde haben das Niedersächsische Ministerium der Justiz und für Europaangelegenheiten sowie die zuständige Bezirksregierung als Antragsgegnerin des Ausgangsverfahrens Stellung genommen.

1. Das Ministerium führt aus, es bedürfe keiner abschließenden Auslegung des Begriffs der Behinderung, weil das Oberverwaltungsgericht bei der Beurteilung der Erfolgsaussichten des Hauptsacheverfahrens davon ausgegangen sei, daß bei der Beschwerdeführerin eine Behinderung im Sinne von Art. 3 Abs. 3 Satz 2 GG vorliege. Überwiegendes spreche dafür, daß im Ausschluß vom Besuch der Regelschule und in der Überweisung auf eine Sonderschule eine Benachteiligung liege, die besonderer Rechtfertigung bedürfe. Eine an das grundsätzlich verbotene Unterscheidungsmerkmal der Behinderung anknüpfende Benachteiligung erweise sich nur dann als zulässig, wenn sie unerläßlich sei, um einer behindertenbedingten Besonderheit Rechnung zu tragen. Dabei sei ein besonders strenger Maßstab anzuwenden. Daraus folge auch, daß für den Fall der Rechtfertigung einer Benachteiligung besondere Anforderungen an die insoweit gegebene Begründung zu stellen seien…

Trotz der strengen Anforderungen an die Rechtfertigung einer Benachteiligung im Sinne von Art. 3 Abs. 3 Satz 2 GG könne eine gerichtliche Entscheidung, die die Überweisung eines Behinderten auf eine Sonderschule bestätige, im Rahmen der verfassungsgerichtlichen Kontrolle nur in engen Grenzen nachgeprüft werden. Erwiesen sich die Ablehnung der integrativen Beschulung und die Überweisung auf die Sonderschule als nachvollziehbar, spreche Überwiegendes dafür, daß Art. 3 Abs. 3 Satz 2 GG nicht verletzt sei.

2. Nach Auffassung der Bezirksregierung wird ein Schüler durch die Überweisung auf eine Sonderschule nicht benachteiligt, weil er auch dort sämtliche Abschlüsse des allgemeinbildenden Schulwesens erwerben könne…

C.

Die Verfassungsbeschwerde ist … nicht begründet. Der angegriffene Beschluß ist im Ergebnis verfassungsrechtlich nicht zu beanstanden.

I.

1. Nach der… Vorschrift des Art. 3 Abs. 3 Satz 2 GG darf niemand wegen seiner Behinderung benachteiligt werden.

a) Was unter Behinderung zu verstehen ist, läßt sich den Gesetzesmaterialien (vgl. BTDrucks 12/6000, S. 52 f.; 12/6323, S. 11 f.; 12/8165, S. 28 f.) nicht unmittelbar entnehmen. Der verfassungsändernde Gesetzgeber hat aber erkennbar an das Begriffsverständnis angeknüpft, das im Zeitpunkt der Verfassungsänderung gebräuchlich war. Dieses hat vor allem in § 3 Abs. 1 Satz 1 des Schwerbehindertengesetzes Ausdruck gefunden. Behinderung ist danach die Auswirkung einer nicht nur vorübergehenden Funktionsbeeinträchtigung, die auf einem regelwidrigen körperlichen, geistigen oder seelischen Zustand beruht. Dasselbe Verständnis von Behinderung liegt dem Behindertenbegriff des Dritten Berichts der Bundesregierung über die Lage der Behinderten und die Entwicklung der Rehabilitation zugrunde, der seinerseits mit den international üblichen Begriffsabgrenzungen übereinstimmt... Es spricht nichts dagegen, von dieser Definition grundsätzlich auch bei der Auslegung des Art. 3 Abs. 3 Satz 2 GG auszugehen...

b) Auch der Begriff der Benachteiligung sowie Bedeutung und Reichweite des Benachteiligungsverbots des Art. 3 Abs. 3 Satz 2 GG erschließen sich nur unvollkommen aus der Entstehungsgeschichte. Sie lassen sich aber aus dem Gesamtinhalt des Art. 3 Abs. 3 GG entnehmen.

aa) Art. 3 Abs. 3 Satz 2 GG schließt zwar bewußt an das Diskriminierungsverbot des früheren Art. 3 Abs. 3 und jetzigen Art. 3 Abs. 3 Satz 1 GG an. Darin kommt zum Ausdruck, daß Satz 2 wie Satz 1 den Schutz des allgemeinen Gleichheitssatzes nach Art. 3 Abs. 1 GG für bestimmte Personengruppen verstärken soll und der staatlichen Gewalt insoweit engere Grenzen vorgeben will, als die Behinderung nicht als Anknüpfungspunkt für eine – benachteiligende – Ungleichbehandlung dienen darf... Ebenso bewußt hat der verfassungsändernde Gesetzgeber aber davon abgesehen, die Merkmale im bisherigen Art. 3 Abs. 3 GG lediglich um das der Behinderung zu erweitern. Das läßt erkennen, daß Art. 3 Abs. 3 Satz 2 GG auch eigenständige Bedeutung hat. Ersichtlich hängt dies mit dem besonderen Merkmal der Behinderung zusammen.

Wie bei den schon von Art. 3 Abs. 3 Satz 1 GG erfaßten Merkmalen etwa des Geschlechts, der Abstammung, der Rasse oder der Sprache handelt es sich dabei um eine persönliche Eigenschaft, auf deren Vorhandensein oder Fehlen der Einzelne keinen oder nur einen begrenzten Einfluß nehmen kann. Doch bezeichnet Behinderung nicht nur ein bloßes Anderssein, das sich für den Betroffenen häufig erst im Zusammenwirken mit entsprechenden Einstellungen und Vorurteilen im gesellschaftlichen Umfeld nachteilig auswirkt, bei einer Veränderung dieser Einstellungen die Nachteilswirkung aber auch wieder verlieren kann. Behinderung ist vielmehr eine Eigenschaft, die die Lebensführung für den Betroffenen im Verhältnis zum Nichtbehinderten unabhängig von einem solchen Auffassungswandel

grundsätzlich schwieriger macht. Diese besondere Situation soll nach dem Willen des verfassungsändernden Gesetzgebers weder zu gesellschaftlichen noch zu rechtlichen Ausgrenzungen führen. Solche Ausgrenzungen sollen im Gegenteil verhindert oder überwunden werden können... Das erklärt, daß Satz 2 des Art. 3 Abs. 3 GG Differenzierungen nicht wie Satz 1 schlechthin untersagt. Nur an die Behinderung anknüpfende Benachteiligungen sind nach der Neuregelung verboten. Bevorzugungen mit dem Ziel einer Angleichung der Verhältnisse von Nichtbehinderten und Behinderten sind dagegen erlaubt, allerdings nicht ohne weiteres auch verfassungsrechtlich geboten.

bb) Eine Benachteiligung liegt vor diesem Hintergrund nicht nur bei Regelungen und Maßnahmen vor, die die Situation des Behinderten wegen seiner Behinderung verschlechtern, indem ihm etwa der tatsächlich mögliche Zutritt zu öffentlichen Einrichtungen verwehrt wird oder Leistungen, die grundsätzlich jedermann zustehen, verweigert werden. Vielmehr kann eine Benachteiligung auch bei einem Ausschluß von Entfaltungs- und Betätigungsmöglichkeiten durch die öffentliche Gewalt gegeben sein, wenn dieser nicht durch eine auf die Behinderung bezogene Förderungsmaßnahme hinlänglich kompensiert wird. Wann ein solcher Ausschluß durch Förderungsmaßnahmen so weit kompensiert ist, daß er nicht benachteiligend wirkt, läßt sich nicht generell und abstrakt festlegen. Ob die Ablehnung einer vom Behinderten erstrebten Ausgleichsleistung und der Verweis auf eine andere Entfaltungsalternative als Benachteiligung anzusehen sind, wird regelmäßig von Wertungen, wissenschaftlichen Erkenntnissen und prognostischen Einschätzungen abhängen. Nur aufgrund des Gesamtergebnisses dieser Würdigung kann darüber befunden werden, ob eine Maßnahme im Einzelfall benachteiligend ist.

2. Für den Bereich des Schulwesens gilt im Grundsatz nichts anderes.

a)... Nach dem gegenwärtigen pädagogischen Erkenntnisstand ließe sich ein genereller Ausschluß der Möglichkeit einer gemeinsamen Erziehung und Unterrichtung von behinderten Schülern mit nichtbehinderten derzeit verfassungsrechtlich nicht rechtfertigen. Ungeachtet auch kritischer Stimmen wird die integrative Beschulung... von der pädagogischen Wissenschaft wie von maßgeblichen politischen Gremien überwiegend positiv beurteilt und als verstärkt realisierungswürdige Alternative zur Erziehung und Unterrichtung in Sonder- und Förderschulen befürwortet. Dem hat der niedersächsische Landesgesetzgeber dadurch Rechnung getragen, daß er für Schülerinnen und Schüler, die sonderpädagogischer Förderung bedürfen, neben der Sonderschule... „an allen Schulen" (§ 4 NSchG) die Möglichkeit der gemeinsamen Erziehung und Unterrichtung mit anderen Schülern geschaffen hat. Nach § 4 in Verbindung mit § 68 Abs. 1 NSchG soll die Unterrichtung integrativ und zielgleich erfolgen, wenn auf diese Weise – erforderlichenfalls unter Bereitstellung sonderpädagogischer Förderung... – dem individuellen Förderbedarf der förderungsbedürftigen Schülerinnen und Schüler entsprochen werden kann und soweit es die organisatorischen, personellen und sächlichen Gegebenheiten erlauben. Diese Regelung ermöglicht es auf sonderpädagogische Förderung angewiesenen Kindern und Jugendlichen sowie ihren Erziehungsberechtigten, sich unter den im Gesetz genannten Voraussetzungen für eine der Formen integrativer Beschulung oder für die Unterrichtung in einer Sonderschule auszusprechen, deren Fortbestand als eigenständige Schulform im gegliederten Schulwesen des Landes damit zu Recht nicht in Frage gestellt wird.

Es ist von Verfassungs wegen nicht zu beanstanden, daß nach diesem Konzept die zielgleiche wie die zieldifferente integrative Erziehung und Unterrichtung unter den Vorbehalt des organisatorisch, personell und von den sächlichen Voraussetzungen her Möglichen gestellt ist... Dieser Vorbehalt ist Ausdruck dessen, daß der Staat seine Aufgabe, ein begabungsgerechtes Schulsystem bereitzustellen, von vornherein nur im Rahmen seiner finanziellen und organisatorischen Möglichkeiten erfüllen kann..., und erklärt sich daraus, daß der Gesetzgeber bei seinen Entscheidungen auch andere Gemeinschaftsbelange berücksichtigen und sich die Möglichkeit erhalten muß, die nur begrenzt verfügbaren öffentlichen Mittel für solche anderen Belange einzusetzen, wenn er dies für erforderlich hält...

Der Gesetzgeber ist deshalb, wenn er sich in seinem Regelungskonzept für das Angebot einer sowohl zielgleichen als auch zieldifferenten integrativen Beschulung entscheidet, verfassungsrechtlich nicht gehindert, die tatsächliche Verwirklichung dieser Integrationsformen von einschränkenden Voraussetzungen der hier in Rede stehenden Art abhängig zu machen. Ein Einschätzungsspielraum sowie der Vorbehalt des tatsächlich Machbaren und des finanziell Vertretbaren bestehen aber auch bei der Ausgestaltung des Regelungskonzepts durch den Gesetzgeber. Er ist... nicht verpflichtet, für das jeweilige Land alle Formen integrativer Beschulung bereitzuhalten. Im Rahmen seiner Entscheidungsfreiheit kann er vielmehr von der Einführung solcher Integrationsformen absehen, deren Verwirklichung ihm aus pädagogischen, aber auch aus organisatorischen, personellen und finanziellen Gründen nicht vertretbar erscheint. Voraussetzung dafür ist, daß die verbleibenden Möglichkeiten einer integrativen Erziehung und Unterrichtung den Belangen behinderter Kinder und Jugendlicher ausreichend Rechnung tragen.

b) Auch Auslegung und Anwendung des Schulrechts sind an die Vorgaben des Benachteiligungsverbots des Art. 3 Abs. 3 Satz 2 GG gebunden.

...Da, wie oben unter C I 1 b bb dargelegt, der benachteiligende Charakter einer Maßnahme nicht ohne Rücksicht auf eine mit ihr einhergehende spezifische Förderung beurteilt werden kann, bedeutet das in dieser Regelung enthaltene Benachteiligungsverbot allerdings nicht, daß die Überweisung eines behinderten Schülers an eine Sonderschule schon für sich eine verbotene Benachteiligung darstellt. Das gilt auch dann, wenn die Entscheidung der Schulbehörde gegen den Willen des Behinderten oder seiner Erziehungsberechtigten ergeht. Nur die Überweisungsverfügung, die den Gegebenheiten und Verhältnissen des jeweils zu beurteilenden Falles ersichtlich nicht gerecht wird, ist durch Art. 3 Abs. 3 Satz 2 GG untersagt. Eine solche Entscheidung ist nicht nur dann anzunehmen, wenn ein Kind oder Jugendlicher wegen seiner Behinderung auf eine Sonderschule verwiesen wird, obwohl seine Erziehung und Unterrichtung an der allgemeinen Schule seinen Fähigkeiten entspräche und ohne besonderen Aufwand möglich wäre. Eine Benachteiligung im Sinne des Art. 3 Abs. 3 Satz 2 GG kommt vielmehr auch dann in Betracht, wenn die Sonderschulüberweisung erfolgt, obgleich der Besuch der allgemeinen Schule durch einen vertretbaren Einsatz von sonderpädagogischer Förderung ermöglicht werden könnte.

Ob letzteres der Fall ist, ob sich also beispielsweise durch die Bereitstellung einer zusätzlichen sonderpädagogischen Lehrkraft oder, soweit gesetzlich vorgesehen, durch die Einrichtung einer Integrationsklasse eine integrative Beschulung erreichen läßt, die das behinderte Kind mit Aussicht auf Erfolg durchlaufen kann, ist das Ergebnis einer Gesamtbetrachtung im Einzelfall, bei der Art und Schwere der jeweiligen Behinderung ebenso zu berücksichtigen sind wie Vor- und Nachteile einerseits einer integrativen Erziehung und Unterrichtung an einer Regelschule und andererseits einer Beschulung in einer Sonder- oder Förderschule. Dabei sind, soweit es um die Bewertung einer integrativen Beschulung geht, in den Gesamtvergleich nicht nur die dem behinderten Kind oder Jugendlichen damit eröffneten Chancen für seine Ausbildung und sein späteres Erwachsenenleben einzustellen, sondern auch die mit einer solchen Maßnahme möglicherweise verbundenen Belastungen zu würdigen. Letzteres gilt mit Blick auf das behinderte Kind selbst, das sich vor allem bei zielgleicher Unterrichtung zunehmend höheren Leistungsanforderungen ausgesetzt sehen wird, ist aber darauf nicht zu beschränken. Vielmehr sind auch denkbare Belastungen für Mitschüler und Lehrpersonal sowie die schultypische gemeinsame Unterrichtung in Klassen oder Kursen in die Gesamtbetrachtung einzubeziehen. Zu berücksichtigen ist schließlich auch, daß staatliche Maßnahmen zum Ausgleich einer Behinderung nur nach Maßgabe des finanziell, personell, sachlich und organisatorisch Möglichen verlangt und gewährt werden können... Der insoweit mit der integrativen Beschulung an allgemeinen Schulen verbundene

Aufwand darf nicht zu Lasten solcher Kinder gehen, deren Teilnahme an einem gemeinsamen Unterricht aufgrund der Art oder des Grades ihrer Behinderung ausgeschlossen ist oder pädagogisch nicht wünschenswert erscheint und die deshalb auf eine der besonderen pädagogischen Aufgabe personell und sachlich angemessene Ausstattung der Sonder- und Förderschulen angewiesen sind.

Die jeweiligen Vor- und Nachteile einer integrativen oder separierenden schulischen Ausbildung sind weder allein aus der Sicht der behinderten Schüler und ihrer Eltern noch ausschließlich aus der Sicht der Schulverwaltung zu beurteilen. Die Vorstellungen der Eltern und der Kinder und Jugendlichen darüber, wie deren schulische Erziehung und Unterrichtung gestaltet und an welcher Schule sie begonnen oder fortgesetzt werden sollen, haben allerdings im Hinblick auf die grundrechtlichen Gewährleistungen des Art. 6 Abs. 2 Satz 1 und des Art. 2 Abs. 1 GG verfassungsrechtlich großes Gewicht. Entscheiden sich die Eltern im aus ihrer Sicht so gewürdigten Interesse ihres Kindes für eine Beschulung gemeinsam mit nichtbehinderten Schülern, darf sich die Schulbehörde darüber nicht einfach etwa mit der nicht näher fundierten Begründung hinwegsetzen, die Überweisung an eine Sonderschule und die Unterrichtung dort seien in Wahrheit besser geeignet, dem wohlverstandenen Interesse des behinderten Kindes zu dienen. Erforderlich sind vielmehr eine eingehende Prüfung des Elternwunsches und eine Auseinandersetzung mit dem in ihm zum Ausdruck gebrachten elterlichen Erziehungsplan.

In der niedersächsischen Verordnung über sonderpädagogische Förderung vom 16. November 1994... ist hierfür beispielsweise vorgesehen, daß die Schulbehörde, bevor sie über einen Antrag auf Feststellung eines sonderpädagogischen Förderbedarfs entscheidet, eine Lehrkraft, die das Kind unterrichtet oder voraussichtlich unterrichten wird, mit der Erstellung eines Berichts und eine Sonderschullehrkraft mit der Fertigung eines Beratungsgutachtens beauftragt... Vorgesehen ist weiter die vom Antrag der Erziehungsberechtigten abhängige Berufung einer Förderkommission, der auch die Erziehungsberechtigten angehören und die, gestützt auf Bericht und Beratungsgutachten, Empfehlungen zur Feststellung eines sonderpädagogischen Förderbedarfs und zum weiteren Schulbesuch abgibt und der Schulbehörde beim Nichtzustandekommen einer einvernehmlichen Empfehlung die verschiedenen Auffassungen mitteilt... Bericht, Beratungsgutachten und gegebenenfalls die Empfehlung oder die unterschiedlichen Stellungnahmen der Förderkommission werden von der Schulbehörde bei deren Entscheidung über eine sonderpädagogische Förderung berücksichtigt...

Dieses Verfahren, das einerseits um eine weitgehende Objektivierung der behördlichen Entscheidungsfindung bemüht ist und andererseits die Erziehungsberechtigten in den Entscheidungsprozeß einbindet, letz-

teres erkennbar in der Absicht, möglichst zu einer auch von ihnen akzeptierten Entscheidung zu gelangen, trägt dem möglichen Konflikt zwischen Eltern und Kindern sowie Schulverwaltung sachgerecht Rechnung. Es schafft nicht nur einen äußeren Rahmen, in dem die Grundrechtspositionen des behinderten Schülers und seiner Eltern aus Art. 2 Abs. 1 und Art. 6 Abs. 2 Satz 1 GG angemessen zur Geltung gebracht werden können, es erscheint vielmehr im Schulbereich grundsätzlich auch geeignet, als verfahrensmäßige und organisatorische Absicherung des Benachteiligungsverbots des Art. 3 Abs. 3 Satz 2 GG zugunsten Behinderter zu dienen...

Die Letztverantwortlichkeit der Schulbehörde für die Entscheidung über die Feststellung eines sonderpädagogischen Förderbedarfs und über die Form des Schulbesuchs für förderungsbedürftige Kinder und Jugendliche wird durch die Verordnungsregelung allerdings nicht berührt. Die Schulbehörde ist an Inhalt und Ergebnis des über den einzelnen Schüler erstatteten Berichts und des Beratungsgutachtens ebensowenig gebunden wie an die Empfehlungen der Förderkommission. Sie ist also auch dann, wenn diese Entscheidungshilfen sich im Einzelfall – ausschließlich oder alternativ – für eine Beschulung in integrativer Form aussprechen, verfahrensrechtlich nicht gehindert, die Überweisung an eine Sonderschule anzuordnen. Im Lichte des Art. 3 Abs. 3 Satz 2 GG obliegt der Behörde aber gerade in diesem Fall eine gesteigerte Begründungspflicht.

Das Benachteiligungsverbot zugunsten Behinderter verlangt in verfahrensmäßiger Hinsicht, daß Entscheidungen, die im Zusammenhang mit einer Behinderung ergehen und eine Benachteiligung des Behinderten darstellen können, substantiiert begründet werden, also bei einem an einer integrativen Beschulung interessierten behinderten Kind oder Jugendlichen erkennen lassen, auf welchen Erwägungen der Schulbehörde dessen Überweisung an die Sonderschule im einzelnen beruht. Dabei sind die Gesichtspunkte darzulegen, deren Beachtung Art. 3 Abs. 3 Satz 2 GG verlangt. Anzugeben sind danach je nach Lage des Falles Art und Schwere der Behinderung und die Gründe, die die Behörde gegebenenfalls zu der Einschätzung gelangen lassen, daß Erziehung und Unterrichtung des Behinderten am besten in einer Sonderschule gewährleistet erscheinen. Gegebenenfalls sind auch organisatorische, personelle oder sächliche Schwierigkeiten sowie die Gründe darzulegen, warum diese Schwierigkeiten im konkreten Fall nicht überwunden werden können. Im einen wie im anderen Fall setzt eine ausreichende Begründung der Entscheidung zugunsten einer Sonder- oder Förderschulunterricht schließlich ein Eingehen auf entgegengesetzte Erziehungswünsche des Behinderten und seiner Erziehungsberechtigten voraus. Sie sind in Beziehung zu setzen zu den Erwägungen der Schulbehörde und mit deren Vorstellungen in einer Weise abzuwägen, die die staatliche Maßnahme nachvollziehbar und damit auch gerichtlich überprüfbar macht...

II.

Der angegriffene Beschluß ist vor diesem Hintergrund im Ergebnis verfassungsrechtlich nicht zu beanstanden. Zwar wird er nicht in allen Punkten den unter C I entwickelten verfassungsrechtlichen Maßstäben gerecht (1.). Doch läßt dies die Beurteilung des Oberverwaltungsgerichts unberührt, im Hinblick auf die konkreten tatsächlichen Umstände des Falles der Beschwerdeführerin spreche Überwiegendes dafür, daß die mit der Klage angefochtene Überweisungsverfügung rechtmäßig sei (2.).

1. Inhalt und Bedeutung des Benachteiligungsverbots des Art. 3 Abs. 3 Satz 2 GG werden in der angegriffenen Entscheidung nicht durchweg zutreffend erkannt.

a) ...anders als das Oberverwaltungsgericht annimmt, (kommt) ein Verstoß gegen Art. 3 Abs. 3 Satz 2 GG nicht nur in Betracht, wenn ein Schüler wegen seiner Behinderung gegen seinen Willen in die Sonderschule „abgeschoben" werden soll, obwohl er für die normale Schule geeignet ist. Die Überweisung in eine Sonderschule benachteiligt den an integrativer Beschulung interessierten behinderten Schüler auch dann, wenn die erforderliche Gesamtbetrachtung ergibt, daß seine Erziehung und Unterrichtung an der Regelschule mit sonderpädagogischer Förderung möglich sind, der dafür benötigte personelle und sächliche Aufwand mit vorhandenen Personal- und Sachmitteln bestritten werden kann und auch organisatorische Schwierigkeiten sowie schutzwürdige Belange Dritter, insbesondere anderer Schüler, der integrativen Beschulung nicht entgegenstehen. In diesem Fall verstößt die gesonderte Beschulung gegen Art. 3 Abs. 3 Satz 2 in Verbindung mit Art. 2 Abs. 1 und gegebenenfalls Art. 6 Abs. 2 Satz 1 GG.

b) Entgegen der Ansicht des Oberverwaltungsgerichts läßt sich dies nicht mit Hinweis darauf bezweifeln, daß der Begriff der Behinderung im Sinne von Art. 3 Abs. 3 Satz 2 GG und der Begriff des sonderpädagogischen Förderbedarfs, wie ihn hier § 14 Abs. 2 Satz 1 NSchG definiert, nicht identisch seien. Zwar ist nicht jedes behinderte Kind förderungsbedürftig; umgekehrt können auch nichtbehinderte Kinder sonderpädagogischen Förderungsbedarf haben. Die Überweisung an eine Sonder- oder Förderschule statt sonderpädagogischer Förderung an der allgemeinen Schule berührt aber jedenfalls dann Art. 3 Abs. 3 Satz 2 GG, wenn der Bedarf an einer solchen Förderung durch die Folgen einer körperlichen, geistigen oder seelischen Beeinträchtigung ausgelöst wird.

c) Dem Oberverwaltungsgericht kann auch in der Beurteilung des Verhältnisses von Art. 3 Abs. 3 Satz 2 GG

zur staatlichen Schulaufsicht nach Art. 7 Abs. 1 GG nicht uneingeschränkt zugestimmt werden. Zwar haben die Bundesländer... im Bereich des Schulwesens eine weitgehende Gestaltungs- und Entscheidungsfreiheit. Diese Freiheit schließt grundsätzlich die Entscheidung des Landesgesetzgebers darüber ein, wie und in welcher Schulform den spezifischen Erziehungs- und Ausbildungsbedürfnissen behinderter Schüler Rechnung getragen werden soll. Jedoch wird die staatliche Gestaltungs- und Entscheidungsfreiheit durch Art. 3 Abs. 3 Satz 2 GG eingeschränkt. Als Grundrecht bindet diese Norm wie jedes andere Grundrecht die gesamte staatliche Gewalt (vgl. Art. 1 Abs. 3 GG). Deshalb kann nicht diese die Wirkung der Grundrechte begrenzen, wie es das Oberverwaltungsgericht für die staatliche Schulaufsicht in ihrer Beziehung zu Art. 3 Abs. 3 Satz 2 GG annimmt...

2. Die angegriffene Entscheidung hat trotz der teilweise unzutreffenden Auffassung des Oberverwaltungsgerichts von Inhalt und Bedeutung des Art. 3 Abs. 3 Satz 2 GG verfassungsrechtlich Bestand.

a) Daß die Beschwerdeführerin im Hinblick auf die Auswirkungen ihrer auf schweren Körperschäden beruhenden Funktionsbeeinträchtigungen behindert ist, hat das Oberverwaltungsgericht nicht in Zweifel gezogen. Es hat weiter festgestellt, daß die Schulbehörde in ihrem Überweisungsbescheid... einen erheblichen sonderpädagogischen Förderbedarf der Beschwerdeführerin angenommen hat. Konkret bedürfe sie im Fach Mathematik der erweiterten sonderpädagogischen Förderung in Form von wöchentlich fünf Stunden Einzelunterricht und in weiteren – insbesondere den naturwissenschaftlichen – Fächern, in denen eine zielgleiche Unterrichtung nicht möglich sei, zusätzlicher Hilfe im Wege der Unterrichtsbegleitung durch eine pädagogisch oder therapeutisch vorgebildete „Stützkraft". Diese besondere Förderung könne in der von der Beschwerdeführerin besuchten Integrierten Gesamtschule in einer Klasse mit 27 Schülern nicht erbracht werden, weil dafür die Sonderschullehrer (-stunden) in der erforderlichen Zahl nicht zur Verfügung stünden. Aus demselben Grund, aber auch im Hinblick auf die notwendige Relation von Schülern mit sonderpädagogischem Förderbedarf zu Schülern ohne einen solchen Bedarf sei auch eine Aufnahme der Beschwerdeführerin in die an der Integrierten Gesamtschule eingerichtete Integrationsklasse nicht möglich. Die Bildung anderer Integrationsklassen, in die die Beschwerdeführerin aufgenommen werden könnte, scheiterte daran, daß die dafür erforderlichen personellen Ressourcen nicht vorhanden und bereits eingerichtete Integrationsklassen im Hinblick auf den Vertrauensschutz der dort unterrichteten Schüler weiterzuführen seien.

b) Was die Beschwerdeführerin dagegen vorbringt, ist nicht näher belegt und zwingt nicht zu der Annahme, daß der Sachverhalt vom Oberverwaltungsgericht aus sachfremden Erwägungen falsch oder unvollständig ermittelt worden ist. Das Bundesverfassungsgericht muß deshalb von diesem Sachverhalt ausgehen. Nicht zu beanstanden ist auch die Würdigung, daß die Schulbehörde, die sich insbesondere im Widerspruchsbescheid mit den Vor- und Nachteilen einer integrativen Beschulung der Beschwerdeführerin auseinandergesetzt und dabei auch die Vorstellungen und Wünsche ihrer Eltern berücksichtigt hat, angesichts des erheblichen sonderpädagogischen Förderbedarfs der Beschwerdeführerin und der sowohl schulorganisatorischen als auch personellen Schwierigkeiten und Engpässe die Überweisung der Beschwerdeführerin an eine Sonderschule anordnen durfte. Alle für den Fall der Beschwerdeführerin wesentlichen Gesichtspunkte sind damit hinreichend berücksichtigt. Es kann deshalb nicht angenommen werden, daß die rechtliche Beurteilung des Oberverwaltungsgerichts, es spreche Überwiegendes dafür, daß die im Hauptsacheverfahren angefochtene Sonderschulüberweisung rechtmäßig, also auch mit Art. 3 Abs. 3 Satz 2 GG zu vereinbaren sei, auf einer fehlerhaften Auslegung dieser Vorschrift beruht...

Quelle: Bundesverfassungsgericht 1997, Auszug.

* * *

(38) Sterilisationsbestimmungen laut Betreuungsgesetz (1992)

§ 1899 BGB

(2) Für die Entscheidung über die Einwilligung in eine Sterilisation des Betreuten ist stets ein besonderer Betreuer zu bestellen.

§ 1905 BGB

(1) Besteht der ärztliche Eingriff in einer Sterilisation des Betreuten, in die dieser nicht einwilligen kann, so kann der Betreuer nur einwilligen, wenn
1. die Sterilisation dem Willen des Betreuten nicht widerspricht,
2. der Betreute auf Dauer einwilligungsunfähig bleiben wird,
3. anzunehmen ist, daß es ohne die Sterilisation zu einer Schwangerschaft kommen würde,
4. infolge dieser Schwangerschaft eine Gefahr für das Leben oder die Gefahr einer schwerwiegenden Beeinträchtigung des körperlichen oder seelischen Gesundheitszustandes der Schwangeren zu erwarten wäre, die nicht auf zumutbare Weise abgewendet werden könnte, und
5. die Schwangerschaft nicht durch andere zumutbare Mittel verhindert werden kann.

Als schwerwiegende Gefahr für den seelischen Gesundheitszustand der Schwangeren gilt auch die Gefahr eines schweren und nachhaltigen Leidens, das ihr drohen würde, weil vormundschaftsgerichtliche Maßnahmen, die mit ihrer Trennung vom Kind verbunden wären (§§ 1666, 1666a), gegen sie ergriffen werden müßten.

(2) Die Einwilligung bedarf der Genehmigung des Vormundschaftsgerichts. Die Sterilisation darf erst zwei Wochen nach Wirksamkeit der Genehmigung durchgeführt werden. Bei der Sterilisation ist stets der Methode der Vorzug zu geben, die eine Refertilisierung zuläßt.

Quelle: Bundesministerium der Justiz 1997, 17 (Auszug).

* * *

(39) Bundesärztekammer: Mehrlingsreduktion mittels Fetozid (1989)

Stellungnahme der „Zentralen Kommission der Bundesärztekammer zur Wahrung ethischer Grundsätze in der Reproduktionsmedizin, Forschung an menschlichen Embryonen und Gentherapie"

Die Ambivalenz medizinischen Fortschritts wird auch in der modernen Reproduktionsmedizin sichtbar. So treten nach Behandlung der weiblichen Sterilität mittels
– hochdosierter hormonaler Stimulierung zur Erzielung einer Spontan-Schwangerschaft,
– intrauterinem oder intratubarem Transfer von vier oder mehr in-vitro-erzeugten Embryonen oder
– intratubarem Gametentransfer mit vier und mehr Oozyten immer häufiger Mehrlingsschwangerschaften auf. Bei Austragen von vier und mehr Feten kommt es meist zur Geburt nicht lebensfähiger Kinder, oft auch zur Gefährdung der Mutter. Zur Verringerung dieser Risiken und zur Vermeidung schwerer Leiden für Mutter und Kind wird deshalb eine Reduktion der Anzahl auszutragender Feten auf drei und weniger durch intrauterine Abtötung überzähliger Feten (Fetozid) empfohlen. Das unselektive Abtöten der am leichtesten zugänglichen Feten ist jedoch mit schweren ethischen und rechtlichen Problemen belastet und steht im Widerspruch zu ärztlichen Grundsätzen.

Die Indikation zur Erstellung von Empfehlungen präventiven Charakters erschien daher zwingend. Ihr Ziel ist die Verhütung von Mehrlingsschwangerschaften durch entsprechende Modifizierung der hormonalen Stimulationsbehandlung beziehungsweise durch Verringerung der Anzahl zu transferierender Embryonen oder Gameten. Kommt es trotzdem zu einer höhergradigen Mehrlingsschwangerschaft, so wird die medizinische Indikation zur Mehrlingsreduktion unvermeidlich. Ihre ethische und rechtliche Vertretbarkeit wird erörtert.

(Dr. K. Vilmar)
Präsident der Bundesärztekammer und des Deutschen
Ärztetages

(Prof. Dr. H.P. Wolff)
Vorsitzender der Zentralen Kommision der Bundesärztekammer zur Wahrung ethischer Grundsätze in
der Reproduktionsmedizin, Forschung an menschlichen Embryonen und Gentherapie

Durch den Einsatz der modernen reproduktionsmedizinischen Verfahren, wie In-vitro-Fertilisation und Embryotransfer (IVF/ET), intratubarer Gametentransfer =
Gamete Intra Fallopian Transfer (GIFT), Tubarer Em-
bryo-Transfer (TET) und auch der hormonellen Ovulationsauslösung, treten vermehrt höhergradige Mehrlingsschwangerschaften auf, die sowohl für die Mutter
als auch für die Kinder eine erhebliche Gefährdung mit
sich bringen.

Dies muß in erster Linie durch Prävention vermieden
werden. Kommt es dennoch zu einer höhergradigen
Mehrlingsschwangerschaft, stellt sich die Frage nach
der rechtlichen und ethischen Zulässigkeit von Maßnahmen, die darauf ausgerichtet sind, durch Tötung
einzelner Feten ein Fortbestehen der Schwangerschaft
mit einer entsprechend niedrigeren Zahl von Feten zu
bewirken und so deren Chancen auf Erlangung der
Lebensfähigkeit zu steigern und die gesundheitlichen
Risiken für die Mutter zu senken.

1. Prävention höhergradiger Mehrlingsschwangerschaften

1.1 Prävention von höhergradigen Mehrlingsschwangerschaften bei den Verfahren der Reproduktionstherapie IVF/ET, GIFT, tubarer Embryo-Transfer

1.1.1 IVF/ET

Aufgrund des derzeitigen Erkenntnisstandes kann davon ausgegangen werden, daß die Behandlungschan-
cen von IVF/ET durch den Transfer mehrerer befruch-
teter Zygoten pro Behandlungszyklus deutlich anstei-
gen. Dies gilt bis zu einer Zahl von drei transferierten
Embryonen. Beim Transfer von mehr als drei Embryonen können die Erfolgschancen nicht mehr deutlich
gesteigert werden. Dagegen nimmt das Risiko von höhergradigen Mehrlingsschwangerschaften beträchtlich
zu.

Die Zentrale Kommission empfiehlt daher mit Bezug
auf Ziffer 4.1 der „Richtlinien zur Durchführung der
In-vitro-Fertilisation mit Embryotransfer und des in-
tratubaren Gameten- und Embryotransfers als Behandlungsmethoden der menschlichen Sterilität", sich auf
ein Maximum von drei gleichzeitig transferierten Embryonen zu beschränken.

1.1.2 GIFT

Auch für GIFT hat sich gezeigt, daß der Transfer von
mehr als drei Eizellen die Erfolgsrate der Methode
nicht mehr wesentlich zu steigern vermag. Daher ist
aus therapeutischer wie präventiver Sicht auch bei dieser Methode die Zahl der zu übertragenden Eizellen
auf drei zu begrenzen.

1.1.3 Tubarer Embryotransfer

Zu dieser Methode liegen bisher nur sehr begrenzte
Erfahrungen vor, so daß eine aus medizinischen Erkenntnissen abzuleitende Präventionsempfehlung nicht
gegeben werden kann. Es ist jedoch davon auszugehen,
daß sich Erfolgsbedingungen und Komplikationsrisi-
ken analog zu IVF/ET und GIFT verhalten.

1.2 Prävention von höhergradigen Mehrlingsschwangerschaften, die durch Überstimulierung bei hormonaler Ovulationsauslösung entstehen können

In den Anfängen der Ovulationsauslösung durch die
Behandlung mit Gonadotropinen kam es gehäuft zu
höhergradigen Mehrlingsschwangerschaften. Solche
unter dem Schlagwort „Hormonbabies" in der Presse
publik gewordenen Fälle endeten in der überwiegenden
Mehrzahl mit einer Fehlgeburt und brachten nicht
selten auch Komplikationen für die Mutter mit sich.
Die hohe Komplikationsrate – in der Literatur wurde
sogar über mütterliche Todesfälle berichtet – hat zu
einer intensiven Suche nach Kriterien zur Früherkennung beziehungsweise Verhinderung dieser Komplikationen geführt.

Die Entwicklung der Ultraschallfollikulometrie sowie
die serielle Bestimmung von Östrogenen im Serum
haben es zumindest ermöglicht, frühzeitig das Auftreten der Überstimulierung und damit das hohe Risiko
einer höhergradigen Mehrlingsschwangerschaft zu erkennen. Im konkreten Fall hat der behandelnde Arzt
als Präventivmaßnahme von einer Zeugung in diesem
Behandlungszyklus abzuraten und die begonnene Therapie abzubrechen.

Die Verfahren der Zykluskontrolle durch die erwähnten Maßnahmen sind inzwischen so ausgereift, daß die
Entstehung einer höhergradigen Mehrlingsschwangerschaft mit einer relativ großen Wahrscheinlichkeit vermieden werden kann. Voraussetzung hierfür ist eine
sachgemäße Durchführung und Überwachung der
Therapie durch den behandelnden Arzt sowie die Befolgung der ärztlichen Empfehlungen durch das betroffene Ehepaar. Dennoch bleibt auch bei Beachtung aller
Präventionsmaßnahmen ein Restrisiko.

Zur Prävention von Mehrlingsschwangerschaften sind
folgende Maßnahmen in Betracht zu ziehen:

a. Vermeidung durch Abbruch der Therapie ohne Verabreichung von HCG (Human Chorionic Gonadotropin).

b. Identifizierung der Patientinnen mit hohem Überstimulierungsrisiko durch adäquate diagnostische Maßnahmen (zum Beispiel Ausschluß einer Hyperandrogenämie).

c. Gewährleistung der notwendigen Voraussetzungen, die für die Durchführung der Therapie erfüllt sein müssen.

2. Mehrlingsreduktion mittels Fetozid

Daß es trotz Präventionsmaßnahmen zu einer höhergradigen Mehrlingsschwangerschaft kommen kann, offenbart das derzeit noch unvermeidliche und deshalb besonders aufklärungsbedürftige Risiko der Methodik. Um die mit einer höhergradigen Mehrlingsschwangerschaft verbundenen Risiken zu vermeiden, wird die Möglichkeit der Verminderung der Zahl der Feten („Reduktion") mit Hilfe des Fetozids erörtert. Hierunter wird die intrauterine Tötung einzelner Feten verstanden, wobei im übrigen ein Fortbestehen der Schwangerschaft mit einer entsprechend niedrigeren Zahl von Feten beabsichtigt ist; dabei werden – im übrigen unselektiv – die am besten zugänglichen Feten getötet.

2.1 Rechtliche Beurteilung

Auch die Tötung einzelner Embryonen ohne gleichzeitige völlige Beendigung einer Schwangerschaft fällt unter den Anwendungsbereich der §§ 218 bis 219 d StGB. Eine solche Maßnahme ist daher nur dann nicht strafbar, wenn eine Indikation nach § 218 a StGB vorliegt und zudem die Voraussetzungen der Vorschriften §§ 218 b und 219 StGB beachtet werden.

2.1.1

Beim Vorliegen höhergradiger Mehrlingsschwangerschaften können im Einzelfall die Voraussetzungen einer medizinischen Indikation nach § 218 a Abs. 1 Nr. 2 StGB gegeben sein.

Im Falle einer höhergradigen Mehrlingsschwangerschaft im weiteren Schwangerschaftsverlauf besteht ein hohes Risiko für Schwangerschaftskomplikationen. Unter diesen steht das Risiko der Präeklampsie und Eklampsie sowie das der Thrombo-Emboliegefährdung im Vordergrund. In Einzelfällen kann es zu Todesfällen kommen.

Soweit daher für den (weiteren) Schwangerschaftsverlauf Lebensgefahr oder die (konkrete) Gefahr einer schwerwiegenden Beeinträchtigung des körperlichen oder seelischen Gesundheitszustandes der Mutter besteht und dem nicht auf eine andere ihr zumutbare Weise abgeholfen werden kann, sind die Voraussetzun-

gen der medizinischen Indikation nach § 218 a Abs. 1 Nr. 2 StGB erfüllt. Soweit zur Abwendung dieser Gefahren erforderlich und geeignet, ist eine Mehrlingsreduktion mittels Fetozid einem Totalabbruch der Schwangerschaft vorzuziehen.

2.1.2

Weiterhin könnte im Einzelfall eine Indikation von seiten des Kindes nach § 218 a Abs. 2 Nr. 1 StGB in Betracht kommen.

Trotz der eindrucksvollen Erfolge der Neonatologie muß derzeit davon ausgegangen werden, daß lebendgeborene Kinder mit einem Geburtsgewicht von unter 1000 Gramm in einem hohen Prozentsatz versterben oder aber Dauerschäden davontragen. Erst ab einem Geburtsgewicht von 1250 Gramm ist die Prognose der Kinder so gut geworden, daß mit großer Wahrscheinlichkeit mit einem gesunden Überleben zu rechnen ist. Bei Drillingsschwangerschaften gelingt es heute in der Regel, ein Geburtsgewicht von über 1250 Gramm zu erreichen. Bei Vierlingsschwangerschaften ist die Tragzeit deutlich kürzer und das durchschnittliche Geburtsgewicht entsprechend geringer, dementsprechend sind die Chancen der Kinder ungünstiger. Ab der Fünflingsschwangerschaft sinken die Chancen auf ein gesundes Überleben drastisch, bei Sechslings- oder noch höhergradigen Schwangerschaften besteht derzeit kaum eine Überlebenschance für die Kinder.

Für die letztlich entscheidende Frage, ob von der Schwangeren die Fortsetzung der Schwangerschaft verlangt werden kann, ist vor allem bedeutsam, inwieweit statt eines sonst für alle Feten voraussichtlich fatalen Ausgangs wenigstens einem Teil von ihnen eine Überlebenschance eröffnet werden kann.

2.1.3

Auch die Voraussetzungen einer allgemeinen Notlagenindikation nach (218 a Abs. 2 Nr. 3 StGB) sind nicht grundsätzlich auszuschließen. Diese Indikation kann jedoch nicht schon allein damit begründet werden, daß es wider Erwarten zu einer Mehrlingsschwangerschaft gekommen ist.

2.1.4

Sofern der Eingriff nicht zur Abwendung einer körperlich begründeten Lebens- oder Gesundheitsgefahr angezeigt ist, hat ihm mindestens drei Tage vorher eine Beratung nach § 218 b Abs. 1 StGB vorauszugehen. Ferner ist in jedem Falle vor dem Eingriff eine Indikationsfeststellung nach § 219 StGB durch einen anderen als den abbrechenden Arzt erforderlich.

2.1.5

Im Interesse aller Betroffenen hat der Arzt rechtzeitig vor der Durchführung eines der hier in Frage stehenden Verfahren der Sterilitätsbehandlung über die damit verbundenen Folgeprobleme aufzuklären. Ist es wider Erwarten zu einer höhergradigen Mehrlingsschwangerschaft gekommen und wird eine Indikation nach § 218 a StGB erwogen, so hat der Arzt zur Vermeidung einer völligen Beendigung der Schwangerschaft die betroffenen Eltern auch über die Möglichkeit einer Mehrlingsreduktion mittels Fetozid aufzuklären. In keinem Fall dürfen mehr Feten abgetötet werden, als zur Abwendung der indikationsbegründenden Gefahr erforderlich ist.

2.2 Ethische Beurteilung

Da bei Sterilitätsbehandlung auftretende Mehrlingsschwangerschaften in der Regel aus einer nicht qualifizierten Beratung und Behandlung resultieren, ergibt sich grundlegend die Pflicht zur Prävention durch bessere Steuerung und Überwachung sowohl der hormonalen Stimulationstherapie wie auch der modernen Reproduktionstechniken. Hierbei ist auch eine niedrigere Schwangerschaftsinzidenz in Kauf zu nehmen.

Kommt es trotz optimaler Prävention und intensiver medizinischer Überwachung zu einer höhergradigen Mehrlingsschwangerschaft, so kann der Arzt vor das Problem gestellt werden, entweder durch eine zu frühe Geburt alle Kinder zu verlieren oder durch die gezielte Tötung wenigstens einzelne zu retten. Für das Handeln in einer derartigen Situation gibt es keine allgemein gültige ethische Rechtfertigung, hier müssen alle Betroffenen nach bestem Wissen und Gewissen entscheiden. Die Entscheidung hat sich am Grundsatz zu orientieren, das rettbare Leben dem unrettbaren vorzuziehen, und sollte im gemeinsamen Gespräch gefunden werden.

Berufsethisch unvertretbar ist es in jedem Fall, bei einer Sterilitätsbehandlung und Beratung die Möglichkeit einer Korrektur durch Mehrlingsreduktion mittels Fetozid bereits zum Bestandteil einer Behandlungsstrategie zu machen. Diese muß vielmehr zum Ziele haben, ein solches Risiko zu vermeiden.

Vor Durchführung einer Mehrlingsreduktion ist dem Arzt zu empfehlen, sich rechtlich beraten zu lassen. Es bleibt Aufgabe der Forschung, die hormonale Stimulationstherapie und die modernen reproduktionsmedizinischen Techniken der natürlichen Fortpflanzung anzugleichen.

Quelle: Bundesärztekammer 1989, 1575–1577.

* * *

(40) Bundesvereinigung Lebenshilfe: Ethische Grundaussagen, 1990

I. Präambel

Wissen ist Chance und Gefahr zugleich.

Die raschen Entwicklungen in Medizin und Naturwissenschaften eröffnen immer mehr Erkenntnisse über Ursachen, Diagnose, Entwicklungsverlauf, Therapie und Vorsorge von Krankheiten und Behinderungen. Dadurch vergrößern sich die Erwartungen, Leid, Krankheit und Behinderung zu vermeiden und die eigene Lebens- und Familienplanung bewußt zu gestalten.

Zugleich erfordern diese Möglichkeiten ein erhöhtes Maß an Verantwortung, ethischem Bewußtsein und praktizierter Solidarität insbesondere denjenigen gegenüber, die dem gesellschaftlich verbreiteten Bild des gesunden, leistungsstarken, perfekten Menschen nicht entsprechen.

Vor allem die Entwicklungen auf dem Gebiet der Gentechnik müssen als gesellschaftliche Herausforderung verstanden werden: Stehen auf der einen Seite die Neugier der Forscher nach Gestaltbarkeit und Machbarkeit sowie Wünsche nach Erhöhung von Glück und Lebensqualität und Minderung von Leid, so ergeben sich daraus auf der anderen Seite Wertungen und Ausgrenzungsversuche bis hin zu einem rücksichtslosen Kosten-Nutzen-Kalkül gegenüber menschlichem Leben.

Der Anspruch von Forschung und Wissenschaft, als neutral und wertfrei zu gelten, kann immer weniger aufrechterhalten werden. Es darf keine Trennung von Forschung und Technologie einerseits und Ethik andererseits geben. Nicht erst bei der Anwendung von wissenschaftlichen Erkenntnissen, sondern bereits bei der Wahl von Forschungsfragen müssen verbindliche ethische Leitlinien zugrundegelegt werden.

Ethische Grundsätze sind Ergebnis eines Abwägungsprozesses zwischen Wünschen, Interessen und Einstellungen einerseits und gesellschaftlich und juristisch vertretbarem Konsens andererseits. Sie sind die Basis für die Entscheidungen des einzelnen und für gesellschaftliches Handeln.

Die Bundesvereinigung Lebenshilfe steht eindeutig auf der Seite von Menschen mit geistiger Behinderung und ihren Angehörigen. Ihre Aufgabenstellung ist geprägt von Respekt, Verständnis und Solidarität gegenüber diesen Personen.

Insofern sieht sie sich veranlaßt, in die gegenwärtige Debatte über die Auswirkungen medizinischer und naturwissenschaftlicher Technik auf den Umgang mit behindertem Leben entschieden einzugreifen. Sie tut dies, indem sie die Einhaltung der Menschen- und Grundrechte für geistig behinderte Menschen einfordert. Diese Rechte sind nicht nur als höchstpersönliche, sondern auch als soziale Rechte zu verstehen, die Gleichwertigkeit, Schutz des Lebens und der Persönlichkeit beanspruchen.

Die Lebenshilfe hält es für notwendig, sich sachkundig zu machen, sich einzumischen, zu überzeugen und sich auseinanderzusetzen.

Die Grundwerte menschlichen Zusammenlebens verlangen, diejenigen als Ethik bezeichneten Denkrichtungen auszugrenzen, die gegen die Menschenwürde verstoßen. Mit gleicher Eindeutigkeit muß für diese Grundwerte gesellschaftliche Zustimmung und gesetzlich gewährleisteter Anspruch für alle Menschen erwirkt werden.

Ethische Grundaussagen sind immer Wertentscheidungen, die naturwissenschaftlich nicht beweisbar sind.

Dennoch können sie kein einmal abgeschlossenes Votum sein. Sie sind prozeßhaft entstanden und bleiben Veränderungen des gesellschaftlichen Konsenses unterworfen.

II. Grundsätze

1. Menschenwürde

1.1 Menschliches Leben entsteht mit der Zeugung.

1.2 Alle Menschen sind gleichwertig.
Für behindertes und nicht behindertes menschliches Leben gilt der gleiche Lebensschutz.

1.3 Jeder Mensch ist Person und als solche einzigartig und unverwechselbar. Der Entwicklungsstand einer Persönlichkeit kann nicht als Kriterium für Menschsein herangezogen werden.

1.4 Die Einzigartigkeit menschlichen Lebens verbietet es, Menschsein mit anderen Lebewesen, ihren Lebensformen und Interessen zu vergleichen bzw. gleichzusetzen.

2. Lebensrecht

2.1 Das Recht auf Leben ist unantastbar. Das Tötungsverbot darf durch das Selbstbestimmungsrecht des einzelnen nicht aufgehoben werden.

2.2 Die Grundrechte unserer Verfassung gelten uneingeschränkt für alle Menschen. Für Menschen mit einer Behinderung darf es keinerlei diskriminierende Sonderregelungen geben.

2.3 Experimente an menschlichem Leben sind zu verbieten.
Menschliches Leben, auch vorgeburtliches Leben, darf nicht geopfert werden.
Grundrechte dürfen nicht Forschungsinteressen untergeordnet werden.

2.4 Allen Abgrenzungsversuchen über Lebenswert und Lebensrecht ist eine entschiedene Absage zu erteilen. Zweckmäßigkeitserwägungen müssen ausgeklammert bleiben.

Auch schwerstgeschädigte Neugeborene dürfen nicht getötet oder dem Sterben überlassen werden.

3. Behinderung

3.1 Es ist normal, verschieden zu sein.
Behinderung ist nur eine unter vielen möglichen Eigenschaften eines Menschen. Sie allein prägt nicht das Wesen eines Menschen.
Menschen mit einer Behinderung können ebenso sinnerfüllt und glücklich leben wie es nichtbehinderte Menschen können.

3.2 Behinderung ist keine Krankheit, sondern eine besondere Form von Gesundheit.

4. Gesellschaftliches Handeln

4.1 Glück- und Leiderfahrungen gehören zum menschlichen Leben. Sie sind individuell und subjektiv.

4.2 Auch extreme Lebenssituationen (eigenes Leiden oder Mit-Leiden) sind keine Legitimation dafür, das Lebensrecht einzuschränken.

4.3 Die Gesellschaft ist unteilbar: Für alle Menschen sind gleichwertige Lebensbedingungen, Unterstützung und Hilfen zu schaffen. Kosten-Nutzen-Kriterien dürfen bei Entscheidungen über behindertes Leben keine Rolle spielen. Angebote im medizinischen, juristischen oder pädagogischen Bereich müssen bedürfnisadäquat bereitgestellt werden.

III. Perspektiven

Diese Grundaussagen sind Ergebnis vielfältiger Gespräche und Diskussionen innerhalb der Lebenshilfe.

Sie stehen in Übereinstimmung mit Veröffentlichungen der Bundesvereinigung Lebenshilfe.

Für die Lebenshilfe sind sie selbstverständlich. Sie strebt in ihrem Sinne einen ethischen Konsens innerhalb der Gesellschaft an.

Die Grundsätze sollen Leitlinie für die gewissenhafte Entscheidung im Einzelfall sein. Sie erlauben es nicht, sich auf ein Ja-Aber-Denken einzulassen.

Die Lebenshilfe muß die Auseinandersetzung mit anderen Positionen und lebensbedrohenden und diskriminierenden Einstellungen führen.

Alle Mitglieder der Lebenshilfe sind aufgerufen, sich mit diesen Positionen kritisch auseinanderzusetzen, sie zu ergänzen und Änderungswünsche einzubringen.

Quelle: Bundesvereinigung Lebenshilfe für geistig Behinderte e.V. 1990, 255–257.

* * *

(41) Gewalt gegen Behinderte

Die Ereignisse sind in aller Munde. Die Presse hat ausgiebig von Übergriffen gegen Behinderte berichtet. Nicht nur Beschimpfungen, Verleumdungen, Diskriminierungen, auch tätliche Aggressionen sind bekanntgeworden, bis hin zur Gewaltanwendung mit Todesfolge. Jeder nur halbwegs verantwortlich denkende Bürger muß betroffen sein. Die Behindertenpädagogik ist gehalten, deutlich Stellung zu beziehen. Wer versuchen wollte, eine Soziologie der Gewalt gegenüber Behinderten im wissenschaftlichen Gewande zu fassen, hätte eine dreifache Aufgabe: die Dokumentation der Fakten, ihre möglichst unvoreingenommene Tatsachenbeschreibung, wiewohl als Tat-Sache (lateinisch: factum = das Gemachte); die Deutung, die Interpretation, ihre theoretische Rückführung auf mögliche Ursachen; Folgerungen, sozial-ethische Empfehlungen, die uns zum Handeln veranlassen.

1. Die Tatsachen

Nachstehend wird versucht, die seit 1992 in der Öffentlichkeit bekanntgewordenen gewalttätigen Übergriffe gegen Behinderte zu sammeln. Vollständigkeit ist nicht beabsichtigt. Die Quelle besteht ausschließlich aus Presseberichten. Ein hoher Wahrheitsgehalt kann unterstellt werden, zumal dann, wenn verschiedene Presseagenturen identische Sachverhalte mit unterschiedlichen Kommentaren wiedergeben. Die Presseauszüge sind teilweise sinngemäß, teilweise wörtlich wiedergegeben. Prägnante Zitate und Zeugenaussagen sind in Anführungsstriche gesetzt. Es wird darauf verzichtet, die Belegstellen im einzelnen anzuführen. In mehreren Zeitungen wiederholen sich einzelne Formulierungen. Die exakten Auszüge lassen sich in folgenden Presseorganen der Jahre 1992, 93 und 94 auffinden: Hannoversche Presse, Mitteldeutsche Zeitung, Kieler Nachrichten, Süddeutsche Zeitung, Harburger Anzeigen und Nachrichten, Die Zeit, Der Spiegel, Lebenshilfe-Zeitung.

Dokumentation
- Die spastisch gelähmte Birgit Scholl schildert, wie sie auf offener Straße von mehreren jungen Leuten angegriffen wurde: „Sie stellten sich mir in den Weg, traten gegen den Rollstuhl, schrien, daß ich in die Gaskammer gehören würde."
- Zehn Jugendliche in Halle-Neustadt haben fünf hörgeschädigte Kinder „überfallen und brutal zusammengeschlagen". Die vierzehnjährigen Schüler hatten an einer Bushaltestelle gewartet. Drei der älteren Jugendlichen sprachen sie an, bekamen jedoch keine

Antwort, da sie die Hörbehinderten nicht verstanden. Sie prügelten die Schüler noch im Bus vor Zeugen; niemand griff ein, auch der Busfahrer nicht. Würgemale, Milzschaden, ein Schüler wurde am Kopf verletzt.
- Ein Rollstuhlfahrer, der kürzlich in Mainz vor einem Buchladen stand und sich die Auslagen ansah, wurde von einem in der Nähe knutschenden Pärchen als Voyeur verdächtigt. Der Mann kam auf den Rollstuhlfahrer zu und zückte ein Klappmesser: „Wenn Du weiter so blöd zu uns rüberguckst, dann kitzle ich Dich mal." Der Mann folgte dem in die Buchhandlung fliehenden Rollstuhlfahrer und sagte: „Auf Dich könnte ich richtig scheißen." Dann spuckte er ihm ins Gesicht.
- Ein fünfzigjähriger geistig Behinderter aus Hannover wurde nach einem Kinobesuch von einem „zirka 20 Jahre alten Mann in Lederbekleidung" verfolgt und entführt. Nach vier Tagen fand ihn die Kriminalpolizei schlafend, verwahrlost, erschöpft und verletzt in einem Wohnwagen. Er trug eine Fußfessel am linken Bein, hatte Prellungen am ganzen Körper, sein rechter Daumen war verbrannt. Der Unbekannte hatte ihn mehrfach geschlagen und mit dem Feuerzeug traktiert.
- Das Klingeln des Telefons läßt die Hamburger Schneidermeisterin Hannelore Krüber, 52, neuerdings zusammenzucken. Immer wieder hat die Rollstuhlfahrerin das heisere Flüstern eines Unbekannten im Ohr: „Wir sind überall, und bald bist auch du dran. In einem sauberen Deutschland können wir so was wie dich nicht brauchen." Die Anrufe gehen der sonst robusten Hamburger Landesvorsitzenden des Verbandes Selbsthilfe Körperbehinderter „verdammt unter die Haut". Auch ihre gehbehinderte Bekannte Ursula Josten, 52, hat seit kurzem „ein mulmiges Gefühl", wenn sie das Haus verläßt. Ein Jugendlicher hatte die gelernte Erzieherin auf offener Straße mit einer Farbdose angesprüht. Ein andermal stürzte ein Nachbar auf die Rollstuhlfahrerin zu, die sich mit Krücken ein paar Schritte vors Haus gewagt hatte. Der Mann pöbelte: „Du Schlampe kannst ja laufen, du tust ja nur so" und versuchte, der Behinderten eine Krücke zu entreißen. Nur weil der Hund der Bedrohten knurrend zwischen die beiden sprang, blieb Ursula Josten unversehrt. Drei Tage später war das deutlich als Behinderten-Fahrzeug gekennzeichnete Auto der kranken Frau demoliert.
- Im baden-württembergischen Kernen wurde ein 69 Jahre alter, geistig behinderter Bewohner der Anstalt Stetten bei einer Fahrt im Linienbus beschimpft, bespuckt und dann geschlagen.
- Im sachsen-anhaltinischen Stendal überfielen Skins eine Schulklasse von Lernbehinderten des Reichsbund-Bildungswerkes. Sie fragten nach deren „Meinung zu Ausländern" und prügelten anschließend auf die Kinder ein. Zwei Mädchen wurden schwer verletzt.

– Für den fast blinden und geistig leicht behinderten Lagerarbeiter Bruno Kappi, 55, aus Siegen endete der Überfall zweier Skins tödlich. Unweit seiner Haustür traf er morgens gegen fünf Uhr auf dem Weg zum Bus auf einen Hauptschüler, 16, und einen Fleischerlehrling, 20, der kurz zuvor seine Ausbildungsstelle verloren hatte. Die beiden wollten „einfach einen umhauen", wie der Leiter der Mordkommission, Klaus Laaser, bei den Ermittlungen erfuhr. Laaser: „Das sind menschliche Zeitbomben." Kappi, der sich heftig wehrte, wurde mit „massivem Schuhwerk", vermutlich mit Springerstiefeln, zu Tode getreten. „Für die beiden Täter", ermittelte der Staatsanwalt, „sind Behinderte unwertes Leben."

– Kommt es in letzter Zeit vermehrt zu Aggressionen gegen Behinderte? Die Frage stellt sich nach einem aufsehenerregenden Selbstmord in Großburgwedel bei Hannover. Der 46jährige Günter Schirmer, einbeinig und sprachgestört seit einem Verkehrsunfall 1979, war von Jugendlichen wiederholt bespuckt und angepöbelt, einmal sogar eine U-Bahn-Treppe hinuntergeworfen worden. „Behinderte haben in dieser Welt wohl nie mehr eine Chance", schrieb er im Abschiedsbrief an seine Frau. „Bei Hitler hätten sie mich bestimmt vergast, vielleicht haben diese vielen jungen Menschen doch recht."

– Die gehbehinderte Carlén Schmahl kann aus einem Kasseler Berufsbildungswerk berichten, daß sogar in den eigenen Reihen der Haß ausbreche: deutsche Behinderte gegen ausländische Behinderte. Die 24jährige traut sich abends nicht mehr auf die Straße, nachdem sie zweimal von Skinheads bedroht wurde. Die glatzköpfigen jungen Leute in Springerstiefeln und Bomberjacken hatten ihr zugerufen: „Bist ein Scheißkrüppel!" – „Nein, ich bin körperbehindert", antwortete sie, bemüht, ihre Angst nicht zu zeigen.

– Pastor Gerhard Wegner von der Frankfurter Gehörlosengemeinde kennt das Arsenal der Einschüchterung: „Zunge rausstrecken, Geste des Halsabschneidens, Hintern vorzeigen, anrempeln." – Aggressionen kommen nach seiner Beobachtung „nicht öfter, aber offener" als früher vor.

– Im Osten Deutschlands tritt die Verbindung zwischen rechter Gewalt und Behindertenfeindlichkeit deutlicher hervor als im Westen. Der 33jährige Heiko Marks arbeitet seit zehn Jahren als Heilerziehungspfleger in den Neinstedter Anstalten, dem Bethel Sachsen-Anhalts. 600 geistig und körperlich Behinderte leben dort. Als er kürzlich im benachbarten Quedlinburg an einer Mahnwache teilnahm und mit 30 Gleichgesinnten ein Asylheim vor 600 aufgebrachten Bürgern verteidigte, scholl es aus der Menge: „Und wenn alle Ausländer fort sind, haben wir immer noch Neinstedt mit seinen sinnlosen Fressern."

– Eine Gruppe geistig behinderter und nichtbehinderter Erwachsener wollte einen Sommerabend im Biergarten verbringen. Ein Teil der Gruppe setzte sich an einen freien Tisch, der Rest wurde vom Kellner mit den Worten „der ist reserviert" von den anderen freien Tischen und damit aus dem Lokal vertrieben.

– Nach Angaben der Bundesarbeitsgemeinschaft Hilfe für Behinderte sind 1992/93 mehr als 80 Menschen wegen ihrer Behinderung tätlich angegriffen worden. „Pöbeleien und Drohungen gegen Behinderte haben sehr zugenommen, vor allem von Jugendlichen", sagte der Hamburger Senatsbeauftragte für Behinderte, Gerhard Koll. Der Hamburger GAL-Abgeordneten Sonja Deuter sind 1993 drei Fälle von Gewaltakten gegen Behinderte in der Hansestadt bekannt: Im Dezember wurde eine spastisch gelähmte Frau von Jugendlichen zwischen 12 und 16 Jahren beschimpft und ihre Mütze anschließend in Brand gesteckt. Im Januar hatte ein Jugendlicher einer gehbehinderten Frau Farbe ins Gesicht gesprüht, ihre Freundin wurde am Telefon massiv bedroht.

Die Tatsache eines besonderen Falls
– Nach dem Überfall von rechtsgerichteten Jugendlichen auf eine 17jährige Rollstuhlfahrerin in Halle fahndet die Polizei nach den zwei jungen Männern und einem etwa 15 Jahre alten Mädchen, die der Behinderten ein Hakenkreuz in die linke Wange geschnitten hatten. Aufgrund von Phantombildern sind bisher rund 60 Hinweise eingegangen. Bei dem Überfall hatten die Jugendlichen die wehrlose Gymnasiastin zunächst gezwungen, rechtsradikale Parolen wie „Krüppel ins Gas" zu wiederholen. Anschließend hatten die als Skinheads beschriebenen Täter mit einem Messer ein Hakenkreuz in die linke Wange geschnitzt. Für die zunehmende Gewalt gegen Behinderte hat der CSU-Politiker Otto Regenspurger Gewaltdarstellungen im Fernsehen mitverantwortlich gemacht. Auslöser für den Überfall in Halle sei womöglich ein Fernsehfilm gewesen, in dem dem Opfer – wie auch in Halle – ein Hakenkreuz ins Gesicht geritzt worden war. Der Überfall von Halle müsse in Zusammenhang mit einer Reihe von Übergriffen Rechtsradikaler auf Behinderte gesehen werden, sagte die FDP-Bundestagsabgeordnete Eva Pohl. Sie verwies auf die Ermordung eines gehbinderten Mannes aus Siegen. Der Fall wird derzeit vor der Jugendkammer in Siegen verhandelt. Zwei 17 und 21 Jahre alte Skinheads sollen den Frührentner im Dezember 1992 totgetreten haben.

Der zuletzt dokumentierte Presseauszug enthält einen Fall besonderer Art. Wenige Tage nach der dpa-Meldung vom 12.1.1994 erwies sich die Nachricht als Flop. Die Jugendliche hatte sich die Verletzung selbst beigebracht und die Geschichte erfunden. Die Presse berichtet von einem Geständnis. Weiteres wird nicht bekannt. Offensichtlich entzieht sich die Rollstuhlfahrerin allen sensationshungrigen Recherchen.

Gleichwohl handelt es sich um eine Tat-Sache. Was mag die Jugendliche veranlaßt haben, einen Übergriff zu simulieren? In den zahlreichen Kommentaren der Zeitungen taucht eine vordergründige, allein auf die Person der Betroffenen schuldhaft bezogene Erklärung auf: Sie sei immer schon „schwierig" gewesen, habe psychosomatische Störungen gehabt, sei mit sich selbst nicht zurechtgekommen.

Warum aber ist sie nicht mit sich selbst zurechtgekommen? Welche Notlage mag sie – in einer vielleicht unbewußten Signalgebung – veranlaßt haben, sich eine Verletzung zuzufügen und öffentliche Bloßstellung in Kauf zu nehmen? War ihre Tat ein verzweifelter Aufschrei, mit dem sie anzeigt, daß sie mit ihrer Situation nicht fertig wird? Wir wissen das nicht, und es ist unter Umständen gut, daß wir das nicht erfahren werden. So aber hätte der Übergriff „tatsächlich" sein können. Das Klima des Hasses gegen Behinderte macht eine solche Tat möglich. Die gesellschaftliche Situation der Behinderten ist es, die das Handeln der Rollstuhlfahrerin verstehen läßt. Insofern waren die nachfolgenden Demonstrationen, die Gewalt gegen Behinderte öffentlich verurteilen wollten, gar nicht unangemessen, auch wenn die Zeit über den ursprünglichen Anlaß hinweggegangen ist.

2. Deutungen der Gewalt gegen Behinderte

Im folgenden werden mögliche Hintergründe der Übergriffe gegen Behinderte erörtert. Der Erklärungszusammenhang verwendet weniger die zahlreichen soziologischen, insbesondere kriminologischen Theorien über Ursachen von Aggressionen, über Vorurteile, Fremdheitserlebnisse und Stigmatisierung, wie sie sich aus der Literatur anbieten. Dies entspräche nicht der öffentlichen Diskussion, die in etlichen Kommentaren der Presse geführt worden ist. Die Deutung des Geschehens verbleibt oftmals an der Oberfläche, wo die verbreiteten Meinungen, der common sense, das (in diesem Fall keineswegs gesunde) Volksempfinden widergespiegelt sind. Die Hermeneutik ist geschichtet: Sie beschreibt zuerst eher formale Einteilungskategorien; dann ist sie bemüht, das ideologische Umfeld der Gewalt gegen Behinderte als kausalen Hintergrund abzustecken; zuletzt bieten sich tiefere, hintergründige Ursacheninterpretationen an.

Die Oberfläche der Erscheinungen

Zunächst ist festzuhalten, daß Gewalt gegen Behinderte nicht durchweg und zumeist im Gewande körperlich tätlicher Aggression auftritt. Vermutlich ist diese erst das Endstadium von Haß und Verachtung – oder die Spitze des Eisbergs, mit hohen Dunkelziffern. Es gibt subtile Formen von Beschimpfung, verbalen Drohungen, aber auch Diskriminierung, bis hin zum Verdikt der Vernichtung „unwerten Lebens". Gaskammern „wie unter Hitler" tauchen dann als historische Folie namentlich von jugendlichen Tätern auf, denen offenbar jede Vorstellung von der Tragweite ihrer Ana-

logiebildungen und der ungeheuren Grausamkeit nationalsozialistischer Verbrechen abgeht.

Parolen wie „Knüppel gegen Krüppel" oder „Spastis klatschen" müssen allerdings nicht unbedingt Ausdruck gefährlicher Tatbereitschaft sein. Sie wirken eher wie verbale Kraftmeierei. Es obliegt dann einer weiteren Deutung, welche unerkannten Motivationen dahinterstehen könnten: die Überkompensation der Schwäche, das Ventil, das sich im Gefühl des Zu-kurz-gekommen-Seins gegenüber den noch Schwächeren Luft macht.

Solche Deutungen bleiben den Phänomenen gegenüber äußerlich, zumal dann, wenn sie den Übergriff als persönliche Aktion von Einzeltätern ausmachen. Besonders häufig wird der Nachahmungstäter identifiziert. Entweder hat er sich andere Ereignisse, die in den Medien geschildert wurden, zum Vorbild genommen. Oder das Fernsehen war schuld; die virtuelle Handlung in der dramatisch erfundenen Geschichte wird in die konkrete Tat umgesetzt.

Nachahmungstäter sind Einzeltäter; sie haben individuelle Anlässe und Motivationen. Die Gewaltbereitschaft gegenüber Behinderten – das ist nun die entscheidende Frage – ist unter Umständen aber nicht das Problem der Einzelfälle, sondern vieler, zumindest potentieller Täter. Gesinnungstäter machen dann die vielen Täter aus. Es erscheint nur als gradueller Unterschied, ob sie selbst Aggressionen ausüben oder wohlwollend schweigen oder teilnahmslos zusehen, aber insgeheim doch sympathisieren (nach den dortigen Vorkommnissen „Rostock-Phänomen" genannt).

Neue Behindertenfeindlichkeit

Mit dem Schlagwort der Neuen Behindertenfeindlichkeit – es ist damit nicht klargestellt, was neu ist; gilt das Verbrechen der Nazis an den Behinderten als die historisch vorangehende Negativeinstellung gegenüber Behinderten? – mit dem Slogan wird das Umfeld, das geistige Klima bezeichnet, in dem die Überfälle gegenüber Behinderten gedeihen. Es gibt sicher mehrere Vorkommnisse, Verlautbarungen, geistige Strömungen und Tendenzen, in denen sich verwandte Erscheinungen abbilden. Ihre Affinitäten machen insgesamt das aus, was in neuer Zeit als Behindertenfeindlichkeit umschrieben wird: die Diskussion um Sterbehilfe (Leist 1990 a), die pränatale Diagnostik mit der Empfehlung zur Abtreibung des als behindert erkannten Fetus (Neuer-Miebach/Krebs 1987), Kinder-Euthanasie und Einbecker Empfehlungen über die Grenzen der ärztlichen Behandlungspflicht bei schwerstgeschädigten Neugeborenen (Bleidick 1993b), schließlich Peter Singer (1984) und die Folgen und ähnliches mehr.

Als Beispiel für eine Negativhaltung gegenüber Behinderten, die in ihrer menschenverachtenden Diskriminierung mit dem Wort Behindertenfeindlichkeit eher milde gekennzeichnet ist, dienen Gerichtsurteile gegen

Behinderte. Sie haben fast genau soviel Aufsehen erregt wie gewalttätige Aktionen. Sie stellen jenen Nährboden dar, auf dem Vorurteile, Haß und inhumaner Vernichtungswillen zu wachsen drohen. Genaugenommen sind sie, und das macht die Rechtsprechung prekär, ein Symptom für verbreitete Einstellungen. Sicher spricht ein Flensburger Amtsrichter dann zum Entsetzen Weniger für die Vielen, die seine Rechtsempfindung teilen könnten.

– 1980 entscheidet das Landgericht Frankfurt, daß einer älteren Frau ein Teil ihres Reisepreises vom Touristikunternehmen zurückerstattet werden muß, weil es unzumutbar gewesen sei, daß sie den hoteleigenen Swimmingpool mit geistigbehinderten Menschen hätte teilen müssen.

– Das Urteil des Amtsgerichts Flensburg vom September 1992 gesteht einem Ehepaar Preisminderungsansprüche aus einem Reisevertrag zum Türkei-Urlaub in Höhe von DM 350,– zu, weil „die von den Beklagten erbrachte Reiseleistung mit Mängeln behaftet" gewesen sei. Das Gericht stellt fest, daß im gemeinsamen Eßsaal einige schwerbehinderte Menschen im Rollstuhl gefüttert werden mußten, weil sie „das Essen nicht in normaler Weise zu sich nehmen konnten; es lief ihnen aus dem Mund in umgebundene Lätzchen". Das Gericht unterstellt ferner, daß nicht nur die Kläger, sondern auch ihre 2 ½ und ½ Jahre alten Kinder Anstoß an der Anwesenheit schwerstbehinderter Menschen im Speisesaal des Hotels hätten nehmen müssen. In der Begründung heißt es: „Die Kläger und ihre kleinen Kinder konnten ihre Mahlzeiten im Hotel nicht unbeschwert genießen. Der unausweichliche Anblick der Behinderten auf engem Raum bei jeder Mahlzeit verursachte Ekel und erinnerte ständig in einem ungewöhnlich eindringlichen Maße an die Möglichkeiten menschlichen Leides. Solche Erlebnisse gehören nicht zu einem typischerweise erwarteten Urlaubsverlauf. Sie würden, soweit die Möglichkeit dazu bestünde, vom Durchschnittsreisenden gemieden. Es kann dabei nicht auf den Maßstab ungewöhnlich selbstloser und ethisch hochstehender Menschen abgestellt werden... Dem Klageanspruch steht auch nicht entgegen, daß ein Teil der Bevölkerung die Geltendmachung von Gewährleistungsansprüchen aus dem Anlaß einer Begegnung mit Behinderten als unanständig oder geschmacklos empfinden könnte. Das Gericht sieht keine Anhaltspunkte für eine so weitgehende Verbreitung dieser Ansicht, daß die Erhebung solcher Ansprüche ... gegen die guten Sitten verstoßen könnte."

– Die Unachtsamkeit eines Busfahrers hatte 1987 eine Schülerin aus Reinfeld (Kreis Stormarn) zur Behinderten gemacht: 120 000 Mark Schmerzensgeld, dazu lebenslang eine monatliche Schmerzensgeld-Rente in Höhe von 300 Mark hat das Landgericht Lübeck dem heute 14jährigen Mädchen zugesprochen. Mit diesem Urteil beendeten die Richter einen jahrelangen Rechtsstreit um eine angemessene Ent-

schädigung. Zur Vorgeschichte: Am 13. November 1987 war ein Bus der Autokraft von der Haltestelle mit offenen Türen losgefahren. Dabei war die damals Neunjährige aus dem Fahrzeug gerutscht, zwischen Bordstein und Reifen eingequetscht und mitgeschleift worden. 33 333 Mark Schmerzensgeld hatte die Autokraft gezahlt, eine zusätzliche Rente wurde für unnötig gehalten. Wegen ihrer Jugend sei das Mädchen nicht in der Lage, ihre Lebensbeeinträchtigung als schmerzlich zu empfinden und ihre Verletzungen als bleibende Beschränkung und Behinderung der Lebensweise zu erkennen.

– In seinem ersten Leben war Mario Ebert, 27, ein sportlicher Typ. Er fuhr gern Rad und Schlittschuh, kraxelte die Berge hoch und war, trotz einer leichten geistigen Behinderung, ein heiteres Gemüt. Am 21. März 1986, kurz vor 23 Uhr, war dieser unbeschwerte Lebensabschnitt jäh zu Ende. Mario kam von der „Eisdisco" in der Bad Reichenhaller Sporthalle, als er beim Überqueren der Straße von einem VW-Käfer erfaßt, 30 Meter mitgeschleift wurde und dann mit schweren Kopfverletzungen fast leblos liegenblieb. Der junge Mann, vorher dreimal hintereinander Gesamtpokalsieger beim Sportfest in seiner Behindertenschule, ist seitdem nahezu hilflos. Nach Jahren in diversen Kliniken muß ihn seine Mutter heute jeden Morgen anziehen und rasieren. Seine Freunde von damals hat er verloren, ebenso das Interesse an seiner Umwelt. „Beim Fernsehen kann er sich nicht mal mehr auf die Sportschau konzentrieren", sagt Marios Mutter Ursula Schol. Für die „Verminderung der Lebensfreude" sprach das Landgericht Traunstein dem Unfallopfer ein Schmerzensgeld von 80 000 Mark und eine monatliche Rente von 1000 Mark zu. Der Allianz-Versicherung, die für den Schaden aufkommen mußte, war das jedoch zu hoch. Mit einer Berufung vor dem Münchner Oberlandesgericht erreichte die Versicherung, daß die Entschädigung auf 60 000 Mark und die Rente auf 400 Mark monatlich gekürzt wurde. Die Begründung der Münchner Oberrichter offenbart ein gewisses Maß an juristischer Beschränktheit: Das Gericht hatte berücksichtigt, daß der Verletzte „schon vor dem Verkehrsunfall an einer geistigen Behinderung litt", schreiben die Richter, und daß er durch die „unfallbedingt eingetretene Imbezillität seine Beeinträchtigung nicht in ihrer ganzen Schwere" wahrnehmen könne. Als „Verstoß gegen die Menschenwürde" betrachtet die bayerische Caritas die Ausführungen der Richter. Dahinter stehe ein Menschenbild, das Behinderte „nicht als vollwertige Mitglieder unserer Gesellschaft akzeptiert", sagt Bernd Hein vom Landesverband der Caritas. Der Wert eines Menschen hänge nicht von seiner Intelligenz ab. Hein: „Hier müssen dieselben Rechte gelten wie für Gesunde." Die deutschen Gerichte sehen das anders. Nach ständiger Rechtsprechung des Bundesgerichtshofs ist von Bedeutung, ob das Opfer die Folgen seines Unfalles begreifen kann. Je weniger der Verletzte sein Leid erkenne, um so weniger fühle er den Schmerz. Folglich müsse auch das Schmerzensgeld geringer ausfallen. Eine zynische Juristen-Logik. Denn für einen Autofahrer wäre es danach finanziell günstiger, einen Fußgänger gleich so zusammenzufahren, daß er nur noch wenig spürt.

– Ebenso makaber ist der Fall eines Bremer Jungen. Sebastian Schuster, 13, kam 1982 mit einer schweren Kehlkopfentzündung in eine städtische Klinik. Dort wurde er so schlecht behandelt, daß er nach schweren Hirnschäden nun nahezu völlig bewegungsunfähig und kaum noch ansprechbar ist. Eine Schadensersatzklage der Eltern wehrte die Stadt mit dem Argument ab, Sebastian Schuster sei nicht in der Lage, die „Zuerkennung eines Schmerzensgeldbetrages in irgendeiner Weise zu erfassen". Sein Zustand sei derart, daß „Lebensvergünstigungen gleich welcher Art" von dem Jungen „nicht als solche erkannt und bewertet werden können". Die Bremer Behindertenverbände protestierten daraufhin bei Bürgermeister Klaus Wedemeier gegen „einen Rückfall in Denkhaltungen, die wir endgültig überwunden glaubten". Jahrelange Bemühungen um die Veränderung eines „durch unsere Geschichte noch durch ein hohes Maß an Behindertenfeindlichkeit gekennzeichneten Bewußtseins" würden zunichte gemacht, schrieben die Vertreter von fünf Sozialverbänden an den Sozialdemokraten. „Menschenverachtend" nannte auch Annette Stein vom Paritätischen Wohlfahrtsverband in Bremen die Haltung der Stadt. Sie erinnere „gefährlich an Euthanasie". Bürgermeister Wedemeier pfiff seine Verwaltung daraufhin zurück, „mit Sorge erfüllt", wie es in seiner Antwort an die Verbände hieß. Die Höhe des Schmerzensgeldes werde nunmehr „ohne Wenn und Aber" ins Ermessen des Gerichts gestellt.

Der Nährboden der Gesellschaft

Die Rechtsprechung im Namen des Volkes – bei dem subjektiven Ermessensspielraum des urteilssprechenden Richters – ist ein Symptom für das, was verbreitete Meinung ist. Dann ist das Flensburger Urteil repräsentativ für die Einstellung gegenüber Behinderten. Folglich muß sich die Gesellschaft die Frage gefallen lassen, ob sie nicht mit den von ihr geduldeten oder geförderten Auffassungen den Nährboden für manifeste Gewalt gegen Behinderte mitgeliefert hat.

Eine solche Interpretation unterschlägt nicht die individuelle Mitschuld von Einzeltätern. Alle Täter waren einmal Opfer, heißt es bei Alice Miller (1980). (Aber nicht alle Opfer werden Täter.) Damit es zur Gewaltäußerung gegen Behinderte kommt, müssen zwei Voraussetzungen zusammentreffen, die jede für sich allein nicht die Aktion auslösen: (1) ein individuelles Aggressionspotential; aus irgendwelchen Gründen frustrierte Jugendliche kosten ihre Überlegenheit gegen Schwächere, in diesem Fall gegen hilflose Behinderte aus;

(2) ein gesellschaftliches Klima der Intoleranz, wenn nicht Feindlichkeit gegen Minderheitengruppen, das die Einzeltäterschaft überhaupt zuläßt oder sogar begünstigt. – Die Situation der Auslösung ist dann gegeben, wenn individuelle Disposition und gesellschaftliche Bedingungen zusammenkommen.

Es fällt nicht schwer, aus den Passagen der Gerichtsurteile die herrschenden Auffassungen, die gesellschaftlichen Einstellungen gegenüber Behinderten herauszulesen. Das Risiko der hermeneutischen Auslegung ist allerdings die Verallgemeinerung: Aus einzelnen Aussagen wird auf das Ganze geschlossen. Natürlich gibt es Gegenbeispiele und Gegenwehr gegen solche Inhumanität. Das Flensburger Gericht ist hart kritisiert worden. Aber es war im Rahmen unserer Rechtsprechung möglich, ein solches Urteil zu fällen und eine legalistische Begründung dafür zu liefern. Die objektive Hermeneutik besteht darin, daß die Übergriffe gegen Behinderte ideologisch zu den wiedergegebenen Gerichtsurteilen passen, daß diese die juristischen Freiheitsgrade für aversive Haltungen liefern, wenn sie sie nicht gar rechtfertigen. Die entscheidenden Schlüsselwörter lauten: Ekel, Leid und Schmerzbewußtsein von Behinderten.

Die Kläger haben während ihres Türkei-Urlaubs Ekel beim Anblick von Behinderten empfunden. Vermutlich bezieht sich die Bemerkung auf den Speichelfluß von spastisch gelähmten Menschen. Wer das zum ersten Male sieht, kann in der Tat betroffen sein. Es ist eine Geschmackssache, ob man von ästhetischer Betroffenheit reden sollte. Die schockierende Erkenntnis ist indes, daß die Kläger – und der Richter ist ja korrekt der Darstellung der Kläger gefolgt, die sich beeinträchtigt fühlten – daß diese in den schwerbehinderten Rollstuhlfahrern offensichtlich nicht Menschen gesehen haben, sondern ekelerregende Objekte. So hart muß man das wohl interpretieren. Die Beobachtung ist verallgemeinerbar über den besonderen Fall hinaus: Dies ist eine typische Reaktion in unserer Gesellschaft auf den Anblick von entstellten Behinderten (Cloerkes 1985).

Weiter heißt es, man sei „in einem ungewöhnlich eindringlichen Maße an die Möglichkeiten menschlichen Leides" gemahnt worden. Hier erscheint als Hintergrund die Ausmalung einer stromlinienförmigen Gesellschaft ohne Krankheiten, Gebrechen, Benachteiligung und Leiden, eine leidensfreie Gemeinschaft. Was ihr an Ungemach entgegensteht, muß verdrängt werden. Und wird man ungewollt mit dem Anblick des Leides konfrontiert, dann kann man für diese Konfrontation Entschädigung verlangen. Das ist von den Prämissen her gedacht sogar logisch folgerichtig. Denn es gilt ja das Empfinden des angeblichen Durchschnittsmenschen, nicht der „Maßstab ungewöhnlich selbstloser und ethisch hochstehender Menschen". So tief ist noch nie eine Jurisdiktion hinter das Ethos des Rechts zurückgefallen, indem sie sich an der nivellierten unteren Grenze orientiert. Auch diese Haltung erscheint als Ausdruck einer gesundheitsfetischistischen Gesellschaft verstehbar, wenngleich sie keinerlei Billigung erfahren darf. Die Verkünder solcher Urteile müßten sich in die Lage versetzen können, selbst behindert zu sein (oder zu werden, was ihnen jederzeit passieren kann). Sie wären dann ebenfalls Verkörperungen menschlichen Leides und als solche zum Ausschluß aus der Gesellschaft verdammt, wenn das von ihnen vertretene Postulat der Leidfreiheit noch gelten soll. Man mag argumentieren, Zeitabschnitt und Lokalität des Urlaubs seien eine Ausnahmesituation, in der man ungetrübten (leidfreien) „erwarteten Urlaubsverlauf" als Entgelt für einen Reisepreis verlangen dürfe. Das Argument ist fadenscheinig und hinhaltend, und es verletzt die Goldene Regel jeder Ethik: Was du nicht willst, das man dir tu', das füg' auch keinem and'ren zu (Hare 1990a). Auch behinderte Menschen haben Anspruch auf Urlaub. Oder sollen sie mit Sanktionen bestraft werden, nicht verreisen zu dürfen, weil sie ob der Unausweichlichkeit eigenen Leides nicht leidfrei urlauben können?

Die drei letzten Gerichtsurteile definieren das Behindertensein eines Menschen als Sache, die mit einem finanziellen Gegenwert von möglichst geringem Kostenaufwand aufgewogen werden kann. Der von einer Behinderung betroffene Mensch besitzt in der zynischen Kalkulation einen reduzierten Sach- und Versicherungswert. Der Maßstab dafür ist ein aus Singers Praktischer Ethik her bekanntes anthropologisches Bestimmungsstück: Der Mensch ist nur dann Person, wenn er Bewußtsein von sich selbst und seiner Umwelt hat (1984, 106). Menschen mit herabgesetztem Schmerzbewußtsein sind in geringerem Maße menschliche Personen (Tooley 1990, 192: „Quasi-Personen"). Sie sind deshalb auch weniger Geld wert, weil sie als Menschen weniger wert sind. Wenn der von den Menschenrechten und vom Grundgesetz der Bundesrepublik Deutschland garantierte Grundsatz in Frage gestellt wird, daß alle Menschen gleich und vor dem Gesetz gleich sind, dann wanken die Fundamente unseres Rechtsstaates und unserer Humanität. Dann ist der Nährboden für schlimmste Entwicklungen gegeben.

Hintergründige Triebfedern

In den letzten Aussagen drängt sich ein ökonomisches Motiv als letzte Wurzel der Interpretation auf. Die Kosten-Nutzen-Bilanz kommt wieder hoch. Behinderte werden, wie man nachlesen konnte, von Tätern als „nutzlose Fresser" beschimpft. Der gesellschaftliche Wert und Unwert eines Behinderten obliegt einer ökonomischen Abwägung. Es gibt Grenzen für die Belastbarkeit des Sozialstaates. Man wird an Jantzens antikapitalistische Definition erinnert, nach der Behinderung als „Arbeitskraft minderer Güte" definiert ist (1989, 30). Das alles ist bereits einmal und mehrmals

dagewesen. Die Nationalsozialisten erstrebten eine „Endlösung der sozialen Frage", weil die „Ballastexistenzen", wie es schon bei Binding und Hoche 1920 hieß, nicht mehr wirtschaftlich tragbar seien (Dörner 1988 b). Auch in der Nachkriegszeit hat es mehrfach solche Überlegungen von medizinischer und sozialpolitischer Seite gegeben. Die Diskussion um die Sterbehilfe enthält ein verschleiertes Kosten-Kalkül.

In wirtschaftlichen Notzeiten verschärft sich die ökonomische Diskussion über die Leistungsgrenzen des sozialen Netzes und seiner Finanzierung. Zwar erscheint die Relativität eines Vergleichs mit der Armut in Entwicklungsländern grotesk, wenn man den Stand des Gesundheits- und Bildungswesens in Deutschland zum Maßstab nimmt. Aber immerhin, als es uns besser ging, fiel es leichter, Solidarität mit Benachteiligten zu zeigen.

Inzwischen ist das Klima härter geworden. Viele Bürger haben Sorge um ihren Lebensstandard. Die Hilfe für benachteiligte Bevölkerungsgruppen – gleich ob es sich um Arbeitsbeschaffung für Arbeitslose, Sozialhilfe für Sozialschwache, Unterstützung und Schutz für Behinderte handelt – sie wird als Konkurrenz betrachtet, als eine staatliche Ausgabe, die denen, die jetzt um Einbußen fürchten, nicht zugute kommen kann. Das Hemd ist für alle zu kurz. Darum ist das Objekt der Distanzierung, auf das man nach unten tritt, auswechselbar: Asylanten, Obdachlose, Ausländer, Behinderte. Gewalttaten und Brandschatzungen gegen verschiedene Minderheitengruppen weisen auffällige Parallelen auf, obwohl diese Gruppen kaum miteinander vergleichbar sind. In Krisenzeiten bedient sich die Gesellschaft eines Sündenbocks als Ventilfunktion. Die wirtschaftlichen und sozialen Schwierigkeiten, in denen sich viele, namentlich junge Menschen im wiedervereinigten Deutschland befinden, werden als Bedrohung der eigenen Sicherheit und als Verlust von Identität erfahren. Wer die Umwelt als bedrohlich empfindet, braucht schwächere und wehrlose Feindbilder als Projektion, um sich selbst einen Halt zu verschaffen. Dies sind wesentliche Wurzeln von Rassismus, Faschismus, Behindertenfeindlichkeit.

Es macht dann wenig aus, ob eine zunehmende Bereitschaft zu Aggression und Gewalt als weiterer Ursachenfaktor angenommen wird oder ihrerseits als Ausdruck eines gesellschaftlichen Klimas, in dem – wie ein Kriminalkommissar in der Zeitung zitiert wird – bereits die Kinder in der Grundschule ihre „Beißhemmungen" verloren haben. In den Medien wurde ausgiebig über einen Mordfall in Liverpool berichtet, in dem zwei zehnjährige Jungen einen Zweijährigen entführt, mißhandelt und auf einen Bahndamm gelegt haben, wo die Leiche des Kindes, von einem Zug zerrissen, gefunden wurde. Die Szene paßt zum Schreckensbild einer Welt voller Gewalt, in der nicht allein die Kinder immer schlimmer werden, wo auch die Umwelt für die Kinder schlechter wird. Die Wirkung von Grausamkeitsdarstellungen in Fernsehen und Videos war wiederum im Gespräch, ohne daß kurzschlüssig ein Einfluß der Medien direkt verantwortlich gemacht werden kann. Immerhin gibt die Selbstverständlichkeit zu denken, mit der auf dem Bildschirm täglich zu sehen ist, wie Gewalt verübt und getötet wird, als etwas, das der Mensch dem Mitmenschen ohne eine für den Betrachter persönlich erfahrbare Bestrafung antun kann.

Wir haben die These vertreten, daß die Randgruppen, gegen die sich Feindseligkeiten richten, auswechselbar sind. Gleichwohl wird immer wieder diskutiert, ob es eine spezifische Behindertenfeindlichkeit gibt, als eine Aggressivität, die sich speziell gegen Behinderte richtet. Wenn dem so wäre, dann bedeutete die Distanzierung vom Behinderten als Fremden eine Abwehrhaltung unseres gespaltenen Ichs. Ich habe, auch als Nichtbehinderter, eine Behinderung in mir. Die Grenzen zu Schädigung und Gebrechlichkeit sind fließend, und ich kann jederzeit behindert werden und behindert sein. Alle Menschen sind von Unfällen und Krankheiten bedroht, das gehört zu den Vorkommnissen des Lebens. Von dieser Gefährdung meines intakten Ichs suche ich mich zu befreien, indem ich das Spiegelbild meines eigenen, potentiell behinderten Ichs, mein äußeres Gegenüber im Anderen, vernichte. Auf diese Weise gelingt mir die Herstellung von Identität, die Wiederherstellung meines unbehinderten Ichs. Meine abgespaltene Schwäche wird durch Stärke überwunden, ich habe die nicht angenommene Behinderung in mir auf den behinderten Mitmenschen übertragen. Gegen ihn richten sich Haß und Feindseligkeiten.

3. Folgerungen

Die Verantwortung einzelner und die Verantwortung aller

Die letzte Deutung der Gewaltbereitschaft gegen Behinderte legt die Schlußfolgerung zwingend nahe, daß jeder einzelne von uns seine innere Haltung gegenüber Behinderung und zu behinderten Mitmenschen überprüfen muß. Es reicht nicht hin, die Bedingungen der abstrakten Gesellschaft und ihrer Verhältnisse verantwortlich zu machen. Die Gesellschaft schließlich sind wir alle. Wir können unser Gewissen auch nicht damit beruhigen, daß wir selbst so etwas nicht tun, daß es ja die anderen, daß es einzelne Wenige sind, auf deren Konto die Untaten gehen. Bedauerndes Achselzucken, Lippenbekenntnisse der Verurteilung und tatenloses Zusehen genügen nicht. Wenn wir das Klima von Behindertenfeindlichkeit und gewalttätigen Übergriffen gegen Minderheiten ändern wollen, sind wir alle persönlich gefordert.

Die Folgerungen, die sich aus der Deutung der Vorfälle ergeben, gehen einzelne und alle an. Der einzelne Behinderte ist davon betroffen. Die gesamte Gesellschaft ist zweifach betroffen: indem jeder selbst behindert

werden kann; zudem steht die Grundverfassung einer humanen Gesellschaft zur Debatte. Wenn wir Übergriffe gegen einzelne tolerieren, dann ist das das Ende eines friedlichen Zusammenlebens aller. Wenn wir solche Zustände im eigenen Lande dulden, können wir nicht mit doppelter Moral den Frieden auf dem Balkan propagieren.

Problemlösungen sollten, gemäß der Verantwortung des einzelnen und der Verantwortung aller, auf zwei Ebenen zu Handlungskonsequenzen führen. Der potentielle Täterkreis muß in seiner individuellen Motivationslage der Gewaltbereitschaft verstanden und angesprochen werden. Sozialarbeiter haben darüber berichtet, wie sie in Jugendgruppen einzelne Jugendliche zur Rede gestellt haben, nicht mit rechthaberischer Zurechtweisung, aber auch nicht mit der Attitude der repressiven Toleranz (Marcuse), jedoch indem sie die Folgen für das Zusammenleben aller Beteiligten in aller Schärfe deutlich machten. Problembewältigungen, die auf einer strukturellen Ebene gesellschaftlicher Veränderungen liegen, lassen sich nicht so direkt herbeiführen. Solange Arbeitslosigkeit und Sinnkrise, wirtschaftliche Not und die Härte der Konkurrenzgesellschaft das Verhalten des einzelnen maßgeblich beeinflussen, hat individuelle Initiative ihre Grenzen. Das schließt aber nicht aus, an der Verbesserung der Gesellschaft insgesamt zu arbeiten.

Auf eine Initiative der Deutschen Städte-Reklame GmbH sind in verschiedenen Städten große Werbeflächen beschriftet worden:

> Dein Christ ist ein Jude.
> Dein Auto ist ein Japaner.
> Deine Pizza ist italienisch.
> Deine Demokratie ist griechisch.
> Dein Kaffee ist brasilianisch.
> Dein Urlaub ist türkisch.
> Deine Zahlen sind arabisch.
> Deine Schrift ist lateinisch.
> Und Dein Nachbar nur ein Ausländer?

Die Analogie liegt nahe:

> Als Kind warst Du hilflos.
> Im Krankenhaus warst Du gebrechlich.
> Nach einem Unfall kannst Du gelähmt sein.
> Im Alter brauchst Du Pflege.
> Und Dein Nachbar nur ein Behinderter?

Die Rolle der Öffentlichkeit

Medien, Presse, Öffentlichkeitsverbreitung spielen eine große Rolle. Einzelfälle, die sensationell vermarktet werden, müssen keinen Trend ausdrücken. Sie können aber sehr wohl Stimmungsmache betreiben. Ihre Repräsentativität steht oft in keinem vertretbaren Verhältnis zur Aufmachung. Eher beeinflussen sie Nachahmungstäter. Behindertenverbände haben davor gewarnt, Einzelfälle der Übergriffe gegen Behinderte auzuschlachten. Behinderte würden damit in einer Weise in die Opferrolle gedrängt, die dem Gebot der Normalisierung widerspricht. Es ist normal, daß Menschen mit Gebrechen und Behinderungen, Menschen mit andersartiger Hautfarbe und mit einem sozialen Verhalten, das nicht allen bürgerlichen Normvorstellungen entspricht, ebenso zu uns gehören wie die unauffälligen, angepaßten Kleinbürger.

Das Flensburger Gerichtsurteil könnte eine fatale Folgewirkung haben, zumal dadurch, daß es durch alle Zeitungen gegangen ist. Reiseveranstalter müßten sich fragen, ob sie es sich noch leisten können, behinderte und nichtbehinderte Menschen gemeinsam unterzubringen, wenn sie mit Schadenersatzforderungen rechnen müssen, weil sich einige Reiseteilnehmer durch die Anwesenheit schwerstbehinderter Menschen in ihrem Wohlbefinden beeinträchtigt sehen.

Seit 1990 sind Behindertenverbände, Parteien und einzelne Abgeordnete bemüht gewesen, im Grundgesetz der Bundesrepublik Deutschland eine Antidiskriminierungsvorschrift gegen Behinderte zu verankern. Nach zahllosen Eingaben, Petitionen und Denkschriften scheiterte die Aktion zunächst in der Gemeinsamen Verfassungskommission von Bundestag und Bundesrat. Es hieß, die gängigen Grundgesetzartikel reichten aus, um Diskriminierungen zu begegnen. Fast wurde eine Chance vertan – zuletzt hat der Bundestag 1994 mit eindrucksvoller Mehrheit doch die Ergänzung von Art. 3 (3) GG beschlossen: „Niemand darf wegen seiner Behinderung benachteiligt werden". Die publizistische Breitenwirkung des Vorgangs dürfte nicht zu unterschätzen sein. Immerhin wurde ein Signal gesetzt. In Diskussionen wurde überdies gefragt, ob nach dem Flensburger Urteil keine Initiative in Form einer Gegenklage gegen das Urteil erhoben worden sei. Namens der Behinderten könnte vorgebracht werden, daß der Richterspruch sehr wohl gegen die guten Sitten und die Menschenwürde verstoßen habe. Bislang ist nichts dergleichen bekannt geworden.

Zur gleichen Zeit mit dem Bekanntwerden des Flensburger Skandals war in Zeitschriften die Anzeigenserie einer großen Versicherungsgesellschaft in Sachen Pflege-Renten-Zusatzversicherung wahrzunehmen. Auf einer linken Seite war ein Rollstuhl abgebildet. Auf der rechten Seite war zu lesen: „Nehmen Sie hier mal für einen Augenblick Platz". Man mag es für erhöhte Sensibilität halten, wenn der Anblick Betroffenheit auslöst. Wahrscheinlich kann man aber bei dem hier in Rede stehenden Sachverhalt gar nicht sensibel genug reagieren.

Was mag in den Autoren vorgegangen sein, die Text und Abbildung als gegenüberliegende Seiten in einer Illustrierten plaziert? Eine Werbeagentur zeichnet, unten links sichtbar, verantwortlich. In der emotional belasteten Situation weckt die Anzeige verschiedene Assoziationen. Zugegeben, daß längst nicht jeder Leser, der die Zeitschrift gedankenlos durchblättert und die Reklamebilder überschlägt, vom Problem des Behindertseins tangiert ist. Vance Packard hat die Werbung einst die „geheimen Verführer" genannt. Das sind die Assoziationen: Die Versicherung bezahlt mir wenigstens meinen Rollstuhl, wenn ich ihn brauche. – Gott sei Dank, daß ich den noch nicht benötige. – Ein komfortables Modell, wenn auch nicht so perfekt wie auf der Reha in Düsseldorf. – Die Suggestion, daß es schön sei, in dem gut gepolsterten Stuhl zu sitzen. – Schäuble. – Das Geschäft mit der Angst. – Der Euphemismus, die Beschönigung des furchtbaren Gefühls, immer an einen Rollstuhl ‚gefesselt' zu sein. – Warum ist der Rollstuhl leer? – Wenn es erträglich wäre, in solch einem Sessel zu sitzen, gäbe es nicht das Flensburger Urteil? – Wenn es nicht ein solches Flensburger Urteil gäbe, wäre es erträglicher, im Rollstuhl zu sitzen?

Grenzen und Möglichkeiten der Hilfsbereitschaft

Die Mobilisierung einer verantwortungsbewußten Öffentlichkeit trifft auf eine Hürde, die man die schweigende Mehrheit zu nennen pflegt. Vermutlich ist die Mehrheit der Bevölkerung nicht behindertenfeindlich. Aber sie engagiert sich nicht, sie schweigt teilnahmslos.

Die Verzweiflung über fehlende Unterstützung und das Gefühl der persönlichen Bedrohtheit wecken Gegenwehr und Gegengewalt. Es wurde ein „Forum Gewalt gegen Behinderte" gegründet. Arbeitskreise „gegen rechts" riefen zu Demonstrationen auf. Der Presse ist zugutezuhalten, daß sie kritischen und warnenden Stimmen Geltung verliehen hat. Rollstuhlfahrer, so wurde aus Hannover berichtet, bewaffneten sich mit Gaspistolen und Elektroschockgeräten. Es ist eine alte Frage, ob Gewalt weitere Eskalation befördert oder ob der Appell zur Gewaltfreiheit den unheilvollen Kreislauf eher durchbricht. Gewalt im Erziehungsalltag ist geläufig. Jährlich werden Kindermißhandlungen registriert. Friedenserziehung muß sich auch im sozialen Nahbereich bewähren.

Die Bilanz des Helfens und der Hilfsbereitschaft ist nicht nur im öffentlichen, staatlichen Sektor ernüchternd. Mit der direkten Hilfstätigkeit in Notsituationen ist es gemeinhin noch schlechter bestellt. In den Pressenotizen über Aggressionen gegen Behinderte taucht vielfach etwas auf, was aus polizeilichen Protokollen zum Unfallgeschehen, aber auch aus der experimentellen soziologischen Forschung hinreichend bekannt ist. Bei Übergriffen gegen wehrlose Kinder, Alte, Ausländer und Behinderte wird nicht eingegriffen. Diejenigen, die danebenstehen, schauen weg. Oder die Schaulustigen scheuen den Eingriff.

Es gibt viele psychologische Erörterungen über das gleichgültige Wegsehen, über die Verantwortungsdiffusion namentlich in der anonymen Großstadt. Viele Zeugen von Verbrechen und Unfällen vermindern eher die Chance des Einschreitens. Es ist, als ob man sich jeweils auf den anderen verlasse, der zuerst etwas tun soll. Bei Schlägereien und Mißhandlungen von Unterlegenen wird deshalb nicht eingegriffen, weil zu Recht dann zu befürchten ist, daß sich die rohe Gewalt nun gegen den Schlichter richtet. Die Feigheit wäre noch am ehesten verständlich. Ist es die Scheu vor unerwünschter Einmischung, die ansonsten sich für mutig haltende Bürger sich verstecken läßt? Ist es Hilflosigkeit und Unkenntnis, was man zu tun habe, gerade bei Unfallopfern? Oder stehen Egoismus, fehlendes Mitleid, die Unfähigkeit, sich in den Notleidenden hineinzuversetzen, dahinter?

Es muß angesichts der grausamen Härte einer egozentrischen Gesellschaft wie Hohn klingen, wenn in öffentlichen Parolen eine Solidarität mit den Schwachen und Benachteiligten beschworen wird. Der Sarkasmus von Betroffenen fällt denn auch entsprechend bitter aus, und er stellt die Forderung nach Emanzipation dagegen (Christoph 1990 a, 132):
– Solidarität setzt die Unterteilung der Menschen in Starke und Schwache voraus.
– Solidarität zementiert damit die Überlegenheit des Starken. Wer kennt nicht die Sprache: Die Solidarität der Starken mit den Schwachen ist gefordert.
– Solidarität gegenüber Randgruppen ist meist nicht mehr als ein gnadenvoller Akt.
– Solidarität ist immer an gesellschaftliche Bedingungen gebunden und orientiert sich an den Normalitätsinteressen von Nichtbehinderten.
– Solidarität fordert subtil unterwürfige „Zwangsdankbarkeit".
– Solidarität ist meist Heuchelei und ein Nichternstnehmen von Benachteiligten, was am deutlichsten durch wohlwollende menschliche Reden zum Ausdruck gebracht wird, nach dem Motto: „Wir müssen den Betroffenen das Gefühl geben, daß sie auch gebraucht werden", womit letztendlich deutlich wird, daß die so geliebten Betroffenen eigentlich unnütz sind.
– Solidarität ist Auseinandersetzungsverweigerung. Notwendige Konflikte werden durch scheinbare Unterstützung auf Grundlage von Nichtbehinderteninteressen vertuscht.
– Solidarität ist beliebig nach den Interessen der Normalen interpretierbar. Mittlerweile gilt in gewissen Kreisen die Tötung von Behinderten und Kranken schon wieder als erstrebenswerte Solidarität mit den Leidenden (solidarisches Handeln aus der Innenperspektive des Leidenden).
– Solidarität muß in ihrer jetzigen Funktion als gewaltfördernder Begriff abgeschafft werden.

Eine richtig verstandene Integrationsbewegung kann dazu beitragen, Vorurteile gegen Behinderte, ihre soziale Randstellung und schließlich Übergriffe zu vermeiden. Dem Konzept der gemeinsamen Unterrichtung behinderter und nichtbehinderter Schüler in allgemeinen Schulen begegnen berechtigte Zweifel, was die

Möglichkeiten eines differenzierten Unterrichts und die spätere Eingliederung in die Berufsgesellschaft angeht. Es kann aber kaum in Zweifel stehen: Wer schwächere und wehrlose Mitbürger vor gewalttätigen Angriffen schützen will, kann das nicht dadurch erreichen, daß er sie vor der Gesellschaft versteckt, in besonders geschützten Werkstätten am Stadtrand, in Heimen auf der grünen Wiese, in abgeschirmten Kindergärten und Schulen. Wenn der nichtbehinderten Welt die Begegnung mit Behinderten von Kindesbeinen an verwehrt wird, dann ist später das Fremdheitserlebnis, die Konfrontation mit Andersartigen um so größer.

Eine „Kontakthypothese" (Cloerkes 1982) darf indessen nicht unkritisch und vorschnell als Lösung aller Probleme gehandelt werden. Nicht jeder Kontakt zwischen Behinderten und Nichtbehinderten verbessert das soziale Klima. Es kommt auf die näheren Bedingungen an: Alter, Schweregrad und Art der Behinderung, Aufklärung der Kommunikationspartner und die Anstrengung, einander verstehen zu wollen. Die unmittelbare Begegnung zwischen Behinderten und Nichtbehinderten ist jedoch die einzige Chance, die wir haben, um zu lernen, friedlicher miteinander umzugehen.

Quelle: Antor/Bleidick 1995, 275–292.

* * *

(42) Bioethik-Konvention (1997)

Übereinkommen zum Schutz der Menschenrechte und der Menschenwürde im Hinblick auf die Anwendung von Biologie und Medizin: Übereinkommen über Menschenrechte und Biomedizin

Präambel

Die Mitgliedstaaten des Europarats, die anderen Staaten und die Europäische Gemeinschaft, die dieses Übereinkommen unterzeichnen –

eingedenk der von der Generalversammlung der Vereinten Nationen am 10. Dezember 1948 verkündeten Allgemeinen Erklärung der Menschenrechte;

eingedenk der Konvention vom 4. November 1950 zum Schutze der Menschenrechte und Grundfreiheiten;

eingedenk der Europäischen Sozialcharta vom 18. Oktober 1961;

eingedenk des Internationalen Paktes über bürgerliche und politische Rechte und des Internationalen Paktes über wirtschaftliche, soziale und kulturelle Rechte vom 16. Dezember 1966;

eingedenk des Übereinkommens vom 28. Januar 1981 zum Schutz des Menschen bei der automatischen Verarbeitung personenbezogener Daten;

eingedenk auch des Übereinkommens vom 20. November 1989 über die Rechte des Kindes;

in der Erwägung, daß es das Ziel des Europarats ist, eine engere Verbindung zwischen seinen Mitgliedern herbeizuführen, und daß eines der Mittel zur Erreichung dieses Zieles darin besteht, die Menschenrechte und Grundfreiheiten zu wahren und fortzuentwickeln;

im Bewußtsein der raschen Entwicklung von Biologie und Medizin;

überzeugt von der Notwendigkeit, menschliche Lebewesen in ihrer Individualität und als Teil der Menschheit zu achten, und in der Erkenntnis, daß es wichtig ist, ihre Würde zu gewährleisten;

im Bewußtsein, daß der Mißbrauch von Biologie und Medizin zu Handlungen führen kann, welche die Menschenwürde gefährden;

bekräftigend, daß die Fortschritte in Biologie und Medizin zum Wohl der heutigen und der künftigen Generationen zu nutzen sind;

betonend, daß internationale Zusammenarbeit notwendig ist, damit die gesamte Menschheit aus Biologie und Medizin Nutzen ziehen kann;

in Anerkennung der Bedeutung, die der Förderung einer öffentlichen Diskussion über Fragen im Zusammenhang mit der Anwendung von Biologie und Medizin und über die darauf zu gebenden Antworten zukommt;

von dem Wunsch geleitet, alle Mitglieder der Gesellschaft an ihre Rechte und ihre Verantwortung zu erinnern;

unter Berücksichtigung der Arbeiten der Parlamentarischen Versammlung auf diesem Gebiet, einschließlich der Empfehlung 1160 (1991) über die Ausarbeitung eines Übereinkommens über Bioethik;

entschlossen, im Hinblick auf die Anwendung von Biologie und Medizin die notwendigen Maßnahmen zu ergreifen, um den Schutz der Menschenwürde sowie der Grundrechte und Grundfreiheiten des Menschen zu gewährleisten –

sind wie folgt übereingekommen:

Kapitel I
Allgemeine Bestimmungen

Artikel 1
Gegenstand und Ziel

Die Vertragsparteien dieses Übereinkommens schützen die Würde und die Identität aller menschlichen Lebewesen und gewährleisten jedermann ohne Diskriminierung die Wahrung seiner Integrität sowie seiner sonstigen Grundrechte und Grundfreiheiten im Hinblick auf die Anwendung von Biologie und Medizin.

Jede Vertragspartei ergreift in ihrem internen Recht die notwendigen Maßnahmen, um diesem Übereinkommen Wirksamkeit zu verleihen.

Artikel 2
Vorrang des menschlichen Lebewesens

Das Interesse und das Wohl des menschlichen Lebewesens haben Vorrang gegenüber dem bloßen Interesse der Gesellschaft oder der Wissenschaft.

Artikel 3
Gleicher Zugang zur Gesundheitsversorgung

Die Vertragsparteien ergreifen unter Berücksichtigung der Gesundheitsbedürfnisse und der verfügbaren Mittel geeignete Maßnahmen, um in ihrem Zuständigkeitsbereich gleichen Zugang zu einer Gesundheitsversorgung von angemessener Qualität zu schaffen.

Artikel 4
Berufspflichten und Verhaltensregel

Jede Intervention im Gesundheitsbereich, einschließlich Forschung, muß nach den einschlägigen Rechtsvorschriften, Berufspflichten und Verhaltensregeln erfolgen.

Kapitel II
Einwilligung

Artikel 5
Allgemeine Regel

Eine Intervention im Gesundheitsbereich darf erst erfolgen, nachdem die betroffene Person über sie aufgeklärt worden ist und frei eingewilligt hat.

Die betroffene Person ist zuvor angemessen über Zweck und Art der Intervention sowie über deren Folgen und Risiken aufzuklären.

Die betroffene Person kann ihre Einwilligung jederzeit frei widerrufen.

Artikel 6
Schutz einwilligungsunfähiger Personen

(1) Bei einer einwilligungsunfähigen Person darf eine Intervention nur zu ihrem unmittelbaren Nutzen erfolgen; die Artikel 17 und 20 bleiben vorbehalten.

(2) Ist eine minderjährige Person von Rechts wegen nicht fähig, in eine Intervention einzuwilligen, so darf diese nur mit Einwilligung ihres gesetzlichen Vertreters oder einer von der Rechtsordnung dafür vorgesehenen Behörde, Person oder Stelle erfolgen.

Der Meinung der minderjährigen Person kommt mit zunehmendem Alter und zunehmender Reife immer mehr entscheidendes Gewicht zu.

(3) Ist eine volljährige Person aufgrund einer geistigen Behinderung, einer Krankheit oder aus ähnlichen Gründen von Rechts wegen nicht fähig, in eine Intervention einzuwilligen, so darf diese nur mit Einwilligung ihres gesetzlichen Vertreters oder einer von der Rechtsordnung dafür vorgesehenen Behörde, Person oder Stelle erfolgen.

Die betroffene Person ist soweit wie möglich in das Einwilligungsverfahren einzubeziehen.

(4) Der Vertreter, die Behörde, die Person oder die Stelle nach den Absätzen 2 und 3 ist in der in Artikel 5 vorgesehenen Weise aufzuklären.

(5) Die Einwilligung nach den Absätzen 2 und 3 kann im Interesse der betroffenen Person jederzeit widerrufen werden.

Artikel 7
Schutz von Personen mit psychischer Störung

Bei einer Person, die an einer schweren psychischen Störung leidet, darf eine Intervention zur Behandlung der psychischen Störung nur dann ohne ihre Einwilligung erfolgen, wenn ihr ohne die Behandlung ein ernster gesundheitlicher Schaden droht und die Rechtsordnung Schutz gewährleistet, der auch Aufsichts-, Kontroll- und Rechtsmittelverfahren umfaßt.

Artikel 8
Notfallsituation

Kann die Einwilligung wegen einer Notfallsituation nicht eingeholt werden, so darf jede Intervention, die im Interesse der Gesundheit der betroffenen Person medizinisch unerläßlich ist, umgehend erfolgen.

Artikel 9
Zu einem früheren Zeitpunkt geäußerte Wünsche

Kann ein Patient im Zeitpunkt der medizinischen Intervention seinen Willen nicht äußern, so sind die Wünsche zu berücksichtigen, die er früher im Hinblick auf eine solche Intervention geäußert hat.

Kapitel III
Privatsphäre und Recht auf Auskunft

Artikel 10
Privatsphäre und Recht auf Auskunft

(1) Jeder hat das Recht auf Wahrung der Privatsphäre in bezug auf Angaben über seine Gesundheit.

(2) Jeder hat das Recht auf Auskunft in bezug auf alle über seine Gesundheit gesammelten Angaben. Will jemand jedoch keine Kenntnis erhalten, so ist dieser Wunsch zu respektieren.

(3) Die Rechtsordnung kann vorsehen, daß in Ausnahmefällen die Rechte nach Absatz 2 im Interesse des Patienten eingeschränkt werden können.

Kapitel IV
Menschliches Genom

Artikel 11
Nichtdiskriminierung

Jede Form von Diskriminierung einer Person wegen ihres genetischen Erbes ist verboten.

Artikel 12
Prädiktive genetische Tests

Untersuchungen, die es ermöglichen, genetisch bedingt Krankheiten vorherzusagen oder bei einer Person entweder das Vorhandensein eines für eine Krankheit verantwortlichen Gens festzustellen oder eine genetische Prädisposition oder Anfälligkeit für eine Krankheit zu erkennen, dürfen nur für Gesundheitszwecke oder für gesundheitsbezogene wissenschaftliche Forschung und nur unter der Voraussetzung einer angemessenen genetischen Beratung vorgenommen werden.

Artikel 13
Interventionen in das menschliche Genom

Eine Intervention, die auf die Veränderung des menschlichen Genoms gerichtet ist, darf nur zu präventiven, diagnostischen oder therapeutischen Zwecken und nur dann vorgenommen werden, wenn sie nicht darauf abzielt, eine Veränderung des Genoms von Nachkommen herbeizuführen...

Kapitel V
Wissenschaftliche Forschung

Artikel 15
Allgemeine Regel

Vorbehaltlich dieses Übereinkommens und der sonstigen Rechtsvorschriften zum Schutz menschlicher Lebewesen ist wissenschaftliche Forschung im Bereich von Biologie und Medizin frei.

Artikel 16
Schutz von Personen bei Forschungsvorhaben

Forschung an einer Person ist nur zulässig, wenn die folgenden Voraussetzungen erfüllt sind:

i.   Es gibt keine Alternative von vergleichbarer Wirksamkeit zur Forschung am Menschen;

ii. die möglichen Risiken für die Person stehen nicht im Mißverhältnis zum möglichen Nutzen der Forschung;

iii. die zuständige Stelle hat das Forschungsvorhaben gebilligt, nachdem eine unabhängige Prüfung seinen wissenschaftlichen Wert einschließlich der Wichtigkeit des Forschungsziels bestätigt hat und eine interdisziplinäre Prüfung ergeben hat, daß es ethisch vertretbar ist;

iv. die Personen, die sich für ein Forschungsvorhaben zur Verfügung stellen, sind über ihre Rechte und die von der Rechtsordnung zu ihrem Schutz vorgesehenen Sicherheitsmaßnahmen unterrichtet worden, und

v.   die nach Artikel 5 notwendige Einwilligung ist ausdrücklich und eigens für diesen Fall erteilt und urkundlich festgehalten worden. Diese Einwilligung kann jederzeit frei widerrufen werden.

Artikel 17
Schutz einwilligungsunfähiger Personen bei Forschungsvorhaben

(1) Forschung an einer Person, die nicht fähig ist, die Einwilligung nach Artikel 5 zu erteilen, ist nur zulässig, wenn die folgenden Voraussetzungen erfüllt sind:

i.   Die Voraussetzungen nach Artikel 16 Ziffern i bis iv sind erfüllt;

ii. die erwarteten Forschungsergebnisse sind für die Gesundheit der betroffenen Personen von tatsächlichem und unmittelbarem Nutzen;

iii. Forschung von vergleichbarer Wirksamkeit ist an einwilligungsfähigen Personen nicht möglich;

iv. die nach Artikel 6 notwendige Einwilligung ist eigens für diesen Fall und schriftlich erteilt worden, und

v.   die betroffene Person lehnt nicht ab.

(2) In Ausnahmefällen und nach Maßgabe der durch die Rechtsordnung vorgesehenen Schutzbestimmungen darf Forschung, deren erwartete Ergebnisse für die Gesundheit der betroffenen Person nicht von unmittelbarem Nutzen sind, zugelassen werden, wenn außer den Voraussetzungen nach Absatz 1 Ziffern i, iii, iv und v zusätzlich die folgenden Voraussetzungen erfüllt sind:

i.   Die Forschung hat zum Ziel, durch eine wesentliche Erweiterung des wissenschaftlichen Verständnisses des Zustands, der Krankheit oder der Störung der Person letztlich zu Ergebnissen beizutragen, die der betroffenen Person selbst oder anderen Personen nützen können, welche derselben Altersgruppe angehören oder an derselben Krankheit oder Störung leiden oder sich in demselben Zustand befinden, und

ii. die Forschung bringt für die betroffene Person nur ein minimales Risiko und eine minimale Belastung mit sich.

Artikel 18
Forschung an Embryonen in vitro

(1) Die Rechtsordnung hat einen angemessenen Schutz des Embryos zu gewährleisten, sofern sie Forschung an Embryonen in vitro zuläßt.

(2) Die Erzeugung menschlicher Embryonen zu Forschungszwecken ist verboten...

Kapitel IX
Verhältnis dieses Übereinkommens zu anderen Bestimmungen

Artikel 27
Weiterreichender Schutz

Dieses Übereinkommen darf nicht so ausgelegt werden, als beschränke oder beeinträchtige es die Möglichkeit einer Vertragspartei, im Hinblick auf die Anwendung von Biologie und Medizin einen über dieses Übereinkommen hinausgehenden Schutz zu gewähren.

Kapitel X
Öffentliche Diskussion

Artikel 28
Öffentliche Diskussion

Die Vertragsparteien dieses Übereinkommens sorgen dafür, daß die durch die Entwicklungen in Biologie und Medizin aufgeworfenen Grundsatzfragen, insbesondere in bezug auf ihre medizinischen, sozialen, wirtschaftlichen, ethischen und rechtlichen Auswirkungen, öffentlich diskutiert werden und zu ihren möglichen Anwendungen angemessene Konsultationen stattfinden...

Quelle: Bundesministerium der Justiz 1998, Auszug.

* * *

(43) Bundesärztekammer: Nichteinwilligungsfähigkeit und medizinische Forschung (1997)

Präambel

Medizinische Forschung soll bei der Vermeidung, dem Erkennen und der Behandlung von Erkrankungen helfen. Bessere Vorbeugung und Diagnose, bessere Arzneimittel und Behandlungsmethoden können nur auf dem Weg kontrollierter Erfahrungswissenschaft gefunden werden. In der letzten Phase der Entwicklung müssen neue Methoden der Diagnostik und Therapie in der Klinik mit Patienten erprobt werden. Das Forschungsvorhaben ist in schriftlicher Form stets der zuständigen Ethikkommission zur Beurteilung vorzulegen.

Der Patient beteiligt sich freiwillig an solchen Untersuchungen. Nach einer umfassenden Aufklärung, besonders auch über mögliche Risiken, hat er die Wahl der Ablehnung oder der Einwilligung; er kann seine Einwilligung jederzeit ohne Nachteile zurückziehen.

Es gibt jedoch Personen, die aus unterschiedlichen Gründen zu einer solchen Einwilligung nicht fähig sind: Kinder, Bewußtseinsgestörte und Bewußtlose. Von einer Einbeziehung dieser Personen in die klinische Forschung wird denn auch, wenn irgend möglich, abgesehen.

Unterläßt man klinische Forschungsuntersuchungen mit diesen Personen allerdings ausnahmslos, dann verzichtet man bewußt auf Fortschritte in der Erkennung und Behandlung ihrer Krankheit. Eine solche Unterlassung ist moralisch nicht vertretbar. Beispielsweise lassen sich manche Behandlungsformen bei leukämiekranken Kindern eben nur an diesen Kindern erforschen. Auch bei einer Reihe weiterer schwerwiegender und bisher nicht ausreichend behandelbarer Krankheiten (zum Beispiel Demenz, Schlaganfall, Bewußtlosig-

keit nach Unfall) besteht der dringende Bedarf, die Behandlung durch Forschung zu verbessern. Zu diesen Krankheiten zählt nicht geistige Behinderung, insofern sie als Ausdruck einer besonderen Lebensform verstanden wird.

Personen, die ihren Willen noch nicht oder nicht mehr selbst äußern können, bedürfen eines besonderen Schutzes durch den Arzt und die Gesellschaft. ... Insbesondere die historische Erfahrung mit verbrecherischen Forschungen an nicht-einwilligungsfähigen Personen in Deutschland macht es notwendig und verständlich, ethische und rechtliche Grenzen der medizinischen Forschung mit diesen Personen klar festzulegen und besondere Schutzvorkehrungen zu treffen.

Das Ziel der im folgenden vorgeschlagenen Grundsätze ist es, den unabdingbaren Mindestschutz der nicht-einwilligungsfähigen Personen zu benennen. Die Grundsätze können allerdings nicht abschließend jeden Einzelfall erfassen. Sie lassen strengere spezialgesetzliche Bestimmungen unberührt.

I. Die ethischen und rechtlichen Probleme

Verschiedene Arten von Forschung mit nicht-einwilligungsfähigen Personen sind mit unterschiedlichen ethischen und rechtlichen Problemen verbunden:

1. Anerkannt ist, daß Heilversuche, bei denen die Behandlung im Einzelfall ärztlich indiziert ist und deren Besonderheit lediglich darin besteht, daß eine noch nicht etablierte Therapie angewandt wird, nicht nur grundsätzlich durchgeführt werden dürfen, sondern unter Umständen sogar im unmittelbaren Interesse des nicht-einwilligungsfähigen Patienten geboten sind.

Unsicher ist dagegen, unter welchen Voraussetzungen eine weitergehende Forschung bei nicht-einwilligungsfähigen Personen zulässig ist.

2. Bestimmte Forschungen können den beteiligten Patienten jedenfalls im weiteren Verlauf ihrer Krankheit oder bei einem späteren Wiederauftreten der Krankheit nützen. Auch bei kontrollierten Therapiestudien kann für alle in die Therapiestudie Einbezogenen ein zumindest mittelbarer Nutzen vorliegen.

Derartige Forschung liegt jedenfalls auch im objektiven Interesse der in die Forschung Einbezogenen. Allerdings ist die Forschungsmaßnahme nicht ausschließlich und konkret auf ihre Interessen ausgerichtet, so daß die Einbeziehung nicht-einwilligungsfähiger Personen in derartige Forschungsmaßnahmen besondere Schutzkriterien erfordert.

3. Ein besonderes ethisches Dilemma tritt bei Forschungen auf, durch die voraussichtlich nicht der Betroffene selbst, immerhin aber andere Personen, die sich in der gleichen Altersgruppe befinden oder von der gleichen Krankheit oder Störung betroffen sind,

von den gewonnenen Erkenntnissen Nutzen haben. Hier steht auf der einen Seite das Verbot, eine Person ohne ihre Einwilligung einer Maßnahme zugunsten anderer zu unterziehen, die nicht auch ihrem eigenen Interesse dient („Instrumentalisierungsverbot"). Auf der anderen Seite steht die ethische Überzeugung, einer Person geringfügige Risiken zumuten zu dürfen, wenn anderen damit eine große Hilfe erwiesen werden kann:

Zwar kann niemand – sei er einwilligungsfähig oder nicht – zur Hilfestellung für eine Gruppe zukünftiger Patienten durch Teilnahme an einer wissenschaftlichen Untersuchung verpflichtet werden, selbst wenn der Nutzen für diese Patienten erheblich und die Risiken für ihn selbst minimal sind. Jedoch erscheint eine Einbeziehung nicht-einwilligungsfähiger Personen in eine solche Untersuchung dann vertretbar, wenn – abgesehen von der Einhaltung weiterer Schutzkriterien – der gesetzliche Vertreter aus der Kenntnis der vertretenen Person (insbesondere ihrer früheren Lebenshaltung und -auffassung oder expliziter früherer Aussagen) ausreichende Anhaltspunkte hat, um auf ihre Bereitschaft zur Teilnahme an der Untersuchung schließen zu können, und umgekehrt keine widerstrebenden Willensäußerungen des Betroffenen selbst vorliegen.

4. Ethisch nicht zu rechtfertigen ist die „ausschließlich" fremdnützige Forschung bei nicht-einwilligungsfähigen Personen.

II. Die rechtliche Ausgangslage

In Deutschland ist bisher weitgehend ungeklärt, inwieweit medizinische Forschung mit nicht-einwilligungsfähigen Personen in den genannten Gruppen 2 und 3 zulässig ist. Gesetzliche Regelungen finden sich lediglich in einigen Spezialgesetzen: So sind die Zulässigkeit der klinischen Erprobung von Arzneimitteln in den §§ 40–42 des Arzneimittelgesetzes und die Zulässigkeit der klinischen Prüfung von Medizinprodukten in den §§ 17–19 des Medizinproduktegesetzes geregelt. Umstritten ist, inwieweit diese gesetzlichen Regelungen auf die von ihnen nicht unmittelbar erfaßten Bereiche anwendbar sind.

In anderen europäischen Ländern sind Forschungen mit nicht-einwilligungsfähigen Personen im Rahmen der nationalen Gesetzgebungen und der Deklarationen des Weltärztebundes zulässig. Die jetzt vom Ministerrat des Europarates angenommene „Konvention über Menschenrechte und Biomedizin" läßt auch fremdnützige Forschungen zu, die bei minimalem Risiko geeignet sind, anderen Personen der gleichen durch Alter, Krankheit oder Störung geprägten Gruppe einen bedeutenden Nutzen zu bringen. Allerdings bleibt es den Staaten unbenommen, einen über die Bestimmungen der Konvention hinausgehenden Schutz zu gewähren.

III. Der Schutz der nicht-einwilligungsfähigen Person

Die nicht-einwilligungsfähige Person benötigt den besonderen Schutz ihrer individuellen Rechte. Aus diesem Grund ist Forschung mit nicht-einwilligungsfähigen Personen in den genannten Fallgruppen 2 und 3 nur dann zu rechtfertigen, wenn

– das Forschungsprojekt nicht auch an einwilligungsfähigen Personen durchgeführt werden kann,

– das Forschungsprojekt wesentliche Aufschlüsse zur Erkennung, Aufklärung, Vermeidung oder Behandlung einer Krankheit erwarten läßt,

– das Forschungsprojekt im Verhältnis zum erwarteten Nutzen vertretbare Risiken erwarten läßt,

– der gesetzliche Vertreter eine wirksame Einwilligung in die Maßnahme erteilt hat, wobei vorausgesetzt ist, daß er aus der Kenntnis der vertretenen Person ausreichende Anhaltspunkte hat, um auf ihre Bereitschaft zur Teilnahme an der Untersuchung schließen zu können,

– ein ablehnendes Verhalten des Betroffenen selbst nicht vorliegt,

– die zuständige Ethikkommission das Forschungsvorhaben zustimmend beurteilt hat.

In der Fallgruppe 3 ist zusätzlich erforderlich:

– daß das Forschungsprojekt allenfalls minimale Risiken ... oder Belästigungen erwarten läßt.

IV. Die nicht-einwilligungsfähige Person

Die Nichteinwilligungsfähigkeit ist weder eine allgemeine noch eine dauerhafte persönliche Eigenschaft. Sie kann vielmehr nur in bezug auf einen konkreten Sachverhalt festgestellt werden. Nicht-einwilligungsfähig ist, wer etwa infolge von Minderjährigkeit oder Krankheit jeweils im konkreten Einzelfall außerstande ist, alle für die Einwilligung maßgeblichen Umstände zu erfassen, diese sodann zu verarbeiten und zu bewerten und darauf aufbauend eine Entscheidung zu treffen ... Hierbei müssen verschiedene Gruppen von nicht-einwilligungsfähigen Personen unterschieden werden:

Erwachsene, die zeitweilig nicht-einwilligungsfähig sind (z.B. Patienten nach Polytrauma, Schädel-Hirn-Trauma, Schlaganfall, in traumatischem oder septischem Schock, mit Delir),

Erwachsene, die dauerhaft nicht-einwilligungsfähig sind (z.B. Patienten mit progredienter Demenz, apallischem Syndrom),

Kinder entsprechend dem Stand ihrer Einsichtsfähigkeit.

V. Ersatz der persönlichen Einwilligung

Anstelle der nicht zur Einwilligung fähigen Person kann der gesetzliche Vertreter im Rahmen der gesetzlichen Bestimmungen die Einwilligung erklären. Bei Minderjährigen sind dies die Eltern bzw. der Vormund oder Pfleger, bei Erwachsenen ist es der Betreuer. In bestimmten Fällen ist zusätzlich die Genehmigung durch das Vormundschaftsgericht erforderlich (beispielsweise nach § 1904 BGB).

Unter Umständen kann die mutmaßliche Einwilligung rechtfertigend wirken. Sie kommt allerdings nur bei Notfällen in Betracht, wenn die Entscheidung eines gesetzlichen Vertreters nicht rechtzeitig eingeholt werden kann und das Interesse des Patienten bei objektiver Betrachtung unmittelbar durch die Maßnahme gefördert wird.

Dem Selbstbestimmungsrecht des Patienten wird am ehesten dann Rechnung getragen, wenn seine Willensbekundungen, die er zu einem Zeitpunkt abgegeben hat, zu dem er noch einwilligungsfähig war (etwa in Form sog. Patientenverfügungen), in besonderem Maße Berücksichtigung finden.

Quelle: Bundesärztekammer 1997, Auszug.

* * *

Glossar

Advokatorische Ethik
Ethik der stellvertretenden Entscheidung, etwa der Eltern für ihre unmündigen Kinder, für ungeborenes Leben

Amniozentese
Fruchtwasseruntersuchung in der 16.-20. Schwangerschaftswoche mit Analyse von Chromosomenabweichungen und Stoffwechselstörungen

Anencephalie (griech.*)
Fehlen großer Teile der Schädeldecke und des Gehirns

Antinomie (griech.)
Widerstreit zwischen mehreren Positionen, deren jede für sich Gültigkeit hat, unversöhnlicher Gegensatz

Aporie (griech.)
Ratlosigkeit; Ausweglosigkeit; Unmöglichkeit, zu einer widerspruchsfreien Lösung eines Problems angesichts der Wahl zwischen zwei Möglichkeiten zu gelangen (ähnlich: Dilemma, Zwangslage)

a priori (lat. = vom früheren her)
Einsicht, deren Richtigkeit nicht durch Erfahrung bestätigt werden muß; Begriffe, die nach Kant allein dem Verstande entspringen; Kategorien der Erkenntnis sind a priori gegeben

Aristotelismus
auf Aristoteles zurückgehende philosophische Position, die als eine realistische Haltung bezeichnet wird

Bioethik (griech. bios = Leben)
interdisziplinäres Forschungsgebiet aus philosophischer Ethik und medizinisch-naturwissenschaftlicher Forschung; Aufgabenerweiterung gegenüber einer traditionellen medizinischen Ethik; Oberbegriff für eine Verantwortung des Menschen für alle Formen des Lebens

Chorea Huntington (lat.)
Veitstanz; Nervenkrankheit aufgrund einer Störung des extrapyramidalen Systems

Chromosomenaberration (lat.)
Abweichung der Zahl oder Struktur der Chromosomen, meist einhergehend mit geistiger Behinderung (meist: sog. Trisomie 21)

Cochlear Implantat
technische Hörhilfe, die in das Innenohr implantiert ist

Dammbruch-Argument
Slippery slope, schiefe Bahn; z.B. die Behauptung, daß die Freigabe der Tötung Schwerstbehinderter eine nicht mehr zu stoppende Negativentwicklung der Bedrohung aller Behinderter in Gang setzen würde; zwei Formen: a) Auslöser dieser Entwicklung ist bereits eine Diskussion über die befürwortenden Thesen Singers (Dammbruch-Argument de dicto); b) Auslöser ist erst die rechtliche Zulassung der aktiven Tötung z.B. schwerstbehinderter Säuglinge (Dammbruch-Argument de re)

Darwinismus
von Charles Darwin (1809–1882) begründete Selektionstheorie zur Erklärung der heutigen Artenzusammensetzung im Tier- und Pflanzenreich durch natürliche Auslese

Deontologische Ethik (griech. deon = Pflicht)
Normlogik, Aufstellung verpflichtender Gebote, die grundsätzlich richtig und zu befolgen sind, unter Ab-

---

* Die fremdsprachliche Ableitung ist dort, wo sie das Verständnis erleichtert, angegeben

sehung von pragmatischen Nützlichkeitserwägungen; Handeln allein nach dem Sittengesetz, ethischer Rigorismus (Kant)

Diskurs
Verhandlung, Diskussion unter gleichberechtigten Partnern

Diskursethik (Apel, Habermas)
Verfahrensethik, die Entscheidungen vom herrschaftsfreien Diskurs einer idealen Kommunikationsgemeinschaft abhängig macht; methodische Schritte: (1) grundsätzliche Argumentenreflexion auf die regulative Idee, (2) praktischer Diskurs über das gewonnene Moralprinzip zwischen allen Beteiligten, mit argumentativer Konsensbildung; intersubjektives Wahrheitskriterium

Dysmelie (griech.)
„schlechte Gliedmaßen", Störung der Extremitätenentwicklung oder Fehlen von Gliedmaßen

Einzelfallethik, Kasuistik
methodische Anwendung allgemeiner Grundnormen auf konkrete Fälle, mit dem Problem, daß abstrakte Normen rigoroser zu sein pflegen als situative Entscheidungen

empathisch (griech.)
mitleidend, einfühlend

Empirismus in der Ethik
Rückführung ethischer Normen (1) auf historisch-kulturell vorkommende Gemeinsamkeiten von Geboten und (2) auf empirisch erhebbare Bedürfnisse (Glück, Lust)

Ethik (griech. ethos = Sitte; ethika = Sittenlehre)
Lehre vom guten Tun, von den Prinzipien des richtigen Handelns; synonym: Moralphilosophie

Eudämonismus (griech.)
Lehre, die das individuelle Glück zum höchsten Prinzip erhebt

Eugenik (griech. eugenes = wohlgeboren)
Erbgesundheitslehre, Lehre von der Verhütung der Erbgesundheitsschäden; humangenetische Beratung zur Erkennung und Verhütung von genetischen Schäden

Euthanasie (griech. euthanatos = schöner, leichter Tod)
indirekte Euthanasie: Verabreichung von hohen Medikamentendosen zur Schmerzlinderung, die zum Tod führen können (Eventualvorsatz); aktive Euthanasie: bewußte Tötung zur Leidminderung; passive Euthanasie: Unterlassung von Hilfeleistung, „Liegenlassen" in advokatorischer Entscheidung; freiwillige Euthanasie:

bewußter Entschluß zur Hilfeabwehr, Beihilfe zur Selbsttötung

Exegese (griech.).
Bibelerklärung, i.w.S. jede Auslegung

Gefühlsethik (Hume)
Auffassung, daß das Gute, das moralisch Richtige mehr gefühlt als eingesehen werde; moral sense im Gegensatz zur Vernunftethik; ähnlich: Intuitionismus

Gentherapie
gezielte Veränderung der Erbsubstanz von Lebewesen zur Beseitigung von genetischen Defekten

Gesinnungsethik (Max Weber)
→ Deontologische Ethik, die den Menschen und seine Handlung nach der Gesinnung und nicht nach den Folgen und Erfolgen des Tuns beurteilt, im Gegensatz zur → Verantwortungsethik und zum erfolgsethischen Nutzenkalkül

Goldene Regel (Tobias 4,16; Matthäus 7,12; Konfuzius; Hare)
Verhaltensregel „Was du nicht willst, das man dir tu', das füg' auch keinem andern zu"

Hedonismus
Lehre vom lustvollen, gelungenen Leben; jedoch auch wohlfahrtsstaatliche Ökonomie; ähnlich → Eudämonismus, Epikureismus

Hermeneutik (griech.)
Sinndeutung, Auslegung

Hippokratischer Eid (Hippokrates)
Pflicht des Arztes zu helfen, „nach bestem Wissen und Können zum Heil der Kranken und nie zu ihrem Verderben und Schaden ... niemandem eine Arznei zu geben, die den Tod herbeiführt"; Reformulierung als Genfer Gelöbnis auf der Generalversammlung des Weltärztebundes 1948

Hirntod
biologische Grenze zwischen Leben und Tod, im engeren Sinne Gesamthirntod, nicht nur das apallische Syndrom des Absterbens der Großhirnrinde; Einstellung aller Lebensfunktionen wie Herztätigkeit, Blutdruck, Zellwachstum; analog Hirnleben, als umstrittener Zeitpunkt, meist 57. Tag p.c.

Hydrocephalus (griech.)
Wasserkopf, Vergrößerung des von Liquor (Nervenwasser) ausgefüllten Raumes oberhalb des Gehirns

Hypostasierung (griech.)
Unterstellung, Überfrachtung eines Begriffs oder einer ganzen Aussage

Infantizid (lat.)
Kindestötung

infaust (lat. infaustus = ungünstig)
medizinisch gesehen aussichtslos

IVF, In-vitro-Fertilisation (lat. vitrum = Glas)
künstliche Insemination, extrakorporale Befruchtung

Kantianismus
auf Kant zurückgehende philosophische Position, insbesondere in der Betonung eines moralischen Rigorismus, der unbedingten Anerkennung von sittlichen Pflichten

Kategorischer Imperativ (Kant)
das höchste Gebot des Sollens: „Handle nur nach derjenigen Maxime, durch die du zugleich wollen kannst, daß sie ein allgemeines Gesetz werde"

Kommunitarismus (engl. community = Gemeinschaft)
neues Denken in den Kategorien des Gemeinwohls, der Solidarität

Konsensustheorie
Prinzip der Übereinkunft und vertraglichen Bindung; die Übereinstimmung soll durch Argumente eines praktischen Diskurses gewonnen werden; Wahrheit als Resultat gemeinsamer Argumentation

Konsequentialismus
Beurteilung der Sittlichkeit eines Handelns nach den Folgen, die es für alle Betroffenen hat (→ Utilitarismus)

Kontingenz (lat. contingere = berühren, betreffen, sich ereignen)
Offenheit der Handlungsmöglichkeiten; Freiheitsgrade; nicht notwendig und nicht unmöglich; es kann auch anders sein

Kontrafaktizität (Habermas) (lat. contra factum = wider die Tatsache)
ein Standpunkt von Richtigkeit ungeachtet seiner Aussicht auf Realisierung, gegen die Tatsachen; Tötungsverbot ist insofern kontrafaktisch, weil Tötung im Krieg, Liegenlassen und Abtreibung gegen das Prinzip der Heiligkeit des menschlichen Lebens verstoßen

Kritischer Rationalismus (Popper)
Rationalitätsmodell der Wissenschaft, das an die Stelle absoluter Gewißheit die kritische Prüfung setzt; Erkenntnis der Richtigkeit durch Eliminierung des Falschen (Falsifikationsprinzip); wohlfahrtsstaatliches Handeln als Stückwerk-Sozialtechnologie

Lebensrecht, Recht auf Leben
nach Art. 2 (2) GG: „Jeder hat das Recht auf Leben und körperliche Unversehrtheit"

Lebenswelt
Umkreis eines Menschen mitsamt seinen sozialen Beziehungen, Welt des persönlichen Wohlbefindens

Legalität (lat.)
Rechtmäßigkeit, Gesamtheit der gesetzmäßig gefaßten Gebote und Regelungen

Legitimität (lat.)
höhere Berechtigung gegenüber → Legalität; Rechtfertigung durch Grundrechte (→ Menschenrechte); Moralität gegen Legalität (Kant)

melioristisch (lat. melior = besser)
der Versuch, etwas zu verbessern; Melioration = Bodenverbesserung

Menschenrechte
von Natur aus den Menschen gegebene Rechte; Französische Revolution 1789; Liberté, Égalité, Fraternité; Universal Declaration of Human Rights 1948; Art. 1 – 19 GG als Grundrechte, nämlich als rechtlich verbürgte Menschenrechte

Metaethik
Aufstellung von logischen und sprachlichen Regeln über ethische Werturteile; Typologie von Ethik; Gesinnungsethik, Gefühlsethik, Vernunftethik usw.

Microcephalie (griech.)
Schädelverkleinerung, häufig mit geistiger Behinderung verbunden

Moral (lat. mores = Sitten)
persönliches Ethos, individuelle Verhaltensmaxime; Moralprinzip als erste Grundregel (Aristoteles); Moralität entspringt der Idee der Pflicht (Kant); Moralität als Tugendlehre gegenüber → Legalität als verbrieftes Recht

Muskeldystrophie, progressive (griech.)
fortschreitender Muskelschwund; einige Formen haben einen tödlichen Ausgang

Naturalismus in der Ethik
Annahme einer natürlichen Ethik, der natürlichen Empfindung für das Gute (moral sentiments); auch Forderung nach ökologischer, naturgemäßer Lebensweise (→ Gefühlsethik)

Naturalistischer Fehlschluß (Moore)
Ableitung normativer Sollensaussagen aus empirischen Istaussagen

Paternalismus (lat. pater = Vater)
„väterliche" Bevormundung

Persönlichkeit
psychologischer Begriff für die Entwicklungshöhe eines Menschen

Person (griech.)
psychophysische Einheit des Menschen, Synonym für menschliche Person, personale Existenz; (1) normative Zuschreibung: Würde des Menschen, die ihm unabhängig von seiner Verfassung zukommt aufgrund seiner Leiblichkeit als Mensch (biologisch-anthropologisch) bzw. Gottebenbildlichkeit, (2) empirisch-psychologisches Meßkriterium: Selbstbewußtsein, Zukunftswissen, Beziehungsfähigkeit (Singer)

Pflichtethik (Kant)
Betonung der „unbedingt nötigenden Verbindlichkeit eines schlechterdings guten Willens"; mit der Autonomie, gut handeln zu können

Phenylketonurie (griech.)
Brenztraubensäure-Schwachsinn; erbliche Störung des Aminosäurestoffwechsels, die ohne rechtzeitige Behandlung zu schwerer geistiger Behinderung führt

Pluralismus (lat. plures = viele)
Annahme, daß viele Lösungen richtig sind; Bezeichnung für die Vielheit von Werthaltungen, Weltanschauungen, politischen Strukturen

Postmoderne
Zeitalter nach der „Moderne", nämlich nach der mit der Aufklärung beginnenden Neuzeit; mit den Merkmalen einer verallgemeinerten Selbstbestimmung (Postmoderne als Generalisierung der Moderne verstanden), einer neuen Sensibilität, der Spontaneität, des Anti-Intellektualismus und des ökologischen Bewußtseins (Postmoderne eher als Antimoderne verstanden)

Potentialität (lat. potentia = Macht, Vermögen)
Möglichkeit, Vermögen; Feten und Neugeborene haben die Möglichkeit der Weiterentwicklung zur vollen Persönlichkeit; aktive Potentialität: eigene Initiative, Chancengleichheit nach Leistung; passive Potentialität: den eigenen Möglichkeiten entzogenes Geschehen, z.B. Bundespräsident zu werden

Präferenz-Utilitarismus
Spielart des → Utilitarismus; es gilt (z.B. beim Lebensrecht) nicht das gleiche Interesse aller von einer Handlung Betroffenen, sondern ein Vorzug für solche Lebewesen (ob Mensch oder Tier), die eine Präferenz äußern können, weiterleben zu wollen

Pragmatismus (griech. pragma = Handeln)
Richtschnur, daß das richtig ist, was der praktischen Lebensordnung dient; ethische Entscheidungen gelten als fallibel, als irrtumsfähig; im weiten Sinne Erfolgsethik

Reversibilität
Umkehrbarkeit

Screening (engl. to screen = auf den Leinwandschirm werfen, durchsieben, untersuchen)
Siebuntersuchung, Grobauslese

Sozialdarwinismus
rassenhygienische Bewegung, die aus dem Darwinismus abgeleitet ist und die ‚Aufwertung' der biologischen Konstitution des Menschen durch Auslese betreibt

Speziesismus
als ungerechtfertigtes Vorurteil kritisierte anthropologische Position, nach der dem Menschen allein wegen seiner Zugehörigkeit zur Spezies homo sapiens ein besonderer Wert zukommt (Anthropozentrismus); Analogie zu Rassismus, der Bevorzugung eines Menschen wegen seiner Rasse

Spina bifida (lat.)
Spaltbildung im Wirbelsäulenbereich, „offener Rücken", bei schweren Formen des Heraustretens von Rückenmark mit weitgehenden Lähmungen verbunden

Teleologische Ethik (griech. telos = Zweck)
Ethik, die die Richtigkeit einer Handlung nach Zweck und Erfolg (bzw. Erfolgsaussicht) bemißt (→ Verantwortungsethik)

Transzendentalphilosophische Ethik (Kant)
Aussagen über die Bedingungen der Möglichkeit ethischen Urteilens; Formulierung eines formalen → Kategorischen Imperativs als Kriterium des sittlichen Handelns; nicht zu verwechseln mit → Transzendenz

Transzendentalpragmatik (Apel)
Argument der → Diskursethik, nach dem eine Letztbegründung moralischer Entscheidungen a priori in der intersubjektiven Verständigung möglich ist

Transzendenz (lat. transcendere = übersteigen)
Überschreitung der Grenzen des Diesseitigen zum Jenseits (Metaphysik), im Gegensatz zur Immanenz („drinnen bleibend, in den Schranken möglicher Erfahrung", Kant)

Utilitarismus (Bentham, Mill) (lat. utilis = nützlich)
auf dem Nützlichkeitsprinzip beruhende Ethik; empirischer Charakter; nur die Erfahrung kann lehren, was nützlich ist, was als moralisch gilt, was möglichst vielen nutzt; das größte Glück der größten Zahl (Bentham); Erfolgsethik oder konsequentialistische Ethik, nach der die moralische Qualität einer Handlung von ihren Folgen abhängig ist; ähnlich: → teleologische Ethik; Prinzip der Interessenerwägung aller Betroffenen (Weiterführung im → Präferenzutilitarismus)

Verantwortungsethik (Max Weber)
politische Berufsethik, die die voraussehbaren Folgen politischen Handelns bedenken soll, im Gegensatz zur → Gesinnungsethik

Vernunftethik (Kant)
„Herrschaft der Vernunft über die Sinnlichkeit" als ethische Aufgabe; mit den vier Grundfragen (1) Was kann ich wissen? (2) Was soll ich tun? (3) Was darf ich hoffen? (4) Was ist der Mensch? als universell gültiger und vernünftig begründeter Moralprinzipien

Vertragsethik
ethisches Verfahren, das Gerechtigkeit als Einverständnis zum gegenseitigen Vorteil definiert

Literaturverzeichnis

1 Literatur zum Buchtext

AHRBECK, B./RATH, W.: Steht die Sehschädigung im Mittelpunkt der Identität? Ein Beitrag zum Thema „Identität und Sehschädigung". In: Die Sonderschule 40 (1995) 28–40.

ALBERT, H.: Ethik und Metaethik. In: ALBERT, H./TOPITSCH, H. (Hrsg.): Werturteilsstreit. Darmstadt ²1979, 482–517.

ALLPORT, G. W.: Die Natur des Vorurteils. Köln 1971.

ALTNER, G.: Naturvergessenheit. Grundlagen einer umfassenden Bioethik. Darmstadt 1991.

ANDERS, G.: Die Antiquiertheit des Menschen. Band II: Über die Zerstörung des Lebens im Zeitalter der dritten industriellen Revolution. München ⁴1988.

ANSTÖTZ, Ch.: Der „gute" Lehrer für Geistigbehinderte. Ein Beitrag zur Berufsethik des Sonderpädagogen. In: Zeitschrift für Heilpädagogik 37 (1986) 593–601.

ANSTÖTZ, Ch.: Ethik und Behinderung. Ein Beitrag zur Ethik der Sonderpädagogik aus empirisch-rationaler Perspektive. Berlin 1990.

ANSTÖTZ, Ch./HEGSELMANN, R./KLIEMT, H. (Hrsg.): Peter Singer in Deutschland. Zur Gefährdung der Diskussionsfreiheit in der Wissenschaft. Frankfurt 1995.

ANTOR, G.: Legitimationsprobleme sonderpädagogischen Handelns. In: BLEIDICK 1985, 235–250.

ANTOR, G.: Die Förderung schwerstbehinderter Menschen. Ethische und pädagogische Fragen. In: Zeitschrift für Heilpädagogik 42 (1991) 217–229.

ANTOR, G.: Von der Integrationsklasse zur Sonderschule. Auf der Suche nach dem richtigen Lernort für ein schwerbehindertes Kind. In: Die Sonderschule 37 (1992) 159–168.

ANTOR, G.: Kommunitarismus. In: Vierteljahreszeitschrift Sonderpädagogik 26 (1996) 160–167.

ANTOR, G.: Gemeinwohl und Menschenwürde Behinderter. In: Die neue Sonderschule 42 (1997) 402–413.

ANTOR, G.: Selbsthilfe in der Sozialpolitik für Behinderte: zwischen Bedrohung und Verheißung. In: Vierteljahreszeitschrift Sonderpädagogik 28 (1998) 40–46.

ANTOR, G.: Selbstbestimmung und advokatorisches Handeln – am Beispiel der neuen „Grundsätze" der Bundesärztekammer zur Sterbebegleitung. In: Die neue Sonderschule 44 (1999) 334–341.

ANTOR, G./BLEIDICK, U.: Recht auf Leben – Recht auf Bildung. Aktuelle Fragen der Behindertenpädagogik. Heidelberg 1995.

APEL, K.-O.: Kann der postkantische Standpunkt der Moralität noch einmal in substantielle Sittlichkeit „aufgehoben" werden? Das geschichtsbezogene Anwendungsproblem der Diskursethik zwischen Utopie und Regression. In: KUHLMANN 1986, 217–264.

APEL, K.-O.: Diskurs und Verantwortung. Das Problem des Übergangs zur postkonventionellen Moral. Frankfurt 1988.

ARISTOTELES: Politik und Staat der Athener. Siebentes Buch. Herausgeber: Karl Hoenn. Zürich 1955.

BAADER, G.: Zur Ideologie des Sozialdarwinismus. In: BAADER/SCHULTZ 1989, 39–51. (a)

BAADER, G.: Die „Euthanasie" im Dritten Reich. In: BAADER/SCHULTZ 1989, 95–101. (b)

BAADER, G./SCHULTZ, U. (Hrsg.): Medizin und Nationalsozialismus. Tabuisierte Vergangenheit – Ungebrochene Tradition? Frankfurt ⁴1989.

BACHMANN, W.: Das unselige Erbe des Christentums: Die Wechselbälge. Zur Geschichte der Heilpädagogik. Gießen 1985.

BATTON, G./GUNDLACH, S.: Katharina und Tim. Zwei behinderte Kinder. Der Kampf um ihre schulische Integration und die Folgen. Schwelm 1990.

BAYERTZ, K.: Praktische Philosophie als angewandte Ethik. In: BAYERTZ, K. (Hrsg.): Praktische Philosophie. Grundorientierungen angewandter Ethik. Reinbek 1991, 7–47.

BECK, I.: Neuorientierung in der Organisation pädagogisch-sozialer Dienstleistungen für behinderte Menschen. Zielperspektiven und Bewertungsfragen. Frankfurt 1994.

BECK, I.: Der „Kunde", die Qualität und der „Wettbewerb": Zum Begriffschaos in der Qualitätsdebatte. In: JANTZEN u.a. 1999, 35–47.

BECK, U.: Gegengifte. Die organisierte Unverantwortlichkeit. Frankfurt 1988.

BENDA, E.: Erprobung der Menschenwürde am Beispiel der Humangenetik. In: Aus Politik und Zeitgeschichte, 19. Januar 1985, 18–36.

BENNER, D.: Allgemeine Pädagogik. Eine systematisch-problemgeschichtliche Einführung in die Grundstruktur pädagogischen Denkens und Handelns. Weinheim ²1991.

BENNER, D./TENORTH, H.-E.: Bildung zwischen Staat und Gesellschaft. In: Zeitschrift für Pädagogik 42 (1996) 3–14.

Bericht über die 34. Hauptversammlung des Verbandes Deutscher Sonderschulen e.V. 1989. In: Zeitschrift für Heilpädagogik 40 (1989) 596–608, 665–666.

Bericht der Bundesregierung über die praktischen Auswirkungen der im Betreuungsgesetz enthaltenen Regelungen zur Sterilisation vom 9. Februar 1996. Drucksache 139/96.

BINDING, K./HOCHE, A.: Die Freigabe der Vernichtung lebensunwerten Lebens. Ihr Maß und ihre Form. Leipzig ²1922.

BIRNBACHER, D.: Gefährdet die moderne Reproduktionsmedizin die menschliche Würde? In: LEIST 1990 a, 266–281.

BIRNBACHER, D./HOERSTER, N. (Hrsg.): Texte zur Ethik. München ⁹1993.

BLEIDICK, U. (Hrsg.): Heinrich Kielhorn und der Weg der Sonderklassen. 100 Jahre Hilfsschulen in Braunschweig. Braunschweig 1981.

BLEIDICK, U.: Pädagogik der Behinderten. Grundzüge einer Theorie der Erziehung behinderter Kinder und Jugendlicher. Berlin ⁵1984.

BLEIDICK, U. (Hrsg.): Theorie der Behindertenpädagogik (Handbuch der Sonderpädagogik, Band 1). Berlin 1985.

BLEIDICK, U.: Wissenschaftssystematik der Behindertenpädagogik. In: BLEIDICK 1985, 48–86.

BLEIDICK, U.: Ethos, Caritas, System oder der Versuch, pädagogische Hilfe für Behinderte auf einen kategorialen Begriff zu bringen. In: BLICKENSTORFER u.a. 1988, 61–79.

BLEIDICK, U.: Die Behinderung im Menschenbild und hinderliche Menschenbilder in der Erziehung von Behinderten. In: Zeitschrift für Heilpädagogik 41 (1990) 514–534.

BLEIDICK, U.: Die Legitimation von stellvertretenden Advokaten oder: unerwünschte Meßkriterien für eine Selektion von Nicht-Personen – Stellungnahme zum Artikel von Micha BRUMLIK in 4/91. In: Vierteljahreszeitschrift Sonderpädagogik 22 (1992) 90–96.

BLEIDICK, U.: Geschichtsschreibung und nationalsozialistische Vergangenheit in der Behindertenpädagogik. In: Die Sonderschule 38 (1993a) 225–230.

BLEIDICK, U.: Neufassung der Einbecker Empfehlungen: Grenzen der ärztlichen Behandlungspflicht bei schwerstgeschädigten Neugeborenen. In: Zeitschrift für Heilpädagogik 44 (1993b) 182–188.

BLEIDICK, U.: Die Wiederentdeckung der Anthropologie in der Behindertenpädagogik. In: ELLGER-RÜTTGARDT, S. (Hrsg.): Pädagogisches Handeln in gesellschaftlicher Verantwortung. Festschrift für Walter Bärsch. Hamburg 1994, 65–87.

BLEIDICK, U.: Ethik für die Behindertenpädagogik. In: Die neue Sonderschule 41 (1996) 330–344.

BLEIDICK, U.: Kann die Integration von Grundschulkindern mit Behinderungen im Lernen, mit Sprachproblemen und mit Verhaltensauffälligkeiten gelingen? In: Die neue Sonderschule 44 (1999) 124–137.

BLEIDICK, U./ELLGER-RÜTTGARDT, S. (Hrsg.): Lehrer für Behinderte. Monographie zum Sonderschullehrer. Stuttgart 1978.

BLESS, G.: Zur Wirksamkeit der Integration. Forschungsüberblick, praktische Umsetzung einer integrativen Schulform, Untersuchungen zum Lernfortschritt. Bern 1995.

BLICKENSTORFER, J./DOHRENBUSCH, H./KLEIN, F. (Hrsg.): Ethik in der Sonderpädagogik. Festschrift zum 65. Geburtstag von Professor Dr. Heinz Bach. Berlin 1988.

BLICKLE, G. (Hrsg.): Ethik in Organisationen. Konzepte, Befunde, Praxisbeispiele. Göttingen 1998.

BOBAN, I./HINZ, A.: Die Amniozentese. Versuch einer behindertenpädagogischen Stellungnahme. In: Geistige Behinderung 26 (1987) 22–31.

BÖHLER, D.: Legitimationsdiskurs und Verantwortungsdiskurs. Menschenwürdegrundsatz und Euthanasieproblem in diskursethischer Sicht. In: Deutsche Zeitschrift für Philosophie 39 (1991) 726–748.

BÖHLER, D./MATHEIS, A.: Töten als Therapie? – „Praktische Ethik" des Nutzenkalküls versus Diskursethik als kommunikative Verantwortungsethik. In: Ethik und Sozialwissenschaften 2 (1991) 361–375.

BONFRANCHI, R.: Die Mitschuld der Sonderpädagogik an der „Neuen Euthanasie". In: Zeitschrift für Heilpädagogik 43 (1992) 625–628.

BOPP, L.: Allgemeine Heilpädagogik in systematischer Grundlegung und mit erziehungspraktischer Einstellung. Freiburg 1930.

BOPP, L.: Heilerziehung aus dem Glauben, zugleich eine theologische Einführung in die Pädagogik überhaupt. Freiburg 1958.

BORCHERT, J./SCHUCK, K. D.: Integration: Ja! Aber wie? – Ergebnisse aus Modellversuchen zur Förderung behinderter Kinder und Jugendlicher. Hamburg 1992.

BRILL, W: Pädagogik im Spannungsfeld von Eugenik und Euthanasie. Die „Euthanasie"-Diskussion in der Weimarer Republik und zu Beginn der neunziger Jahre. Ein Beitrag zur Faschismusforschung und zur Historiographie der Behindertenpädagogik. St. Ingbert 1994.

BRINKMANN, W.: Rechte des Kindes? In: BÖHM, W. (Hrsg.): Erziehung und Menschenrechte. Würzburg 1995, 83–93.

BRUMLIK, M.: Über die Ansprüche Ungeborener und Unmündiger. Wie advokatorisch ist die diskursive Ethik? In: KUHLMANN 1986, 265–300.

BRUMLIK, M.: Über die Unbegründbarkeit der Menschenwürde aus dem Geist der Diskursethik – Wider den hermeneutischen Kompromiß in der Euthanasiedebatte. In: Ethik und Sozialwissenschaften 2 (1991a) 377–380.

BRUMLIK, M.: Advokatorische Ethik. In: Vierteljahreszeitschrift Sonderpädagogik 21 (1991b) 188–198.

BRUMLIK, M.: Advokatorische Ethik. Zur Legitimation pädagogischer Eingriffe. Bielefeld 1992.

BRUMLIK, M.: Menschenwürde ohne Metaphysik – Das Verschwinden des Menschen. In: JANTZEN, W. (Hrsg.): ‚Euthanasie' – Krieg – Gemeinsinn. Protokollband des Kongresses Universität Bremen 26./28.11.1993. In: Jahrbuch für systematische Philosophie Band 4. Münster 1995, 16–29.

BRUMLIK, M./BRUNKHORST, H. (Hrsg.): Gemeinschaft und Gerechtigkeit. Frankfurt 1993.

BUGGLE, F.: Denn sie wissen nicht, was sie glauben. Oder warum man redlicherweise nicht mehr Christ sein kann. Reinbek 1992.

BUNDESÄRZTEKAMMER: Genetische Beratung und pränatale Diagnostik in der Bundesrepublik Deutschland (Kurzinformation für den Arzt). In: Deutsches Ärzteblatt 77 (1980) Heft 4, 183–192.

BUNDESÄRZTEKAMMER: Mehrlingsreduktion mittels Fetozid. Stellungnahme der „Zentralen Kommission der Bundesärztekammer zur Wahrung ethischer Grundsätze in der Reproduktionsmedizin, Forschung an menschlichen Embryonen und Gentherapie". In: Deutsches Ärzteblatt 86 (1989) Heft 31/32, 1575–1577.

BUNDESÄRZTEKAMMER: Stellungnahme der „Zentralen Ethikkommission" bei der Bundesärztekammer „Zum Schutz nicht-einwilligungsfähiger Personen in der medizinischen Forschung". In: Deutsches Ärzteblatt 94 (1997) Heft 15, C-759 und C-760.

BUNDESÄRZTEKAMMER: Grundsätze zur ärztlichen Sterbebegleitung. In: Deutsches Ärzteblatt 95 (1998) Heft 39, A 2367.

BUNDESMINISTERIUM DER JUSTIZ (Hrsg.): Das Bundesministerium der Justiz informiert: Das neue Betreuungsrecht. Bonn 1997.

BUNDESMINISTERIUM DER JUSTIZ (Hrsg.): Das Übereinkommen zum Schutz der Menschenrechte und der Menschenwürde im Hinblick auf die Anwendung von Biologie und Medizin – Übereinkommen über Menschenrechte und Biomedizin – des Europarats vom 4. April 1997. Bonn Januar 1998.

BUNDESMINISTERIUM FÜR ARBEIT UND SOZIALORDNUNG (Hrsg.): Die Lage der Behinderten und die Entwicklung der Rehabilitation. Dritter Bericht der Bundesregierung. Bonn 1994.

BUNDESMINISTERIUM FÜR ARBEIT UND SOZIALORDNUNG (Hrsg.): Vierter Bericht der Bundesregierung über die Lage der Behinderten und die Entwicklung der Rehabilitation. Bonn 1998.

BUNDESVEREINIGUNG LEBENSHILFE FÜR GEISTIG BEHINDERTE e.V..: Ethische Grundaussagen. Stellungnahme des Vorstandes der Bundesvereinigung Lebenshilfe für geistig Behinderte e.V. In: Geistige Behinderung 29 (1990) 255–257.

BUNDESVEREINIGUNG LEBENSHILFE FÜR MENSCHEN MIT GEISTIGER BEHINDERUNG e.V.: Rechtsprechungsübersicht· zu ausgewählten materiell- und verfahrensrechtlichen Fragen des Betreuungsrechts. Marburg 1997.

BUNDESVERFASSUNGSGERICHT: Beschluß des Ersten Senats vom 8. Oktober 1997. Az. 1 BvR 9/97.

CHRISTOPH, F.: Tödlicher Zeitgeist. Notwehr gegen Euthanasie. Köln 1990a.

CHRISTOPH, F.: Ein Behinderter: Ich werde nicht mehr Mit-Singern. In: WEBER, D. (Hrsg.): Wer nicht paßt, muß sterben. Euthanasie für das Jahr 2000. Publik-Forum Materialmappe. Oberursel 1990b, 23–28.

CLOERKES, G.: Die Kontakthypothese in der Diskussion um eine Verbesserung der gesellschaftlichen Teilhabechancen Behinderter. In: Zeitschrift für Heilpädagogik 33 (1982) 561–568.

CLOERKES, G.: Einstellung und Verhalten gegenüber Behinderten. Eine kritische Bestandsaufnahme der Ergebnisse internationaler Forschung. Berlin 1985.

COMENIUS, J. A.: Große Didaktik. 1627. In neuer Übersetzung herausgegeben von A. Flitner. Düsseldorf 1954.

CRANACH, M. von/SIEMEN, H.-L. (Hrsg.): Psychiatrie im Nationalsozialismus. Die Bayerischen Heil- und Pflegeanstalten zwischen 1933 und 1945. München 1999.

DAELE, W. van den: Mensch nach Maß? Ethische Probleme der Genmanipulation und Gentherapie. München 1985.

DAHRENDORF, R.: Die Quadratur des Kreises. Freiheit, Solidarität und Wohlstand. In: Transit 12 (1996) 5–28.

DARWIN, Ch.: Die Entstehung der Arten durch natürliche Zuchtwahl oder Die Erhaltung der begünstigten Rassen im Kampfe ums Dasein. 1859. Neuausgabe Stuttgart 1963.

DARWIN, Ch.: Die Abstammung des Menschen. Leipzig o.J.

Denkschrift über die Vernichtung sog. lebensunwerten Lebens vom 9. Juli 1940. Nach: Kirchliches Jahrbuch für die evangelische Kirche in Deutschland, 1933 bis 1944. In: HOHLFELD, J. (Hrsg.): Dokumente der deutschen Politik und Geschichte. 5. Band. Berlin o.J., 203–206.

DER BEAUFTRAGTE DER BUNDESREGIERUNG FÜR DIE BELANGE DER BEHINDERTEN (Hrsg.): Der neue Diskriminierungsschutz für Behinderte im Grundgesetz. Entstehung und Tragweite des Benachteiligungsverbotes (Art. 3 Abs. 3 Satz 2 GG). Bonn 1995.

DEUTSCHER BUNDESTAG (Hrsg.): Chancen und Risiken der Gentechnologie: Der Bericht der Enquete-Kommission des 10. Deutschen Bundestages. Bonn 1987.

DEUTSCHER ÄRZTETAG: Entschließung zur Sterbehilfe 1996. In: Zeit-Fragen Nr. 2, Februar 1997.

DÖRNER, K.: Was unterscheidet die heutigen Überlegungen zur Sterilisation von Menschen mit geistiger Behinderung von der Zwangssterilisation der NS-Zeit? In: NEUER-MIEBACH/KREBS 1987, 39–53.

DÖRNER, K.: Tödliches Mitleid. Zur Frage der Unerträglichkeit des Lebens oder: die soziale Frage: Entstehung, Medizinisierung, NS-Endlösung heute, morgen. Gütersloh 1988.

DRIESCH, J. von den: Geschichte der Wohltätigkeit. Band I: Die Wohltätigkeit im alten Ägypten. Paderborn 1959.

DRIESCH, Th. von den: Das Menschenbild im entfaltungsbehinderten Kinde. In: Zeitschrift für Heilpädagogik 8 (1957) 474–482.

DWORKIN, R.: Die Grenzen des Lebens. Abtreibung, Euthanasie und persönliche Freiheit. Reinbek 1994.

EBERWEIN, H.: Zur dialektischen Aufhebung der Sonderpädagogik. In: EBERWEIN, H. (Hrsg.): Behinderte und Nichtbehinderte lernen gemeinsam. Handbuch der Integrationspädagogik. Weinheim 1988, 343–345.

EIBACH, U.: Experimentierfeld: Werdendes Leben. Eine ethische Orientierung. Göttingen 1983.

EIBACH, U.: Gentechnik – der Griff nach dem Leben. Eine ethische und theologische Beurteilung. Wuppertal ²1988.

ELLGER-RÜTTGARDT, S.: Frieda Stoppenbrink-Buchholz (1897–1993). Hilfsschulpädagogin, Anwältin der Schwachen, Soziale Demokratin. Weinheim ²1997.

ELLGER-RÜTTGARDT, S.: Drei Jahre Grundgesetz zugunsten behinderter Menschen – juristischer Höhenflug ohne politische Bodenhaftung? In: Zeitschrift für Heilpädagogik 49 (1998) 26–30.

Empfehlungen zur sonderpädagogischen Förderung in den Schulen der Bundesrepublik Deutschland. Beschlossen von der Ständigen Konferenz der Kultusminister der Länder in der Bundesrepublik Deutschland am 6. Mai 1994. Bonn 1994.

EPEÉ, Ch. M. de: Unterweisung der Taubstummen durch methodische Zeichen. 1776. In: WOLLERMANN, R./WOLLERMANN, O./WOLLERMANN, E.: Quellenbuch zur Geschichte des Taubstummenunterrichts. Band II. Stettin 1912, 105–178.

EPIKTET: Unterredungen und Handbüchlein der Moral. Herausgeber: Alexander von Gleichen-Rußwurm. Berlin 1914.

ESER, A.: Darf nur sein, was einem selber nützt? In: Frankfurter Allgemeine Zeitung 19. November 1996, 16.

ETZIONI, A.: Die Entdeckung des Gemeinwesens. Ansprüche, Verantwortlichkeiten und das Programm des Kommunitarismus. Stuttgart 1995.

EUROPÄISCHES PARLAMENT: Gesetzentwurf zur Verringerung der Zahl anomaler Kinder. Petition Nr. 357/88. Straßburg 1988.

EWINKEL, C./HERMES, G. u.a.: Geschlecht behindert; besonderes Merkmal Frau. München 1988.

FAUSTMANN, H.-G./LUDWIGS, W.: Das Betreuungsrecht. Hilfe und Beistand für Erwachsene, Behinderte und Kranke unter gerichtlicher Obhut. Reinbek 1997.

FEND, H.: Qualität im Bildungswesen. Schulforschung zu Systembedingungen, Schulprofilen und Lehrerleistung. Weinheim 1998.

FERBER, Ch. von: Altersbild und Generationenvertrag. In: BECK, I./DÜE, W./WIELAND, H. (Hrsg.): Normalisierung: Behindertenpädagogische und sozialpolitische Perspektiven eines Reformkonzeptes. Heidelberg 1996, 223–243.

FEUSER, G.: Vorwort zu BATTON/GUNDLACH 1990, 1–4.

FISCHER, J.: Von der Utopie bis zur Vernichtung „lebensunwerten" Lebens. In: von HASE 1964, 35–65.

FOOT, Ph.: Euthanasie. In: LEIST 1990a, 285–317.

FRISCHEISEN-KÖHLER, M. (Hrsg.): Geistige Werte. Ein Vermächtnis deutscher Philosophie. Berlin 1915.

FRÖHLICH, A. (Hrsg.): Pädagogik bei schwerster Behinderung (Handbuch der Sonderpädagogik, Band 12). Berlin 1991.

FRÖHLICH, A.: Zu früh für diese Welt? Pädagogische Überlegungen zu einem angemessenen Lebensbeginn frühgeborener Kinder. In: Zeitschrift für Heilpädagogik 48 (1997) 178–183.

FRÖHLICH, A.: Personenkreis – eingekreist. In: STURNY-BOSSART/FRÖHLICH/BÜCHNER 1999, 91–99.

FROWEIN, J. A.: Rechtsgutachten zu der Frage, inwieweit ein Anspruch auf Aufnahme von Behinderten in allgemeine öffentliche Schulen besteht. (Unveröff.) Heidelberg 1996.

FÜSSEL, H.-P./KRETSCHMANN, R.: Gemeinsamer Unterricht für behinderte und nichtbehinderte Kinder.

Pädagogische und juristische Voraussetzungen. Witterschlick/Bonn 1993.

Gesetz zur Verhütung erbkranken Nachwuchses vom 14. Juli 1933. In: Reichsgesetzblatt 1933, 529.

GEWALT, D.: Sonderpädagogische Anthropologie und Luther. In: Lutherjahrbuch 41 (1974) 103–113.

GLATZER, W./ZAPF, W. (Hrsg.): Die Lebensqualität in der Bundesrepublik. Objektive Lebensbedingungen und subjektives Wohlbefinden. Frankfurt 1984.

Grenzen ärztlicher Behandlungspflicht bei schwerstgeschädigten Neugeborenen. Einbecker Empfehlungen. Revidierte Fassung 1992. Abdruck in: Zeitschrift für Heilpädagogik 44 (1993) 183–184.

GRÖSCHKE, D.: Praktische Ethik der Heilpädagogik. Individual- und sozialethische Reflexionen zu Grundfragen der Behindertenhilfe. Bad Heilbrunn 1993.

GROSS, P.: Die Multioptionsgesellschaft. Frankfurt 1994.

GUBRIUM, J. F.: Organisatorische Verankerung und Schwierigkeiten in Generationenbeziehungen. In: LÜSCHER, K./SCHULTHEIS, F. (Hrsg.): Generationenbeziehungen in „postmodernen" Gesellschaften. Analysen zum Verhältnis von Individuum, Familie, Staat und Gesellschaft. Konstanz ²1995, 235–263.

GÜNZLER, C.: Zur ethischen Dimension erzieherischer Leitorientierungen. Grundsatzprobleme und Gegenwartsaspekte am Beispiel der Lebens- und Weltbejahung. In: GÜNZLER, C./KERSTIENS, L./MAUERMANN, L./PÖGGELER, F./WERNER, H.-J.: Ethik und Erziehung. Stuttgart 1988, 11–46.

HABERMAS, J. Die nachholende Revolution. Kleine Politische Schriften VII. Frankfurt 1990.

HAEBERLIN, U.: Zur Berufsethik für Heilpädagogen. In: ANTOR/BLEIDICK 1995, 116–153.

HAEBERLIN, U.: Heilpädagogik als wertgeleitete Wissenschaft. Ein propädeutisches Einführungsbuch in Grundfragen einer Pädagogik für Benachteiligte und Ausgegrenzte. Bern 1996.

HAEBERLIN, U.: Gesellschaftlicher Wandel: Chance für den Umbruch zur gemeinsamen Schule für alle Kinder oder für die Weiterentwicklung des Sonderschulunterrichts? In: Vierteljahresschrift für Heilpädagogik und ihre Nachbargebiete 66 (1997) 163–171.

HAEBERLIN, U.: Wehret der wirtschaftspolitischen Perversion schulischer Integration! In: Vierteljahresschrift für Heilpädagogik und ihre Nachbargebiete 67 (1998) 313–318.

HAEBERLIN, U./BLESS, G./MOSER, U./KLAGHOFER, R.: Die Integration von Lernbehinderten. Versuche, Theorien, Forschungen, Enttäuschungen, Hoffnungen. Bern 1990.

HAMMER, G.-H.: Behinderung als Thema christlicher Verantwortung. Bonn 1988.

HARE, R. M.: Abtreibung und die Goldene Regel. In: LEIST 1990a, 132–156.

HARE, R. M.: Das mißgebildete Kind. Moralische Dilemmata für Ärzte und Eltern. In: LEIST 1990a, 374–383.

HASE, H. Ch. von: Evangelische Dokumente zur Ermordung der „unheilbar Kranken" unter der nationalsozialistischen Herrschaft in den Jahren 1939–1945. Stuttgart o.J. (1964).

HEGSELMANN, R.: Moralische Aufklärung, moralische Integrität und die schiefe Bahn. In: HEGSELMANN/MERKEL 1991, 197–226.

HEGSELMANN, R./MERKEL, R. (Hrsg.): Zur Debatte über Euthanasie. Beiträge und Stellungnahmen. Frankfurt 1991.

HELMCHEN, H./LAUTER, H. (Hrsg.): Dürfen Ärzte mit Demenzkranken forschen? Analyse des Problemfeldes Forschungsbedarf und Einwilligungsproblematik. Stuttgart 1995.

HERRMANN, M.: Betroffenheit gegen Expertentum. In: Ethik und Sozialwissenschaften 2 (1991) 387–389.

HÖCK, M.: Die Hilfsschule im Dritten Reich. Berlin 1979.

HÖFFE, O. (Hrsg.): Einführung in die utilitaristische Ethik. Klassische und zeitgenössische Texte. München 1975.

HÖFFE, O.: Kategorische Rechtsprinzipien. Ein Kontrapunkt der Moderne. Frankfurt 1990.

HÖFFE, O. (Hrsg.): Lexikon der Ethik. München ⁴1992.

HÖFFE, O.: Moral als Preis der Moderne. Ein Versuch über Wissenschaft, Technik und Umwelt. Frankfurt ²1993.

HÖFFE, O.: Ein sicheres Kennzeichen schlechter Sitten. Philosophische Überlegungen über die Begehrlichkeit am Beispiel der Medizin. In: Deutscher Hochschulverband (Hrsg.): Almanach. Ein Lesebuch. Band X. Bonn 1997, 77–85.

HOERSTER, N.: Abtreibung im säkularen Staat. Argumente wider den § 218. Frankfurt 1991.

HOFFMANN, B.: Sterilisation geistig behinderter Erwachsener. Betreuungsrechtliche Behandlung und strafrechtliche Sanktionierung. Baden-Baden 1996.

HOFMANN, W.: Vom Berufsethos des Hilfsschullehrers. In: Zeitschrift für Heilpädagogik 2 (1951) 515–523.

HONNETH, A.: Integrität und Mißachtung. Grundmotive einer Moral der Anerkennung. In: Merkur 1990, Heft 501, 1043–1054.

HOOF, D.: Pestalozzi und die Sexualität seines Zeitalters. Quellen, Texte und Untersuchungen zur Historischen Sexualwissenschaft. Sankt Augustin 1987.

IRRGANG, B.: Grundriß der medizinischen Ethik. München 1995.

JAKOBS, H.: Heilpädagogik zwischen Anthropologie und Ethik. Eine Grundlagenreflexion aus kritisch-theoretischer Sicht. Bern 1997.

JANTZEN, W.: Sozialisation und Behinderung. Studien zu sozialwissenschaftlichen Grundfragen der Behindertenpädagogik. Gießen 1974.

JANTZEN, W.: Allgemeine Behindertenpädagogik. Band I: Sozialwissenschaftliche und psychologische Grundlagen. Ein Lehrbuch. Weinheim 1987.

JANTZEN, W./LANWER-KOPPELIN, W./SCHULZ, K. (Hrsg.): Qualitätssicherung und Deinstitutionalisierung. Niemand darf wegen seiner Behinderung benachteiligt werden. Berlin 1999.

JETTER, K.: Wie alt sind sie eigentlich? Bleiben sie lebenslang Kinder? – Grundprobleme der Lebensgestaltung mit heranwachsenden und erwachsenen Schwerstbehinderten. In: Vierteljahresschrift für Heilpädagogik und ihre Nachbargebiete 55 (1986) 130–140.

JONAS, H.: Technik, Medizin und Ethik. Zur Praxis des Prinzips Verantwortung. Frankfurt ²1987.

JOST, A.: Das Recht auf den Tod. Sociale Studie. Göttingen 1895.

JÜRGENS, G.: Die verfassungsrechtliche Stellung Behinderter nach Änderung des Grundgesetzes. In: Zeitschrift für Sozialhilfe/Sozialgesetzbuch. Juli 1995, Heft 7, 353–360.

KAISER, J.-Ch./NOWAK, K./SCHWARTZ, M.: Eugenik – Sterilisation – „Euthanasie". Politische Biologie in Deutschland 1895–1945. Eine Dokumentation. Berlin 1992.

KALLSCHEUER, O.: „Kommunitarismus?" – Anregungen zum Weiterlesen. Eine subjektive Auswahl. In: ZAHLMANN 1994, 124–151.

KANT, I.: Vom guten Willen. Teilabdruck aus: Grundlegung zur Metaphysik der Sitten. 1785. In: FRISCHEISEN-KÖHLER 1915, 19–39.

KANT, I.: Von der Pflicht. Teilabdruck aus: Kritik der praktischen Vernunft. 1788. In: FRISCHEISEN-KÖHLER 1915, 41–45.

KANT, I.: Logik. 1800. In: Kant's gesammelte Schriften. Hrsg. von der Königlich Preußischen Akademie der Wissenschaften. Band IX, Berlin 1923.

KANT, I.: Anthropologie in pragmatischer Hinsicht. 1798. Neuausgabe, hrsg. von R. Schmidt. Leipzig 1943.

KANT, I.: Über Pädagogik. 1803. Neuabdruck in: RÖHRS, H. (Hrsg.): Bildungsphilosophie. Zweiter Band. Frankfurt 1968, 11–23.

KANT, I.: Der kategorische Imperativ. In: Immanuel KANT: Grundlegung zur Metaphysik der Sitten. Werke, Band 4. Berlin 1903. Teilabdruck in: BIRNBACHER/HOERSTER 1993, 236–253.

KIMBRELL, A.: Ersatzteillager Mensch. Die Vermarktung des Körpers. München 1997.

KIND, Ch. u.a.: Behindertes Leben oder verhindertes Leben – pränatale Diagnostik als Herausforderung. Bern 1993.

KLEE, E.: „Euthanasie" im NS-Staat. Die „Vernichtung lebensunwerten Lebens". Frankfurt 1983. 14.-16. Tsd. 1989.

KLEE, E.: „Durch Zyankali erlöst." Sterbehilfe und Euthanasie heute. Frankfurt 1990.

KLEE, E.: Auschwitz, die NS-Medizin und ihre Opfer. Frankfurt 1997.

KLEINBACH, K.: Zur ethischen Begründung einer Praxis der Geistigbehindertenpädagogik. Bad Heilbrunn 1994.

KNAPP, A.: Die Ethik und der liebe Gott. Theologische Anmerkungen zur „evolutionären Ethik". In: LÜTTERFELDS, W.: Evolutionäre Ethik zwischen Naturalismus und Idealismus. Beiträge zu einer modernen Theorie der Moral. Darmstadt 1993, 111–140.

KOCH, L.: Pädagogische Anthropologie im Zeitalter der technischen Reproduzierbarkeit des Menschen. In: MAROTZKI, W./MASSCHELEIN, J./SCHÄFER, A. (Hrsg.): Anthropologische Markierungen. Herausforderungen pädagogischen Denkens. Weinheim 1998, 173–187.

KOMMISSION DER EUROPÄISCHEN GEMEINSCHAFTEN: Vorschlag für eine Entscheidung des Rats über ein spezifisches Forschungsprogramm im Gesundheitsbereich: Prädiktive Medizin. Analyse des menschlichen Genoms (1989–1991). Dokument 7929/88.

KRONENBERG, B.: Der Bruder meiner Schwester. In: STURNY-BOSSART/FRÖHLICH/BÜCHNER 1999, 79–87.

KRÜGER, H.-H./OLBERTZ, J.-H. (Hrsg.): Bildung zwischen Staat und Markt. Opladen 1997.

KUHLMANN, W. (Hrsg.): Moralität und Sittlichkeit. Das Problem Hegels und die Diskursethik. Frankfurt 1986.

KUHSE, H.: Die Lehre von der „Heiligkeit des Lebens". In: LEIST 1990a, 75–106.

KUTZER, K.: Das Recht auf den eigenen Tod. In: STUDENT, J.-Ch. (Hrsg.): Das Recht auf den eigenen Tod. Düsseldorf 1993, 44–65.

LACHWITZ, K.: Enthospitalisierung von Menschen mit geistiger Behinderung. Grund- und menschenrechtliche Aspekte zur Lage der Psychiatrie in den neuen Bundesländern. In: Geistige Behinderung 33 (1994) 206–215.

LACHWITZ, K.: Nachbarschaftliche Toleranz gegenüber Menschen mit geistiger Behinderung. In: Neue Juristische Wochenschrift 51 (1998) 881–883.

LASSAHN, R.: Immanuel Kant. In: Lexikon der Pädagogik. Neue Ausgabe. Zweiter Band. Freiburg 1970, 390–391.

LEIST, A. (Hrsg.): Um Leben und Tod. Moralische Probleme bei Abtreibung, künstlicher Befruchtung, Euthanasie und Selbstmord. Frankfurt 1990a.

LEIST, A.: Eine Frage des Lebens. Ethik der Abtreibung und künstlichen Befruchtung. Frankfurt 1990b.

LENZEN, D.: Krankheit als Erfindung. Medizinische Eingriffe in die Kultur. Frankfurt 1993.

LEVEN, K.-H.: Rezension zu: Barbara Elkeles (1996): Der moralische Diskurs über das medizinische

Menschenexperiment im 19. Jahrhundert. In: Ethik in der Medizin 1997, Band 9, Heft 1, 48–50.

LÉVINAS, E.: Ethik und Unendliches. Gespräche mit Philippe Nemo. Graz 1986.

LÉVINAS, E.: Humanismus des anderen Menschen. Hamburg 1989.

LOEFFLER, L.: Vererbung und Erbkrankheiten. In: HEESE, G./WEGENER, H. (Hrsg.): Enzyklopädisches Handbuch der Sonderpädagogik und ihrer Grenzgebiete. Berlin ³1969. Bd. 3, 3653–3691.

LÖW, R.: Gen und Ethik. Philosophische Überlegungen zum Umgang mit menschlichem Erbgut. In: KOSLOWSKI, P./KREUZER, Ph./LÖW, R. (Hrsg.): Die Verführung durch das Machbare. Ethische Konflikte in der modernen Medizin und Biologie. Stuttgart 1983, 33–48.

LÜBBE, H.: Anfang und Ende des Lebens. Normative Aspekte. In: LÜBBE, H./SCHÖLMERICH, P./ZIPPELIUS, R./MÜLLER, G./FUNKE, G.: Anfang und Ende des Lebens als normatives Problem. Mainz 1988, 5–26.

LUHMANN, N.: Politische Planung. Opladen 1971.

LUHMANN, N./SCHORR, K.-E.: Reflexionsprobleme im Erziehungssystem. Stuttgart 1979.

MAREFKA, M.: Vorurteile – Minderheiten – Diskriminierung. Ein Beitrag zum Verständnis sozialer Gegensätze. Neuwied ⁷1995.

MARSCHNER, H.: Pränatale genetische Diagnostik. Übersicht über den Forschungsstand. In: THIMM u.a. 1989, 44–59.

MELTZER, E.: Das Problem der Abkürzung „lebensunwerten" Lebens. Halle 1925.

MELTZER, E.: Der derzeitige Stand der Frage der Unfruchtbarmachung Minderwertiger. In: Psychiatrisch-Neurologische Wochenschrift 1927, Nr. 47, 517–523; Nr. 48, 527–533.

MERKEL, R.: Der Streit um Leben und Tod. Anmerkungen zur Euthanasiedebatte. In: Merkur 47 (1993) 951–964.

MIETH, D./DÜWELL, M.: Widersprüchlich und unstimmig. In: Universitas 51 (1996) 843–847.

MILL, J. St.: Der Utilitarismus. Deutsche Übersetzung mit Anmerkungen und Nachwort von D. Birnbacher. Stuttgart 1985.

MILLER, A.: Am Anfang war Erziehung. Frankfurt 1980.

MILLER, D. (Hrsg.): Karl R. Popper: Lesebuch. Ausgewählte Texte zur Erkenntnistheorie, Philosophie der Naturwissenschaften, Metaphysik, Sozialphilosophie. Tübingen 1995.

MITSCHERLICH, A./MIELKE, F. (Hrsg.): Medizin ohne Menschlichkeit. Dokumente des Nürnberger Ärzteprozesses. Frankfurt 1960.

MÖCKEL, A.: Geschichte der Heilpädagogik. Stuttgart 1988.

MOLLENHAUER, K.: Vergessene Zusammenhänge. Über Kultur und Erziehung. München 1983.

MONTADA, L.: Moralische Gefühle. In: EDELSTEIN, W./NUNNER-WINKLER, G./NOAM, G. (Hrsg.): Moral und Person. Frankfurt 1993, 259–277.

MONTADA, L.: Gerechtigkeitsprobleme bei Umverteilungen im vereinigten Deutschland. In: MÜLLER, H.-P./WEGENER, B. (Hrsg.): Soziale Ungleichheit und soziale Gerechtigkeit. Opladen 1995, 313–333.

MOORE, G. F.: Prinicipia Ethica. 1903. Neuausgabe Stuttgart 1970.

MORUS, Th.: Utopia. Zweites Buch. Herausgeber: Horst Günther. Frankfurt 1992, 91–208.

MOSER, V.: Die wissenschaftliche Grundlegung der Heilpädagogik in der ersten Hälfte des 20. Jahrhunderts. In: Heilpädagogische Forschung XXIV (1998) 75–83.

MÜRNER, Ch.: Philosophische Bedrohungen. Kommentare zur Bewertung der Behinderung. Frankfurt 1996.

MURKEN, J. D./STENGEL-RUTKOWSKI, S. (Hrsg.): Pränatale Diagnostik. Stuttgart 1978.

NATZMER, G. von: Weisheit der Welt. Eine Geschichte der Philosophie. Berlin 1955.

NEUBERT, D./CLOERKES, G.: Behinderung und Behinderte in verschiedenen Kulturen. Eine vergleichende Analyse ethnologischer Studien. Heidelberg 1987.

NEUER-MIEBACH, Th.: Elternschaft von Menschen mit geistiger Behinderung – Sozialpolitische Bedeutung und Perspektiven –. In: PIXA-KETTNER, U./BARGFREDE, St./BLANKEN, I. (Hrsg.): Elternschaft von Menschen mit geistiger Behinderung. Dokumentation einer Fachtagung am 9. und 10. März 1995 an der Universität Bremen. Bremen 1995, 98–114.

NEUER-MIEBACH, Th./KREBS, H. (Hrsg.): Schwangerschaftsverhütung bei Menschen mit geistiger Behinderung – notwendig, möglich, erlaubt? Referate und Diskussionsergebnisse der Fachtagung im Juni 1987 in Marburg/Lahn. Marburg 1987.

NIETZSCHE, F.: Zur Genealogie der Moral. Eine Streitschrift. Neuausgabe Frankfurt 1991.

NOWAK, K.: „Euthanasie" und Sterilisierung im „Dritten Reich". Die Konfrontation der evangelischen und katholischen Kirche mit dem Gesetz zur Verhütung erbkranken Nachwuchses und die „Euthanasie"-Aktion. Göttingen ³1984.

Nürnberger Kodex. In: Neue Juristische Wochenschrift (1949) Heft 10, 377.

NUNNER-WINKLER, G.: Ein Plädoyer für einen eingeschränkten Universalismus. In: EDELSTEIN, W./NUNNER-WINKLER, G. (Hrsg.): Zur Bestimmung der Moral. Philosophische und sozialwissenschaftliche Beiträge zur Moralforschung. Frankfurt 1986, 126–144.

OBERLANDESGERICHT KÖLN: Urteil des 7. Zivilsenats vom 8.1.1998. Az. 7U83/96.

OELKERS, J.: Rousseau und die Entwicklung des Unwahrscheinlichen im pädagogischen Denken. In: Zeitschrift für Pädagogik 30 (1983) 801–816.

OLK, Th./RAUSCHENBACH, Th./SACHSSE, Ch.: Von der Wertgemeinschaft zum Dienstleistungsunternehmen. Oder: über die Schwierigkeit, Solidarität zu üben. Eine einführende Skizze. In: RAUSCHENBACH, Th./SACHSSE, Ch./OLK, Th. (Hrsg.): Von der Wertgemeinschaft zum Dienstleistungsunternehmen. Jugend- und Wohlfahrtsverbände im Umbruch. Frankfurt ²1996, 11–33.

OPP, G./PETERANDER, F. (Hrsg.): Focus Heilpädagogik. Projekt Zukunft. München 1996.

OSER, F./ALTHOF, W.: Moralische Selbstbestimmung. Modelle der Entwicklung und Erziehung im Wertebereich. Stuttgart 1992.

PASSARGE, E./RÜDIGER, H. W.: Genetische Pränataldiagnostik als Aufgabe der Präventivmedizin. Ein Erfahrungsbericht mit Kosten-Nutzen-Analyse. Stuttgart 1979.

PESTALOZZI, J. H.: Über Gesetzgebung und Kindermord. Wahrheiten und Träume, Nachforschungen und Bilder. 1780. Herausgegeben Zürich 1783.

PFEFFER, W.: Förderung schwer geistig Behinderter. Eine Grundlegung. Würzburg 1988.

PIEROTH, B./SCHLINK, B.: Grundrechte. Staatsrecht II. Heidelberg 1989.

PIXA-KETTNER, U./BARGFREDE, St./BLANKEN, I.: „Dann waren sie sauer auf mich, daß ich das Kind haben wollte..." Eine Untersuchung zur Lebenssituation geistigbehinderter Menschen mit Kindern in der BRD. Baden-Baden 1996.

PLATON: Politeia. In: Platon: Sämtliche Werke. Band III. Herausgeber: Walter F. Otto, Ernesto Grassi, Gert Plamböck. Reinbek 1961, 67–310.

PLUTARCHS vergleichende Lebensbeschreibungen. Erster Band: Lykurgus. Herausgeber: Otto Güthling. Leipzig o.J., 113–162.

POPPER, K. R.: Das Elend des Historizismus. Tübingen ⁶1987.

PRESSE- UND INFORMATIONSAMT DER BUNDESREGIERUNG (Hrsg.): § 218 StGB – Was ist neu? Bonn 1995.

QUAMBUSCH, E.: Die Bedeutung des Verfassungsbegriffs der Würde für Menschen mit geistiger Behinderung. In: Zeitschrift für Sozialhilfe/Sozialgesetzbuch 28 (1989) Heft 1, 10–21.

RACHELS, J.: Aktive und passive Sterbehilfe. In: SASS 1989, 254–264.

RADTKE, P.: Wir lassen nicht über uns diskutieren. Zur Lebensrechtsdebatte behinderter Menschen. In: Geistige Behinderung 29 (1990) 275–279.

RAUSCHENBACH, Th.: Der neue Generationenvertrag. Von der privaten Erziehung zu den sozialen Diensten. In: BENNER, D./LENZEN, D. (Hrsg.): Bildung und Erziehung in Europa. Beiträge zum 14. Kongreß der Deutschen Gesellschaft für Erziehungswissenschaft vom 14.-16. März 1994 in der Universität Dortmund (Zeitschrift für Pädagogik 32. Beiheft). Weinheim 1994, 161–176.

RAWLS, J.: Gerechtigkeit als Fairneß: politisch und nicht metaphysisch. In: RAWLS, J.: Die Idee des politischen Liberalismus. Aufsätze 1978–1989 (Hrsg. W. Minsch). Frankfurt 1994, 255–292.

REESE-SCHÄFER, W.: Grenzgötter der Moral. Der neuere europäisch-amerikanische Diskurs zur politischen Ethik. Frankfurt 1997.

REICHENBACH, R.: Moral, Diskurs und Einigung. Zur Bedeutung von Diskurs und Konsens für das Ethos des Lehrberufs. Bern 1994.

REYER, J.: Alte Eugenik und Wohlfahrtspflege. Entwertung und Funktionalisierung der Fürsorge vom Ende des 19. Jahrhunderts bis zur Gegenwart. Freiburg 1991.

RÖSSLER, B.: Gemeinschaft und Freiheit. Zum problematischen Verhältnis von Feminismus und Kommunitarismus. In: ZAHLMANN 1994, 74–85.

ROMBACH, H.: Entscheidung, Entschiedenheit. In: ROMBACH, H. (Hrsg.): Lexikon der Pädagogik. Band 1. Freiburg 1971, 357.

ROSENBERG, A.: Der Mythos des 20. Jahrhunderts. Eine Wertung der seelisch-geistigen Gestaltenkämpfe unserer Zeit. München 71.-74. Tausend 1935.

ROSS, D.: Ein Katalog von Prima-facie-Pflichten. In: BIRNBACHER/HOERSTER 1993, 253–269.

ROTH, K. H.: Auslese und Ausmerze. Familien- und Bevölkerungspolitik unter der Gewalt der nationalsozialistischen Gesundheitsfürsorge. In: BAADER/SCHULTZ 1989, 152–164.

ROUSSEAU, J. J.: Emile oder Über die Erziehung. 1762. Vollständige Ausgabe. In neuer deutscher Fassung besorgt von L. Schmidts. Paderborn 1971.

RUDNICK, M. (Hrsg.): Aussondern – Sterilisieren – Liquidieren. Die Verfolgung Behinderter im Nationalsozialismus. Berlin 1990.

RUHLOFF, J.: Das ungelöste Normproblem der Pädagogik. Eine Einführung. Heidelberg 1979.

SACHS, M. (Hrsg.): Grundgesetz. Kommentar. München 1996.

SAEGERT, C. W.: Heil- und Bildungsanstalt für Blödsinnige zu Berlin. Herausgeber: F. Heyer. Berlin 1858.

SAHM, I.: Ein Haus zum Leben. In: zusammen 19 (1999) Heft 3, 31–33.

SASS, H.-M. (Hrsg.): Medizin und Ethik. Stuttgart 1989.

SCHALLMEYER, W.: Vererbung und Auslese im Lebenslauf der Völker. Eine staatswissenschaftliche Studie auf Grund der neuen Biologie. Jena ³1918.

SCHEFFLER, G.: Der Sonderschullehrer als Pädagoge und Wissenschaftler. In: Zeitschrift für Heilpädagogik 6 (1955) 268–275.

SCHMUHL, H.-W.: Rassenhygiene, Nationalsozialismus, Euthanasie. Von der Verhütung zur Vernichtung „lebensunwerten Lebens" 1890–1945. Göttingen ²1991.

SCHOCKENHOFF, E.: Ethik des Lebens. Ein theologischer Grundriß. Mainz 1993.

SCHÖNBERGER, F.: Sind Geistigbehinderte amoralische Wesen? Randbemerkungen zur abendländischen

Vernunftethik. In: BLICKENSTORFER u.a. 1988, 279–300.

SCHÖNBERGER, F.: Die Integration Behinderter als moralische Maxime. In: EBERWEIN, H. (Hrsg.): Handbuch Integrationspädagogik. Kinder mit und ohne Behinderung lernen gemeinsam. Weinheim ⁴1997, 80–87.

SCHOPENHAUER, A.: Über das Fundament der Moral. In: SCHOPENHAUER, A.: Die beiden Grundprobleme der Ethik. Berlin ²1860, 159–350.

SCHUMANN, M.: Vom Sozialdarwinismus zur modernen Reproduktionsmedizin und pränatalen Diagnostik – Gibt es eine Kontinuität? In: Vierteljahresschrift Behindertenpädagogik 28 (1989) 134–157.

SCHUMANN, P.: Geschichte des Taubstummenwesens vom deutschen Standpunkt aus dargestellt. Frankfurt 1940.

SCHWARTZ, M.: „Euthanasie"-Debatten in Deutschland (1895–1945). In: Vierteljahreshefte für Zeitgeschichte 46 (1998) 617–665.

SEIFERT, M.: Person oder nicht Person – das ist nicht die Frage. Vom Zusammenleben mit einem schwerst mehrfachbehinderten Kind. In: Geistige Behinderung 39 (1990) 261–268.

SENECA: Über den Zorn. Erstes Buch. Herausgeber: Manfred Rosenbach. Darmstadt 1969, 95–147.

SENECA: An Lucilius. Briefe über Ethik. Dritter Band. Sechstes Buch. Herausgeber: Manfred Rosenbach. Darmstadt 1974, 423–517.

SEYWALD, A.: Physische Abweichung und soziale Stigmatisierung. Zur sozialen Isolation und gestörten Rollenbeziehung physisch Behinderter und Entstellter. Heidelberg 1976.

SEYWALD, A.: Körperliche Behinderung. Grundfragen einer Soziologie der Benachteiligung. Frankfurt 1977.

SEYWALD, A.: Anstoßnahme an sichtbar Behinderten. Soziologische und psychologische Ansätze zur Erklärung der Stigmatisierung physisch Abweichender. Heidelberg 1980.

SIERCK, U./RADTKE, N.: Die Wohl-Täter-Mafia. Vom Erbgesundheitsgericht zur Humangenetischen Beratung. Hamburg ⁵1989.

SINGER, P.: Praktische Ethik. Stuttgart 1984.

SINGER, P.: Praktische Ethik. Neuausgabe. Stuttgart ²1994.

SPAEMANN, R.: Personen. Versuche über den Unterschied zwischen ‚etwas' und ‚jemand'. Stuttgart 1996.

SPECHT, W./THONHAUSER, J. (Hrsg.): Schulqualität. Entwicklungen, Befunde, Perspektiven. Innsbruck 1996.

SPECK, O.: Das Selbstverständnis des heilpädagogischen Schulsystems im Wandel. In: Zeitschrift für Heilpädagogik 42 (1991) 599–607.

SPECK, O.: Die soziale Integration von Menschen mit Behinderungen. In: ANTOR/BLEIDICK 1995, 91–115.

SPECK, O.: Erziehung und Achtung vor dem Anderen. Zur moralischen Dimension der Erziehung. München 1996.

SPECK, O.: Sonderschule, Benachteiligung und Elternrecht. Zum Beschluß des Bundesverfassungsgerichtes vom 30.7.1996, gem. Art. 3, 3 (2) GG. In: Zeitschrift für Heilpädagogik 48 (1997a) 233–241.

SPECK, O.: Chaos und Autonomie in der Erziehung. Erziehungsschwierigkeiten unter moralischem Aspekt. München ²1997b.

SPECK, O.: System Heilpädagogik. Eine ökologisch reflexive Grundlegung. München ⁴1998.

SPECK, O.: Die Ökonomisierung sozialer Qualität. Zur Qualitätsdiskussion in Behindertenhilfe und Sozialer Arbeit. München 1999.

SPIESS, W.: Woran erkennt man die „gute" Heilpädagogin? Zur (Meta-)Ethik professionellen „Gut-Seins". In: Behinderte in Familie, Schule und Gesellschaft 20 (1997) Heft 1, 47–54.

SPRENG, H.: Schwerstbehinderte Kinder – eine Herausforderung für die Schule. Mit einem Anhang über die Definition der Schulfähigkeit in den Schulgesetzen und Richtlinien der Bundesländer. München 1979.

STACKELBERG, H. H. Freiherr von: Probleme der Erfolgskontrolle präventiv-medizinischer Programme, dargestellt am Beispiel einer Effektivitäts- und Effizienzanalyse genetischer Beratung. Diss. Marburg 1980.

STOLK, J.: Die Frage nach dem Wert des Lebens geistig behinderter Kinder. Kann es Kriterien für die Bewertung behinderten Lebens geben? In: THIMM u.a. 1989, 184–213.

STOLK, J.: Euthanasie bei geistig Behinderten. Eine Bewertung der aktuellen Euthanasie-Diskussion in den Niederlanden. In: Geistige Behinderung 29 (1990) 386–393.

STURNY-BOSSART, G./FRÖHLICH, A./BÜCHNER, Ch. (Hrsg.): Zukunft Heilpädagogik. Luzern 1999.

SZAGUN, A.-K.: Behinderung. Ein gesellschaftliches, theologisches und pädagogisches Problem. Göttingen 1983.

THIMM, W. u.a.: Ethische Aspekte der Hilfen für Behinderte. Unter besonderer Berücksichtigung von Menschen mit geistiger Behinderung. Marburg 1989.

THIMM, W.: Humangenetische Beratung und pränatale Diagnostik. Zur Pädagogisierung einer medizinischen Domäne. In: ELLGER-RÜTTGARDT, S. (Hrsg.): Bildungs- und Sozialpolitik für Behinderte. München 1990, 272–283.

THIMM, W.: Leben in Nachbarschaften. Hilfen für Menschen mit Behinderungen. Freiburg 1994.

THOMAS VON AQUIN: Summa theologica. Band 17 B. Die Liebe (2. Teil), Klugheit. 51. Frage. Heidelberg 1966, 280–292.

THOMSON, J. J.: Eine Verteidigung der Abtreibung. In: LEIST 1990a, 107–131.

TOOLEY, M.: Abtreibung und Kindstötung. In: LEIST 1990a, 157–195.

TOELLNER, R.: Der blinde Spiegel. Die deutsche Ärzteschaft und der Nürnberger Ärzteprozeß vor fünfzig Jahren. In: Frankfurter Allgemeiner Zeitung 18. Januar 1997.

TROMMSDORF, G.: Behinderte in der Sicht verschiedener Kulturen. In: KLAUER, K. J./MITTER, W. (Hrsg.): Vergleichende Sonderpädagogik (Handbuch der Sonderpädagogik, Band 11). Berlin 1987, 23–47.

TÜNTE, W.: Genetische Familienberatung. Ein kurzer Leitfaden mit 50 Fragen und Antworten. Münster ²1979.

UHLE, R.: Die Bildung des Subjekts durch geistige Mächte – Zur pädagogischen Begründung eines kulturellen Paternalismus. In: KRÜGER/OLBERTZ 1997, 315–327.

VERBAND DEUTSCHER SONDERSCHULEN: vds aktuell, Antrag Nr. 35 – Landesverband Hessen. Humangenetik. In: Zeitschrift für Heilpädagogik 40 (1989) 665–666.

VERBAND EVANGELISCHER EINRICHTUNGEN für Menschen mit geistiger und seelischer Behinderung e.V. (Fachbereich Bildung): Stellungnahme zu „Ruhen der Schulpflicht" und „Hausunterricht". Frankfurt 1993.

VOGEL, P.: Ökonomische Denkformen und pädagogischer Diskurs. In: KRÜGER/OLBERTZ 1997, 351–366.

VOGT, M.: Sozialdarwinismus. Wissenschaftstheorie, politische und theologisch-ethische Aspekte der Evolutionstheorie. Freiburg 1997.

VOIT, H.: Lebenswelten gehörloser Erwachsener als autonome Kreationen. Herausforderung der Gehörlosenpädagogik durch die Selbstdeutungen der Betroffenen. In: OPP/PETERANDER 1996, 302–310.

VORLÄNDER, K.: Geschichte der Philosophie. II. Band: Philosophie der Neuzeit. Leipzig ²1908.

VOSSENKUHL, W.: Gemeinwohl. In: HÖFFE 1992, 82–83.

WALZER, M.: Sphären der Gerechtigkeit. Ein Plädoyer für Pluralität und Gleichheit. Frankfurt 1994.

WARNOCK, M.: Haben menschliche Zellen Rechte? In: LEIST 1990a, 215–275.

WEHOWSKY, St.: Gespräche über Ethik. München 1995.

WEISS, H.: Armut als gesellschaftliche Normalität: Implikationen für die kindliche Entwicklung. In: OPP/PETERANDER 1996, 150–162.

WIENAND, M. W.: Qualitätssicherung bei der Leistungserbringung im Rahmen des Bundessozialhilfegesetzes (BSHG). In: PETERANDER, F./SPECK, O. (Hrsg.): Qualitätsmanagement in sozialen Einrichtungen. München 1999, 31–40.

WINKLER, M.: Erziehung im System der Barbareivermeidung. In: MAROTZKI, W./SÜNKER, H. (Hrsg.): Kritische Erziehungswissenschaft – Moderne – Postmoderne. Band 1. Weinheim 1992, 152–192.

WISSENSCHAFTLICHER BEIRAT DER BUNDESÄRZTEKAMMER: Genetische Beratung in der Bundesrepublik Deutschland. In: Deutsches Ärzteblatt 77 (1980) Heft 4, 183–192.

WOCKEN, H.: Schulleistungen in Integrationsklassen. In: WOCKEN, H./ANTOR, G. (Hrsg.): Integrationsklassen in Hamburg. Erfahrungen – Untersuchungen – Anregungen. Solms-Oberbiel 1987, 276–306.

WOCKEN, H.: Der Zeitgeist: Behindertenfeindlich? Einstellungen zu Behinderten zur Jahrtausendwende. In: ALBRECHT, F./HINZ, A./MOSER, V. (Hrsg.): Perspektiven der Sonderpädagogik. Disziplin- und professionsbezogene Standortbestimmungen. Neuwied 2000.

WOLF, J.-C.: Grundpositionen der neuzeitlichen Ethik. In: HASTEDT, H./MARTENS, E.: Ethik. Ein Grundkurs. Reinbek 1994, 82–113.

WOLFENSBERGER, W.: Der neue Genozid an den Benachteiligten, Alten und Behinderten. Gütersloh 1991.

WOLFF, G.: Kindliche Verhaltensstörungen als sinnvolles Signalverhalten. In: Zeitschrift für Heilpädagogik 29 (1978) 145–155.

ZAHLMANN, Ch. (Hrsg.): Kommunitarismus in der Diskussion. Eine streitbare Einführung. Berlin 1994.

ZIMMERLI, W. Ch.: Die Gene sind selbst-los. Nichtbiologische Relativität und Absolutheit der Geltung moralischer Normen. In: IRRGANG, B./LUTZBACHMANN, M. (Hrsg.): Begründung von Ethik. Beiträge zur philosophischen Ethikdiskussion heute. Würzburg 1990, 7–24.

2 Ausgewählte kommentierte Bibliographie

Christoph ANSTÖTZ: *Ethik und Behinderung*. Ein Beitrag zur Ethik der Sonderpädagogik aus empirisch-rationaler Sicht.
Berlin (Spiess) 1990. 159 S.
ANSTÖTZ ist in Deutschland als Befürworter der utilitaristischen Position SINGERS bekannt geworden. Der wesentliche Inhalt des Buches besteht denn auch in einer Wiedergabe der Bioethik SINGERS und in einer Übersicht über die Theorien des kritischen Rationalismus (POPPER, ALBERT) und des Utilitarismus (BENTHAM, MILL, SINGER). Der bisherigen Behindertenpädagogik wird Naivität und Verworrenheit im Umgang mit wissenschaftstheoretischen Fragen vorgeworfen. Wesentliches Anliegen ist die Kritik der idealistischen Behindertenpädagogik. Eine methodologische Rechtfertigung von Zielen und Normen der Erziehung Behinderter findet selbst nicht statt; das Buch beschreibt die Voraussetzungen für ein solches Unterfangen. Der Anhang umfaßt eine kommentierte Bibliographie der angloamerikanischen Literatur zum Thema sowie eine Dokumentation von klinischen Fällen (Behandlung von Koma-Patienten, Tötung von Schwerstgeschädigten).

Christoph ANSTÖTZ/Rainer HEGSELMANN/Hartmut KLIEMT (Hrsg.): *Peter Singer in Deutschland*. Zur Gefährdung der Diskussionsfreiheit in der Wissenschaft.
Frankfurt (Lang) 1995. 425 S.
Nach dem Buch von HEGSELMANN/MERKEL (1991) ist dies die zweite, diesmal noch ausführlichere, Sammlung von Stellungnahmen, die sich auf das öffentliche Auftreten von SINGER, seine Thesen zur Früheuthanasie und das angeblich von Behindertenverbänden erhobene „Diskussionsverbot" beziehen. Der grundgesetzlich garantierte Anspruch auf freie Meinungsäußerung wird mit vielfachen Widersprüchen in der Diskussion konfrontiert: Duldung der passiven Euthanasie und Verurteilung der aktiven Euthanasie; Befürwortung der Abtreibung aber Vorbehalte gegen die Pränatale Diagnostik; Präventive Medizin mit Lebenserhaltung kaum lebensfähiger Frühgeborener. Die Sonderpädagogik ergehe sich angesichts der kontroversen öffentlichen Diskussion mit ihrer Gesprächsverweigerung in „autistischem Verhalten" (ANSTÖTZ).

Till BASTIAN (Hrsg.): *Denken – Schreiben – Töten*. Zur neuen „Euthanasie"-Diskussion und zur Philosophie Peter Singers.
Stuttgart (Wissenschaftliche Verlagsgesellschaft) 1990. 142 S.
Der Sammelband besteht aus sieben Beiträgen der Autoren BASTIAN, FENGLER, DÖRNER, REST, LÖW und BEGEMANN. Ein Geleitwort von Robert SPAEMANN beginnt mit dem Satz: „Es wäre besser, dieses Buch hätte nicht geschrieben werden müssen." Der Herausgeber sieht mit der öffentlichen Diskussion – und naturgemäß mit der Befürwortung der Euthanasie – die Grenzen der freien Meinung überschritten, weil damit für einen Teil der Menschen in unserem Land das Menschenrecht auf Leben ausgeschlossen werde. Die Argumente gegen Euthanasie – mit eindringlicher Warnung vor der Entsolidarisierung der Gesellschaft – verwenden philosophische, historische, medizinische und rechtspolitische Begründungen.

Ruth BAUMANN-HÖLZLE/Alberto BONDOLFI/Hans RUH (Hrsg.): *Genetische Testmöglichkeiten*. Ethische und rechtliche Fragen.
Frankfurt (Campus) 1990. 176 S.
Der Kongreßbericht enthält die überarbeiteten Referate einer Tagung, die drei Schweizer Gremien 1987 veranstaltet haben (Institut für Sozialethik des evangelischen Kirchenbundes; katholische Nationalkommission Justitia et Pax; Institut für Sozialethik der Universität Zürich). Die Beiträge befassen sich mit den genetischen Tests während der pränatalen Diagnostik, insbesondere mit den daraus resultierenden ethischen Folgerungen. Die Autoren: BONDOLFI, BACHMANN, HÜTTER, SCHMID, SCHULTZ, GUILLOD, DUPUIS, RINGELING und MIETH. Von besonderem Wert ist eine ausführliche Dokumentation über die kontroversen Empfehlungen und Gesetzeslagen in den USA.

Horst BIESOLD: *Klagende Hände*. Betroffenheit und Spätfolgen in bezug auf das Gesetz zur Verhütung erbkranken Nachwuchses, dargestellt am Beispiel der „Taubstummen".
Oberbiel (Jarick) 1988. 304 S.
Die Dissertation von BIESOLD hat mit verschiedenen historisch-methodischen Verfahren (Archivforschung, Dokumentenstatistik, Fragebogen, oral history) die Schicksale von mehr als 1000 gehörlosen Verfolgten des nationalsozialistischen Regimes aufgearbeitet. Neben der Arbeit von HÖCK (1979) über die Hilfsschule im Dritten Reich ist das die einzige quellengeschichtliche Darstellung zur Behindertenpädagogik während der Nazizeit. Erregende Berichte von Zeitzeugen über Zwangssterilisation, zwangsweise Schwangerschaftsabbrüche, Folterung und Ermordung von ‚bildungsunfähigen' und jüdischen Gehörlosen liefern eine einmalige Dokumentation, die vor dem Hintergrund der bis heute nicht erfolgten Entschädigung der Nazi-Opfer eine zusätzliche Aktualität gewinnt.

Karl BINDING/Alfred HOCHE: *Die Freigabe der Vernichtung lebensunwerten Lebens*. Ihr Maß und ihre Form.
Leipzig (Meiner) 1920. 2. Aufl. 1922. 62 S.

Die Schrift gilt als entscheidender Wegbereiter nationalsozialistischen Gedankengutes in bezug auf die juristische und ärztliche Begründung der Euthanasie. Sie ist im ersten Teil vom Reichsgerichtspräsidenten BINDING, im zweiten Teil vom Freiburger Psychiater HOCHE verfaßt. Die inhumane Terminologie ist es insbesondere, die bis heute in einer erschreckenden Sprache nachwirkt. Neben dem Begriff des „unwerten Lebens" ist bei der Charakterisierung der „unheilbar Blödsinnigen" in den Anstalten von „Nebenmenschen", „leeren Menschenhülsen", „Ballastexistenzen" und „Defektmenschen" die Rede. Für die aktive Euthanasie werden wirtschaftliche und karitative Gründe angegeben.

Jürg BLICKENSTORFER/Hans DOHRENBUSCH/Ferdinand KLEIN (Hrsg.): *Ethik in der Sonderpädagogik.* Festschrift zum 65. Geburtstag von Professor Dr. Heinz BACH.
Berlin (Marhold) 1988. 379 S.
Die Festschrift für Heinz BACH ist die erste Publikation zur Behindertenpädagogik gewesen, die im Titel eine „Ethik" ankündigt. Während die nachfolgenden Bücher mit ethischen Fragestellungen (THIMM u.a. 1989; ANSTÖTZ 1990; GRÖSCHKE 1993) aktuelle Antworten auf die von SINGER ausgelöste Debatte über das Lebensrecht behinderter Menschen enthalten, spielt dieser Aspekt hier höchstens eine zufällige und literarisch kaum erwähnte Rolle (in drei Beiträgen). Die historisch veränderte Lage schlägt sich auch im Begriff der Ethik nieder: Es überwiegen geisteswissenschaftliche, bestenfalls interaktionistische und systemtheoretische Abhandlungen zu ethischen Grundfragen. Die Autoren: BECKER, BEGEMANN, BLEIDICK, BLICKENSTORFER, FRÖHLICH, GROSSMANN, HAEBERLIN, HEESE, HEITGER, KANTER, KLEIN, KOBI, KRAWITZ, LENZEN, MÜHL, MUTH, RETT, SCHÖNBERGER, SEITZ, WESTRICH. Erwähnenswert ist, daß auf diese Weise ein Zwiegespräch mit der damaligen DDR-Rehabilitationspädagogik zustandekam.

Werner BRILL: *Pädagogik im Spannungsfeld von Eugenik und Euthanasie.* Die „Euthanasie"-Diskussion in der Weimarer Republik und zu Beginn der neunziger Jahre. Ein Beitrag zur Faschismusforschung und zur Historiographie der Behindertenpädagogik.
St. Ingbert (Röhrig) 1994. 455 S.
Das auf einer Dissertation beruhende Werk bildet die zur Zeit umfassendste und sorgfältigste quellengeschichtliche Darstellung der Verbindungslinien zwischen der Diskussion von 1918 bis 1933 um das ‚lebensunwerte Leben' mit der heutigen Euthanasie-Debatte. Eugenische Bestrebungen nach dem ersten Weltkrieg betrafen zum großen Teil die Kranken und die Behinderten in den Anstalten, die als ‚Minderwertige' galten. Das führte zu einer intensiven Rezeption der maßgebenden Veröffentlichungen zur Rassenhygiene unter dem pädagogisch-fürsorgerischen Fachper-

sonal, die sich in einer beträchtlichen Anzahl von Rezensionen niederschlägt. BRILL benutzt, unter anderem, die Besprechungen in den Zeitschriften „Die Hilfsschule" und „Zeitschrift für Kinderforschung" als Quelle, um die behindertenfeindlichen Tendenzen in der Sonderpädagogik dieser Zeit nachzuweisen, die wiederum die Erklärung für den fehlenden Widerstand gegen die Sterilisierungspraxis der Nazis liefern. Parallelen zur heutigen Euthanasie-Debatte werden durch die Feststellung erhärtet, daß von Anfang an die Euthanasie-Debatte im Kontext mit eugenischen und rassenhygienischen Forderungen geführt wurde.

Gerd BRUDERMÜLLER (Hrsg.): *Angewandte Ethik und Medizin.*
Würzburg (Königshausen & Neumann) 1999. 303 S.
Der Band stellt die erste Publikation einer geplanten Schriftenreihe des „Instituts für angewandte Ethik e.V." dar, das sich die Aufgabe gesetzt hat, moralische Grundsätze und Verhaltensregeln in den verschiedenen gesellschaftlichen Lebensbereichen zu überprüfen. Die Autoren MARX, STEINVORTH, BIRNBACHER, von MANZ, BRUDERMÜLLER, MERKEL, WESTHOFEN, WIESING, BECCHI und SCHÖNE-SEIFERT behandeln Probleme einer Rationierung im kostenaufwendigen Gesundheitswesen, Lebensqualität und Bewertung menschlichen Lebens, ärztliche Entscheidungen in der Intensiv- und Perinatalmedizin sowie das Arzt-Patient-Verhältnis. Allgemeine Beiträge führen in die Rolle der angewandten Ethik in der Zivilgesellschaft ein. Von besonderem Wert sind ein bibliographischer Anhang zur medizinischen Ethik-Literatur und eine Dokumentation wichtiger ärztlicher Deklarationen.

Franz CHRISTOPH: *Tödlicher Zeitgeist.* Notwehr gegen Euthanasie.
Köln (Kiepenheuer & Witsch) 1990. 142 S.
Franz CHRISTOPH, Mitbegründer der Krüppelbewegung, hat durch provokante öffentliche Auftritte auf die Situation der Behinderten aufmerksam gemacht. Demgemäß provoziert auch dieses streitbare Buch alle: Eltern und Fachleute, Frauenrechtlerinnen und Behindertenverbände, Christen und Linke, die Journalisten und den Philosophen Hans JONAS. Sie alle machen sich ihre angebliche Solidarität zu leicht. Aber es ist ein notwendiger Befreiungsschlag. CHRISTOPH will sich nicht als „lebensfroher Krüppel" an Nichtbehinderte anpassen. Er reklamiert sein Recht auf Leid und Widerstand. Denn angesichts der drohenden Euthanasie ist „unmißverständlich klarzumachen, daß es nicht möglich sein wird, unsere geplante Tötung als humane Erlösung zu verschleiern".

Johannes DENGER (Hrsg.): *Plädoyer für das Leben mongoloider Kinder.* Down-Syndrom und pränatale Diagnostik.
Stuttgart (Freies Geistesleben) 1990. 137 S.

Die Feststellung des Down-Syndroms aufgrund einer Amniozentese führt in der Regel zu einer Abtreibung. Den Mechanismus der vorgeburtlichen Selektion nach pränataler Diagnostik nimmt das Buch als Anlaß zu einem Plädoyer für das Recht von Menschen, mit einem Down-Syndrom zur Welt zu kommen und zu leben. Die Beiträge der Autoren SCHAD, DENGER, GÄCH, SAAL, BECK, MÜLLER-WIEDEMANN, HOLTZAPFEL, HABLÜTZEL und GLÖCKLER enthalten philosophische, ärztliche, theologische Gedanken sowie Schilderungen von menschlichen Begegnungen, die zu Herzen gehen. Das Buch ist zwar eine anthroposophische Edition; aber nicht alle Autoren sind Anthroposophen, und hierbei zeigt sich, wie groß der humane Konsens über mehrere weltanschauliche Positionen hinweg ist. Der Begriff „mongoloid" wird als Synonym des medizinischen „Down-Syndrom" bewußt gewählt.

Diakonisches Werk der Evangelischen Kirche von Westfalen (Hrsg.): *Wir wurden nicht gefragt.* Ein Lesebuch zu „Euthanasie" und Menschenwürde. Bielefeld (Luther Verlag) 1992. 252 S.
Das Diakonische Werk der Evangelischen Kirche hat – im engeren Sinne für kirchliche Gesprächsgruppen, darüber hinaus aber auch zur Breiteninformation – eine Arbeitshilfe von Texten zusammengestellt. Es sind historische, philosophiegeschichtliche, ethisch-systematische, lebenspraktische und dokumentarische Belege zu Menschenwert und Menschenwürde behinderten Lebens, zu Eugenik und Euthanasie, zu Gentechnologie und Humanpolitik gesammelt. Über 40 Autoren kommen in Schriftauswahl zu Wort. Der Band ist zudem reich bebildert. Von der thematischen Breite und von der sprachlichen Zugänglichkeit her dürfte es kein vergleichbares Werk geben, das so schnell und anschaulich über die meisten ethischen Fragen im Zusammenhang mit Behinderung informiert.

Klaus DÖRNER: *Tödliches Mitleid.* Zur Frage der Unerträglichkeit des Lebens oder: die Soziale Frage: Entstehung, Medizinisierung, NS-Lösung heute, morgen. Mit einem Beitrag von Fredi SAAL. Gütersloh (Jakob van Hoddis) 1988. 120 S.
Das Buch des Psychiaters DÖRNER kann als die aktuellste Zusammenfassung der heutigen Euthanasie-Debatte angesehen werden, die mit einem leidenschaftlichen Bekenntnis zum Lebensrecht behinderter, kranker, altersschwacher und pflegebedürftiger Menschen einhergeht. Im Historikerstreit über die Singularität der nationalsozialistischen Euthanasie-Aktionen ist die geschichtliche Kontinuität einer „Lösung der sozialen Frage" anhand der aufkommenden Industrialisierung im 19. Jahrhundert herausgearbeitet. Der unproduktive Teil der Bevölkerung wird als wirtschaftlich nicht tragbar angesehen, die Medizinisierung des Problems der Gebrechlichen bildet die Vorstufe für eine politische Endlösung der sozialen Frage. Ein persönlich überzeugender Beitrag von Fredi SAAL macht deutlich,

daß niemand das Recht haben kann, einem Behinderten die „Unerträglichkeit des Lebens" zuzusprechen.

Ronald DORAN: *Eugenik im Umgang mit geistig behinderten Menschen.* Die Alsterdorfer Anstalten in Hamburg in der Zeit von 1880 bis 1920. Hamburg (Hamburger Buchwerkstatt) 1996. 199 S.
Die Dissertation von DORAN beschreibt, vor dem Hintergrund der aktuellen Diskussion um Eugenik und Euthanasie, die Geschichte der Auseinandersetzung einer großen kirchlichen Behinderteneinrichtung mit eugenischen, rassenhygienischen und euthanasischen Gedanken. Die Medikalisierung der Behindertenhilfe zum Ende des vorigen Jahrhunderts drängte pädagogische Verantwortung zurück und öffnete rassenideologischen Bestrebungen das Tor. Euthanasie wurde von der Evangelischen Kirche entschieden abgelehnt.

Ulrich EIBACH: *Gentechnik – der Griff nach dem Leben.* Eine ethische und theologische Beurteilung. Wuppertal (Brockhaus) 1986. 270 S.
Das Buch enthält sowohl eine kompakte Übersicht über die biologischen und medizinischen Fragen der Gentechnik und Fortpflanzungsbiologie (In-Vitro-Fertilisation, Embryonentransfer) als auch eine sorgfältige Diskussion der sich anschließenden ethischen Folgeprobleme. Dabei befindet sich die ethische Reflexion in einem Dilemma: Es kommt meist erst dann zu einer Kritik des neuartigen Eingriffs in die Grundlagen unseres Lebens, wenn der Forschungs- und Anwendungsprozeß in Laboratorien und Kliniken relativ weit gediehen ist. Chancen und beträchtliche Risiken der Gentechnologie werden in Thesen zusammengefaßt. Der Anhang referiert Richtlinien zur Durchführung der Retortenzeugung und der Embryonenforschung sowie die Stellungnahmen der Synode der Evangelischen Kirche in Deutschland.

Sieglind ELLGER-RÜTTGARDT (Hrsg.): *Verloren und Un-Vergessen.* Jüdische Heilpädagogik in Deutschland. Weinheim (Deutscher Studien Verlag) 1996. 363 S.
Jüdische behinderte Kinder waren in der Zeit des Nationalsozialismus doppelt verfolgt: als rassisch Ausgegrenzte und als Behinderte. Das Stigma des lebensunwerten Lebens hat auf ihnen noch stärker mordbedrohend gelastet als auf den übrigen Behinderten in den Heil- und Pflegeanstalten. Die verdienstvolle Dokumentation stellt die wichtigsten Institutionen der jüdischen Heilpädagogik im Deutschen Reich vor 1933 und ihre Hauptvertreter dar. Die Leistungen jüdischer Heil- und Sozialpädagogik waren, zumal in ihren reformpädagogischen Anregungen, ehemals maßgeblich in Deutschland und Österreich. Dem Buch ist ein Motto des 1988 verstorbenen israelischen Heilpädagogen Shimon SACHS vorangestellt: Auch in Deutschland darf man nicht vergessen, was geschah. Wo sich die Erinne-

rung lebendig erhält, wird das Unheil nicht wieder-
kehren.

Barbara FORNEFELD: *Das schwerstbehinderte Kind
und seine Erziehung*. Beiträge zu einer Theorie
der Erziehung.
Heidelberg (Universitätsverlag C. Winter) 1995.
186 S.
FORNEFELD möchte mit ihrer Studie der Schwerstbe-
hindertenpädagogik ein pädagogisches Fundament geben. Zum Hintergrund ist zu sagen, daß diese jüngste
sonderpädagogische Teildisziplin jedenfalls in ihrer
Praxis noch immer eher therapeutisch als pädagogisch
ausgerichtet ist und daß diese „Erziehungsabstinenz"
ihre Gefahren hat: Wo lediglich Therapie gefragt ist,
braucht man kein Bildungsrecht mehr und keine Schule, und sie kann auch wesentlich kostengünstiger z.B. in
psychiatrischen Anstalten erfolgen. Gegen die Vorstellung einer besonderen, nämlich „therapieähnlichen"
Pädagogik spricht, daß grundlegende erziehungsphilo-
sophische Annahmen einer Pädagogik für Schwerstbehinderte (Nicht-Planbarkeit von Erziehung, Unvorher-
sehbarkeit ihrer Ergebnisse; das Kind als Fremder in
der Nähe) zu den Grundlagen von Erziehung überhaupt gehören. Das Buch belegt die Fruchtbarkeit phä-
nomenologischer Analysen in diesem Bereich.

Dieter GRÖSCHKE: *Praktische Ethik der Heilpädagogik*. Individual- und sozialethische Reflexionen zu
Grundfragen der Behindertenhilfe.
Bad Heilbrunn (Klinkhardt) 1993. 187 S.
In drei Teilen werden Grundfragen der Behindertenpädagogik vor dem Hintergrund ethischer Konfliktla-
gen erörtert. Unter „Brennpunkten ethischer Reflexionen" sind Euthanasie, Normalisierungsprinzip und
Fragen einer heilpädagogischen Ethik zwischen Gesinnung und Verantwortung besprochen. Der zweite Teil
„Denkwege der Moralphilosophie" gibt eine kurzge-
faßte Übersicht über die philosophische Ethik. In einem
dritten Teil „Berufsethik der Heilpädagogen" und
„Skeptische Ethik" ist in Anlehnung an die geisteswissenschaftliche Tugendlehre ein moderner Katalog heil-
pädagogischer Haltungen und Tugenden aufgezählt.
Der Titel einer praktischen Ethik ist mißverständlich;
es kommt dem Autor auf den Primat der Praxis bei der
„Frage nach der rechten sittlichen Haltung" an.

Urs HAEBERLIN: *Das Menschenbild für die Heilpädagogik*.
Bern (Haupt) 1985. 3. Aufl. 1994. 104 S.
Das Buch wurde vor der Erschütterung des anthropologischen Selbstverständnisses der Behindertenpädagogik geschrieben: Eugenik, Euthanasie kommen express-
sis verbis nicht vor. Ungeachtet solcher aktuellen Dis-
kussionsauslösung sind jedoch Grundfragen des
Menschseins angesprochen. Zentraler Begriff ist die
Verbindung von sozialbestimmter und personbestimm-
ter Identität in einer wertpluralen Gesellschaft. Für die
Heilpädagogik – HAEBERLIN wählt den Namen als

ausdrückliches Kennzeichen einer weltanschaulichen
Bindung – bedeutet das eine Haltung, mit der es weder
„Besondere", „Abgesonderte" noch „Behinderte" gibt.
Heilpädagogik wird zu einer Haltung, die jedem Men-
schen Personalität und Humanität zuschreibt.

Urs HAEBERLIN: *Heilpädagogik als wertgeleitete Wissenschaft*. Ein propädeutisches Einführungsbuch in
Grundfragen einer Pädagogik für Benachteiligte
und Ausgegrenzte.
Bern (Haupt) 1996. 383 S.
Der Schweizer Pädagoge HAEBERLIN verwendet den
traditionellen Namen Heilpädagogik, um eine umfassende Theorie der Erziehung von Behinderten unter
eine ausdrückliche Wertausrichtung zu stellen. Der
Grundwert der Solidarität für behinderte, benachteiligte und ausgegrenzte Menschen wird in einer „moralisch festlegenden, programmatischen Verpflichtung"
dreifach formuliert: Unverletzlichkeit von jeglichem
menschlichen Leben, Gleichwertigkeit aller Menschen
bei extremster Verschiedenheit, Wert der unverlierbaren Würde jedes Menschen. Die Wertbegründung enthält historische, begriffsanalytische, anthropologische
und wissenschaftstheoretische Stützen. In der europäischen Erziehungsgeschichte und in den geläufigen philosophischen Anthropologien werden entsolidarisierende Tendenzen nachgewiesen. Traditionell ist der
Ansatz HAEBERLINS – wissenschaftstheoretisch reflek-
tiert und ‚modernisiert' – den Schweizer Vorbildern
PESTALOZZI, HANSELMANN und MOOR verpflichtet.

Georg-Hinrich HAMMER: *Behinderung als Thema
christlicher Verantwortung*.
Bonn (Reha-Verlag) 1988. 154 S.
Christliche Ethik und Kirche werden angesichts der
Eugenik-Euthanasie-Debatte, durch Pränatale Diagnostik, Kindergarten- und Schulintegration sowie Partnerschaft von Geistigbehinderten in einer Weise herausgefordert, wie sie bislang als Thema der theologi-
schen Ethik nicht geläufig war – die Schrift entstand
vor dem öffentlichen Auftreten von SINGER! Die moralische Diskussion wird in den Kapiteln „Achtung des
Lebensrechts", „Schutz der Würde", „Lebenshilfe
durch Selbsthilfe und Fürsorge" sowie „Integration"
geführt. Die ethischen Folgerungen aus einem dezidier-
ten evangelisch-theologischen Standpunkt sind an vielen praktischen Beispielen des Lebens von Geistigbehinderten aufgezeigt.

Rainer HEGSELMANN/Reinhard MERKEL (Hrsg.): *Zur
Debatte über Euthanasie*. Beiträge und Stellungnahmen.
Frankfurt (Suhrkamp) 1991. 330 S.
Die Stellungnahmen zur Euthanasie, insbesondere zum
‚Liegenlassen' von schwerbehinderten Neugeborenen,
sind aus Anlaß der öffentlichen Auftritte von SINGER
und seinen Thesen aus der „Praktischen Ethik" zusam-
mengetragen worden. Die Beiträge mehrerer Autoren
befassen sich demnach mit der Frage, ob das Lebens-

recht von Menschen überhaupt diskutiert werden darf. Sie berufen sich dabei auf das grundgesetzlich verbriefte Recht der freien Meinungsäußerung und wenden sich gegen die wissenschaftliche Tabuisierung unerwünschter Fragen. Neben der Debatte über Euthanasie (WOLF, HEGSELMANN, KLIEMT, WITTMANN, ANSTÖTZ, SINGER) sind Beiträge zur Sterbehilfe selbst enthalten (BIRNBACHER, KUHSE, MERKEL, von LOEWENICH, SINGER). Ein direktes Bekenntnis zum Lebensrecht des behinderten Kindes und zum Tötungsverbot ist nur im Beitrag von WITTMANN angedeutet.

Hans-Günter HEIDEN (Hrsg.): *„Niemand darf wegen seiner Behinderung benachteiligt werden“.* Grundrecht und Alltag – eine Bestandsaufnahme.
Reinbek (Rowohlt Taschenbuch) 1996. 254 S.
1994 hat der deutsche Bundestag nahezu einstimmig den Art. 3 Abs. 3 Satz 2 ins Grundgesetz aufgenommen, der besagt, daß niemand wegen seiner Behinderung benachteiligt werden darf. Darin sind Behinderte und Nichtbehinderte einander ebenso rechtlich gleichgestellt wie bisher schon Männer und Frauen. Die Beiträge des Sammelbands unterstreichen die Notwendigkeit eines solchen grundgesetzlichen Verbots jeder Diskriminierung durch das Kontrastbild der tatsächlichen Benachteiligung, wie sie Behinderte tagtäglich erleben können. Sie läßt sich im wesentlichen auf behinderteninadäquate Strukturen z.B. im Arbeitsrecht oder im Personenbeförderungsgesetz zurückführen. Es ist ein eindrucksvoller, mit konkreten Fallbeispielen unterlegter Report über Lebensbedingungen unterschiedlicher Gruppen von Behinderten (Geistigbehinderte, Gehörlose, Blinde, behinderte Frauen als doppelt Diskriminierte) in unterschiedlichen Lebensbereichen (etwa Schule, Arbeit, Mobilität, Pflege). Diese gewöhnlichen Benachteiligungen dürften in der Regel für jeden Gutwilligen evident sein. Auch wenn heute noch vielfach offen sein mag, welche konkreten sozialpolitischen Verbesserungen eine grundgesetzliche Legitimation anzustoßen vermag – auch angesichts allgemeiner Sparzwänge –, so steht doch fest, daß der Handlungsbedarf dringlich ist. Interesse verdient dabei, daß das Modell für eine solche Gleichstellungspolitik nicht der paternalistische deutsche (und europäische) Wohlfahrtsstaat ist – der sich mit dem Pflegeversicherungsgesetz durchgesetzt hat („Pflegeversicherung: Fortschritt der Entmündigung“) –, sondern die US-amerikanische Bürgerrechtsbewegung des selbstbestimmten Lebens.

Hanfried HELMCHEN/Hans LAUTER (Hrsg.): *Dürfen Ärzte mit Demenzkranken forschen?* Analyse des Problemfeldes. Forschungsbedarf und Einwilligungsproblematik.
Stuttgart (Thieme) 1995. 104 S.
Die Herausgeber sprechen sich in ihrer Studie – vorgelegt wird sie von einem Arbeitskreis aus namhaften Psychiatern, Juristen, Theologen sowie der Deutschen Alzheimer Gesellschaft – mit sorgsamen medizinischen und juristischen Argumenten für eine Forschung an

Demenzkranken aus, in Ausnahmefällen auch solchen, die nichteinwilligungsfähig sind. Diese letztere Forderung ist, obschon versucht wird, sie gegen Mißbrauch abzusichern, nicht erst seit der Diskussion über die Bioethik-Konvention als Angriff auf Menschenwürde und Selbstbestimmungsrecht moralisch qualifiziert worden. Die Herausgeber jedoch argumentieren, anders ließe sich der Trend zunehmender altersbedingter Demenzerkrankungen nicht umkehren, auch nicht, wenn man sich bei fehlender Einwilligungsfähigkeit ersatzweise mit Rechtsinstituten wie etwa ‚antizipierte Einwilligung‘ begnügen würde. Dies aber hätte dramatische Folgen für den Bestand der sozialen Sicherungssysteme und für die Belastbarkeit überforderter pflegender Angehöriger. Die Veröffentlichung zeigt beispielhaft, wie konfliktträchtig heute das Verhältnis von Gemeinwohlverständnis und grundgesetzlich geschützten Rechten Behinderter geworden ist.

Manfred HÖCK: *Die Hilfsschule im Dritten Reich.*
Berlin (Marhold) 1979. 353 S.
Die aus einer Dissertation hervorgegangene Schrift ist eine der wenigen auf Quellenstudien beruhenden Untersuchungen über die Geschichte der Behindertenpädagogik in der Zeit des Nationalsozialismus. Die Einstellung gegenüber der Hilfsschule ist von 1933 bis 1945 keineswegs einheitlich; sie wechselt zumal in der beginnenden Aufrüstung und den Kriegszeiten mit der Ideologie einer „ökonomischen und völkischen Brauchbarmachung“ der Hilfsschüler. Eugenische Maßnahmen, insbesondere die Befürwortung der Sterilisierung, werden bereits in den zwanziger Jahren laut. Sie stehen, wie die Praktiken der Nazis, in der sozialdarwinistischen Tradition des 19. Jahrhunderts.

Otfried HÖFFE (Hrsg.) in Zusammenarbeit mit Maximilian FORSCHNER, Alfred SCHÖPF und Wilhelm VOSSENKUHL: *Lexikon der Ethik.*
München (BECK) 4. Aufl. 1992. 332 S.
Die praktische moralische Verantwortung in der Regelung unserer Lebensverhältnisse hat dann einen höheren Grad von Gültigkeit, wenn sie sich über die Grundlagen des Tuns Rechenschaft ablegt: in der Ethik als Sittenlehre. Das informativ und zugleich kritisch darstellende Lexikon umfaßt in relativ knapp gefaßten, verständlichen Stichworten wichtige Artikel: u.a. Methoden und Begründung von Ethik, Grundrechte, Gleichheit, Humanität, Mensch und Person, Medizinische Ethik, Notsituationen, Sittlichkeit, Verantwortung.

Norbert HOERSTER: *Abtreibung im säkularen Staat.* Argumente gegen den § 218.
Frankfurt (Suhrkamp) 1991. 166 S.
HOERSTER greift in die damalige Diskussion vor der Neufassung des § 218 StGB ein und weist ihr erhebliche Inkonsequenzen nach. Einem gewollten Tötungsverbot steht die Ausnahme der Indikationsregelung entgegen. In analoger Weise dehnt HOERSTER die Wi-

derspruchslage aus. Er folgt zunächst der These SIN-
GERS, daß Feten und Neugeborene grundsätzlich kein
Lebensrecht besäßen, weil sie noch keine Personen
seien. Letztlich sei aber daraus keine Erlaubnis zur
Tötung ableitbar; insofern stünden sich prinzipielle
Norm und pragmatische Rechtfertigungsaxiome gegenüber. HOERSTER bestreitet entschieden, daß selektive Abtreibungspraxis, eugenische Erwägungen und Eu-
thanasiebefürwortung Auswirkungen auf den Status
der unter uns lebenden Behinderten hätten.

Norbert HOERSTER: *Neugeborene und das Recht auf
   Leben.*
   Frankfurt (Suhrkamp) 1995. 134 S.
HOERSTER untersucht in diesem Buch Fragen von Lebensrecht und Sterbehilfe bei schwerstgeschädigten
Neugeborenen sowie bei Frühgeborenen, desgleichen
die wenigen bisher entwickelten Beurteilungsmaßstäbe
für die medizinische Praxis in diesem Bereich (Einbek-
ker Empfehlungen). Im Vergleich zu einer früheren
Publikation zum Thema ‚Abtreibung' grenzt er sich
nunmehr deutlicher von der Position SINGERS ab, die
er in zwei Punkten kritisiert: (1) sie leite das individuelle Lebensrecht eines Menschen nicht aus einem „fun-
damentalen Interesse" des Betroffenen, sondern vor
dem Hintergrund des philosophischen Utilitarismus
aus seinem möglichen Beitrag für den Gesamtnutzen
eines Gemeinwesens her; (2) sie lasse das Recht auf
Leben erst mit dem zweiten Lebensmonat beginnen
und gefährde damit die Geltung eines allgemeinen Lebensrechts. In einem Schlußkapitel („Eine Welt ohne
Behinderte?") verteidigt er seine Position (Überlebens-
interesse als wertneutrale Grundlage für ein allgemeines Lebensrecht; Sorge um „Volksgesundheit") gegen
„Fehldeutungen", sie verstoße gegen das Gebot der
Gleichbehandlung Behinderter. Eugenische Überlegungen der Auswahl und Tötung menschlichen Lebens
sind für HOERSTER solange zulässig, ja sogar moralisch
geboten, wie sie sich auf vorgeburtliches Leben beschränken und Menschen mit einem Recht auf Leben
(nach HOERSTER: beginnend mit der Geburt) davon
aussparen.

Dieter HOOF: *Pestalozzi und die Sexualität seines Zeitalters.* Quellen, Texte und Untersuchungen zur
   Historischen Sexualwissenschaft.
   Sankt Augustin (Richarz) 1987. 605 S.
Anlaß der sozialgeschichtlichen Studie ist das verbreitete Kindesmord-Problem des 18. Jahrhunderts. Auf
dem Hintergrund geschichtlicher Kenntnisse entfaltet
der Autor in Quellenauszügen und kritisch kommen-
tierten Dokumenten mit zeitgenössischen Abbildungen
ein Sittengemälde sexueller Herrschaftstrukturen, unter denen das sozialen Unterschichten angesichts öffentlicher Bestrafung und Kirchenbuße, Schande und Ausgestoßensein nur Kindesmord, heimliche
Tötung von Neugeborenen oder Kindesaussetzung
vor Findelhäusern blieb. PESTALOZZIS Schrift „Über
Gesetzgebung und Kindesmord" (1780) mit Aktenaus-

zügen aus 15 Kindesmordprozessen bildet den Beginn
der neuzeitlichen Sozialprävention.

Martin JAEDICKE/Wolfgang SCHMIDT-BLOCK (Hrsg.):
   *Blinde unterm Hakenkreuz – Erkennen, Trauern,
   Begegnen.* Seminar im November 1989 in Berlin-
   Wannsee und Materialien zum Thema.
   Marburg (Deutscher Verein der Blinden und Seh-
   behinderten in Studium und Beruf e.V.) 1991.
   248 S.
Der Seminarbericht versteht sich als ein Stück Aufar-
beitung einer – 50 Jahre nach Zwangssterilisationen an
Blinden – immer noch nicht hinreichend aufgeklärten
Vergangenheit. Die Spannweite reicht von Informationen über das Blindenwesen unter dem Nationalsozialismus, einer Regionalstudie über Sterilisationen in
Bayern, Würdigungen von blinden Persönlichkeiten
im Widerstand bis hin zu erregenden Berichten von
Zeitzeugen aus der Schulzeit, im Ghetto Theresienstadt
und zum Tag der Befreiung aus dem Konzentrations-
lager Maidanek. In einer kontroversen, leidenschaftlichen Diskussion wird der beklemmenden Frage nach-
gegangen, inwieweit Blindenfunktionäre Handlanger
des Nazisystems gewesen sein könnten.

Hajo JAKOBS: *Heilpädagogik zwischen Anthropologie
   und Ethik.* Eine Grundlagenreflexion aus kritisch-
   theoretischer Sicht.
   Bern (Haupt) 1997. 296 S.
Philosophische Anthropologie galt in der geisteswissenschaftlichen Pädagogik als eine Grundlagenreflexion, die ihren Höhepunkt in der Pädagogischen Anthropologie und der Anthropologischen Pädagogik
hatte. Die darauf folgende sozialwissenschaftliche An-
thropologiekritik bedingte zeitweilig ein „Bilderver-
bot" gegenüber aller Menschenbild-Pädagogik. Das
umfassende Werk mit einer historischen und systematischen Aufarbeitung anthropologischer Ableitungen
in der Behindertenpädagogik tritt für eine Renaissance
der Anthropologie ein. Als Bezugsrahmen für eine
„Kritische Heilpädagogik" dient die Frankfurter Kritische Theorie. Ihre Leitbegriffe sind Differenz und In-
tersubjektivität: Die individuelle Verschiedenheit der
Menschen soll das Grundthema der Heilpädagogik
sein; ihre praktische Gestaltung verlangt intersubjektives Handeln als gemeinsame Lebensbewältigung. Aus
dieser Verantwortung entwickelt JAKOBS die „ethische
Perspektive" der Heilpädagogik, die zugleich eine
Übersicht über einige Typen ethischer Reflexion beinhaltet. Solidarisches Handeln soll die Ethik des „verallgemeinerten Anderen" mit dem Zugang auf den
„konkreten Anderen" verbinden.

Wolfgang JANTZEN: *Das Ganze muß verändert werden.*
   Zum Verhältnis von Behinderung, Ethik und Ge-
   walt.
   Berlin (Spiess) 1994. 230 S.
JANTZEN hat eine Sammlung von bereits an unter-
schiedlichen Stellen publizierten Beiträgen vorgelegt

und sie zu folgenden Themen gebündelt: I. Behinderung, Herrschaft, Gewalt; II. Kritik an der „Praktischen Moralphilosophie" SINGERS; III. Perspektiven einer humanen Ethik. Die Überschriften machen deutlich, daß seine Kritik über SINGERS Euthanasieempfehlungen hinaus auf das „Ganze" zielt, so auf die drohende Überlebenskatastrophe der Menschheit. Den positiven Gehalt einer solchen humanen Ethik einschließlich ihrer naturphilosophischen Voraussetzungen (SPINOZA) legt er in ersten Ansätzen vor.

Wolfgang JANTZEN: *Die Zeit ist aus den Fugen.*
      Marburg (BdWi-Verlag) 1998. 222 S.
„Die Zeit ist aus den Fugen; Schmach und Gram, daß ich zur Welt, sie einzurichten kam", läßt SHAKESPEARE Hamlet sagen. Das geflügelte Wort wird als analytischer Zugriff für die Auflösungstendenzen der pluralistischen Gesellschaft und die Ambivalenzen der Postmoderne genutzt, in der das Lebens- und Bildungsrecht behinderter Menschen durch ökonomisch begründete und moralphilosophisch bemessene Bewertung menschlichen Lebens bedroht ist. Die zwölf Aufsätze und Vorträge sind bereits früher an verschiedenen Orten veröffentlicht worden. Ihre Zusammenfassung unter dem Thema „Behinderung und postmoderne Ethik" spannt einen weiten Bogen vom Systemwandel der Behindertenpädagogik in Ost und West über die Lebensrechtsdebatte um behinderte Menschen bis zum Versuch einer Vermittlung zwischen klassischen, modernen und postmodernen Ethiken.

Wolfgang JANTZEN/Willehard LANWER-KOPPELIN/Kristina SCHULZ (Hrsg.): *Qualitätssicherung und Deinstitutionalisierung.* Niemand darf wegen seiner Behinderung benachteiligt werden.
      Berlin (Edition Marhold) 1999. 296 S.
Forderungen nach einem Umbau des Sozialstaates, nach Konsolidierung der öffentlichen Haushalte und nach Kostenreduzierung im Sozial- und Gesundheitswesen haben im Zusammenhang mit gesetzlichen Regelungen des Kinder- und Jugendhilfegesetzes (1990), der Einführung der Pflegeversicherung (1995) und der Neufassung von § 93 des Bundessozialhilfegesetzes (1999) zu einer Diskussion um die „Qualität" von Sozial- und Gesundheitseinrichtungen geführt. Kostenträger und Dienstleistungserbringer müssen fortan Vereinbarungen über Inhalt, Umfang und Qualität der Leistungen abschließen. In 18 Einzelbeiträgen wird untersucht, inwieweit die Reform der sozialen Leistungssysteme die Chance einer Neudefinition der Qualitätsbestimmung von Hilfen für behinderte Menschen in Schule, Beruf, Wohnen und Freizeit eröffnet.

Christian KIND u.a.: *Behindertes Leben oder verhindertes Leben.* Pränatale Diagnostik als Herausforderung.
      Bern (Huber) 1993. 115 S.
Die Schweizerische Vereinigung der Elternvereine für geistig Behinderte hat diesen Sammelband von Eltern

Behinderter und von Fachleuten mit einer weitgespannten Diskussion über die Auswirkungen der pränatalen Diagnostik vorgelegt. Die gesellschaftlich bedrohliche Tatsache, daß sich Eltern für ihr behindertes Kind vor der Umwelt entschuldigen müssen, wird als Symptom für Ausgrenzungstendenzen, Gewalt und Behindertenfeindlichkeit gesehen. Die Verfasser warnen vor den gesellschaftlichen Folgen routinemäßiger pränataler Untersuchungen und verlangen eine umfassende Information sowie Einblicke von Eltern in einen ‚behinderten' Lebensalltag.

Ernst KLEE: *„Euthanasie" im NS-Staat.* Die Vernichtung lebensunwerten Lebens.
      Frankfurt (Fischer) 1983. 14.-16. Tausend 1989. 503 S.
Der Journalist Ernst KLEE hat zahlreiche verbreitete Taschenbücher über Behindertenprobleme verfaßt (Behinderten-Report I und II, Psychiatrie-Report, Behinderte im Urlaub). Die Publikation ist der erste Band einer Reihe zum Thema (des weiteren: Dokumente zur „Euthanasie"; Was sie taten – Was sie wurden). Das umfängliche Taschenbuch bildet eine der zuverlässigsten Dokumentationen zum Thema: flüssig und engagiert geschrieben, mit zahlreichen Quellenbelegen ausgestattet. Der Bericht ist das Resultat langjähriger Recherchen, insbesondere in der Anstalt Grafeneck. Der im vorigen Jahrhundert grundgelegte Sozialdarwinismus wird als ideologischer Vorläufer der Nazi-Euthanasie herausgestellt.

Ernst KLEE: *„Durch Zyankali erlöst".* Sterbehilfe und Euthanasie heute.
      Frankfurt (Fischer) 1990. 163 S.
Im Mittelpunkt des journalistisch verfaßten Taschenbuchs steht die polemische Auseinandersetzung mit den Praktiken der Deutschen Gesellschaft für Humanes Sterben (DGHS) und mit der von der Boulevard-Presse ausgeschlachteten Zyankali-Übergabe an sterbewillige Patientinnen durch den Chirurgen Julius HACKETHAL. Kontext ist die Nazi-Ideologie der Vernichtung ‚lebensunwerten' Lebens und die Früheuthanasie-Praxis des ‚Liegenlassens' schwerstgeschädigter Säuglinge.

Ernst KLEE: *Auschwitz, die NS-Medizin und ihre Opfer.*
      Frankfurt (Fischer) 2. Aufl. 1997. 526 S.
Das Buch enthält, als Ergebnis langjähriger aufwendiger Recherchen, eine kommentarlose Dokumentation aus Archiven des Bundes und der Länder, der Hochschulinstitute sowie staatsanwaltlicher Ermittlungsakten. Die Unterlagen betreffen die Rolle der Medizin in den Konzentrationslagern, im SS-Sanitätswesen, in der Wehrmacht, das Kaiser-Wilhelm-Institut (für Anthropologie, menschliche Erblehre und Eugenik) sowie die Zusammenarbeit mit der Pharma-Industrie. Das Personenregister zählt mehr als tausend Namen.

Karlheinz KLEINBACH: *Zur ethischen Begründung einer Praxis der Geistigbehindertenpädagogik.* Bad Heilbrunn (Klinkhardt) 1994. 216 S.

Die als Dissertation entstandene Schrift behandelt am Beispiel des Umgangs mit schwer Geistigbehinderten eine geläufige Aporie: Das Zusammensein mit geistigbehinderten Menschen ist für nichtbehinderte Erwachsene häufig durch Nichtverstehen gekennzeichnet. Die Ratlosigkeit bedeutet dann Kommunikationsabbruch. KLEINBACH entwickelt im Anschluß an die Sprachphilosophie von LÉVINAS eine „Ästhesiologie der Nähe" zum geistigbehinderten Menschen. Sie findet ihren kommunikativen Ausdruck in unmittelbaren Begegnungsformen: in der Nähe der Stimme, im berührenden Hautkontakt und in der Zuwendung des Blicks. Zwar wird damit keine direkte praktische Umsetzung geliefert. Es geht dem Autor vielmehr darum, eine andersartige pädagogische Haltung zu legitimieren, die gerade im (sprachlichen) Nichtverstehen eine „ethische Dimension" zu erblicken vermag.

Andreas KUHLMANN: *Abtreibung und Selbstbestimmung.* Die Intervention der Medizin. Frankfurt (Fischer) 1996. 238 S.

Das seit 1995 geltende neue deutsche Abtreibungsgesetz hat die Entscheidungsbefugnis einer Frau, wenn sie die Schwangerschaft nicht wünscht, im Vergleich zu früheren gesetzlichen Regelungen deutlich erweitert. Von einem dezidiert liberalen Standpunkt aus geht der Autor der Frage nach, ob dieses Mehr an Autonomie – immerhin verspricht sich der Gesetzgeber davon einen besseren Schutz des ungeborenen Lebens – nicht längst wieder durch gegenläufige Tendenzen konterkariert wird, die aufs neue Abhängigkeit, ja Entmündigung produzieren. Beispielhaft untersucht er neben Gerichtsurteilen (die das unerwünschte behinderte Kind unter bestimmten Bedingungen zivilrechtlich als „Schadensfall" einstufen), Abtreibungspille und verbreiteter Nutzung pränataler Diagnostik vor allem einige erst am Anfang stehende medizinisch-technologische Entwicklungen. Als besonders spektakulär und in ihren Folgen kaum abschätzbar gelten darunter die sog. Präimplantationsdiagnostik (künstliche Befruchtung und Gendiagnose vor der Einpflanzung des Embryo in die Mutter) und die Transplantation fetaler Zellen zur Therapie vor allem altersbedingter Hirnschädigungen, die zu einer Instrumentalisierung von Schwangerschaft und Schwangerschaftsabbruch führen könnten. Insgesamt fällt auf, daß der Autor alle diese durchaus geläufigen Entwicklungen als weniger bedrohlich einschätzt, als das im Mainstream unseres Faches geschieht. Dort nimmt man die „Bedrohungsrhetorik" (BECK-GERNSHEIM) mancher Befürworter etwa der Gentechnologie, vor allem aus dem westeuropäischen Ausland, wesentlich ernster; auch fällt die Kritik an der Rechtsprechung schärfer aus.

Helga KUHSE/Peter SINGER: *Should the Baby Live?* The Problem of Handicapped Infants.

Oxford (Oxford University Press) 1985. 228 S. Deutsch: Harald-Fischer-Verlag 1993.

Das Buch stellt eine mehr praktisch und medizinisch populär gefaßte Fortsetzung von SINGERS „Praktischer Ethik" dar. Die – bejahte – Grundfrage ist, ob angesichts der gesellschaftlichen Akzeptanz von Schwangerschaftsabbruch schwergeschädigte Neugeborene statt unbedingter medizintechnischer Lebenserhaltung nicht getötet werden sollten. Die deutsche Herausgabe beim Verlag Rowohlt unterblieb nach fast zweijähriger öffentlicher Debatte über die Zumutbarkeit der Publikation, bis ein Ersatz-Verlag einsprang. Der Titel ist etwas entschärft: „Muß dieses Kind am Leben bleiben? Das Problem schwerstgeschädigter Neugeborener".

Anton LEIST (Hrsg.): *Um Leben und Tod.* Moralische Probleme bei Abtreibung, künstlicher Befruchtung, Euthanasie und Selbstmord. Frankfurt (Suhrkamp) 1990. 427 S.

Die Textsammlung geht davon aus, daß die im Untertitel aufgezählten Themen in einer durchgängigen ethischen Problematik miteinander verbunden sind: Immer geht es um das Recht auf Leben und um die Bedingungen, unter denen dieses Daseinsrecht normativ und faktisch suspendiert ist. Die kontroversen Stellungnahmen beziehen insbesondere die pragmatische angelsächsische Moraldiskussion mit prominenten Vertretern ein. Die Autoren sind: LEIST, KUHSE, THOMSON, HARE, TOOLEY, FOOT, WARNOCK, LOCKWOOD, BIRNBACHER, REICHENBACH, HARRIS, PARFIT. Der Herausgeber hat eine kundige Problemübersicht in Form einer ausführlichen Einleitung vorangestellt.

Anton LEIST: *Eine Frage des Lebens.* Ethik der Abtreibung und künstlichen Befruchtung. Frankfurt (Campus) 1990. 250 S.

Das Buch setzt die in der Textsammlung von LEIST im gleichen Jahr bearbeitete Thematik der Abtreibung („Um Leben und Tod") in vertiefter Weise fort. Neben statistischen Zahlen zur Abtreibungspraxis und einer Einführung in die rechtsphilosophische Diskussion sind ethische Probleme der Zuschreibung des „Menschenwertes" und der neuen Reproduktionstechniken ausführlich behandelt.

Dieter LENZEN: *Krankheit als Erfindung.* Medizinische Eingriffe in die Kultur. Frankfurt (Fischer) 5.-6. Tausend 1993. 207 S.

Die Expansion der Medizin als Wissenschaft, der ärztlichen Heilberufe und die Zunahme der Krankheiten sind Ausdruck eines kulturellen Bedürfnisses des Menschen, der die Krankheit zu seiner gesellschaftlichen Stabilisierung benötigt. Die These wird anhand von Statistiken und historischen Entwicklungen aus der Gesundheitsfürsorge an Beispielen aufgezeigt: Perinatale Medizin, Kieferorthopädie, Aids-Diskurs, In-Vitro-Fertilisation, Anti-Cholesterin-Kampagne, Schwangerschaftsabbruch und Sterbehilfe. Perinataldiagnostik hat die Geburt erst zum Risikofaktor

gemacht; Aids-Verbreitungsmeldungen dienen apoka-
lyptischer Beschwörung; mit der Reagenzglasbefruchtung wird der gottähnliche Schöpfungsmythos wiederbelebt; Abtreibung und Sterbehilfe leugnen die Sterblichkeit und die Leidensbelastung des Menschen. Eine
Umkehr erscheint nach LENZEN möglich, wenn die
Einsicht wiedergewonnen wird, daß die Medizin im
Lebenslauf nicht die Funktion hat, das Todesbewußt-
sein zu verdrängen, sondern auf das Sterben vorzube-
reiten.

Christian MÜRNER (Hrsg.): *Ethik – Genetik – Behin-
derung.* Kritische Beiträge aus der Schweiz.
Luzern (Schweizerische Zentralstelle für Heilpädagogik) 1991. 250 S.
Die Beiträge unter dem breiten Spektrum von der Humangenetik bis zur Euthanasie werden auf die aktuelle
Situation der Auseinandersetzung mit den Thesen von
Peter SINGER bezogen. Die Auswahl der Autoren läßt
so etwas wie eine deutsch-schweizerische Sicht erkennen: PRAETORIUS, SCHRIBER, KOBI, EYL, SCHWANK,
MÜRNER, BÄCHTOLD, BERNATH, JELTSCH-SCHUDEL,
BODENHEIMER, EGGLI. Von besonderem Interesse ist
die widersprüchliche These, daß erst die liberale Haltung gegenüber dem Schwangerschaftsabbruch, die auf
feministische Forderungen zurückgeht – „Mein Bauch
gehört mir" – und eine liberalistische Einstellung bei
der pränatalen Diagnose die Abwehr eines behinderten
Fetus im Gefolge haben (EGGLI).

Christian MÜRNER: *Philosophische Bedrohungen.*
Kommentare zur Bewertung behinderten Lebens.
Frankfurt (Lang) 1996. 383 S.
Die Sammlung ausgewählter philosophischer Quellen-
texte von PLATON und ARISTOTELES über KANT und
HERDER bis zu DARWIN und FREUD (38 Texte) enthält
Aussagen über Behinderung und Behinderte. MÜRNER
hat nicht die Anerkenntnis behinderter Menschen ab-
gedruckt – obwohl es auch eine solche gibt, etwa bei
EPIKTET – sondern „philosophische Bedrohungen", inhumane Stellungnahmen in der Bewertung behinderten
Lebens. Das Buch ist eine verdienstvolle Material-
sammlung mit frühzeitigen Belegen zur Euthanasie
Frühgeborener (ARISTOTELES), zur Alters-Euthanasie
(PLUTARCH, Thomas MORUS), zur Lehre vom Wechselbalg, dem untergeschobenen Kinde (LUTHER), und
zum Sozialdarwinismus (PLATON). Die Textstellen sind
ausführlich, mitsamt literarischem und philosophiege-
schichtlichen Kontext, interpretiert. Exakte Seitenbe-
lege als wissenschaftlicher Apparat fehlen; das Buch ist
weniger für den Wissenschaftsbetrieb als für die Breiteninformation gedacht.

Therese NEUER-MIEBACH/Heinz KREBS (Hrsg.):
*Schwangerschaftsverhütung bei Menschen mit gei-
stiger Behinderung – notwendig, möglich, erlaubt?*
Referate und Diskussionsergebnisse der Fachtagung im Juni 1987 in Marburg/Lahn.

Marburg (Bundesvereinigung Lebenshilfe für geistig Behinderte e.V.) 1988. 271 S.
Der Bericht über das Symposion spiegelt Aktualität,
elterliche Sorgen und öffentliche Diskussion um das
Thema in erregender Weise wider. Ob das, was möglich
ist – die bislang oft ‚problemlose' Sterilisation geistig
behinderter Mädchen – notwendig und erlaubt ist:
Darüber wird in dem breiten Spektrum juristischer,
ärztlicher, pädagogischer und sehr direkter, menschli-
cher Argumente keine abschließende Antwort gegeben.
Mit der Bejahung offener Formen von Sexualität und
Partnerschaft bei geistig behinderten Menschen wach-
sen Probleme und Verantwortung bei allen Beteiligten.
Die Autoren: TRAPPEN, KREBS, WILKEN, DÖRNER, ILL-
HARDT, WALTER, SCHRÖDER, NEUHÄUSER, KÖNIG,
HEIDENREICH, LACHWITZ, HORN, SCHWAB, REIS,
NEUER-MIEBACH, KOCH, ENGELMANN, HENDRICKS,
BASENER, SCHEFFEN, WOLF, SEESING, FASSE, BABEL,
RADTKE.

Therese NEUER-MIEBACH/Rudi TARNEDEN (Hrsg.):
Vom Recht auf Anderssein. Anfragen an pränatale
Diagnostik und humangenetische Beratung.
Marburg (Bundesvereinigung Lebenshilfe für geistig Behinderte e.V.) 1994. 266 S.
Der Band dokumentiert eine Tagung, die 1993 unter
dem Thema „Vom Recht auf Anderssein" abgehalten
wurde. Die breit gestreuten Artikel wenden sich an
verschiedene Interessentenkreise, vornehmlich auch
an die potentiellen Eltern von behinderten Kindern.
Grundthese vieler Beiträge ist die gewandelte Auffassung von Normalität angesichts radikal veränderter
technologischer Möglichkeiten. Die Referate sind mit
anschließenden Diskussions-Zusammenfassungen
kommentiert. Am Schluß wird ein Manifest zum Thema wiedergegeben.

Jürgen REYER: *Alte Eugenik und Wohlfahrtspflege.*
Entwertung und Funktionalisierung der Fürsorge
vom Ende des 19. Jahrhunderts bis zur Gegenwart.
Freiburg (Lambertus) 1991. 260 S.
Mit „alter Eugenik" ist der Versuch einer sozialbio-
logischen Verbesserung des menschlichen Erbgutes in
der zweiten Hälfte des 19. Jahrhunderts bezeichnet
(GALTON, PLOETZ). In der Weimarer Zeit erwuchs
daraus eine soziale Bewegung mit gesellschaftspoliti-
schen Ansprüchen; die Begriffe Eugenik und Rassenhygiene wurden bedeutungsgleich. Wohlfahrtspflege
und biologische Rassenpolitik gingen unter dem Druck
ökonomischer Entwicklungen eine Verbindung ein, deren Höhepunkt die Eugenik und Euthanasie im Dritten
Reich waren. Für die historische Kontinuität dieser
Entwicklung werden die literarischen Belege aus Medizin, Sozialpolitik und Pädagogik einer gründlichen
Sichtung unterzogen und mit der gegenwärtigen Diskussion um Eugenik und Euthanasie in Beziehung gesetzt.

Martin RUDNICK: *Behinderte im Nationalsozialismus.* Von der Ausgrenzung und der Zwangssterilisation zur „Euthanasie".
Weinheim (Beltz) 1985. 196 S.
Die Studie enthält eine quantitative und qualitative Auswertung von Erbgesundheitsakten des Gesundheitsamtes im Bezirk Berlin-Wilmersdorf von 1934 bis 1945. RUDNICK versucht anhand von 899 Akten zu beweisen, daß behinderte Schüler von den Nationalsozialisten deshalb diskriminiert und verfolgt wurden, weil sie sich in Sondereinrichtungen befunden hätten. Der übergeordnete ideologische Zusammenhang, der Behinderten ihre Menschenwürde prinzipiell abspricht, wird hierbei weniger berücksichtigt.

Martin RUDNICK (Hrsg.): *Aussondern – Sterilisieren – Liquidieren*. Die Verfolgung Behinderter im Nationalsozialismus.
Berlin (SPIESS) 1990. 231 S.
Der Band stellt einen Kongreßbericht mit Referaten einer 1986 durchgeführten Fachtagung dar. Die Beiträge beschreiben die ideologischen Grundlagen der Verfolgung Behinderter im Faschismus, Eugenik und Euthanasie, die geschichtliche Entwicklung der einzelnen Sonderschultypen zwischen 1933 und 1945 sowie die unzulängliche Aufarbeitung der Nazi-Politik bis zum Scheitern der Wiedergutmachungs-Diskussion nach dem Weltkrieg. Die Autoren: JANTZEN, MÖCKEL, ROMEY, KLEE, RUDNICK, EMMERICH/HÄRTEL/HÜLM, GERS, REUTER, SCHWERKOLT, BIESOLD, RICHTER, RADTKE, BERNER, STRÖBELE.

Hans-Martin SASS (Hrsg.): *Medizin und Ethik.*
Stuttgart (Reclam) 1989. 392 S.
Die Einzelbeiträge befassen sich sämtlich mit der zunehmenden Diskrepanz von technischen Möglichkeiten und moralischen Grenzen der medizinischen Tätigkeit, über die etliche Ethik-Kommissionen wachen. Das renommierte internationale Autorenteam ist breit gestreut: SASS, VIEFHUES, PELLEGRINO, WIELAND, ENGELHARDT, HARE, SINGER, WOLFF, BIRNBACHER, JONAS, RACHELS, BEAUCHAMP, HOERSTER, BRODY, CHILDRESS, VEATCH. Die Themen umfassen Grundsätze der medizinischen Ethik, Ärztliches Handeln, Bioethik, Embryonenforschung, Schwangerschaftsabbruch, Hirntod und Hirnleben, Gentherapie, Humanexperimente, Sterbehilfe, Gesundheitsfürsorge. Von besonderem Wert ist ein ausführlicher Anhang mit medizinischen Dokumenten vom Eid des Hippokrates über das Genfer Ärztegelöbnis bis zu den Richtlinien für die Sterbehilfe.

Ingolf SCHMID-TANNWALD (Hrsg.): *Gestern ‚lebensunwert' – heute ‚unzumutbar'.* Wiederholt sich die Geschichte doch?
München (Zuckschwerdt) 1998. 192 S.
Das Buch enthält Referate von elf Autoren des Seminars der Gesellschaft „Ärzte für das Leben". Es wird eine thematische Verbindung der Euthanasie im Dritten Reich mit der heute praktizierten „vorgeburtlichen Kindestötung" hergestellt. Damit drohe eine weitere Fremdbewertung und Fremdbestimmung des Lebensrechts alter und kranker Menschen, die eine aktive Euthanasie ideologisch vorbereite. Als Ergebnis der Tagung wird eine „Banzer Erklärung" mit dem Anliegen verabschiedet, „menschliches Leben zu schützen" und dem „tödlichen Zeitgeist" entgegenzutreten.

Erika SCHUCHARDT (Hrsg.): *Jede Krise ist ein neuer Anfang*. Aus Lebensgeschichten lernen. Unter Mitarbeit von Marlies Winkelheide.
Düsseldorf (Patmos) 1984. 202 S.
Die aufgeschriebenen Lebensgeschichten – 12 kurze Biographien und Autobiographien – thematisieren die Auseinandersetzung mit Krankheit und Behinderung, Todesbedrohung und Krisenbewältigung. Eltern berichten über ihre Familiensituation, die ein schwerbehindertes Kind herausgefordert hat. In zwei Rahmenartikeln sind biographiepsychologische und theologische Analysen vorgestellt.

Hermann SIEGENTHALER: *Anthropologische Grundlagen zur Erziehung Geistig-Schwerstbehinderter.*
Bern (Haupt) 1983. 210 S.
Die in der geisteswissenschaftlichen Tradition stehende Anthropologie will das uneingeschränkte Recht auf Bildung für schwerstbehinderte Menschen begründen. Das „Menschsein an der Grenzzone menschlichen Daseins" wird als ein Bewährungsfall der pädagogischen Fragestellung verstanden, der den Menschen in seiner vollen Würde in den Blick zu nehmen vermag. Erziehungspraktische Beispiele von Begegnungsformen mit geistigbehinderten Menschen veranschaulichen die Umsetzung der theoretischen Forderung.

Peter SINGER: *Praktische Ethik.*
Stuttgart (Reclam) 1984. 2. Aufl. 1994. 487 S.
SINGERS 1979 erstmals in Englisch verfaßte „Praktische Ethik" blieb in der Öffentlichkeit und in der Fachdiskussion nahezu unbeachtet, bis der Autor 1989 zu Vortragsveranstaltungen eingeladen und – auf massiven Protest – wieder ausgeladen wurde. Das gut lesbare Buch bietet eine Einführung in die Theorie des angelsächsischen Präferenz-Utilitarismus, die auf Abtreibung und Euthanasie angewandt wird. Im engeren Sinne handelt es sich um eine Form angewandter Ethik, die im wesentlichen auf der Zuschreibung eines empirisch feststellbaren Personstatus beruht: Lebewesen haben nur dann Personwert, wenn sie die Merkmale der Selbstreflexion, des Zukunftswissens und der Kommunikationsfähigkeit besitzen. Namentlich die Früheuthanasie schwerstbehinderter Neugeborener wird damit gerechtfertigt, daß Säuglinge solche Eigenschaften nicht hätten. SINGERS vielzitiertes Buch hat die wohl heftigste Kontroverse über ethische Grundlagen der Behindertenpädagogik und Gesundheitsfürsorge ausgelöst.

Robert SPAEMANN: *Personen.* Versuche über den Unterschied zwischen ,etwas' und ,jemand'.
Stuttgart (Klett-Cotta) 1996. 275 S.
Man kann in dem Buch eine späte philosophische Replik auf Peter SINGER sehen, der Ende der 80er Jahre mit seiner Weigerung, geistig und schwerstbehinderte Menschen als Personen und somit als Träger grundlegender Rechte anzuerkennen, für eine Welle der Empörung gerade in unserem Fach gesorgt hat. Damals noch, auf dem Höhepunkt der Auseinandersetzung über ein Lebensrecht für Behinderte, hat sich SPAEMANN im wesentlichen mit der Vorhaltung begnügt, SINGER würde gegen begründungsfrei geltende, allgemeine moralische Intuitionen verstoßen. Dafür ist ein Wort von ARISTOTELES überliefert: Wer sagt, man dürfe die eigene Mutter töten, hat nicht Argumente, sondern Schläge verdient. Heute ist die Situation eine völlig andere. Denn ist ein Tabu erst einmal gebrochen, so läßt es sich kaum wieder aufrichten. Intuitive Gewißheiten und moralische Empörung reichen dann nicht mehr aus; sie bedürfen einer rationalen Absicherung. In dieser Sicht verdient besonders das letzte Kapitel („Sind alle Menschen Personen?") Beachtung. Es faßt in einer bündigen Form zusammen, auf Grund welcher Implikationen des Personbegriffs Menschen auch dann als Personen anzusehen sind, wenn ihnen bestimmte „Artmerkmale" wie etwa Rationalität fehlen, „derentwegen wir Menschen im allgemeinen Personen nennen". Vielleicht am bedeutsamsten hierfür ist die sich mit den Namen FICHTE und HEGEL verbindende soziale Dimension des Personbegriffs. Gemeint ist damit neben dem „genealogischen" Zusammenhang mit der „Menschheitsfamilie", in dem jeder Mensch steht, auch das „gegenseitige Anerkennungsverhältnis", das das Personsein begründet.

Otto SPECK: *Chaos und Autonomie in der Erziehung.* Erziehungsschwierigkeiten unter moralischem Aspekt.
München (Reinhardt) 1991. 239 S.
Chaos ist eine Umschreibung für nicht mehr zu bewältigende Erziehungsschwierigkeiten. Mit reparativen Diensten, Sonderinstitutionen und professionellen Einkapselungen ist des Problems nicht Herr zu werden. SPECK tritt für eine Neuorientierung in den moralischen Grundfragen der Erziehung und Bildung ein. Seine Kronzeugen für eine neue Normativität in der wertpluralistischen Gesellschaft sind ROGERS und REDL, MOOR und KOHLBERG. Von einer Stärkung der Autonomie, der Entscheidungskompetenz des Individuums, verspricht sich SPECK eine schöpferische Gestaltung des Chaotischen in der heutigen Erziehungsumwelt.

Otto SPECK: *Erziehung und Achtung vor dem Anderen.* Zur moralischen Dimension der Erziehung.
München (Reinhardt) 1996. 228 S.
Das Buch ist eine Fortführung von „Chaos und Autonomie in der Erziehung", das den moralischen Aspekt der Erziehung weiter herausarbeitet. Ausgeprägter Individualismus und verunsichernde Wertepluralität erfahren ein Gegengewicht durch die Achtung vor der Menschenwürde als selbstverständlichem Grundrecht. Im Anschluß an die Ethik LÉVINAS' wird das Modell einer unbedingten Achtung vor dem Anderen, sogar der „Vortritt des Anderen" philosophisch begründet und mit erziehungspraktischen Beispielen erläutert.

Otto SPECK: *Die Ökonomisierung sozialer Qualität.* Zur Qualitätsdiskussion in Behindertenhilfe und Sozialer Arbeit.
München (Reinhardt) 1999. 241 S.
Demographische Entwicklung, wirtschaftliche Globalisierung und Strukturwandel des Arbeits- und Beschäftigungsmarktes haben eine Neubewertung der Maximen von Wohlfahrt und Sozialstaat mit sich gebracht. Einrichtungen der Gesundheitsfürsorge, der Sozialarbeit und der Rehabilitation erscheinen angesichts der Knappheit der öffentlichen Gelder nicht mehr in bisherigem Maße bezahlbar. Mit der fortschreitenden Wirtschaftlichkeitsberechnung sozialer Hilfen droht benachteiligten Bevölkerungsgruppen eine Entsolidarisierung. SPECK appelliert an die, weitgehend verloren gegangene, ethische Dimension ökonomischen Handelns und tritt für eine Qualitätsbestimmung ein, die sich an der Lebensqualität behinderter und benachteiligter Menschen orientiert.

Annedore STEIN (Hrsg.): *Lebensqualität statt Qualitätskontrolle menschlichen Lebens.*
Berlin (Spiess) 1992. 261 S.
Die Bremer Landesverbände der Lebenshilfe für geistig Behinderte, der Landesarbeitsgemeinschaft Hilfe für Behinderte, des Paritätischen Bildungswerks und des Paritätischen Wohlfahrtsverbands haben 1990 eine elfteilige Veranstaltungsreihe zur Euthanasie-Diskussion durchgeführt. Die überarbeiteten Vorträge sind hier abgedruckt, von den Autoren: FEUSER, SCHUMANN, WESS, JANTZEN, CHRISTOPH, KLEE, WALDSCHMIDT, HUBER, SCHÄDLE, ZIMMERMANN, WINKLER, HONNENS, ROHR, DEGENER und KLEES. Im ersten Teil kommen vornehmlich die sozialgeschichtlichen Hintergründe der Euthanasie zur Darstellung, während der zweite Teil die heutige gesellschaftliche Situation unter politischen, wirtschaftlichen und philosophischen Aspekten zu beschreiben sucht. Im Tenor ist die „Entfaltung einer Gegenkraft" (FEUSER) gegen die gegenwärtigen Euthanasie-Tendenzen gefordert.

Walter THIMM u.a.: *Ethische Aspekte der Hilfen für Behinderte.* Unter besonderer Berücksichtigung von Menschen mit geistiger Behinderung.
Marburg (Bundesvereinigung Lebenshilfe für geistig Behinderte e.V.) 1989. 226 S.
Der Tagungsbericht enthält Referate und Diskussionsbeiträge des zweiten wissenschaftlichen Expertengesprächs der Bundesvereinigung Lebenshilfe in Verbindung mit der Universität Oldenburg vom Januar 1988.

Politisch und wissenschaftshistorisch hat die Veröffentlichung dokumentarischen Wert. Unter dem Tagungsthema werden erstmals „die Auswirkungen neuer und zukünftiger Entwicklungen im Bereich der Pränataldiagnostik und darüber hinaus der Gentechnologie auf die Lebenschancen Behinderter" erörtert. Im Einführungsreferat von ANTOR ist erstmals – 1988, ein Jahr vor dem Auftreten des australischen „Bioethikers" – auf die Thesen von SINGERS „Praktischer Ethik" aufmerksam gemacht worden. Die Autoren sind: THIMM, ANTOR, HAEBERLIN, MARSCHNER, SCHROEDER-KURTH, BECK, KREBS, LACHWITZ, EID, KOBI, THALHAMMER, GÖRRES und STOLK. Die Referate und Diskussionen nehmen an wesentlichen Informationen und an Problemsicht beinahe alles das vorweg, was in den nächsten Jahren zum Thema noch literarisch auf den Markt kommen wird.

Walter THIMM: _Leben in Nachbarschaften._ Hilfen für
    Menschen mit Behinderungen.
    Freiburg (HERDER) 1994. 174 S.
Das für einen breiten Leserkreis gedachte Taschenbuch informiert ebenso verständlich wie zuverlässig über die Hauptprobleme der Hilfen für Behinderte: das öffentliche Klima der Einstellungen in der Gesellschaft, die sozialrechtliche Fassung des Behinderungsbegriffs und das System der gemeindeorientierten sozialen, gesundheitsfürsorgerischen und pädagogischen Maßnahmen für Behinderte. Eine Ausgrenzung behinderter Menschen wird als Verlust für die Gesellschaft der sogenannten Nichtbehinderten und die solidarische Kultur der Gemeinschaft angesehen. Aufgabe der Zukunft ist eine „Normalisierung" der Lebensbedingungen Behinderter im Alltag nach skandinavischem Vorbild.

Zeitschriften-Sammelhefte

Geistige Behinderung 28 (1989) Heft 4, S. 237–284.

Geistige Behinderung 29 (1990) Heft 4, S. 253–405.

Analyse und Kritik 12 (1990) Heft 2, S. 113–265.

Zeitschrift für Heilpädagogik 42 (1991) Heft 4, S. 217–272.

Behinderte in Familie, Schule und Gesellschaft 14 (1991) S. 1–79.

Ethik und Sozialwissenschaften 2 (1991) Heft 3, S. 361–429.

Personenregister

Das Register bezieht sich auf die Kapitel 1 bis 4

Sachregister

Das Register bezieht sich auf die Kapitel 1 bis 4

Ulrich Bleidick

Behinderung als pädagogische Aufgabe

Behinderungsbegriff und
behindertenpädagogische Theorie
1999. 180 Seiten. Kart.
DM 31,–/öS 226,–/sFr 28,50
ISBN 3-17-016093-1
Urban-Taschenbücher, Band 472

Dieses Buch führt die bisherigen Bemühungen um
eine Klärung des facettenreichen Behindertenbegriffs
und die Sichtung behindertenpädagogischer Theorien
fort. In der Auseinandersetzung mit den paradigma-
tischen Ableitungen der Behindertenpädagogik aus
den Bereichen der Medizin, der Psychologie und
Soziologie wird der Versuch einer genuin pädagogischen Neuorientierung des Fachs unternommen.

Der Verfasser, der wesentlich am Entwurf einer
Theorie der Behindertenpädagogik beteiligt war,
liefert hier Bausteine für ein haltbares Systemgebäude
der Behindertenpädagogik.
Niemand, der sich wissenschaftlich mit Behindertenpädagogik beschäftigt, wird in Zukunft auf dieses
Grundlagenbuch verzichten können.

Kohlhammer

W. Kohlhammer GmbH · 70549 Stuttgart · Tel. 0711/78 63 · 280

Dieter Mattner

Behinderte
Menschen
in der Gesellschaft

*Zwischen Ausgrenzung
und Integration*
2000. 173 Seiten. Kart.
DM 35,–/öS 256,–/sFr 32,50
ISBN 3-17-016273-X

Heilpädagogik als eine wertgeleitete Wissenschaft bedarf immer
wieder neu der Rückbesinnung auf eine ethisch-moralische
Grundorientierung.
Das Buch liefert hierfür eine doppelte Standortbestimmung. In
einem weit ausholenden geschichtlichen Rückblick wird zum
einen das jeweilige Bild vom behinderten Menschen und die
daraus resultierende gesellschaftliche Behandlung nachgezeich-
net. Zum anderen skizziert der Band die historischen Wurzeln,
aus denen die Heilpädagogik als Pädagogik für Benachteiligte
und Ausgegrenzte hervorging, beleuchtet die oft gegensätzlichen
Grundprämissen und verfolgt die Entwicklung des Faches und
seiner wissenschaftlichen Ausrichtung bis in die Gegenwart.
Schließlich entwirft das Buch die Grundlinien einer auf das
Mensch-Sein verpflichteten Ethik als Basis heutiger Behindertenhilfe.

Das Buch gibt eine solide Orientierung über die historischen,
psychosozialen und ethischen Aspekte des Umgangs und der
Arbeit mit behinderten Menschen.

Kohlhammer

W. Kohlhammer GmbH · 70549 Stuttgart · Tel. 0711/78 63 - 280